सबके राम

संरक्षण

योगी आदित्यनाथ

माननीय मुख्यमंत्री, उत्तर प्रदेश

मार्गदर्शन

श्री जयवीर सिंह

माननीय मंत्री, संस्कृति एवं पर्यटन विभाग, उत्तर प्रदेश

निर्देशन

श्री मुकेश कुमार मेश्राम

प्रमुख सचिव, संस्कृति एवं पर्यटन विभाग, उत्तर प्रदेश
अध्यक्ष-संस्थान

श्री शिशिर

निदेशक, संस्कृति निदेशालय, उत्तर प्रदेश
उपाध्यक्ष-संस्थान

कार्यकारी संपादक

डॉ. लवकुश द्विवेदी

सबके राम

सम्पादक

माधव हाड़ा

वाणी प्रकाशन | अयोध्या शोध संस्थान

सजिल्द प्रथम संस्करण : 2023

वाणी प्रकाशन
4695, 21-ए, दरियागंज, नयी दिल्ली 110 002
फ़ोन : +91 11 23273167, 23275710

शाखाएँ

अशोक राजपथ, पटना-800 004, बिहार
कॉफ़ी हाउस कैम्पस, महात्मा गांधी मार्ग, इलाहाबाद-211 001, उत्तर प्रदेश
महात्मा गांधी अन्तरराष्ट्रीय हिन्दी विश्वविद्यालय, वर्धा-442 001, महाराष्ट्र
36/ए, शेक्सपियर सरणी, रानी बिरला गर्ल्स कॉलेज के पास, कोलकाता-700 017, प. बंगाल
sales@vaniprakashan.in
vaniprakashan@gmail.com

In Association with

ESTD.-1986
Ayodhya Shodh Sansthan
presents

Sabke Ram
Edited by Madhav Hada

ISBN : 978-93-5518-573-0
Religion/Culture

मूल्य : ₹ 2000

आर.के. ऑफ़सेट, शाहदरा, दिल्ली-110 032 में मुद्रित

वाणी प्रकाशन का लोगो मक़बूल फ़िदा हुसेन की कूची से

सबन्हि राम पर प्रेम अपारा...

अयोध्या शोध संस्थान अपनी स्थापना के समय से ही भगवान श्रीराम के चरित्र और कथा के विभिन्न आयामों पर शोध, आकलन और मूल्यांकन के अपने आधारभूत संकल्प के प्रति सचेत और प्रतिश्रुत है और इस दिशा में निरन्तर कार्य भी कर रहा है। श्रीराम के चरित्र और कथा की व्याप्ति देशव्यापी है, इसलिए संस्थान ने इसको उजागर करने के लिए कई परियोजनाएँ अपने हाथ में ली हैं और इनको सफलतापूर्वक पूर्ण किया है। संस्थान के लिए गर्व और प्रसन्नता का विषय है कि इसके मानक और उपलब्धिमूलक प्रकाशनों ने श्रीराम के चरित्र और कथा के देशव्यापी वैविध्य और समृद्धि को पाठकों के सामने रखने में देश-विदेश में अपनी साख और पहचान बनायी है। प्रस्तुत ग्रन्थ भी संस्थान के इस दिशा में की गयी अब तक की पहल का महत्त्वपूर्ण चरण है।

श्रीराम के चरित्र की निर्मिति और गठन में सर्वाधिक महत्त्व सम्बन्धों का है—श्रीराम कुटुम्ब, परिवार, मैत्री, शत्रुता आदि के आदर्श सम्बन्धों में बँधे और गुँथे हुए हैं, इसलिए संस्थान ने इन सम्बन्धों की पहचान के लिए इस स्वतन्त्र ग्रन्थ की योजना बनायी। मुझे यह उद्घाटित करते हुए अतीव प्रसन्नता का अनुभव हो रहा है कि यह योजना अब इस ग्रन्थ के रूप में मूर्त होकर आपके हाथों में है।

भारतीय मनीषा में श्रीराम के चरित्र के कई रूप हैं—श्रीराम देवों के आराध्य हैं और वे खुद भी देवों की आराधना करते हैं, वे आदर्श पुत्र, पति और भाई हैं, वे मित्र और परामर्शक हैं, वे उद्धारक हैं, वे प्रजापालक राजा आदि सब कुछ हैं। वे अपने सभी रूपों में जनसाधारण के आचार-विचार के आदर्श हैं। उनका चरित्र गतिशील है। यह इस तरह का है कि समय और समाज की ज़रूरतों के अनुसार ढल जाता है। यह चरित्र इस तरह का भी है कि सबको अपना लगता है—सबको इसमें अपने जीवन का आदर्श दिखायी पड़ता है। प्रस्तुत ग्रन्थ में प्रभु श्रीराम के इन्हीं विभिन्न रूपों को उजागर करने का प्रयास किया गया है।

हम सबके अपने-अपने श्रीराम हैं और हम अपने श्रीराम को ही कुछ ज़्यादा ही अच्छी तरह से जानते हैं। प्रभु श्रीराम केवल हमारे श्रीराम तक सीमित नहीं हैं—उनके सम्बन्धों का दायरा बहुत व्यापक है। यहाँ प्रयोजन यह है कि हम अपने श्रीराम के साथ दूसरों के श्रीराम को भी जानें और समझें। प्रस्तुत ग्रन्थ में प्रभु श्रीराम के चरित्र के विविध रूपों का आकलन देश के प्रमुख विद्वानों ने अलग-अलग रुचियों, पहचानों और सरोकारों के साथ किया है। राम के विभिन्न रूपों से सम्बन्धित इन सभी आलेखों में जो एक बात समान है वह यह मान्यता और विश्वास है कि श्रीराम का चरित्र विलक्षण है और सदियों से हमारे लिए आचार-विचार का आदर्श है।

श्रीराम का चरित्र भारतीय मनीषा की अद्‌भुत सृष्टि है। वाल्मीकि ने श्रीराम के चरित्र को उच्चादर्शों से जोड़कर इसे आचरण के आदर्श पुरुष का पूज्य रूप दिया। बाद में भक्ति आन्दोलन के दौरान तुलसी ने श्रीराम के चरित्र को भाषा में लिखा और यह इतना लोकप्रिय हुआ कि यह जनसाधारण के जीवन में सम्मिलित हो गया। भक्ति आन्दोलन के अन्य सन्त-भक्तों कबीर और दादू की वाणी में श्रीराम का चरित्र अत्यन्त मुखर रूप में विद्यमान है। आधुनिक काल के आरम्भ में कथाकार प्रेमचन्द ने भी श्रीराम की कथा पर विचार किया। वाल्मीकि, तुलसी, दादू और प्रेमचन्द के श्रीराम के चरित्र की निर्मिति पर कई प्रतिष्ठित विद्वानों यथा आचार्य विद्यानिवास मिश्र, राधावल्लभ त्रिपाठी, विश्वनाथ त्रिपाठी और रामबृक्ष आदि ने अपने-अपने ढंग से निगाहें डाली हैं।

रामकथा में श्रीराम के साथ हमारे और कई पूज्य देव हैं। यहाँ संकलित सत्यनारायण व्यास का आलेख 'शिव के राम' भगवान शिव के नज़रिये से श्रीराम को जानने का प्रयास है। हनुमान रामकथा के बहुत महत्त्वपूर्ण पात्र होने के साथ भारतीय जनसाधारण के पूज्य देव भी हैं। मीता शर्मा ने अपने आलेख 'हनुमान के श्रीराम' में हनुमान की निगाह से श्रीराम को देखा-परखा है। श्रीराम अपनी कथा में निष्ठावान और समर्पित घर-परिवारी हैं। वे असाधारण पितृभक्त हैं। रामकथा में पिता दशरथ की दृष्टि में श्रीराम पर कृष्णबिहारी पाठक ने अपने आलेख 'दशरथ के श्रीराम' में विचार किया है। इसी तरह कौसलेन्द्र दास ने माता कौसल्या, विक्रमजीत और सूर्यप्रसाद दीक्षित ने भाई लक्ष्मण और पूर्णचन्द्र उपाध्याय ने पत्नी सीता, नवीन नन्दवाना ने भाई भरत और कृष्णबिहारी पाठक ने माता कैकेयी के दृष्टिकोण से श्रीराम के चरित्र पर निगाह डाली है। श्रीराम कथा में रावण, विभीषण और सुग्रीव बहुत ही महत्त्वपूर्ण चरित्र हैं। कथा के विभिन्न पड़ावों में रावण श्रीराम का शत्रु और विभीषण और सुग्रीव उनके मित्र हैं। रावण, विभीषण और सुग्रीव के अपने-अपने श्रीराम हैं, जिन पर क्रमशः प्रवीण पण्ड्या, जीवन सिंह और ब्रजरतन जोशी ने गम्भीरता से विचार किया है।

श्रीराम के परिवार की स्त्रियों के अलावा रामकथा में शबरी, अहल्या और सूर्पणखा नाम के तीन स्त्री चरित्र हैं। इन तीनों की निगाह में श्रीराम के व्यक्तित्व पर क्रमशः इन्दुशेखर तत्पुरुष और अवन्तिका शुक्ला ने विचार किया है। श्रीराम के वनवास के दौरान उनके सम्पर्क में कई चरित्र आए, जिनमें निषादराज और जटायु प्रमुख हैं। रेणु व्यास ने इनमें निषादराज की और मुरलीधर पालीवाल ने जटायु की निगाह से श्रीराम चरित्र को देखा-समझा है। श्रीराम कथा की व्याप्ति भारतीय आदिवासी समाज में भी है। श्रीराम की व्याप्ति ब्रज में भी है। ब्रज के श्रीराम की पहचान उमेशचन्द्र शर्मा ने की है। हमारे आदिवासी या जनजाति समाज में इनकी मौजूदगी पर अर्जुनदास केसरी और मोहन गुप्त ने विचार किया है। अन्त में कीर्तिशेष मनीषी विद्यानिवास मिश्र ने अपने आलेख 'सबके श्रीराम' में समस्त भारतीय जनसाधारण के जीवन में श्रीराम की व्याप्ति की पहचान और अद्‌भुत पड़ताल की है।

प्रस्तुत ग्रन्थ को योजना के अनुसार मूर्त रूप देने के लिए सम्पादक और इसके सुरुचिपूर्ण प्रकाशन के लिए मैं वाणी प्रकाशन का आभारी हूँ।

डॉ. लवकुश द्विवेदी
निदेशक, अयोध्या शोध संस्थान

आमुख

राम का चरित्र भारतीय जनसाधारण के चित्त में सदियों से जीवन्त और निरन्तर है। भारतीय जनसाधारण राम के चरित्र को अपने आचार-विचार में जीता-बरतता है। विश्व की किसी अन्य सभ्यता में राम जैसा कोई चरित्र नहीं है, जो इस तरह जनसाधारण के दैनन्दिन जीवन का अभिन्न अंग हो गया हो। खास बात यह है, जब-जब समाज में मूल्यों का क्षरण होता है, अराजकता बढ़ती है, तब-तब राम का यह चरित्र कभी वाल्मीकि के राम, तो कभी कृत्तिवास के राम, तो कभी तुलसी के राम के रूप में लोक-समाज के लिए प्रेरक और आदर्श की तरह आ खड़ा होता है। राम का मर्यादित आचरण, लोक की उनकी चिन्ता और इतर के प्रति उनका सम्मान का भाव आज भी हमारे आचार-विचार के लिए आदर्श की तरह हैं। भारतीय मनीषा में इस चरित्र के कई रूप हैं—राम देवों के आराध्य हैं और वे खुद भी देवों की आराधना करते हैं, वे आदर्श पुत्र, पति और भाई हैं, वे मित्र और परामर्शदाता हैं, वे उद्धारक हैं, वे प्रजापालक राजा आदि सब हैं। वे अपने सभी रूपों में जनसाधारण के आचार-विचार के आदर्श हैं। उनका चरित्र गतिशील है—यह इस तरह का है कि समय और समाज की जरूरतों के अनुसार ढल जाता है। भारतीय मनीषा इस चरित्र को सदियों से धारण कर रही है—यह उसको समृद्ध करती है और इस तरह खुद भी समृद्ध होती है। यह चरित्र इस तरह का है कि सबको अपना लगता है—सबको इसमें अपने जीवन का आदर्श दिखाई पड़ता है। भारतीय समाज की उच्चादर्शों के प्रति सदियों की अविचलित निरन्तरता में इस चरित्र की निर्णायक भूमिका है। यह समाज हर संकट को झेल लेता है, हर विपदा के बाद पुनर्नव होकर आगे बढ़ जाता है, इसमें राम का आदर्श चरित्र हमेशा उसके लिए दिग्दर्शक का काम करता है।

1

राम के चरित्र की सबसे उल्लेखनीय विशेषता उनका 'मर्यादित' व्यक्तित्व है। वे मर्यादा पुरुषोत्तम हैं। भारतीय मनीषा जानती है कि एक अच्छे, सभ्य और सुसंस्कृत समाज की निरन्तता तब सम्भव है, जब सभी लोग मर्यादाओं के अधीन रहकर अपना जीवन यापन करें। राम की सोच और व्यवहार में ऐसा कुछ भी नहीं है, जो समाज के नियत विधि-विधानों के दायरे से बाहर का हो। राम का चरित्र इस प्रकार का है कि यह आग्रहपूर्वक अपने को परम्परासम्मत और मर्यादित रखता है। आज कुछ लोगों के लिए परम्परासम्मत होना दकियानूसी है, लेकिन यह समाज की व्यवस्था और अनुशासन या जिसे रामराज्य कहते हैं, उसकी बुनियाद है। परम्परा के साथ होना

प्रतिगामी होना नहीं है। परम्परा हमारे सदियों के अनुभव और अभ्यास से बने मूल्यों का जीवन्त समूह है और इसके साथ होने का मतलब अपने को निरन्तर जीवन्त और अद्यतन रखना है। परम्परा राम के आचार-विचार में जीवन्त है—यह उनकी वाणी में है और यह उनकी जिह्वा पर है। जब वे कुछ कहते हैं, तब लगता जैसे परम्परा जीवन्त रूप में अपना मन्तव्य हमारे सामने रख रही हो। यह परम्परा ठहरी हुई परम्परा नहीं है, यह गतिशील और जीवन्त परम्परा है। परम्परा यदि ठहर जाये, तो फिर यह अपने अर्थ और अभिप्राय से विचलित लगती है।

राम के इस चरित की एक खास बात यह भी है कि लोक आग्रहपूर्वक उसकी चिन्ता और सरोकारों में सम्मिलित है। भारतीय समाज में सद्‌भावपूर्वक सहअस्तित्व की जो निरन्तरता सदियों से है, उसमें लोक के अपने सदियों के अनुभव और अभ्यास से बनी व्यवस्था और अनुशासन की निर्णायक भूमिका है। हमारे शास्त्र, संहिताएँ और विधियाँ भी अपना खाद-पानी इसी लोक से ग्रहण करती हैं। हमारे शास्त्र स्वायत्त नहीं हैं—वे हमारे लोक के पीछे चलते हैं और उसकी जरूरतों के अनुसार अपने में रद्दोबदल भी करते हैं। भारतीय मनीषा इस तथ्य से अवगत है—वह राम का चरित्र इस तरह से गढ़ती है कि लोक उसके लिए सर्वोपरि है। राम ईश्वर हैं, वे तीन लोकों के स्वामी हैं, लेकिन लोक दायरे से बाहर नहीं है। 'रामचरितमानस' के वनगमन प्रसंग में तुलसी जिस तरह से सीता को ग्राम वधुओं के साथ बातचीत में संलग्न दिखाते हैं, वह लोक के सम्मान का आदर्श उदाहरण है। यहाँ वह लोक का सम्मान करते हुए राम का नाम नहीं लेती। लोक का भय और निन्दा वाल्मीकि और तुलसी, दोनों के राम की चिन्ता और सरोकारों में है। यह ऐसे राम हैं, जो लोक निन्दा की चिन्ता करते हुए अपनी बहुत प्रिय पत्नी को त्याग देते हैं।

राम का चरित्र सम्बन्धों के भीतर और उनके दायरे में है। खास बात यह है कि यह ज्ञात होने पर भी कि वे तीनों लोकों के स्वामी हैं, वे सम्बन्धों की पारम्परिक मर्यादाओं के बाहर नहीं हैं। उनका चरित्र सम्बन्धों के निर्वाह का भी आदर्श प्रस्तुत करता है। भारतीय मनीषा जानती है कि समाज की एक इकाई के रूप में मनुष्य सर्वथा स्वायत्त नहीं है। वह राजा-प्रजा, माता-पिता, पति-पत्नी, भाई-बहन, मित्र, सेवक आदि सम्बन्धों से बँधा हुआ है। इनमें कोई छोटा-बड़ा या ऊपर-नीचे नहीं है, लेकिन सभी की अपनी मर्यादाएँ और दायित्व हैं। राजा के अपने और प्रजा के अपने दायित्व हैं। इसी तरह पति के अपनी तरह के और पत्नी के अपनी तरह के दायित्व हैं। राम और राम कथा के सभी चरित्रों का गठन और रचना इस तरह की है कि सभी अपने सम्बन्धों के तयशुदा दायित्व का निर्वाह कर रहे हैं और कोई सम्बन्धों की मर्यादा लाँघ नहीं रहा है।

राम के चरित्र की समावेशिता भी सहज ही आकृष्ट करती है और इसकी फिलहाल हमारे समय और समाज को सबसे अधिक जरूरत है। अपने से भिन्न और दूसरे के लिए जैसा सम्मान का भाव राम के चरित्र में है, भारतीय मनीषा के दूसरे चरित्रों में कम है। राममनोहर लोहिया ने यह सही लक्ष्य किया है कि राम बोलते कम हैं, दूसरों की सुनते ज्यादा हैं। ऐसे प्रसंग रामकथा कम में हैं, जहाँ राम आग्रह के साथ, हस्तक्षेप के भाव से बोल रहे हों। हमारे समय और समाज में जहाँ दूसरे और उसमें खासतौर पर 'भिन्न' के लिए जगह और गुंजाइश कम होती जा रही है, वहाँ राम की यह समावेशिता हमारे लिए आदर्श होनी चाहिए। हमारे सभी संकटों और संघर्षों की

जड़ें कमोबेश 'दूसरे' और 'भिन्न' की अवहेलना या अस्वीकृति में है। राम के व्यक्तित्व का गठन इस तरह का है वे अपने मन में दूसरे और अलग के लिए, यहाँ तक कि वे अपने शत्रु रावण के लिए भी सम्मान का भाव रखते हैं। वे अपने प्रति प्रतिकूल होने पर भी कैकेयी के पक्ष को समझते हैं, उसके प्रति उनके मन में कोई अमर्ष नहीं है। वाल्मीकि और तुलसी के राम अपने निर्णय केवल अकेले नहीं लेते। उनके निर्णयों में उनके सहयोगियों के परामर्श की निर्णायक भूमिका है।

2

राम का चरित्र हमारे समाज की ऐतिहासिक और सांस्कृतिक जरूरतों के अनुरूप बदलता हुआ जीवन्त और गतिशील चरित्र भी है। यह ठहरा हुआ और एकरूप चरित्र नहीं है। वाल्मीकि के राम, कृत्तिवास ओझा के राम, तुलसी के राम और सूर्यकान्त त्रिपाठी 'निराला' के राम उनके समय और समाज की जरूरतों के अनुसार हैं। वाल्मीकि के राम उनके अपने समय और समाज की अलग ऐतिहासिक और सांस्कृतिक जरूरतों के अनुसार हैं। वाल्मीकि विष्णु के अवतार राम को अपने समय के समाज के समक्ष एक पूर्ण पुरुष के रूप में रखना चाहते थे। उन्होंने यही किया-उनके राम विष्णु के अवतार हैं, लेकिन वे सभी उच्च और आदर्श मानवीय गुणों से युक्त हैं। वे पितृभक्त, सत्यनिष्ठ, त्यागी, प्रजानुरंजक, योद्धा, सदय, करुण, ज्ञानवान्, धैर्यवान्, विनयशील और क्षमाशील पुरुष हैं। यह जानते हुए भी राम विष्णु के अवतार हैं, वे तीन लोकों के स्वामी और अन्तर्यामी हैं, वाल्मीकि उनको निरन्तर मनुष्य की तरह मनुष्योचित भाव और द्व न्द्व से अनुप्राणित और अनप्रेरित रखते हैं। वे शासक, पति, पिता, मित्र आदि सब जगह मनुष्य हैं। मनुष्य की ही तरह दुःखी और सुखी हैं। वाल्मीकि के बाद कृत्तिवास ओझा ने बंगला में रामायण लिखकर राम के चरित्र को अपने समय और बंगला समाज की जरूरतों के अनुसार रूपान्तरित किया। आदर्श उनके वही हैं, जो वाल्मीकि के हैं, लेकिन राम का उनका चरित्र बंगला समाज की प्रकृति और उसकी ऐतिहासिक और सांस्कृतिक जरूरतों के अनुसार है। उनके राम वाल्मीकि और तुलसी के राम की तुलना में सुकोमल हैं। वे इतने कोमल हैं कि हाथ में फूलों का धनुष लेकर वन गमन करते हैं। बंगाल के लोक जीवन, वहाँ के पर्व-त्योहार, उत्सव-अनुष्ठान, आमोद-प्रमोद के बीच बना-बढ़ा कृत्तिवास के राम का चरित्र लोक रंजक चरित्र है। कृत्तिवास की रामायण बंगाल में बहुत लोकप्रिय हुई। यह रचना तुलसी की 'रामचरितमानस' की ही तरह बंगला जनसाधारण के दैनन्दिन जीवन में सम्मिलित हो गयी। तुलसी के 'रामचरितमानस' के राम का चरित्र ऐसा है कि यह सदियों से उत्तर भारतीय जनसाधरण के जीवन का हिस्सा है, यह उसके संस्कार और व्यवहार में हैं। तुलसी ने इस चरित्र की रचना कर भारतीय समाज को अदृश्य ढंग से भीतर-ही-भीतर बदल दिया है। यह बदलाव इतना गहरा और अनायास है कि इसकी पहचान तक मुश्किल काम है। जार्ज ग्रियर्सन ने यों ही तुलसी को लोकनायक नहीं कहा था। वे जानते थे कि तुलसी मध्यकाल में एक शान्त और अदृश्य क्रान्ति के जनक हैं। तुलसी के राम वाल्मीकि के राम भी हैं और उनसे कुछ हद अलग भी हैं। तुलसी के राम मध्यकालीन उत्तर भारतीय समाज की ऐतिहासिक और सामाजिक-सांस्कृतिक जरूरतों के अनुसार रूपान्तरित राम हैं।

तुलसी जिस समय और समाज में थे, वहाँ समाज की व्यवस्था और अनुशासन के लिए परम्परा के साथ होना जरूरी था। उनके समय में 'सुधारक' होना आसान था और इस कारण मत-मतान्तरों की भीड़ लगी हुई थी। जनसाधारण के लिए बहुत मुश्किल था कि वह क्या करे और किधर जाये। तुलसी ने इसी समय राम के चरित्र और कथा की पुनर्रचना 'रामचरितमानस' के रूप में की और यह जनसाधारण में सहज ही स्वीकार्य हो गयी। रामकथा में तुलसी के आदर्श 'श्रुतिसम्मत' थे, उनमें परम्परा का विरोध नहीं था, इसलिए जनसाधारण को इन्हें आत्मसात करने में कोई मुश्किल पेश नहीं आयी। तुलसी जानते थे कि समाज में सद्भाव और अनुशासन की निरन्तरता विरोधों के प्रश्रय और प्रोत्साहन में नहीं, उनके सामंजस्य और समन्वय में है। उन्होंने अपने राम के चरित्र में यही किया–उन्होंने उनकी कथा के मोड़-पड़ावों का आग्रहपूर्वक इस तरह से पुनर्गठन किया कि वे जनसाधरण के लिए सामंजस्य और समन्वय का आदर्श बन गये। तुलसी के राम का चरित्र और कथा ऐसी है कि इसमें धुर विरोधी तत्त्वों को एक-दूसरे में साफ-साफ घुलते-मिलते देखा जा सकता है। वैराग्य और गार्हस्थ्य, भक्ति और ज्ञान, भाषा और संस्कृत, निर्गुण और सगुण, पुराण और काव्य, ब्राह्मण और चांडाल, पण्डित और अपण्डित, राग, विराग आदि बिना किसी अन्तर्विरोध के इसमें एक-दूसरे के साथ हैं। तुलसीदास के समय में साम्प्रदायिक मत-मतान्तर अपने चरम पर थे और कहीं-कहीं उनमें पारस्परिक संघर्ष और प्रतिद्वन्द्विता का भाव भी था। तुलसी के राम की कथा में जगह-जगह इस विरोध का परिहार और शमन है। शैवों और वैष्णवों की प्रतिद्वन्द्विता और विरोध का परिहार इसमें में एकाधिक स्थानों पर है। उन्होंने 'ब्रह्मवैवर्तपुराण', जिसमें शिव हरि मन्त्र के जापक कहे गये हैं, के हवाले से राम के मुँह से कहलवाया कि "शिवद्रोही मम दास कहावे। सो नर सपनेहु मोहिं न भावै।।" आशय यह है कि शंकर प्रिय, मम द्रोही, शिवद्रोही, ममदास मुझे पसन्द नहीं है। उन्होंने हिन्दू समाज में एकाधिक देवों की उपासना के कारण होने वाले विभेद का भी निराकरण किया। तुलसीदास रामभक्त हैं, लेकिन लोकाचार के अनुसार उन्होंने मानस की शुरुआत में गणेश वन्दना की है। तुलसी की यह समन्वय चेतना सामाजिक विभेदों, मत-मतान्तरों के पारस्परिक विरोधों आदि के शमन में निर्णायक सिद्ध हुई। उनकी इस प्रतिभा और बुद्धि ने उनके राम के चरित्र को समाज के सभी वर्गों और स्तरों में मान्य और स्वीकार्य बनाया। अन्य मध्यकालीन सन्त-भक्तों के यहाँ भी राम मौजूद हैं। खास बात यह है कि वे उनके यहाँ भी हैं, जिनके आराध्य कृष्ण हैं और वे उनके यहाँ भी हैं, जिनका विश्वास निर्गुण में हैं। कबीर जैसे संकल्पपूर्वक 'निर्गुण' का आग्रह करने वाले सन्त-कवि भी हर दूसरी साखी या पद में राम का नाम लेते हैं। रैदास की गणना कबीर के साथ होती है, लेकिन भक्ति की प्रपत्ति का भाव उनके यहाँ इतना गहरा और व्यापक है कि उनके राम कुछ हद तक अवतारी और दशरथ के पुत्र राम हैं। मलिक मुहम्मद जायसी सूफी हैं, लेकिन उनकी 'पद्मावत' में राम कथा के कई प्रकरण हैं। आधुनिककाल में मैथिलीशरण गुप्त ने 'साकेत' लिखकर राम के चरित्र को एक नया आयाम दिया। उन्होंने कथा के कुछ मोड़-पड़ाव अपनी तरफ से रखे और राम के चरित्र को युगानुकूल नया रूप दिया। सूर्यकान्त त्रिपाठी 'निराला' की 'राम की शक्ति पूजा' की रचना भी आधुनिक काल में हुई, लेकिन इसका राम का चरित्र वाल्मीकि और कृत्तिवास के राम

से बहुत अलग नहीं है। यह एक लम्बी कविता है और इसमें रामकथा का केवल एक प्रकरण है। निराला ने अपने समय-समाज की जरूरतों के अनुसार इसको साम्राज्यवाद के अन्याय-उत्पीड़न और भारतीय राष्ट्रीय आन्दोलन से जोड़ दिया है। यहाँ राम 'अन्याय जिधर है, उधर, शक्ति' से आहत और व्यथित हैं लेकिन उनका एक मन और है जो कभी थकता नहीं है और वह संकल्प कर हर बार संकट से निकल जाता है। यह कविता साम्राज्यवादी ताकतों के अन्याय और उत्पीड़न से हताहत भारतीय जनसाधारण का संकट से मुक्त होने के लिए आह्वान है।

3

राम हमारी लोक स्मृति में भी निरन्तर और जीवन्त हैं। अधिकांश भारतीय जनसाधारण एक-दूसरे से मिलने पर अभिवादन में, अपने अनुष्ठान में और अपने आमोद-प्रमोद और रीति-रिवाज में उनको स्मरण किये बिना आगे नहीं बढ़ता। देश के कई स्थानों के साथ राम और सीता के स्मृतियाँ जुड़ी हुई हैं। अधिकांश पश्चिमी विद्वता स्मृति को प्रमाण नहीं मानती। यूरोपीय 'इतिहास' की निर्भरता दस्तावेज पर है, जबकि भारतीय परम्परा में स्मृति और श्रुति का महत्त्व बहुत है। प्राचीन भारतीय अधिकांश साहित्य सदियों तक श्रुत और स्मृत में ही सुरक्षित रहा है। यहाँ वेदों को भी इसीलिए 'श्रुति' कहा गया है। वेद सदियों से भारतीय मनीषा की स्मृति में हैं। बहुत बाद में कश्मीर के हिन्दू विद्वान् यास्क ने पहली बार श्रुत और स्मृत में सुरक्षित वेदों के मन्त्रों को लिपिबद्ध किया। वेदों की श्रुत-स्मृत में सदियों तक निर्दोष मौजूदगी पर टिप्पणी करते हुए सच्चिदानन्द वात्स्यायन 'अज्ञेय' ने एक जगह लिखा है कि "श्रुति द्वारा संरक्षित साक्ष्य में वेदों का अद्वितीय स्थान है। वेदों को स्मृति में अक्षुण्ण बनाये रखने के लिए जिस अध्ययन परम्परा का आविष्कार भारत में हुआ, वह संसार के इतिहास में अद्वितीय है। संसार में किसी देश में इसका उदाहरण नहीं मिलेगा कि कोई पाठ बिना एक अक्षर के परिवर्तन के देश विभिन्न भागों में केवल श्रुति के आधार पर हजारों वर्षों तक सुरक्षित रखा जा सका हो।" श्रुत और स्मृत की मौखिक परम्परा मध्यकाल में थी। पारम्परिक रचनाओं को स्मरण रखने और उनके वाचन के लिए इस दौरान पेशेवर जातियाँ बन गयी थीं, जिनको यजमान शासक जातियों का प्रश्रय प्राप्त था। ये अपनी आजीविका के लिए इन यजमान शासक जातियों पर निर्भर थे। चारण आदि कुछ जातियाँ रासो सहित अन्य प्रशस्तिपरक रचनाओं की पीढ़ी-दर-पीढ़ी स्मरण रखती थीं और इन्हें इसका औपचारिक-अनौपचारिक प्रशिक्षण भी प्राप्त था। इस दौरान रचनाओं में तथ्यात्मक परिवर्तन तो दूर, उच्चारणगत परिवर्तन को भी अपराध समझा जाता था। भारत के सभी इलाकों में इस तरह श्रुत और स्मृत के संरक्षण का दायित्व वहन करने वाली व्यावसायिक दक्षता प्राप्त जातियाँ मिल जायेंगी। राम सदियों से स्मृत और श्रुत में हैं। दस्तावेज में स्मृति ठहर जाती है, लेकिन लोक में स्मृति निरन्तर और जीवन्त रहती है। राम और उनकी कथा सदियों से हमारी स्मृति में जीवन्त हैं।

4

संचयन 'सबके राम' प्रयोजनपूर्वक है। हम सबके अपने राम हैं और हम अपने राम को ही कुछ ज्यादा अच्छी तरह जानते हैं। राम केवल हमारे राम तक सीमित नहीं हैं। उनके सम्बन्धों का दायरा

बहुत बड़ा है, भारतीय मनीषा ने उनके कई रूपों का सृजन किया है। यहाँ प्रयोजनपूर्वक आग्रह यह है कि हम अपने राम के साथ दूसरों के राम को जानें-पहचानें और समझें। यदि हम शिव के उपासक हैं और शिव के राम से हमारा अपनापन है, तो हम हनुमान के राम से भी अवगत हों। यदि भरत के राम से हमारा परिचय है, तो हम शबरी और सुग्रीव के राम को भी अच्छी तरह जानें। राम के चरित्र के विविध रूपों का यह आकलन अलग-अलग रुचियों, पहचानों और सरोकारों के विद्वानों ने किया है, इसलिए यहाँ राम के रूपों का वैविध्य है। राम के विभिन्न रूपों से सम्बन्धित इन सभी आलेखों में एक बात समान है वह यह धारणा और विश्वास कि राम का चरित्र विलक्षण है और यह सदियों से हमारे लिए आचार-विचार का मानक और आदर्श है। राम का चरित्र भारतीय मनीषा की अद्भुत सृष्टि है। भारतीय मनीषा सदियों से इस चरित्र में नये-नये आयाम जोड़ती आयी है। वाल्मीकि ने राम के चरित्र को उच्चादर्शों से जोड़कर इसे आचरण के आदर्श पुरुष का पूज्य रूप दिया। बाद में भक्ति आन्दोलन के दौरान तुलसी ने राम के चरित्र को भाषा में लिखा और यह इतना लोकप्रिय हुआ कि यह जनसाधारण के जीवन में सम्मिलित हो गया। भक्ति आन्दोलन के अन्य सन्त-भक्तों कबीर और दादू की वाणी में राम का चरित्र बहुर मुखर रूप में मौजूद है। आधुनिककाल के आरम्भ में कथाकार प्रेमचन्द ने भी राम की कथा पर विचार किया। वाल्मीकि, तुलसी, दादू, कबीर और प्रेमचन्द के राम के चरित्र की निर्मिति पर क्रमशः राधावल्लभ त्रिपाठी, विद्यानिवास मिश्र, विश्वनाथ त्रिपाठी और रामबक्ष ने निगाह डाली है। राम कथा में राम के साथ हमारे और कई पूज्य देव हैं। यहाँ संकलित सत्यनारायण व्यास का आलेख 'शिव के राम' भगवान शिव के नजरिये से राम को जानने का प्रयास है। हनुमान रामकथा के बहुत महत्त्वपूर्ण पात्र होने साथ भारतीय जनसाधारण के पूज्य देव भी हैं। मीता शर्मा ने अपने आलेख 'हनुमान के राम' में हनुमान की निगाह से राम को देखा-परखा है। राम अपनी कथा में निष्ठावान् और समर्पित घर-परिवारी हैं। वे असाधरण पितृभक्त हैं। कथा में पिता दशरथ की दृष्टि में राम पर कृष्ण बिहारी पाठक ने अपने आलेख 'दशरथ के राम' में विचार किया है। इसी तरह कौसलेन्द्रदास ने माता कौसल्या, पूर्णचन्द्र उपाध्याय ने पत्नी सीता, सूर्यप्रसाद दीक्षित और विक्रम जीत ने भाई लक्ष्मण, नवीन नन्दवाना ने भाई भरत और कृष्ण बिहारी पाठक ने माता कैकेयी के दृष्टिकोण से राम के चरित्र पर निगाह डाली है। रामकथा में रावण, विभीषण और सुग्रीव बहुत ही महत्त्वपूर्ण चरित्र हैं। कथा के मोड़-पड़ावों में रावण राम का शत्रु और विभीषण और सुग्रीव उनके मित्र हैं। रावण, विभीषण और सुग्रीव के अपने-अपने राम हैं, जिन पर क्रमशः प्रवीण पण्ड्या, जीवन सिंह और ब्रजरतन जोशी ने विचार किया है। राम के परिवार की स्त्रियों के अलावा रामकथा में शबरी और अहल्या और नाम के दो स्त्री चरित्र हैं। इन दोनों की निगाह में राम के चरित्र पर क्रमशः इन्दुशेखर तत्पुरुष और अवन्तिका शुक्ला ने विचार किया है। राम के वनवास के दौरान उनके सम्पर्क में कई चरित्र आये, जिनमें निषाद और जटायु प्रमुख हैं। रेणु व्यास ने इनमें निषाद और मुरलीधर पालीवाल ने जटायु की निगाह से राम चरित्र को देखा-समझा है। रामकथा की व्याप्ति भारतीय आदिवासी समाज में भी है। हमारे आदिवासी या जनजाति समाज में इसकी मौजूदगी पर अर्जुनदास केसरी और मोहन गुप्त ने विचार किया है। राम, कृष्ण

के साथ ब्रज में भी हैं। ब्रज में राम की मौजूदगी पर उमेशचन्द्र शर्मा ने निगाह डाली है। अन्त में कीर्तिशेष मनीषी विद्यानिवास मिश्र ने अपने आलेख 'सबके राम' में समस्त भारतीय जनसाधारण के जीवन में राम की व्याप्ति की पहचान और पड़ताल की है।

संकलित आलेखों में कीर्तिशेष विद्यानिवास मिश्र के दो आलेखों के छोड़कर शेष सभी आलेख नये हैं और हमारे अनुरोध पर अनुग्रहपूर्वक विद्वानों द्वारा लिखे गये हैं। यह बहुत प्रसन्नता का विषय है कि हमने जिन विद्वानों से लिखने का आग्रह किया उनमें से सभी ने हमारा अनुरोध स्वीकार कर निर्धारित समय में अपने आलेख भेज दिये। अयोध्या शोध संस्थान, वाणी प्रकाशन और सम्पादक इसके लिए उनके आभारी हैं। कहा गया है 'हरि अनन्त, हरि कथा अनन्ता', इसलिए यह पुस्तक पूर्ण नहीं है और हो भी नहीं सकती। राम का चरित्र अनन्त और अथाह है, जितना इस संचयन में है, वह इस असाधारण चरित्र का केवल कुछ अंश है। राम के चरित्र का अनुसन्धान सदियों से होता आया है और आगे भी होता रहेगा। यह किताब इस यात्रा का एक पड़ाव भर है। सम्पादक अयोध्या शोध संस्थान का ऋणी है, जिसने राम के चरित्र के इस वैविध्य को आपके विचारार्थ इस रूप में रखने का अवसर दिया। वह वाणी प्रकाशन का भी आभारी है, जिसने इस संचयन को इस रूप में आपके समक्ष रखा। सम्पादक युवा संस्कृत विद्वान् डॉ. मुरलीधर पालीवाल का आभारी है, जिन्होंने इस किताब के संस्कृत अंशों पर निगाह डालकर आवश्यक संशोधन किये।

–माधव हाड़ा

अनुक्रम

वाल्मीकि के राम

राधावल्लभ त्रिपाठी

रामायण का अर्थ है राम का अयन। अयन मार्ग को कहते हैं। राम जिस मार्ग पर चले उसे रामायण के कर्ता आदिकवि वाल्मीकि समाज को दिखाना चाहते हैं। इसलिए उन्होंने अपने काव्य को रामायण कहा। राम का जो चरित्र वाल्मीकि ने अपनी रचना में प्रस्तुत किया, वह युगों-युगों से आदर्श बना हुआ है।

वाल्मीकि की रामायण एक ऋषि की रचना है। उसकी परम्परा में हजारों रामायण काव्य लिखे गये, या रामायण पर आधारित नाटक आदि रचे गये। वे या तो कवियों की रचनाएँ हैं, या भक्तों या सन्तों की। ऋषि उसे कहते हैं जो देख सकता है। वह समाज की गति-भूत भविष्य और वर्तमान को देख सकता है, सच्ची राह दिखा सकता है।

रामायण की रचना करने के पहले ऋषि वाल्मीकि एक ऐसे पुरुष का जीवन समाज के सामने रखना चाहते थे, जो संसार के लिए आशा का केन्द्र बन सके। रामायण के आरम्भ में उन्होंने बताया है कि रामायण की रचना क्यों और कैसे हुई। एक बहेलिये ने उनके देखते-देखते क्रौंच पक्षी के प्रेमक्रीडा में निरत जोड़े में से एक को मार डाला। इस घटना से विचलित ऋषि के मुख से एक श्लोक निकल पड़ा। वे ऋषि तो थे ही कवि भी हो गये। तब वाल्मीकि विचार करने लगे कि किसका चरित काव्य में प्रस्तुत करें, किस पर कविता लिखें। इसी समय नारद उनसे मिलने आ पहुँचे। वाल्मीकि ने अपने मन की उधेड़बुन उनके सामने रखी–

को न्वस्मिन् साम्प्रतं लोके गुणवान् कश्च वीर्यवान्।
धर्मज्ञश्च कृतज्ञश्च सत्यवाक्यो दृढव्रतः।।
चारित्रेण च को युक्तः सर्वभूतेषु को हितः।
विद्वान् कः कः समर्थश्च कश्चैकः प्रियदर्शनः।।
आत्मवान् को जितक्रोधो द्युतिमान् कोऽनसूयकः।
कस्य बिभ्यति देवाश्च जातरोषस्य संयुगे।। (वा.रा. 1.1.2-3)

(इस लोक में इस समय ऐसा कोई पुरुष है जो गुणवान् वीर्यवान्, धर्मज्ञ, कृतज्ञ, सत्य वचन बोलने वाला, अपने व्रत पर अडिग रहने वाला, सच्चरित्र और समस्त संसार के हित में लगा रहने वाला हो, विद्वान्, समर्थ और प्रियदर्शन भी हो, अपने आपे में रहने वाला हो, क्रोध

को जिसने जीत लिया हो, तेजस्वी भी हो और किसी से डाह न करता हो तथा युद्ध में रोष के साथ जो उतर पड़े, तो देवता भी जिससे डरें।)

प्रश्न लम्बा है, नारद उत्तर में वाल्मीकि को कहते हैं कि मुनिवर आपने ढेर सारे दुर्लभ गुण बता दिये, पर एक मनुष्य ऐसा है, जिसमें ये सब हैं। इक्ष्वाकु वंश के राजा राम ऐसे मनुष्य हैं। वे नियतात्मा, महावीर्य, द्युतिमान्, धृतिमान्, आत्मसंयमी, बुद्धिमान्, नीतिमान्, वाग्मी, श्री से युक्त, शत्रु पर विजय पाने वाले हैं। नारद राम के शारीरिक सौष्ठव का भी वर्णन करते हैं। राम विशाल कन्धों वाले हैं, महाबाहु हैं, कम्बुग्रीव हैं। वे धर्मज्ञ, सत्य का सन्धान करने वाले, प्रजाओं के हित में लगे रहने वाले, यशस्वी, ज्ञानसम्पन्न, शुचि और समाधिमान् हैं। वे सारे शास्त्रों के जानकार हैं, स्मृति और प्रतिभा से सम्पन्न हैं। सभी लोग उन्हें चाहते हैं, वे सज्जन हैं, पर कभी दीन नहीं बनते, वे गम्भीरता में सागर जैसे और धैर्य में हिमालय जैसे हैं। (वा.रा. 1.1.7-17)

वाल्मीकि के प्रश्न और नारद के उत्तर से यह स्पष्ट है कि वाल्मीकि अपने समय में किसी ऐसे मनुष्य को खोज रहे हैं, जिसका उदाहरण वे समाज के सामने रख सकें। नारद भी उन्हें ऐसा मनुष्य बता रहे हैं, जो उनके समय में विद्यमान हैं।

वाल्मीकि ने रामायण में राम के रूप में ऐसे मनुष्य का जीवन चरित्र प्रस्तुत किया है। यही रामायण का गौरव है। वाल्मीकि का काव्य राम के रूप में एक आदर्श मनुष्य के संघर्ष और सफलता की सजीव कथा है।

वाल्मीकि की अनुपम चरित्र सृष्टि में राम परिपूर्ण पुरुष के प्रतीक हैं, पर वाल्मीकि की दृष्टि में, जिसमें अपूर्ण रह जाने की लेशमात्र भी छाया न बचे-ऐसी तो कोई पूर्णता हो ही नहीं सकती। इसलिए राम के समुद्र के समान गाम्भीर्य और हिमालय के समान धैर्य के भीतर दूसरों के लिए चिन्ता, परदुःखकातरता, अनेकानेक सामाजिक दबावों से विगलित मन ऊर्मियाँ बार-बार तरंगित होती हैं। यदि राम संसार के सारे कालुष्य से सर्वथा परे, अनाविल, अविमुक्त परमात्मा के अंश मात्र बन कर रह जाते तो उनमें आकर्षण नहीं रह जाता।

राम मनुष्य हैं, इसलिए सब उनसे प्रेम करते हैं और वे सब से प्रेम करते हैं। वाल्मीकि कहते हैं कि राम एक बार सामने आ जायें, तो लोग अपनी आँखें उन पर से हटा नहीं पाते, वे चले जायें, तभी लोगों की दृष्टि उन्हीं की ओर लगी रह जाती है—

नहि तस्मान्मनः कश्चिच्चक्षुषी वा नरोत्तमात्।
नरः शक्नोत्यपाक्रष्टुमतिक्रान्तेऽपि राघवे।।

(वा.रा. 2.15.10)

जो राम को नहीं देख पाता, और राम जिसको न देख पाते, वह अपने को सब लोकों में निन्दित समझता और उसका अन्तःकरण उसे कचोटता रहता है—

यश्च रामं न पश्येत्तु यं च रामो न पश्यति।
निन्दितः सर्वलोकेषु स्वात्माप्येनं विगर्हते।।

अयोध्या वहीं है, जहाँ राम हैं। इसीलिए राम अयोध्या छोड़ कर वन के लिए निकलते हैं, तो लोग सड़कों पर आ जाते हैं और राम के साथ चल देते हैं। राम के लिए अपने प्रेम के कारण वे हमारे इतिहास का पहला असहयोग आन्दोलन कर बैठते हैं।

राघव के द्वारा धनुष पर बाण खींचते ही पृथ्वी और आकाश गिरने से लगे, पर्वत काँप उठे, अन्धकार ने जगत् को छा लिया, दिशायें प्रकाशित नहीं हो सकीं, सरोवर और नदियाँ क्षुब्ध हो उठे, चन्द्रमा और सूर्य नक्षत्रों में गड्डमगड्ड हो गये, आकाश में अन्धकार के बीच सैकड़ों उल्काएँ कौंध उठीं, अन्तरिक्ष से प्रचण्ड घोष तथा आघात के साथ हवाएँ चलने लगीं, उन्होंने बादलों को उड़ाते हुए पर्वत-शिखरों को तोड़-फोड़ डाला।

सामान्य जनता में राम के लिए ऐसा अनुराग इसलिए है कि राम जन जन के प्रति अपनी गहरी संवेदनशीलता और अथाह करुणा रखते हैं। हनुमान जब सीता से अशोकवाटिका में मिल कर आते हैं और राम को सीता का सन्देश बताते हैं, तो राम समझ नहीं पाते कि हनुमान का वे बदले में क्या उपकार कर सकते हैं। पर तुरत वे सँभल जाते हैं और कहते हैं कि हे हरि (वानर) तुमने जो मेरा उपकार किया, वह मेरे ही शरीर के भीतर जीर्ण हो जाये, क्योंकि जो व्यक्ति उपकारी के प्रत्युपकार करने की बात करता है, वह यह मानता है कि उपकारी पर भी तो कभी विपत्ति आयेगी—

मय्येव जीर्णतां यातु यत् त्वयोपकृतं हरे।
नरः प्रत्युपकारार्थी विपत्तिमभिकाङ्क्षति।।

जीर्ण होने का अर्थ है पच जाना। राम यह कह रहे हैं कि तुमने जो उपकार किया उसकी याद मेरी चेतना में पकती रहेगी, पर उसके बदले तुम्हारे लिए मुझे कुछ करना है—यह मैं नहीं सोचूँगा।

यह संवेदनशीलता और मानवीयता की पराकाष्ठा है। आम तौर पर यदि कोई हमारा उपकार करता है तो हम सोचते हैं कि बदले में हम भी उसका उपकार करेंगे। हम यह भूल जाते हैं कि उपकार करने वाले के लिए प्रत्युपकार करने की बात मन में आते ही हम अनजाने में यह भी सोच बैठते हैं, मैं जिस तरह विपत्ति में पड़ा या मुझे इस व्यक्ति की सहायता लेनी पड़ी, उसी तरह इस पर भी विपत् आयेगी, तो मैं इसकी सहायता कर दूँगा। हम अपने उपकारी से प्रेम नहीं करते, हम उपकार का बदला प्रत्युपकार कर के चुका देना चाहते हैं। प्रेम में सौदेबाजी नहीं होती। प्रेम की निश्छलता में प्रत्युपकार की बात मन में आना भी अपने स्नेही के लिए अनिष्ट की शंका पैदा करता है।

गुणग्राहक वाल्मीकि के राम यदि पुरुष के समग्र गुणों के प्रतीक हैं, तो हनुमान उनकी सम्पूर्ण मानसिक तथा बौद्धिक क्षमता के। मात्र बल और पराक्रम का ही नहीं, मनुष्य के सम्पूण र्ा विवेक तथा नीति का भी परिचायक उनमें हुआ है। रामायण के पात्रों में वे सर्वाधिक तीक्ष्ण विचारशक्ति का परिचय देते हैं। सुग्रीव ने उनकी प्रशंसा में ठीक ही कहा है—

त्वय्येव हनुमन्नस्ति बलं बुद्धिः पराक्रमः।
देशकालानुवृत्तिश्च नयश्च नयपण्डित। –2.16.58-59

बल, बुद्धि, पराक्रम, देश और काल का ज्ञान तथा नीतिज्ञता ये सारे गुण एक साथ हनुमान में ही हैं। राम मनुष्य के सम्पूर्ण धैर्य, गाम्भीर्य, शौर्य, और विनय से युक्त हैं। पर वह मनुष्य का धैर्य धैर्य ही नहीं है, जो कभी किसी से डिग ही न सके। राम का एक रूप तब सामने आता है, जब उन्हें उनके वनवास, राज्य से च्युत तथा निर्वासित कर दिये जाने के समाचार मिलता है।

न चास्य महतीं लक्ष्मीं राज्यनाशोपकर्षति।
लोककान्तस्य कान्तत्वाच्छीतरश्मेरिव क्षपा।।
न वनं गन्तुकामस्य त्यजतश्च वसुन्धराम्।

राज्य की हानि से राम (के व्यक्तित्व) की महान् आभा में किञ्चित् भी कमी नहीं हुई थी, जिस प्रकार सम्पूर्ण लोक को अच्छे लगने वाले चन्द्रमा की आभा में रात्रि के द्वारा कमी नहीं आ पाती। राज्य को छोड़ कर वन जाने की इच्छा वाले राम में अलौकिक व्यक्ति के समान चित्त का विकार लक्षित नहीं किया जा सकता था।

सौहार्द की परम सीमा पर पहुँच कर भी राम व्यवहार और नीति का सदा ध्यान रखते हैं। कब किससे कैसे बोलना है—यह वे जितनी अच्छी तरह समझते हैं, उतना रामायण की पात्रावली में अन्य कोई नहीं। राम और लक्ष्मण के चरित्र में यहीं अन्तर है, राम देशकालज्ञ अधिक हैं, वे बिगड़ी हुई बात को सँभालना जानते हैं। वनवास का समाचार सुनाने के लिए कैकेयी और विषण्ण दशरथ के समक्ष बुलाये जाने पर वे जिस सधे हुए अविचलित ढंग से कैकेयी से बात करते हैं उसमें शिष्टता, विनय और मृदुलता के साथ परिस्थिति का बोध और व्यावहारिक चातुर्य भी कम नहीं हैं। कहाँ एकदम चुप रहना है—यह राम से अधिक अच्छी तरह कोई नहीं समझता।

राम के राज्याभिषेक का निर्णय दशरथ ने त्वरा में कुछ जटिल स्थितियों के बीच लिया। राम को इन स्थितियों का आभास है।

अगले दिन राम का राज पद पर अभिषेक होने वाला है। पिता दशरथ उन्हें एकान्त में बुलाते हैं और समझाते हैं—

श्वस्त्वाहमभिषेक्ष्यामि यौवराज्ये परंतप।
सुहृदश्चाप्रमत्तास्त्वां रक्षन्त्वद्य समन्ततः।।
भवन्ति बहुविघ्नानि कार्याण्येवंविधानि हि।
विप्रोषितश्च भरतो यावदेव पुरादितः।
तावदेवाभिषेकस्ते प्राप्तकालो मतौ मम।।
कामं खलु सतां वृत्ते भ्राता ते भरतः स्थितः।
ज्येष्ठानुवर्ती धर्मात्मा सानुक्रोशो जितेन्द्रियः।।
किन्तु चित्तं मनुष्याणामनित्यमिति मे मतम्।। **–वा.रा. 2.4.22-27**

(हे परन्तप, कल मैं युवराजपद पर तुम्हारा अभिषेक कर दूँगा। तुम्हारे हितैषी अब सावधान होकर तुम्हारी रक्षा करें। क्योंकि इस प्रकार के कार्य में विघ्न वाधाएँ होती ही हैं। जब तक भरत इस नगर के बाहर है, तब तक ही तुम्हारा अभिषेक हो जाये—यह मैं चाहता हूँ। यद्यपि तुम्हारे भाई भरत भले लोगों के मार्ग पर चलने वाले हैं, बड़ों का कहना मानने वाले धर्मात्मा, उदार तथा जितेन्द्रिय भी वे हैं, फिर भी मैं यहीं समझता हूँ कि मनुष्यों का चित्त अस्थिर होता है।)

राम दशरथ के संकेत समझ रहे हैं, पिता की विवशताएँ समझ रहे हैं। वे एकदम चुप भी हैं—**समुद्र इव गाम्भीर्ये धैर्येण हिमवानिव।** उनकी सागर जैसी गम्भीरता और हिमालय जैसे ध ैर्य की यह परीक्षा घड़ी है। राम के मन में विकट द्वन्द्व है, पर पिता से उसे कहने से तो कोई प्रयोजन सिद्ध न होगा। पिता प्रजा की इच्छा का पालन कर रहे हैं, राजधर्म का पालन कर रहे हैं।

राम को विदित है कि उनके पिता ने कैकेयी से राज्यशुल्क दे कर विवाह किया। राज्यशुल्क का अर्थ है—यह वचन कि कैकेयी से होने वाला पुत्र ही राजपद का अधिकारी होगा। राज्यशुल्क देते समय दशरथ ने यह नहीं सोचा था कि तीनों रानियों से उन्हें पुत्र प्राप्ति होगी और प्रजा ज्येष्ठ पुत्र राम को ही राजा के रूप में चाहेगी।

वनवास के लिए प्रस्थान करते समय राम के मन में सबसे बड़ी चिन्ता है अपनी माता कौसल्या की। कौसल्या और सुमित्रा दोनों रानियाँ उपेक्षिताएँ हैं, राम को आशंका होती है कैकेयी और भरत के राज्य में उनका भरणपोषण तक भी ठीक से होगा या नहीं। राम राजकुल में व्याप्त खोखलेपन तथा पद लिप्सा से अवगत हैं, तथा उनके कुपरिणामों से चिन्तित भी। राम के वनवास की सूचना पा कर माता कौसल्या तो स्वयं बहुत करुणाकुल हो कर उनके आगे अपनी आशंकायें व्यक्त करने लगती हैं। राजमहल की ऊपरी चकाचौंध के भीतर छिपा सौतिया डाह, पारस्परिक वैमनस्य तथा एक पुरुष की अनेक पत्नियाँ होने पर उनके उपेक्षित जीवन की विडम्बना को राम समझ रहे हैं। वे राम अपनी माँ की आशंकाओं के पीछे निहित वस्तुस्थिति को जान रहे हैं। तभी तो अपने साथ चलने को उद्यत लक्ष्मण से व्यावहारिकता की अपनी सम्पूर्ण समझ के साथ वे कहते हैं—

मयाद्य सह सौमित्रे त्वयि गच्छति तद्वनम्।
को भोजयिष्यति कौसल्यां सुमित्रां वा यशस्विनीम्।
सा हि राज्यमिदं प्राप्य नृपस्याश्वपतेः सुता।
दुःखितानां सपत्नीनां न करिष्यति शोभनम्।।
न स्मरिष्यति कौसल्यां सुमित्रां च सुदुःखिताम्।
भरतो राज्यमासाद्य कैकेयीं पर्यवस्थितः।। –2.28.2-4

(हे लक्ष्मण, यदि तुम भी मेरे साथ चले जाओगे, तो कौसल्या या सुमित्रा की देख-रेख कौन करेगा? राज्य को पाकर राजा अश्वपति की बेटी (कैकयी) अपनी दुखियारी सौतों का कोई भला नहीं करेगी। भरत भी राज्य पाकर कैकयी के ओर ध्यान रखते हुए कौसल्या या सुमित्रा का स्मरण नहीं करेंगे।)

बाद में, जब दशरथ के नहीं रहते, और राम को वापस लाने के लिए भरत आते हैं, तो राम भरत को समझाने के लिए पुराना प्रसंग उठाते हैं।

पुरा भ्रातः पिता नः स मातरं ते समुद्वहन्।
मातामहे समाश्रौषीद् राज्यशुल्कमनुत्तमम्।। –2.99.3

(हे भाई, बहुत पहले जब हमारे पिता ने तुम्हारे माता से विवाह किया था, उस समय उन्होंने तुम्हारे मातामह से विवाहशुल्क के रूप में (कैकेयी के सन्तान को) राज्य देने का वचन दिया था।)

कौसल्या की यह आशंका एक स्त्री की कातरता मात्र नहीं है। यह रानी के जीवन का कटु यथार्थ है। राम भी अपनी माँ की आशंकाओं के पीछे निहित वस्तुस्थिति से अपरिचित नहीं है। अपने साथ चलने को उद्यत लक्ष्मण को कहते हैं–

मयाद्य सह सौमित्रे त्वयि गच्छति तद्वनम्।
को भोजयिष्यति कौसल्यां सुमित्रां वा यशस्विनीम्।
सा हि राज्यमिदं प्राप्य नृपस्याश्वपतेः सुता।
दुःखितानां सपत्नीनां न करिष्यति शोभनम्।।
न स्मरिष्यति कौसल्यां सुमित्रां च सुदुःखिताम्।
भरतो राज्यमासाद्य कैकेयीं पर्यवस्थितः।। –2.28.2–4

(हे लक्ष्मण, यदि तुम भी मेरे साथ चले जाओगे, तो कौसल्या या सुमित्रा की देख-रेख कौन करेगा? राज्य को पाकर राजा अश्वपति की बेटी (कैकेयी) अपनी दुःखिया सौतों का कोई भला नहीं करेगी। भरत भी राज्य पाकर कैकयी के ओर ध्यान रखते हुए कौसल्या या सुमित्रा का स्मरण नहीं करेंगे।)

राम की ये आशंकाएँ बनवास में भी उनका पीछा करती हैं। भरत की सदाशयता से परिचित होने के कारण जहाँ कभी-कभी वे अपने मन को इस विचार से आश्वस्त करना चाहते हैं कि अयोध्या में सब कुछ ठीक ही होगा, और भरत पिता दशरथ सहित सभी माताओं का बराबर ध्यान रखते ही होंगे। (2.41.5-6)

पर अनेक बार अपने परिवार की विघटन की दुःखदायी स्मृतियाँ उनके मन में भय तथा त्रास उत्पन्न करती हैं–

ध्रुवमद्य महाराजो दुःखं स्वपिति लक्ष्मण।
कृतकामा तु कैकेयी तुष्टा भवितुमर्हति।।
सा हि देवी महाराजं कैकयी राज्यकारणात्।
अपि न च्यावयेत् प्राणान् दृष्ट्वा भरतमागतम्।।
अनाथश्च हि वृद्धश्च मया चैव विनाकृतः।
किं करिष्यति धर्मात्मा कैकेयीवशमागतः।।
इदं व्यसनमालोक्य राज्ञश्च मतिविभ्रमम्।

काम एवार्थधर्माभ्यां गरीयानिति मे मतिः।।
अपीदानीं तु कैकेयी सौभाग्यमदमोहिता।
कौसल्यां च सुमित्रां च सा प्रबाधेत मत्कृते।। –2.46.6-15

(हे लक्ष्मण, निश्चय ही महाराज अब बहुत दुःखी रहते होंगे तथा कृतकामा कैकेयी अब सन्तुष्ट होंगी। भरत के आने के बाद कैकेयी राज्य के कारण कहीं महाराज के प्राण ही न ले लें। अनाथ, वृद्ध तथा मुझसे वियुक्त वे कामी राजा कैकेयी के वश में आकर कर ही क्या सकेंगे? इस विपत्ति तथा राजा के बुद्धि विपर्यय को देख कर यही सोचता हूँ कि अर्थ तथा ध र्म से काम ही अधिक बलवान् है। मेरे कारण कहीं कैकेयी अपने सौभाग्य के मद से मोहित होकर कौसल्या और सुमित्रा को कष्ट न पहुँचाये।)

यदि राम संसार के सारे कालुष्य से सर्वथा परे, अनाविल, अविमुक्त परमात्मा के अंश मात्र बन कर रह जाते तो उनमें आकर्षण नहीं रह जाता, और तब वाल्मीकि उनके विषय में कैसे कह पाते–

नहि तस्मान्मनः कश्चिच्चक्षुषी वा नरोत्तमात्।
नरः शक्नोत्यपाक्रष्टुमतिक्रान्तेपि राघवे। –2।15।10।।
यश्च रामं न पश्येत्तु यं च रामो न पश्यति।
निन्दितः सर्वलोकेषु स्वात्माप्येनं विगर्हते।।

(राम के सामने से गुजर जाने पर भी कोई व्यक्ति उस पुरुष श्रेष्ठ से आँखें हटा नहीं पाता था। जो राम को नहीं देख पाता, और राम जिसको न देख पाते, वह अपने को सब लोकों में निन्दित समझता और उसका अन्तःकरण उसे कचोटता रहता है।)

इस प्रकार रामायणकाल में एक ओर तो मर्यादा, सनातन धर्म तथा प्रचलित पद्धति के पक्षधरों का लोकायतिकों तथा तार्किकों से द्वन्द्व चला आ रहा था, दूसरी ओर क्षत्रिय संस्था का अहिंसावादियों से भी वैचारिक संघर्ष था। बौद्ध तथा जैन धर्मों के उदय के पूर्व भी अहिंसा व्यापक जीवनमूल्य के रूप में विचारकों के एक वर्ग में स्वीकारी गयी थी। पर जीवन में सर्वत्र उसे आरोपित किया जाना व्यवहार के स्तर पर ग्राह्य नहीं हो सकता। इसलिए हिंसा-अहिंसा को लेकर जो द्वन्द्व युग के मानस में था, उसकी छाया रामायणकार में मिलती थी। वनवास के समय सीता द्वारा राम के प्रति कहे गये एक संवाद में इसकी झलक मिलती है। शास्त्रधारण को भी अनुचित मानने वाले अहिंसावादियों का पक्ष लेती हुई सीता कहती हैं "काम से उत्पन्न व्यसन से निवृत्त व्यक्ति ही धर्म को पा सकता है, तथा काम से होने वाले तीन ही व्यसन है–मिथ्यावचन, परस्त्रीगमन तथा शत्रुता की भावना। प्रथम दो को तो आप में कोई सम्भावना है ही नहीं, तीसरा दूसरे प्राणियों की हिंसा करने का व्यसन आप में सम्भव हो सकता है। मैं स्नेह तथा सम्मान की भाव से आपको मात्र स्मरण दिलाती हूँ, शिक्षा नहीं देती कि आप धनुष धारण करके बिना वैर दण्डकारण्य के राक्षसों का वध करने का विचार न करें। कहाँ शस्त्रधारण

तथा कहाँ वनवास? यह परस्पर विरोधी हैं, अतः आप तो (वनवास के) देशधर्म का पालन करें। शस्त्र के तो साहचर्य से ही कलुषित बुद्धि उत्पन्न होती है।" (3.8.2.24)

इसके आगे सीता ने एक मुनि का दृष्टान्त भी दिया है, जो इन्द्र के द्वारा धरोहर के रूप में अपने पास रखे गये शस्त्र की रक्षा करते रहने के कारण ही कलुषित बुद्धि वाला हो गया था और नरक में गया। इस प्रकार अहिंसावादियों की यह सम्प्रदायगत धारणा थी कि शस्त्र का स्पर्श भी दूषित करने वाला है। राम ने सीता के मत का दृढ़तापूर्वक खण्डन करते हुए कहा–

क्षत्रियैर्धार्यते चापो नार्तशब्दो भवेदिति। –3.9.3

लोकायतिकों के प्रहार के विरुद्ध वेदपाठी ब्राह्मणों ने कड़ा मोर्चा लिया। रामायणकार ने इन ब्राह्मणों के सूक्ष्म चित्र अंकित किये हैं। राम को मर्यादा तथा वैदिक परम्परा का पक्षधर जान कर वे वनवास के समय उनका अनुगमन करते हुए कहते हैं–

ब्राह्मण्यं कृत्स्नमेतत् त्वां ब्रह्मण्यमनुगच्छति।
द्विजस्कन्धाधिरूढास्त्वामग्नयोऽप्यनुयान्त्वमी।।
वाजपेयसमुत्थानि छत्राण्येतानि पश्य नः।
पृष्ठतोऽनुप्रयातानि हंसानीव जलात्यये।।
अनवाप्तातपत्रस्य रश्मिसन्तापितस्य ते।
एभिश्छायां करिष्यामः स्वैश्छत्रैर्वाजपेयकैः।।
या हि नः सततं बुद्धिर्वेदमन्त्रानुसारिणी।
त्वत्कृते सा कृता वत्स वनवासानुसारिणी।। –2।40।122

(ब्राह्मणों का यह सारा समाज तुम्हारे पीछे आ रहा है। द्विजों के स्कन्ध पर विराजमान यज्ञ की ये अग्नियाँ भी तुम्हारे साथ आ रही हैं। वाजपेय से उत्थित हमारे ये छत्र देखो, जो वर्षा के चले जाने पर उसके पीछे जाने वाले हंसों के समान तुम्हारे पीछे आ रहे हैं। जंगल में धूप से तुम्हारे सन्तप्त होने पर हम इन वाजपेय छत्रों से तुम पर छाया करेंगे। निरन्तर वेदमन्त्रों का अनुसरण करने वाली अपनी बुद्धि को हमने अब तुम्हारे कारण वनवासानुसारिणी बना लिया है।) ऐसे ब्राह्मणों का सम्मान समाज इसलिए करता था कि वे वेद की पवित्र धरोहर की रक्षा इस प्रकार करते थे कि जिस प्रकार सद्गृहस्थ अपनी पत्नी की–

हृदयेष्ववतिष्ठन्ते वेदा ये नः परं धनम्।
वसन्त्यपि गृहेष्वेव दाराश्चारित्ररक्षिताः।। –2.40.23।।

समाज में इस प्रकार सम्मानित होकर ये ब्राह्मण, अकर्मण्य, आलसी और पेटू हो रहे थे तथा वेद कण्ठस्थ करने के अतिरिक्त और कोई कार्य वे नहीं कर पाते थे। राम ने इसलिए इस सम्बन्ध में कहा है–

पशुकाभिश्च सर्वाभिर्गवां दशशतेन च।
ये चेमे कठकलापा बहवो दण्डमाणवाः।

नित्यस्वाध्यायशीलत्वान्नान्यत्कुर्वन्ति किञ्चन।।
अलसाः स्वादुकामाश्च महतां चापि सम्मताः।
तेषामशीतियानानि रत्नपूर्णानि दापय।।

प्रजा राम के लिए इसी कारण से कातर हो कर उनका अनुगमन करती है, उसमें भी वेदज्ञ ब्राह्मण सबसे आगे हैं—

ते द्विजास्त्रिविधं वृद्धा ज्ञानेन वयसौजसा।
वयः प्रकम्पशिरसो दूरादूचुरिदं वचः।।
वहन्तो जवना रामं भो भो जात्यास्तुरंगमाः।
निवर्तध्वं न गन्तव्यं हिता भवत भर्तरि।।
उपवाह्यस्तु वो भर्ता नापवाह्यः पुराद्वनम्।
एवमार्तप्रलापांस्तान् वृद्धान् प्रलपतो द्विजान्।।
अवेक्ष्य सहसा रामो रथादवततार ह।
पद्भ्यामेव जगामाथ ससीतः सह लक्ष्मणः।। –2.40.12-16

राम को रथ पर जाता देखकर वृद्ध ब्राह्मण पुकारते हुए उनके पीछे दौड़ते हैं, राम उन्हें देखकर हड़बड़ी में उतर कर सीता और लक्ष्मण के साथ पैदल चलने लगते हैं। राम के इस थोड़े से शिष्टाचार से सारा प्रसंग बदल जाता है।

त्रिजट नामक ब्राह्मण का प्रसंग इसका बड़ा सुन्दर उदाहरण है। 'गार्ग्य गोत्र में उत्पन्न त्रिजट नामक ब्राह्मण वन में फाल, कुदाल और हल से किसी प्रकार जीविका चलाता था। एक बार उसकी तरुणी भार्या ने दरिद्रता से खिन्न होकर सारे बाल-बच्चों को उसके आगे ले जाकर (उसके भरण-पोषण के लिए) राम के पास जाने की सलाह दी। पत्नी के वचन सुनकर वह अपनी फटी हुई धोती से किसी प्रकार शरीर को ढ़ककर राम से मिलने के लिए चल पड़ा। राम को उसने अपना दुःख बतलाया। राम ने परिहास में यह कहने पर की अपनी लाठी को जितनी दूर तक फेंकोगे, उतनी गायें दी जायेंगी—किस प्रकार अपनी धोती को कमर से बाँधकर हड़बड़ी से प्राणों का पूरा वेग लगा कर उस ब्राह्मण ने लाठी को दूर तक फेंका—इस विवरण से वाल्मीकि की लोकजीवन में पैनी दृष्टि प्रकट हुई है।

यहाँ वाल्मीकि का तात्पर्य राम को वस्तुतः संसार की भावनाओं से सर्वथा अछूता और परे दिखाने का नहीं है। वे संसार के राग-अनुराग से रहित नहीं हैं। अपने माता-पिता, प्रजा के स्नेही जन, अत्यन्त प्रिय पत्नी और अनुगत भाई इन सब को छोड़ कर निर्वासित जीवन बिताने की बात से राम के चित्त में कोई विक्रिया उत्पन्न ही नहीं हुई हो, ऐसा भी नहीं है। वाल्मीकि का तो कहना इतना है कि राम के व्यक्तित्व की शालीनता और संयम के कारण उनके चित्त की विक्रिया लक्षित नहीं की जा सकी। यह राम का एक रूप है। राज्याभिषेक के समय राजकुल की स्थितियाँ असामान्य हैं, जिन्हें ऊपर-ऊपर से सामान्य प्रदर्शित किया जा रहा है। राम इन सारी

स्थितियों की गम्भीरता को समझ रहे हैं, पर वे स्वयं न तो कुछ कह सकते हैं, न कर सकते हैं। कैकेयी जब उन्हें बताती है कि पिता ने तुम्हें वनवास दिया है, तो वे सारी स्थिति भाँप लेते हैं, उनके मन से एक ओर तो एक बड़ा बोझ हट जाता है, वे प्रसन्न हैं। पर दूसरी ओर उन्हें अलग तरह की चिन्ताएँ घेर लेती हैं। पर राम तो "समुद्र इव गाम्भीर्ये धैर्येण हिमवानिव" हैं, कोई भाँप ही नहीं सकता कि उनके भीतर क्या चल रहा है। पर यह भी सत्य है कि राम एक कोमल हृदय के मनुष्य हैं। उनके हृदय की आशंका,भय और शोक विह्वलता उस समय फूट पड़ती, जब वे कौसल्या और सीता से विदा लेने के लिए जाते हैं। आदिकवि कहते हैं—

रामस्तु भृशमायस्तो निःश्वसन्निव कुञ्जरः।
जगाम सहितो भ्राता मातुरन्तःपुरं वशी।। —2.17.1
मातरं राघवः किञ्चित् प्रसार्याञ्जलिमब्रवीत्।
स स्वभावविनीतश्च गौरवाच्च तदानतः।।
देवि नूनं न जानीषे महद्भयमुपस्थितम्।
इदं तव च दुःखाय वैदेह्या लक्ष्मणस्य च।। —2.17.13.14

(लम्बी साँस छोड़ते हाथी के समान दुःखी राम ने माता के अन्तःपुर में प्रवेश किया। स्वभाव से ही विनीत तथा माता के गौरव से आनत उन्होंने अँजलि बाँधकर माता से कहा—हे देवि, आप नहीं जानती कि आपके, सीता और लक्ष्मण के दुःख के लिए कितना बड़ा भय उपस्थित है।)

कौसल्या की वृद्धावस्था, पुत्रस्नेह और कोमल हृदय को देखते हुए राम को अपने निर्वासन का समाचार उन तक पहुँचाने में और उन्हें समझाने में आन्तरिक कष्ट हुआ। सीता के समीप वनवास का समाचार लेकर जाते समय राम के संयम और धैर्य के भीतर निहित मृदुल वृत्तियाँ और भी चंचल हो उठती हैं। इसके बाद राम ने चिन्ता से मुख झुकाये हुए अपने भवन में प्रवेश किया। उनको आया जान सीता हड़हबड़ा उठीं और काँपते हुए उसने शोकाकुल तथा चिन्तित अपने पति को देखा। राम का मुख फीका पड़ा हुआ था तथा उसका रंग उड़ गया था। वे पसीने से तरबतर लग रहे थे। सीता ने दुःख से सन्तप्त होकर पूछा—हे प्रभो, यह क्या हुआ? इस प्रकार विलाप करती हुई उस सीता से राम ने कहा—हे सीते, श्रीमान् पिता ने मुझे वनवास दिया है...। (2.23.5-18)

किन्तु राम के जीवन की करुणतम परिस्थिति उस समय सामने आती है, जब वे प्रस्थान से पूर्व दशरथ से अनुरोध करते हैं।

इयं धार्मिककौसल्या मम माता यशस्विनी।
वृद्धा चाक्षुद्रशीला च न च त्वां देव गर्हते।।
मया विहीनां वरद प्रपन्नां शोकसागरम्।
अदृष्टपूर्वव्यसनां भूयः संमन्तुमर्हसि।। —2.33.97-18

(हे धार्मिक पिता, यह मेरी यशस्विनी माता कौसल्या उत्तम शील वाली है, यह अब वृद्ध हो गयी हैं।

और इसने आपका कभी भी असम्मान नहीं किया। मेरे बिना शोकसागर में डूबती तथा पहली बार ऐसी घोर विपत्ति का सामना करने वाली इसको आप फिर से सम्मानित करें।)

घनघोर विपत्ति में विवश और असहाय मनुष्य की चेष्टाओं और कथनों में प्रायः उसका अब तक का अनदेखा चेहरा सामने आ जाता है। ऐसी असहाय स्थितियों का अनुभव राम ने न किया हो ऐसा नहीं है। जंगल में सीता को विराध राक्षस के द्वारा पकड़ लिए जाने पर राम अपने को विवश पाकर अपने आक्रोश तथा खीझ को एकदम दूसरे ही सन्दर्भ से जोड़कर प्रकट करते हैं–"हे सौम्य लक्ष्मण, देखो तो राजा जनक की पुत्री और शुभ आचरण करते वाली मेरी भार्या को विराध ने किस तरह अपने अंक में दबा लिया है।... अब तुरन्त ही वही होने वाला है, जो कैकेयी हमारे लिए चाहती थी, वह दीर्घदर्शिनी केवल राज्य से सन्तुष्ट नहीं हो सकी, उसने सबको प्रिय लगने वाले मुझे भी वन में भिजवा दिया... आज वह मेरी मध्यम माता सकाम हो। हे लक्ष्मण, सीता को परपुरुष स्पर्श करे–इससे बढ़कर संसार की दुःखदायक बात मेरे लिए और कोई नहीं हो सकती, पिता की मृत्यु और राज्यहानि भी उतने दुःख के विषय नहीं हैं।" (वही, 3.2.14-19) सीता के प्रति प्रेम और पति के रूप में उसके लिए चिन्ता के कारण यहाँ राम विह्वल हो गये हैं। वस्तुतः राम के मन में कैकेयी के लिए पूर्ण सद्भावना है, और उससे उन्हें कोई शिकायत नहीं रही, पर इस दारुण संकट में अपने को पूर्ण असमर्थ पाकर राम आपे में न होने से ऐसा कह जाते हैं। अपनी प्रिय पत्नी को अपने देखते ही देखते कोई घसीट कर ले जाये–इससे बढ़कर मर्मान्तक कचोट किसी भारतीय पुरुष के लिए और कुछ नहीं हो सकती, और उस परिस्थिति में वह कुछ ऐसा भी कह दे, जिस पर वह स्वयं विश्वास नहीं करता, तो वह स्वाभाविक ही है।

परिस्थितियों के दारुण वात्याचक्र में वाल्मीकि के राम के जीवन में ऐसे क्षण भी अनेक बार आते हैं, जब वे अपने को पराजित और टूटा हुआ अनुभव करते हैं, पर हर बार वे अपनी संकल्पशक्ति और महती जिजीविषा के द्वारा अपनी दुर्बलता से उबरने में समर्थ होते हैं। इस प्रकार की परिस्थितियों में ही मनुष्य अपनी सामर्थ्य, संकल्प और सीमाओं को पहचानता है और सीमाओं का अतिक्रमण भी करता है। विराध के प्रसंग में लक्ष्मण राम को सँभाल लेते हैं। पर लक्ष्मण के समक्ष भी कबन्ध के द्वारा पकड़ लिए जाने पर विकट परिस्थिति आती है। वे राम से कहते हैं–"हे वीर, इस राक्षस की पकड़ में जकड़े हुए मुझे देखो, तुम मुझे यहीं छोड़कर इसके लिए बलि देकर यहाँ से भाग जाओ। मैं समझता हूँ कि सीता तुमको शीघ्र मिल जायेगी। हे राम, पिता और पितामहों के अपने देश में पहुँच कर कभी मुझे भी स्मरण कर लिया करना।" (3.69.38) यहाँ राम लक्ष्मण को आश्वस्त करते हैं। वाल्मीकि के पात्र विपत्ति के वात्याचक्र में इसी प्रकार लड़खड़ाते हैं और सँभलते हैं। यहीं उनकी मनुष्यता है। वाल्मीकि मनुष्य के मन की अतल गहराइयों की थाह लेते हैं। वे उसकी लघुता तथा सीमाओं को समझते हैं, पर वे उन तक रुक नहीं जाते।

शोकश्च किल कालेन गच्छता ह्यपगच्छति।
मम चापश्यतः कान्तामहन्यहनि वर्धते।। –6.5.4

लोगों के शोक का समय बीतने के साथ धीरे-धीरे कम होता जाता है, मेरा शोक सीता को न पाकर प्रतिदिन बढ़ता ही जा रहा है।

वाहि वात यतः कान्ता तां स्पृष्ट्वा मामपि स्पृश।
त्वयि मे गात्रसंस्पर्शश्चन्द्रे दृष्टिसमागमः।। –6.5.6

हे वायु, तुम उसी स्थान पर जाकर बहो, जहाँ सीता है, और उसे छूकर मुझे छूओ। तब मेरे देह में तुम्हारा स्पर्श चन्द्रमा में दृष्टि मिल जाने जैसा होगा।

वियोगी राम के लिए सीता की एक झलक पाने का और कोई माध्यम नहीं है, केवल हवा के लिए ही वे यह कल्पना कर के आश्वासन पाना चाहते हैं कि वह सीता के शरीर को छूकर आयी है। सीता उनके लिए आकाश में स्थित चन्द्रमा की तरह दूर है, चन्द्रमा को पाया नहीं जा सकता, उसकी केवल झलक पायी जा सकती है। उसी तरह राम हवा में सीता की झलक को महसूस कर लेना चाहते हैं।

दुष्करं कुरुते रामो हीनो यदनया प्रभुः।
धारयत्यात्मनो देहं न दुःखेनावसीदति।।5।14।27।।
बस्वेतत् कामयानस्य शक्यमेतेन जीवितुम्।
यदहं सा च वामोरुरेकां धरणिमाश्रितौ।।
केदारस्येव केदारः सोदकस्य निरूदकः।
उपस्नेहेन जीवामि जीवन्तीं यच्छृणोमि ताम्।।6।5।10-11।।

कामना के इस असह्य उत्ताप के बीच केवल यही सोच कर जीवित रहा जा सकता है कि मैं और सीता–हम दोनों इसी एक धारा पर विद्यमान हैं। घोर अन्धकार के बीच प्रकाश की काँपती रेख का, राशि-राशि सन्ताप के बीच आश्वासन का–वाल्मीकि ने जिस सहज प्रकृति रूप में यहाँ अविष्कार किया है, वह कोई छोटे-मोटे कवि का कार्य नहीं, वह किसी कवि का भी कार्य नहीं, अपितु उस कवि प्रजापति का कार्य है, जिसने भारतवर्ष में सहस्र कवियों को जन्म दिया और जिलाया है। वाल्मीकि ने राम के इस कथन में प्रणय की नितान्त निजी और सुकुमार भावना को विराट मनुष्यता की निस्सीम परिधि में विस्तीर्ण कर दिया है। साथ ही आगे की इस उक्ति–'जैसे एक सूखी क्यारी अपने साथ ही सींची गयी क्यारी से जुड़ कर जी जाती है, वैसे ही मैं जी उठूँगा, यदि यह सुन पाऊँ की वह (सीता) जीवित है'–में वाल्मीकि ने विराट् मनुष्यता को हृदय की सुकुमार सहज निश्छल भावना के भीतर समा लिया है।

मेघनाद के अस्त्र से घायल लक्ष्मण मूर्च्छित अवस्था में जीवन और मरण के संशय में झूल रहे हैं। यहाँ भी छोटे भाई के स्नेह के कारण राम कातर हो उठते हैं। चरम हताशा में भर कर वे कहते हैं–

अस्मिन् मुहूर्ते सुग्रीव प्रतियातुमितोऽर्हसि।
मत्वा हीनं मया राजन् रावणोऽभिद्रवेद् बली।।

अङ्गदं तु पुरस्कृत्य ससैन्यः ससुहृज्जनः।
सागरं तर सुग्रीव पुनस्तेनैव सेतुना।।
कृतं हनुमता कार्यं यदन्यैर्दुष्करं रणे।
ऋक्षराजेन तुष्यामि गोलाङ्गुलाधिपेन च।।
अङ्गदेन कृतं कर्म मैन्देन द्विविदेन च।
युद्धं केसरिणा संख्ये घोरं सम्पातिना कृतम्।।
गवयेन गवाक्षेन शरभेन गजेन च।
अन्यैश्च हरिभिर्युद्धं मदर्थे त्यक्तजीवितैः।।
न चातिक्रमतुं शक्यं दैवं सुग्रीव मानुषैः।
यत्तु शक्यं वयस्येन सुहृदा वा परन्तप।।
मित्रकार्यं कृतमिदं भवद्भिर्वानरर्षभाः।
अनुज्ञाता मया सर्वे यथेष्टं गन्तुमर्हथ।।
शुश्रुवुस्तस्य ते सर्वे वानराः परदेवितम्।
वर्तयाञ्चक्रुरश्रूणि नेत्रैः कृष्णेतरेक्षणाः।।
ततः सर्वाण्यनीकानि स्थापयित्वा विभीषणः।
आगजाम गदापाणिस्त्वरितो यत्र राघवः।। —6.30.23-31

('हे सुग्रीव, कृपा कर के तुम अब यहाँ से चले जाओ। मैं रहूँगा नहीं, तो रावण तुम पर आक्रमण कर सकता है। अंगद और सारी सेना के साथ उसी सेतु से तुम सागर पार करके वापस लौट जाओ। हनुमान ने वह कार्य कर दिखाया, जो संग्राम में और कोई नहीं कर सकता था। जाम्बवान आदि से भी मैं सन्तुष्ट हूँ। अंगद, मैन्द-द्विविद आदि सभी ने घोर युद्ध किया, अन्य कई वानरों ने मेरे कारण प्राण गँवाये। एक मित्र जो अपने मित्र के लिए कर सकता है, वह सब आप लोगों ने मेरे लिए किया, अब आप लोग मेरा अनुरोध स्वीकार कर यहाँ से लौट जायें।' राम का इस प्रकार विलाप सुनते वानरों की आँखों से अश्रु बहने लगे। उसी समय सारी अस्त-व्यस्त सेना को व्यवस्थित कर गदापाणि विभीषण शीघ्रता पूर्वक वहाँ आये।)

अतः वाल्मीकि की कथा में राम के द्वारा सीता का निर्वासन सीता के लिए उनके मन में प्रेम की कमी या उपेक्षा भाव का परिचायक नहीं माना जाना चाहिये। यह कहा जा सकता है कि राम अपने कुल की मर्यादा और राजधर्म की मर्यादा के अनुसार एक बड़े धर्म की रक्षा के लिए स्वयं को दुःख देते हैं। अपने से अभिन्न सीता को भी उतना ही दुःख वे देते ही हैं।

वाल्मीकि की रचना में राम के चरित्र की एक दुर्लभ विशेषता एकनिष्ठ दाम्पत्य, एकपत्नीव्रत और सीता के प्रति अनन्य सामान्य अनुराग है। सीता के प्रति असाधारण अनुराग के कारण उसके हर लिए जाने पर राम दुःख और क्षोभ में भर कर सारे संसार को तहस-नहस कर देने की घोषणा करने लगते हैं। अपनी विपर्यस्त मनःस्थिति में जब वे क्षत-विक्षत जटायु को सीता का हरण करने वाला राक्षस समझ कर मारने को तैयार हो उठते हैं।

दाम्पत्य के अनुभव की परिपूर्णता में स्त्री और पुरुष के अनन्य सख्य का भाव पनपता है। यह बात सीता और राम के प्रसंग में वाल्मीकि ने कई बार कही है। शशांक से रोहिणी की तरह सीता राम से मिली थी–(रोहिणी शशांकेन रामसंयोगमाप सा) वे फिर एक दूसरे से एकात्म्य का अनुभव करने लगे थे। जैसा कि राम ने वनवास के दिनों में कहा–

मयि भावो हि वैदेह्यास्तत्त्वतो विनिवेशितः।
ममापि भावः सीतायां सर्वथा विनिवेशितः।।

हनुमान, जो इन दोनों से तटस्थ हैं, वे सीता और राम, दोनों को निकट से देख चुके हैं, सीता और राम एक दूसरे के जीवन और व्यक्तित्व में गहरी परिव्याप्ति को समझते हैं–

अस्या देव्या मनस्तस्मिन् तस्य चास्यां प्रतिष्ठितम्।
तेनेयं स च धर्मात्मा मुहूर्तमपि जीवति।। –5.113.50

(इस देवी का मन उनमें और उनका मन इसमें प्रतिष्ठित है। तभी तो वे धर्मात्मा एक एक मुहूर्त कर के जीवन को धारे हुए हैं।)

रामायण राम और सीता के अनन्य प्रेम की कथा है। विवाह के पश्चात् दोनों के बीच का प्रेम धीरे धीरे बढता और परिपक्व होता गया था, वे फिर एक दूसरे से एकात्म्य का अनुभव करने लगे थे। विरही राम लक्ष्मण को अपने मन की बात बताते हुए कहते हैं–

मयि भावो हि वैदेह्यास्तत्त्वतो विनिवेशितः।
ममापि भावः सीतायां सर्वथा विनिवेशितः।।

रामायण, गीता प्रेस सं. 4.1.52

(मैंने अपना सारा मन पूरी तरह से सीता में लगा दिया, और सीता ने भी अपना सारा मन पूरी तरह से मुझ में लगा दिया था।)

राम जन-जन से ही नहीं, सृष्टि के कण-कण से एकाकार हो जाते हैं। निसर्ग के बीच पहुँच कर मनुष्य जगत् के तामसिक अन्धकार से छूट कर स्वयं को उन्मुक्त अनुभव करता है यह वे अनुभव करते हैं। वाल्मीकि अपने राम को चित्रकूट के मनोभिराम दृश्यों के बीच इसी प्रकार की मनःस्थिति में कई बार दिखलाते हैं।

राम का मन जिस तरह अयोध्या के लोगों से अपने परिवार जन से तथा सुहृज्जनों से एकाकार है, उसी तरह धरती के सौन्दर्य में भी वह रमता है। चित्रकूट में वे सीता से कहते हैं–

यावता चित्रकूटस्य नरः शृङ्गाण्यवेक्षते।
कल्याणानि समाधत्ते न पापे कुरुते मनः।। 2.48.27

(मनुष्य जैसे चित्रकूट के इन शिखरों को देखता है, मन में मंगलभावना उतरती चली जाती है, मन पाप से हट जाता है।)

चित्रकूट और दण्डकारण्य में प्रकृति की सहज सुषमा में राम ऐसे तल्लीन हो जाते हैं कि

सारे दुःख और ताप भूल जाते हैं–

न राज्याद् भ्रंशनं भद्रे न सुहृद्भिर्विनाभवः।
मनो मे बाधते दृष्ट्वा रमणीयमिमं गिरिम्।। 2.88.3

(हे भद्रे, इस रमणीय पर्वत को देख कर न तो राज्य से निर्वासित किया जाना मुझे सता रहा है न मित्रों से बिछड़ जाना ही।)

समुद्र की तरह गम्भीर राम में कहीं विनोदशीलता भी है। अयोध्या काण्ड में त्रिजट नामक ब्राह्मण का प्रसंग इसका बड़ा सुन्दर उदाहरण है। 'गार्ग्य गोत्र में उत्पन्न त्रिजट नामक ब्राह्मण वन में फाल, कुदाल और हल से किसी प्रकार जीविका चलाता था। एक बार उसकी तरुणी भार्या ने दरिद्रता से खिन्न होकर सारे बाल-बच्चों को उसके आगे ले जाकर (उसके भरण-पोषण के लिए) राम के पास जाने की सलाह दी। पत्नी के वचन सुनकर वह अपनी फटी हुई धोती से किसी प्रकार शरीर को ढककर राम से मिलने के लिए चल पड़ा। राम को उसने अपना दुःख बतलाया। राम ने परिहास में उससे कहा–अपनी लाठी को जितनी दूर तक फेंकोगे, उतनी गायें दी जायेंगी। यह सुन कर अपनी धोती को कमर से बाँधकर हड़बड़ी से प्राणों का पूरा वेग लगा कर उस ब्राह्मण ने लाठी को दूर तक फेंका।'

राम ने हँसते हुए कहा कि ब्राह्मणदेव, मैं तो हँसी कर रहा था, फिर उन्होंने त्रिजट को भरपूर धन दिया। राम के चरित्र की बड़ी विशेषता उनका लोकतान्त्रिक मन है। उन्हें अपनी वानर सेना के सामान्य से सामान्य सदस्यों से लगाव है। जिन वनों में वे रहे, वहाँ के वनवासियों से लगाव है। उनके पिता दशरथ ने प्रजा की इच्छा पर अपने प्राण निछावर कर दिये, राम प्रजाजन की भावनाओं का आदर कर के अपने प्राणों से भी अधिक प्रिय सीता का त्याग कर देते हैं।

वाल्मीकि के काव्य में देवत्व के प्रभामण्डल से मनुष्यत्व कभी आच्छादित नहीं हुआ, राम के माध्यम से उन्होंने मनुष्य के भीतर ही देवता की खोज की है।

राम का अकम्प्य धैर्य परशुराम से मुठभेड़ के प्रसंग में देखा जा सकता है। राम परशुराम का सामना एक उपेक्षा भाव से करते हैं, किसी तरह का कोई महत्त्व ही उन्होंने परशुराम को नहीं दिया है, जब कि जगत् आतंकित है परशुराम से, लोग थर्रा उठे हैं उनके आने से। दशरथ का तो मुँह सूख गया है।

परवर्ती रामायणों में अहल्या को गौतम के शाप से पत्थर बना देने की कल्पना तथा राम के चरणरज से उसके फिर मानवी बनने की कल्पना समस्त स्त्रीजा ति का अपमान है। वाल्मीकि के राम ने अहल्या का अपने चरणों से स्पर्श नहीं किया, उल्टे स्वयं राम और लक्ष्मण दोनों ने उसे मातृतुल्या मान कर उसके पाँव पकड़ लिए। फिर राम ने विधिपूर्वक उसका आतिथ्य स्वीकार किया।

अहल्या का उद्धार राम ने कर दिया–ऐसा तो नहीं कहा जा सकता। राम ने उन लोगों का उद्धार अवश्य किया, जिन्होंने अहल्या को त्याज्य मान लिया था, सामाजिक बहिष्कार उसका किया था।

यह सत्य है कि वाल्मीकि रामायण के राम भगवान नहीं है, चरणरज से पत्थर को मानवी बना देने वाले ईश्वर से नहीं हैं। वे एक आदर्श मानव हैं। पर अहल्या को उसके स्त्रीत्व की मातृत्व की सारी गरिमा में प्रतिष्ठित करते हैं। जो काम देवता नहीं कर सके, वह काम मनुष्य करता है। ऐसे मनुष्य के लिए ही ऋषियों ने कहा है—

मनुष्यः कुरुते यत्तु तन्न शक्यं सुरासुरैः।

वाल्मीकि के राम सीता की दृष्टि में क्या हैं, यह वह रावण को उस समय डपटते हुए बताती हैं, जब वह उन्हें बलात् हर कर ले जा रहा है—

महागिरिमिवाकम्प्यं महेन्द्रसदृशं पतिम्।
महोदधिमिवाक्षोभ्यमहं राममनुव्रता।।
महाबाहुं महोरस्कं सिंहविक्रान्तगामिनम्।
नृसिंहं सिंहसंकाशमहं राममनुव्रता।।
पूर्णचन्द्राननं वीरं राजवत्सं जितेन्द्रियम्।
पृथुकीर्तिं महाबाहुमहं राममनुव्रता।।
यदन्तरं सिंहशृगालयोर्वने यदन्तरं स्यन्दनिकासमुद्रयोः।
सुराग्र्यसौवीरकयोर्यदन्तरं तदन्तरं दाशरथेस्तवैव च।।
यदन्तरं काञ्चनसीसलौहयोर्यदन्तरं चन्दनवारिपङ्कयोः।
यदन्तरं हस्तिविडालयोर्वने तदन्तरं दाशरथेस्तवैव च।।
यदन्तरं वायसवैनतेययोर्यदन्तरं मुद्गमयूरयोरपि।
यदन्तरं सारसगृध्रयोर्वने तदन्तरं दाशरथेस्तवैव च।।

(मैं महागिरि की तरह अकम्प्य, महेन्द्र या इन्द्र के सदृश तथा महासागर की तरह अक्षोभ्य अपने पति में अनुव्रत रहने वाली स्त्री हूँ। मैं महाबाहु महोरस्क (विशाल वक्षःस्थल वाले) सिंह की तरह विक्रान्त गति से चलने वाले, नृसिंह या मनुष्यों में सिंह, सिंह के जैसे राम में मैं अनुव्रत हूँ। मैं पूर्णचन्द्र के जैसे मुख वाले, वीर, राजपुत्र, जितेन्द्रिय, बड़ी कीर्ति वाले महाबाहु राम में अनुव्रता हूँ, वन में सिंह और श्रृगाल में जो अन्तर होता है, नाले और सागर में जो अन्तर होता है, इन्द्र और सौवीरक (घृणित व्यक्ति) में जो अन्तर होता है, राम और तेरे बीच वही अन्तर है। जो अन्तर सोने और सीसे में होता है, जो अन्तर चन्दन और कीचड़ में होता है, जो अन्तर वन में हाथी और बिलाव में होता है, राम और तेरे बीच वहीं अन्तर है। जो अन्तर वायस और वैनतेय (गरुड़) में होता है, जो अन्तर मुद्ग (एक मामूली चिड़िया) और मयूर में होता है, जो अन्तर वन में सारस और गीध में होता है, राम और तेरे बीच वही अन्तर है।

वाल्मीकि दो पात्रों की आँखों से राम को देखते हैं, तो उनके राम की सच्ची तस्वीर बनती है—सीता और हनुमान। राम को निकट से ये दोनों जानते हैं, और इन दोनों के शब्दों में वाल्मीकि अपने राम को स्वयं आँकते हैं।

तुलसी के राम

विद्यानिवास मिश्र

इस समय की चुनौती है कि धर्म जब प्रश्नचिह्नों में घिरा हो तो धर्म का आकार स्पष्ट किया जाये। पुराणों में कथा आती है कि धर्म की तेरह पत्नियाँ थीं : श्रद्धा आदि। इनमें सबसे प्रिय पत्नी मूर्ति थीं। मूर्ति से दो जुड़वाँ पुत्र उत्पन्न हुए—नर और नारायण। श्रीमद्‌भागवतकार ने कहा है—ये नर-नारायण ही भारतवर्ष के अधिष्ठाता हैं। इनके उपासक हैं नारद और इनकी लीलाभूमि एवं तपोभूमि है बदरिकाश्रम। यह अचल पर्वत के रूप में, मूर्ति के रूप में और भाव के रूप में भी स्थित हैं। भारतवर्ष में सबसे अधिक यह स्थायी भाव है कि नर, नारायण का मुखापेक्षी है, केवल यह बात नहीं, नारायण भी नर का मुखापेक्षी है। नर की सार्थकता नारायण होने में है, नारायण की सार्थकता नर होकर अपनी पूर्णता को पूर्णतर बनाने में है। मूर्ति के पुत्र होने का अर्थ क्या है? मूर्ति और धर्म के पुत्र होने का अर्थ मेरी समझ में यही आता है कि धर्म को अगर साकार रूप में देखना चाहते हैं तो नर-नारायण के सजीव रिश्ते के रूप में धर्म को पहचानिए। धर्म के और भी रूप हैं। किसी से सन्तोष पैदा होता है, किसी से उत्साह पैदा होता है। ये भी धर्म के ही रूप हैं, धर्म का ही फल है; लेकिन धर्म का वास्तविक आधार है नर-नारायण का परस्पर रिश्ता, परस्पर आभिमुख्य। तब राम को जो 'विग्रहवान् धर्म' कहा गया तो राम उस आत्मीयता के, उस परस्पर आकर्षण के, सबके सजीव प्रतिष्ठान के रूप में देखे गये; क्योंकि उनके बारे में यही प्रश्न था कि इस युग में कौन अकेला एक व्यक्ति है जो गुणवान हो, वीर्यवान हो, धर्मज्ञ हो, कृतज्ञ हो, सत्यसंध हो, दृढ़व्रत हो? कौन है जो देवोपम ही नहीं हो, देवताओं से भी कुछ बड़ा हो; जिसमें अपार धैर्य हो, अपार तितिक्षा हो, लेकिन कुछ ऐसा पराक्रम हो कि अगर क्रोध में आ जाये तो देवता भी भयभीत हो जायें। जो देवता का मुखापेक्षी न हो, देवता उसका मुख जोहें। ऐसा व्यक्तित्व कौन है? इस प्रश्न से वाल्मीकि ने रामायण की रचना की। इस प्रश्न का उत्तर ही है राम का चरित। और उस धर्म की परिभाषा कुछ विचित्र परिभाषा है।

एक साकार परिभाषा, एक सगुण परिभाषा तो मैंने दी; लेकिन एक और परिभाषा है। पुराणों में ही जब विराट पुरुष का वर्णन मिलता है, जहाँ-जहाँ मिलता है वहाँ धर्म को विराट पुरुष का वक्षस्थल कहा गया है और अधर्म को विराट पुरुष की पीठ। जिस प्रकार

के पाप-पुण्य का दो टूक द्वैत सामी विश्वासों में है, पश्चिमी चिन्तन में भी है, वैसा दो टूक विभाजन भारतीय चिन्तन में नहीं है, कहीं भी नहीं है; न हिन्दू में, न बौद्ध दर्शन में और न जैन दर्शन में। एक सापेक्षता है और उस सापेक्षता का सबसे सशक्त बिम्ब यही है कि उसी विराट पुरुष की पीठ है अधर्म और उसी विराट पुरुष का वक्षस्थल है धर्म। धर्म का अभाव या धर्म का विरोध अधर्म नहीं है। अन्तर केवल इतना ही है कि यदि विराट की ओर मुँह देकर कोई काम किया जाता है, विराट की सत्ता के अनुकूल कोई कार्य किया जाता है तो वह धर्म होता है। विराट को पीठ देकर कोई कार्य किया जाता है तो वह अधर्म हो जाता है। यदि दान में विराट सत्ता सामने नहीं रहती है, विराट सत्य सामने नहीं रहता है, समग्र जीवन नहीं रहता है, सम्पूर्ण जीवन नहीं रहता है तो वह दान चोरी हो जाता है। लेकिन मात्रा से दान की गुणवत्ता नहीं नापी जाती, बल्कि इस भाव से कि कितना सबके लिए है और सबकी ओर से है; कितना यह सबका काम है, सबमें आत्मसात् होकर, डूबकर किया गया काम है, तभी वह धर्म है; यही धर्म की परिभाषा है।

इस दृष्टि से केवल उपस्थिति का भान होना और अनुपस्थिति की पीड़ा का दर्द होना ही प्रमाण है। राम की उपस्थिति हमारे मन में, हमारे जीवन में कुछ इसी प्रकार की है कि राम सामने रहते हैं तो सभी रिश्ते प्रिय लगते हैं, सभी मीठे लगते हैं। राम के रस से सारे रिश्ते मधुमय होते हैं और राम नहीं रहते हैं तो अपने ही परिजन, अपने ही स्वजन शत्रु हो जाते हैं, भूत-प्रेत की तरह लगते हैं। यह उपस्थिति और अनुपस्थिति की लीला, चाहे वाल्मीकि रामायण हो, चाहे 'रामचरितमानस' हो, सर्वत्र बड़े विस्तार में गायी गयी है। राम जब अयोध्या छोड़ते हैं तो नदियाँ सूख जाती हैं, पेड़ सूख चलते हैं और जिस जगह राम चरण रखते हैं वहाँ काँटा भी फूल की तरह से कोमल हो जाता है, पत्थर मुलायम हो जाता है।

राम की उपस्थिति एक ऐसी शक्ति का प्रवाह संचारित करती है, जिससे आदमी समझता है कि हम जो थे वह नहीं रह गये हैं, कुछ दूसरे हो गये हैं और जब राम चले जाते हैं तो जो उस चले जाने का अनुभव करता है। उसके लिए सब कुछ अन्धकारमय हो जाता है, सब कुछ खाली हो जाता है, रिक्त हो जाता है; जैसे सुमन्त्र जब राम को छोड़कर आते हैं तो उन्हें लगता है कि, 'मेरे भाग्य में यही लिखा था। मैं राम को रथ पर ले गया था और राम का सन्देश लेकर के लौटा।' इस दुर्भाग्य की जो धारणा करता है, वह भी राम की ही धारणा करता है—'कितना अभागा हूँ कि राम को ले जाने का सौभाग्य मुझे मिला और राम आज उस रथ पर नहीं हैं, इस अभाव की पीड़ा झेलने का दुर्भाग्य मुझे मिला।' इस दुर्भाग्य का जो अनुभव करता है, लेकिन जो उनको अनदेखा करके कुछ करता है, उनकी उपस्थिति की उपेक्षा करके कुछ करता है—चाहे कोई भी हो, किसी भी स्तर का हो, बड़े से बड़ा मुनि हो, बड़े से बड़ा तपस्वी हो, बड़े से बड़ा ज्ञानी हो, वह कहीं झूठ हो जाता है; क्योंकि उसके हाथ में जो कुछ आता है, वह शून्य हो जाता है, भरा हुआ कुछ नहीं आता। तुलसीदासजी ने कहा है कि हरि ने जिसे खाली किया, उसे भरने वाला कोई पैदा नहीं किया—

को भरिहैं हरि के रितये रितवै पुनि को हरि जो भरिहैं।

हरि ने जिसको भरा, उसे खाली करने वाला भी कोई नहीं हुआ। क्योंकि यह भरना, यह खाली होना किससे होता है? एक विशाल धर्म का भाव भरता है तो फिर आदमी भरता ही जाता है; वह कभी भी खाली नहीं होता। जितना उसमें से उलीचते हैं उतना ही उसमें भरता है। और अगर वह भाव नहीं है तो जितना कुछ भी आता है वह सब भस्म होता चला जाता है, कुछ नहीं बचता। जो आता है, वह शून्य में परिणत हो जाता है। एक अन्धकूप है, एक सागर है और यह सागर एक ऐसे बिम्ब के रूप में राम के साथ जुड़ा हुआ है कि तुलसीदासजी ने वाल्मीकि के मुख से कहलवाया, स्वयं तो कहा ही, कि तुम्हारे लिए रहने को जगह मैं देता हूँ, वैसे तो कोई जगह नहीं जहाँ तुम नहीं हो, लेकिन एक सुरक्षित जगह देता हूँ—

जिन्ह के श्रवन समुद्र समाना। कथा तुम्हारि सुभग सरि नाना।।
भरहिं निरन्तर होहिं न पूरे। तिन्ह के हिय तुम्ह कहुँ गृह रूरे।।

जिनके कान समुद्र की तरह से हैं और तुम्हारी कथाएँ सर-सरिताएँ हैं, निरन्तर आती रहती हैं और समुद्र भरने की प्रक्रिया में ही रहता है, कभी भरता नहीं। भरने की इच्छा उसकी कभी पूरी नहीं होती और भरना चाहता है क्योंकि समुद्र का भरना निश्चय ही भरने के व्यापार को एक चक्र के रूप में परिवर्तित करता है। समुद्र भरेगा, समुद्र अभितप्त होगा, सूर्य की किरणें उसे खींचेंगी, बादल बनेंगे, बादल बरसेंगे, नदियों में जल आयेगा, फिर समुद्र में जल आयेगा। सुने गये शब्दों की गूँजों से चक्र बनता है, जो इस देश में वाल्मीकि के समय से लेकर अब तक बना है और बनता जा रहा है। राम अपनी कथा में बस गये हैं। राम की उपस्थिति उनकी चर्चा में, उनकी लीला के गान में बस गयी है।

राम इसीलिए मापे नहीं जा सकते। राम का एक ही माप है—जो उनकी सुनता है, जो उनकी भावना करता है; कौन कितनी ऊँची भावना करता है, कौन कितनी कम भावना करता है—इससे कोई तात्पर्य नहीं; लेकिन भावना शरीर के द्वारा राम का कुछ अनुमान लगता है। वैसे अथाह भाव का क्या अनुमान लगेगा! कुछ नहीं लगेगा। लेकिन उस भाव का जब एक रस के रूप में अवतरण होता है, सुनने वाले मनुष्य की आँखों में नमी बनकर, शरीर में रोमांच बनकर और मन में आत्मविस्मृति बनकर, तो अनुभव होता है कि राम हैं; एक क्षण के लिए हैं, दो क्षण के लिए हैं। ठीक है, सबके भाग्य में उतना लम्बा सिलसिला है क्षणों का कि एक क्षण दूसरे क्षण में अपने आप परिवर्तित हो जाये और असंख्य क्षण ऐसे हो जायें कि कोई दूसरी चीज अन्तराल के रूप में न रह जाये। पर एक क्षण के लिए भी उस सत्ता का भान जो होता है, ऐसा होता है कि जैसे भरत का दुःख, अंगद का दुःख, सीता का दुःख अपना ही दुःख है और तुरन्त टीका करने की आवश्यकता पड़ती है कि कैसे कृपालु हो तुम, कैसे दयालु हो तुम कि अपनों को इतना कष्ट देते हो!

कुलिसहु चाहि कठोर अति कोमल कुसमहु चाहि।

वज्र की तरह कठोर हो, फूल की तरह कोमल हो। कैसे हो तुम! रीझोगे तो ऐसे रीझोगे कि जो सम्पत्ति इतनी तपस्या करने पर, दस शीश काटकर रख देने पर शिव रावण को देते हैं, वह सम्पत्ति विभीषण को भगवान–'सकुचि दीन्ह रघुनाथ'–बड़े संकोच से देते हैं कि हम तो कुछ दे ही नहीं रहे हैं विभीषण को। पराये के लिए तो तुम ऐसे हो जाते हो। और जो आदमी इतना मोह-छोह करता है, इतना सगा होता है, उससे तो कुछ कहते ही नहीं, उसकी बात ही नहीं मानते। अंगद बेचारा पैरों पर पड़ता है कि पिताजी ने मरते समय आपकी गोद में मुझे डाला था। मैं छोटी-से-छोटी सेवा का काम करूँगा, नीच टहल करूँगा, मुझे जाने न दीजिए। मैं यहीं रहूँगा। मुझे युवराज पद नहीं चाहिए। पर राम जरा भी नहीं पसीजते। उसे भेंट दे दी। बार-बार ललक करके प्रणाम करता है, देखता है कि अब बुला लेंगे, 'रुक जाओ।' लेकिन राम नहीं रोकते। राम उसे वंचित ही लौटाते हैं। हनुमान से कहता है कि भाई, कभी याद दिला देना। तब भी राम नहीं पसीजते। और तुलसीदासजी को लगता है कि क्या कहें। इस पर तो पसीजना चाहिए था कि जब आदमी दूसरे आदमी से उलाहना देता है–अरे भाई! कभी याद दिला देना। तब तो महाराज को कहना चाहिए था कि अच्छा बेटा, दो दिन रुक जाओ। पर नहीं। यह कठोरता क्यों आती है? धर्म इतना कठोर क्यों हो जाता है?

आन्दोलन जोर पर है। सन् 1921 में एक छोटी-सी घटना चौराचौरी में होती है और गाँधीजी आन्दोलन रोक देते हैं। वे नाराज हैं। वे आन्दोलन रोक देते हैं और सबके खिलाफ खड़े हो जाते हैं। इतनी कठोरता क्यों? इतने लोगों का बलिदान हो जाने पर रोक देना; ऐसी कठोरता क्यों? उसका कारण है कि धर्म एक सतत प्रक्रिया है, परीक्षा है, कोई रससिद्धि नहीं है कि लेकर आप चले जाइए और उसकी पूँजी पर सारा जीवन बिता दीजिए। वह तो जीना है निरन्तर जीने के लिए। यदि युवराज अंगद वंचित करके नहीं भेजे जाते तो जिन्होंने राम को देखा नहीं, राम को सुना नहीं, राम आये और चले गये। गाँव में, जंगलों में पड़े रहे, जिन्हें राम का कोई स्पर्श नहीं मिला, उन वंचितों का ख़याल बिना वंचित हुए अंगद करेंगे कैसे, उस वंचना का दर्द समझेंगे कैसे–यदि उन्हें वंचित करके वंचित युवराज के रूप में राम वापस नहीं करते हैं। सब वंचितों के पास पहुँचने के लिए इतने अपने में डूबे हुए और दर्द समझने वाले राम की अनुपस्थिति बड़ी पीड़ादायक है।

सब सुख एक ओर और राम की उपस्थिति में रहना एक ओर। राम को निरन्तर अनुभव करते रहने का अनुभव लेकर अंगद जायेगा तो उस राज्य का अच्छा युवराज होगा, अच्छा शासक होगा। वह पीड़ा समझेगा। और राम की उपस्थिति की आवश्यकता अकेले अंगद को है? नहीं। उन सबको भी है, जो गोद में नहीं डाले गये थे। तो यह जो व्यापकता है धर्म की, सब तक पहुँचने की उसकी अपरिहार्यता है, उसके लिए धर्म का जो माध्यम होता है, धर्म का जो वाहक होता है उसके ऊपर एक कठोर दायित्व आता है–और कठोर दायित्व जो सौंपता है, उसके भीतर एक कठोरता आती है, एक निठुरता आती है। राम ऐसे ही निठुर हैं, जो असंख्य लोगों के लिए कोमल होने के लिए यह निठुरता धारण किये हुए हैं।

धर्म की एक दूसरी परिभाषा है कि जो चलाये लेकिन उसका कोई गन्तव्य हो वह गन्तव्यहीन संचालन न हो, दिग्विहीन संचालन न हो, केवल चलना, केवल चूहा-दौड़ न हो। वह चलना हो और साथ लें चलना हो। बिना साथ ले चलने का भाव लेकर जो चलना होता है वह चलना धर्म नहीं है। सबको सहभागी बनाये हुए चलना है और उस चलने की दीक्षा धर्म है। इसीलिए उसकी गति—कहने को तो कह दिया जाये—'धर्मस्य त्वरिता गतिः' लेकिन बहुत मन्द गति होती है—और तूफान नहीं आता; जो तूफान अधर्म से आता है, जैसा महाभारतकार ने कहा—

अधर्मेणैधते तावत् ततो भद्राणि पश्यति।
ततः सपत्नान् जयति समूलस्तु विनश्यति।।

अधर्म से उन्नति बहुत शीघ्रता से होती है। आदमी बड़े अच्छे दिन देखता है और अपने विरोधियों पर विजय पर विजय प्राप्त करता चला जाता है। बिलकुल ऐसा लगता है कि एक विद्युत गति से सब कुछ हो रहा हो और लोग कहते हैं कि धर्म में क्या रखा है। अधर्म से सब कुछ हो रहा है। लेकिन अन्तिम जो पंक्ति है—'समूलस्तु विनश्यति'—जब नाश होता है तो जड़ सहित, मूल सहित नाश होता है। धर्म का बीज कभी नहीं मरता, क्योंकि वह तो तूफान है ही नहीं, सबको विध्वंस करने वाला भाव है ही नहीं। वह तो सतत है, निरन्तर जन्म है, निरन्तर अंकुरण है; उसमें बड़े धैर्य की आवश्यकता होती है, प्रतीक्षा होती है, तितिक्षा होती है, सहना होता है, झेलना होता है और इसीलिए कि उसमें विवेक होता है—और जब विवेक होता है तो उसके साथ दुःख जुड़ा होता है। क्षेमेन्द्र ने रामकथा को उपसंहित करते हुए कहा—'सर्वदुःखमयं तदस्तु भवतां'—राम का जीवनचरित दुःखमय है, लेकिन 'विवेकोदयः'—राम का चरित विवेक उत्पन्न करने वाला है।

तुलसीदास ने भी इस पर बल दिया है कि इस कथा को समझने के लिए जिनके 'विमल विवेक', जिनको विवेक होगा वही इस कथा को समझ पायेंगे। यह विवेक राम का तत्त्व इस धर्म को समझने के लिए बहुत आवश्यक तत्त्व है। राम को समझने के लिए भी इस विवेक के दो रूप हैं—एक विवेक की सिद्धावस्था है, दूसरी साध्यावस्था। सिद्धावस्था शिव हैं और साध्यावस्था भरत हैं। बिना इन दोनों विवेक के प्रतिमानों के राम को नहीं समझा जा सकता। इनके माध्यम से, इनके पास बैठकर, इनसे सीखकर राम को समझा जा सकता है—और रामचरित की उन विशेषताओं को समझा जा सकता है, जहाँ पर आदमी को बड़ी द्विविधा होती है, बड़ा संशय होता है। सती को संशय होता है। कौसल्या, जो उनकी माँ हैं, एक क्षण उनको भी संशय हुआ है। राम की प्रतीति हो जाये धर्म का प्रत्यय आदमी के भीतर जग जाये यह इतना आसान नहीं है; क्योंकि धर्म की प्रतीति होना सहजता की प्रतीति है, अपनी सहज उस रूप की पहचान है, जब आदमी सोचता है कि हम विशाल के साथ जुड़े हैं। जब पूरा आकाश उसका है, पूरी धरती उसकी है—यह है सहजभाव, जो रहता नहीं। आदमी छोटे-छोटे घरौंदों में घिरता चला जाता है, उनको अपनी सुरक्षा मानने लगता है, उनके बिना असुरक्षित अनुभव करने लगता है। छोटे रिश्ते, छोटे नातों—इन सबसे घिरकर उनसे अपने को परिभाषित करने

लगता है। वह फिर सहज नहीं हो पाता, लौट नहीं पाता उस कैवल्य अवस्था में; और इसलिए इस प्रतीति को ग्रहण करने के लिए रामचरित में पात्रता का विचार हुआ है—कौन ग्रहण कर सकेगा? अपनी ही सवारी गरुड़ ग्रहण कर पायेगा आसानी से या कि सबसे पाँवरजीव पक्षी जगत् का कौआ ग्रहण कर पायेगा? कौन ग्रहण कर पायेगा? वही, जिसका अहंकार पहले मिट जायेगा, जिसके मन में जरा भी विश्वास नहीं होगा कि राम हमारे भी हो सकेंगे। अति सामान्य जो होगा, वही पात्र होगा।

शिव की उमा पात्र नहीं होंगी, जब तक कि उनको आग में जलाकर परिशुद्ध नहीं किया जाता। गरुड़ पात्र नहीं होंगे। पात्र वही होगा जो अपने को खपाता है, जिसका अहंकार टूटता है और जिसके लिए कुछ नहीं रह जाता। जैसे सती के लिए कुछ नहीं रह गया, सब कुछ बदलता है; लेकिन राम वही रहते हैं। काकभुशुण्डि के लिए एक ही राम रहते हैं, भुवन बदलते हैं, ब्रह्मा बदलते हैं, सब देवता बदल जाते हैं; लेकिन दौड़ रहे हैं तो पीछे राम वही हैं : हाथ में रोटी लिए हुए। वे राम नहीं बदलते। इतना छा जाने वाला भाव जब आ जाता है, अभिभूत करने वाला भाव आ जाता है तब आदमी सहज हो जाता है। जो इयत्ता होती है वह समाप्त हो जाती है। राम उसी की पहचान में आते हैं, दूसरे की पहचान में नहीं आते। जो आदमी जितना निकट आता है, उतने ही वे दूर जाते हैं। शायद उस आदमी के भीतर संकोच नहीं होता है, बड़प्पन को झेल सकने का संकोच या राम की परीक्षा होती है, वे दूर चले जाते हैं। जैसा तुलसीदास ने कहा—'ज्यों ज्यों निकट भयौ चहौं कृपालु त्यों त्यों दूरि पर्‌यौ ही'—जितना नजदीक तुम्हारे आना चाहता हूँ लगता है आ गया तुम्हारे नज़दीक, बिलकुल करीब हूँ मैं। और राम बहुत नजदीक लगते हैं। इतने सरल, इतने भोले, इतने नज़दीक लगते हैं कि अरे, बिलकुल इस गली से तो गये हैं राम! और जो नजदीक आता है उसे लगता है कि राम बहुत दूर हैं।

उनकी कृपा होती है तो आदमी नजदीक आता है; लेकिन उनकी कृपा बड़ी दोरुखी होती है। आदमी को अपनी विपन्नता, अपनी हीनता, अपनी सीमा, अपनी असहजता, अपनी कृत्रिमता, अपनी कुटिलता की पहचान होती है, अपने झूठ की पहचान होती है। और सहज वहाँ होता है जहाँ राम की वे लीलाएँ हुई हैं। उन लोगों के बीच में लीला हुई है, जहाँ कोई कृत्रिमता नहीं थी, अर्थात् चित्रकूट में। चित्रकूट में आकर तुलसीदास को कलि की पहचान हुई है। तब उन्होंने समझा कि यह झूठ है, जो राम को समझने नहीं देता। इसलिए उनको समझने के लिए भोला-भाला उच्छ्वास का प्राणमय स्पन्दन मात्र है—हनुमान। सहज प्राणशक्ति का उच्छ्वास—हनुमान। यह उनको साधने से सधता है। अब वे पण्डित लोग जानते हैं, कहते हैं कि इस अर्थ में क्यों जायें, यह जो 'राम' का जो 'रम्' अग्नि बीज है, बिना पवन के जगता ही नहीं। बिना हनुमान को साधे, यह जगता ही नहीं। और जब तक यह न जगे तब तक राम में तो आगे बहुत अक्षर हैं, वे कहाँ से जगेंगे। पहले 'र' तो जागे। 'र' तो जगेगा ही नहीं बिना प्राणशक्ति के आवाहन के। प्राणशक्ति के, शुद्ध प्राणशक्ति के आवाहन के अलावा हनुमान कुछ और हैं ही नहीं, जिनका प्रत्येक स्पन्दन राम हैं। हर साधक के, हर कवि के सहारा रहे हैं।

धर्म को समझने के लिए एक उच्च स्तर का विवेक और द्वैत की पहचान आवश्यक है, उस विवेक का अर्थ क्या है? एक दर्द की पहचान, एक बड़े भयंकर संशय में पड़कर आदमी अपने को चीरकर सत्य को पहचानना चाहता है। वही तो विवेक है। राम का क्या विवेक होगा! साधारण स्थिति में हर आदमी के लिए पहचानना सम्भव होता है। लेकिन ऐसी स्थिति में जहाँ संशय यह होता है, कौन बड़ी चीज़ है—राम के साथ रहना या राम की बात मानकर घर रहना? सीता के मन में मामूली द्वन्द्व नहीं है। लेकिन उन्हें विवेक उत्तर देता है कि जिससे सब अर्थ पाते हैं—घर, परिजन, जात—वे तो राम हैं और राम के साथ रहना चाहिए। और सेवाएँ छोटी हैं। एक छोटे धर्म का यह सीधा उल्लंघन है, पति की आज्ञा का उल्लंघन है, कुटुम्ब-सेवा धर्म का उल्लंघन है, सीधा उल्लंघन लेकिन उस उल्लंघन में एक विवेक है। एक बड़ी चीज़ को सामने रखकर उसका उल्लंघन है। वे हैं, उनकी उपस्थिति में सारी सेवाएँ हैं। और वे नहीं हैं तो उसमें कोई लगाव नहीं है। यही स्थिति भरत की है। इतना गहरा द्वैत है कि उनको वापस ले जाना है; इतना बड़ा पाप हुआ है, उसका प्रतिकार करना है। यह बहुत बड़ी चीज़ है, उसको करना है, स्वयं को होम करके करना है, निर्वासन वरण करके करना है। लेकिन ऐसा वरण करना कि राम कहें—'सो तुम करहु करावहु मोही' अर्थात् राम अपनी ईश्वरता को सौंप दें, अपनी प्रभुता सौंप दें—और प्रभुता सौंपने पर इस प्रभुता को भरत द्वारा अंगीकार न करना, इस दायित्व को अंगीकार न करना एक बड़े कठिन संकट का समय है; भरत को कहाँ से मिलती है वह बुद्धि? इतने हठीले, आग्रही भरत को कहीं से यह भाव मिलता है कि नहीं, राम की आज्ञा का पालन भी करेंगे और राज्य भी नहीं करेंगे। यह समाधान जो उन्हें मिलता है कि निर्वासन झेलेंगे हम, और कठिन निर्वासन झेलेंगे और राम की आज्ञा का पालन भी करेंगे। राज्य सँभालेंगे, लेकिन राजा नहीं होंगे, धरोहरी होंगे। राज्य का कोई सुख नहीं लेंगे। वन में जो सुख मिलता है, जो स्वतन्त्रता है वह स्वतन्त्रता भी नहीं लेंगे। यह जो विशेष प्रकार की दिव्य अधीनता का वरण है, यह बड़े ऊँचे विवेक का निर्णय है। यह विवेक किनकी तरफ़ से आयेगा, कहाँ से आयेगा? और कैसे यह सम्भव कर दिया कि आये? तुलसीदासजी ने कहा—'कलिकाल तुलसी से सठहिं हठि राम सन्मुख करत को'—अगर भरत का जन्म नहीं होता तो ज़बर्दस्ती कौन राम के सन्मुख हमारे ऐसे धुर पापी को करता? अरे भाई, जिसकी माँ ने निकाला हो, वह आदमी उनका इतना समीप हो सकता है तो हम भी हो सकते हैं। हमारी माँ ने तो राम को निकाला नहीं है। हमारी माँ ने तो राम को वनवास दिया नहीं है। हम तो इतने वैरी के लड़के नहीं हैं। लेकिन जो भरत एक निश्छल भाव के कारण उनके समीप हो सकते हैं, एक चालक निष्ठा के कारण हो सकते हैं तो शायद हमारी भी कुछ लह जाये। हम भी राम के समीप होंगे। एक प्रेरणा मिलती है।

तो एक मर्तबा यह पहचान हो जाये कि राम अपने हो सकते हैं, क्योंकि अपना होना ही राम होना है, तो सब समस्याओं का समाधान हो जाता है। और इसी समाधान के लिए भरत का चरित्र है। वे परीक्षा लेते ही हैं। साधारण आदमी के लिए यह स्थिति है और असम्भव चरित्र बिलकुल सम्भव लगता है। बिलकुल विचित्र है। जैसे शिव का है, क्योंकि यह असम्भव चरित्र

है। हमारी समझ के बिलकुल बाहर है। परन्तु गाँव-गाँव घूमने वाले हर आदमी की पहुँच में है। तो असम्भव-सम्भव का खेल राम के चरित में इतना अधिक है कि आदमी बराबर संशय में रहता है, द्वैत में रहता है, थका रहता है—और यह थकना उस आदमी के मन में तो होगा नहीं, जिसे धर्म की कोई चिन्ता ही नहीं। जो धर्मनिरपेक्ष है, उसको क्यों चिन्ता होगी कि कोई द्वैत है, क्योंकि उसके दिमाग में कोई संशय है ही नहीं। न वे कोई विचार ही करते होंगे। हमारी आँख के सामने राम की बरात चली गयी। हमने नहीं देखा होगा कुछ। कोई होगा बड़ा भारी फरेब। जिनको ऐसी परिस्थिति का कोई एहसास नहीं होता, जो इतने धर्म-विमुख हैं उनके लिए तो सब बेकार है। लेकिन जिनको कभी-कभी इसका एहसास होता है, उनके लिए यही सत्य है। आप देखते हैं, हमारी जनता राम को इतिहास नहीं मानती।

धर्म कभी इतिहास नहीं हो सकता, कभी बीती हुई बात नहीं हो सकती। राम को वे एक जीवन्त उपस्थिति के रूप में देखते हैं। उनका जन्मदिन नहीं मनाते, उनका जन्मोत्सव मनाते हैं। हमारे यहाँ स्त्रियाँ राम का जन्म हो रहा है, यह मनाती हैं; राम का विवाह आज हो रहा है, यह मनाती हैं; राम की आज वरयात्रा शुरू हुई, यह मनाती हैं; राम आज जीत रहे हैं, यह मनाती हैं; राम को राजगद्दी मिल रही है, यह मनाती हैं। हम राम की राजगद्दी की तिथि नहीं मनाते। उनका भाव बिलकुल अलग है। हमारे-आपके मन में बड़ा भारी द्वैत है। एक इतिहास का द्वैत है कि राम की पहले ऐतिहासिकता जाँचें। पहले राम की ऐतिहासिकता साबित हो जाये, तब राम के बारे में बात करेंगे। लेकिन चूँकि तकाजे के कारण जो बात होती है, जो भीतर का तकाजा है कि हमें एक जीवन के अपार महासागर से मिलना है, एक भीतरी महान् भाव है कि बिना उससे मिले मन मानता नहीं, एक अपार सागर का एक कोना है, एक ऐसी यात्रा में जाना है जिसमें आगे राम चल रहे हैं; लगता है कि कितनों के लिए निर्वासन सहने वाले राम चल रहे हैं, कितनों का कल्याण करने वाले राम चल रहे हैं।

वन में एक वन की राह चलना है, एक वन की राह में उनके साथ जाने का उत्साह प्रत्येक तीर्थयात्री, गँवार आदमी के मन में रहता है। उसके लिए राम इतिहास नहीं हैं, बीती हुई कथा नहीं हैं। उसके लिए आगे चलने वाले एक मार्गदर्शक हैं। उनके पीछे चलने में बड़ा आश्वासन रहता है। डॉ. लोहिया ने कहा था कि राम का चरित्र ऐसा है, जिसके पीछे चलने में बड़ा मज़ा आता है। उन्होंने एक राह चुन ली होगी। हमारे लिए तो राह ठीक हो गयी है। जो कठिन निर्णय था, वह तो ले लिया। हमारे लिए निर्णय लेना सही है। उस निर्णय की जो सरणी बनी है, उस पर चलना है। धर्म की अनुभूति का एक प्रकाश बना है, हमें उस पर चलना है। उनका दिखाया हुआ एक रास्ता है, उस रास्ते में बड़ा आश्वासन है; उस आश्वासन के कारण ही लोग तरह-तरह से उसे जीते रहते हैं। कवि ने कविता की है, चित्रकार ने चित्र खींचा है, गायिका ने गाया है। किसी ने कथा कही है, किसी ने कथा सुनी है। तरह-तरह से इस अनुभव को ताजा करना हमारा धर्म बन गया है।

इस धर्म को विमुख करना और इस धर्म को बेड़ी में रखना एक विशाल विश्वास को नहीं, मानवता को, मनुष्यता को बेड़ियों में जकड़ना है। यह केवल विश्वास ही नहीं है, एक सत्ता का

अनुभव है, चेतना है। सत्ता का चेतना के साथ जो जुड़ाव है, इस पर थोड़ा विचार करना है। यह तो हमारे जीवन का, हमारी श्वास-प्रश्वास प्रक्रिया का अंग है; इसमें किसी को प्रमाण माँगने का क्या हक? इसमें प्रमाण की क्या आवश्यकता है? यह स्वतः प्रमाण है। किसी रीति या नीति से इसका निर्णय नहीं होता है। नीति का निर्णय जब वह करता है—हर नीति का, हर राजनीति का, हर राजधर्म का निर्णय राम से तो होता है; पर राम का निर्णय राजनीति से नहीं होता है। और यदि होता है तो यह दुःख की बात है और देश के लिए दुर्भाग्य की बात है। अपने मन से निर्णय नहीं हुआ, अपने अन्तःकरण से निर्णय नहीं हुआ, यह विशालता क्या चीज है, सबके लिए रमना क्या होता है और राम होना क्या होता है—यह अगर भीतर नहीं है तो बाहर कुछ नहीं है।

चाहे वह आकार के रूप में हो, चाहे शब्द के रूप में हो, चाहे किसी भी रूप में हो, वह अनुभव जीवन के साथ जुड़ा हुआ अनुभव है। मैं चूँकि इसमें नहीं जाना चाहता कि राम चरित्र की क्या-क्या विशेषताएँ हैं, क्या-क्या विचित्रताएँ हैं; लेकिन उस अनुभूति के पक्ष में एक उदाहरण देना चाहता हूँ। मैंने इसका ज़िक्र पहले भी किया है, मैं फिर कहना चाहता हूँ। महापण्डित राहुल सांकृत्यायन के नाम से आप परिचित होंगे। इससे भी परिचित होंगे कि वे आरम्भ में संस्कृत पढ़ते थे। उन्होंने जिस पाठशाला में संस्कृत पढ़ना प्रारम्भ किया था, एक बार उस पाठशाला में गये। मैं भी साथ में था। बनारस में अस्सी घाट पर यह पाठशाला है। पुकारा एक आदमी को—शंकर है? उन्होंने कहीं सुन रखा था कि वे यहीं रहते हैं। साथी हैं उनके। आवाज आयी, 'नहीं भाई, शंकर तो चले गये। 'कौन, केदार?' 'हाँ केदार ही है।' उन सज्जन की आँखें जाती रही थीं। फिर भी पहचान गये और पूछा, 'कहो भाई केदार, देश—दुनिया का हाल-चाल कहो।' उन्होंने कहा, 'हाल-चाल ठीक है, ईश्वर मर गया।' वे सज्जन कुछ देर तक चुप रहे। उसके बाद कन्धे पर हाथ रखा और बोले, 'भाई केदार, सुनो! तुमसे एक बात बता रहा हूँ। किसी से कहना मत। मैं ईश्वर का अर्थ जानता नहीं। जिस दिन घर की कलह से ऊबकर यहाँ आया कि यहीं रहूँगा उस दिन मैंने सोचा, मेरा जीवन चलेगा कैसे? आँखें हैं नहीं। कौन चलायेगा? कैसे रहूँगा मैं? नींद नहीं आ रही थी एक दिन। और रात में मुझे लगा, धनुष लिए हुए दरवाजे पर एक आदमी खड़ा है। केदार, सबके बारे में कहना, लेकिन 'वह' है। इसके बारे में कुछ नहीं कहना।' और उन सज्जन की आँखों से आँसू बहने लगे। राहुलजी परम नास्तिक, लेकिन बड़े सहृदय व्यक्ति थे। भीतर से बड़े कोमल थे। कुछ बोले नहीं, चुपचाप रोते हुए वहाँ से लौट आये। मैंने इसीलिए यह कहानी सुनाई कि मैंने घटना देखी है और यह सम्भव है कि इस देश के लिए राम एक व्यक्ति नहीं हैं, एक कथा नहीं हैं। वे ऐसे रोमांच हैं, जो स्वतः प्रमाण हैं; जिनकी अपनी सत्ता एक क्षण में प्रमाणित हो जाती है।

रामकथा के वाचकों ने जो कार्य इस देश में किया, वह कार्य अन्य संचार साधन नहीं कर सके। इसीलिए अमर कथागायकों का पुण्य स्मरण बहुत ही कल्याणप्रद है। ये कथा की अन्विति समझाते-समझाते, कथा में कौतुक जगाते—जगाते एक ऐसा बढ़िया स्वाद पैदा कर देते

हैं कि लगता है, अभी तो कथा हमने पूरी सुनी ही नहीं। और कथा कभी पूरी न हो, ऐसा वातावरण बनाते हैं। और वह कथा पूरी नहीं होती। पूरा होना इसलिए नहीं होता कि सारी कथा तो आगे चलाने के लिए है, राम को आगे बढ़ाने के लिए है, राम को इतिहास में जाने से रोकने के लिए है।

शंकरजी से पार्वतीजी प्रश्न करती हैं कि यह कौन-सा अचरज हुआ कि सब अयोध्यावासियों को लेकर राम स्वर्ग चले गये? तुलसीदासजी ने भी चुपचाप इस प्रश्न का उत्तर गोल कर दिया। सब प्रश्नों का उत्तर है। प्रश्नों के उत्तर से पार्वतीजी कहती हैं कि हमारा सब समाधान हो गया। लेकिन आखिरी प्रश्न वे भी भूल जाती हैं। आखिरी प्रश्न शिव भी भूल जाते हैं। तुलसीदासजी राम को स्वर्ग जाने की छूट ही नहीं देते। उनके राम हमारे बीच में ही रहते हैं। राम का सिंहासनारोहण होता है, उसके बाद घर-घर रामकथा होती है अर्थात् जहाँ तक राम का चक्र है, हर कथा के चक्र में राम आ जाते हैं और वह चलती रहती है। यह असमाहित प्रश्न है और इसका मौन समाधान है कि इस कथा में सबकी उपस्थिति है। हर आदमी दूसरे का संवाद छीनकर बीच में कूद पड़ता है और वह कथा का केवल वाचक ही नहीं बनता, कथा का पात्र भी बन जाता है। कभी शिव पात्र बन जाते हैं, कभी मुनि पात्र बन जाते हैं, कभी काकभुशुण्डि पात्र बन जाते हैं। हर आदमी कहीं-न-कहीं उसमें पात्र बनता रहता है।

सुन्दरकाण्ड में एक प्रसंग आया है। हनुमानजी ने कहा कि सीता की विपत्ति कहने लायक नहीं है। राजीव-नयन राम की आँखों में आँसू आते हैं तो हनुमान को लगता है कि कहीं गलती हुई है। जो मन, कर्म, वचन से राम का स्मरण करेगा, उसको सपने में भी दुःख नहीं होगा। हमने क्या कह दिया कि सीता की विपत्ति विशाल है—कह क्या दिया? गलत बात कह दी। और तुरन्त कहा—नहीं-नहीं प्रभु, मुझसे गलती हुई है। आप जिसे शरण में लीजिएगा उसे दुःख कहाँ! और ज्यों ही उन्होंने कहा, शिव की समाधि लग गयी। इस अनुभव में डूब गये और कथा कहने का भाव ही भूल गये। तब तुलसीदासजी को कथा सँभालनी पड़ती है। कथावाचक भी कथा में शरीक हो जाता है, ऐसी कथा जहाँ होगी तो उसका अन्त कहाँ हो पायेगा! रामकथा तो आप बन रहे हैं जो सुन रहे हो, गा रहे हो, जो डूब रहे हो। आप सभी श्रीरामकथा के अंग हैं। धर्म एक ऐसी ही मंगलमय साधनावस्था है, जैसे राम। आदमी अपने आचरण और कठिन आचार की परीक्षा से धर्म बनाता है। धर्म होता है, यदि उसके सामने राम जैसा विशाल व्यक्तित्व हो।

(जीवन अलभ्य है, जीवन सौभाग्य है, 1994)

कबीर के राम

विश्वनाथ त्रिपाठी

राम कबीर और तुलसी दोनों के इष्ट हैं। इनके रामों की तुलना हुई है। असमानता की ज्यादा हुई है, समानता की कम। निराकार निर्गुण मत वाले सन्तों का विश्व-बोध अलग है। वे जैसे सब कुछ छोड़ते जाते हुए सीधे परम सत्ता के पास पहुँचना चाहते हैं। बहुत निषेध के बाद उनकी विधेयात्मकता शुरू होती है। निषेध सगुण भक्तों के यहाँ भी है, किन्तु अपेक्षाकृत कम है। कबीर में भक्ति के अलावा कुंडलिनी योग भी काफी है। उनके यहाँ भक्ति और कुण्डलिनी योग का अनुपात क्या है। इस विषय में उल्लेखनीय बात यह जरूर है कि वे कुण्डलिनीयोग के प्रसंग में राम का उल्लेख नहीं करते हैं। कबीर अपने राम का निर्माण मौलिक रूप से विभिन्न घटकों के संयोजन में करते हैं।

कबीर के राम का निर्माण जिन घटकों से हुआ है उनमें सबसे प्रमुख काल है। काल पूरे भक्ति काव्य में समाहित है। तुलसीदास के राम का कोदण्ड काल है। किन्तु काल की जितनी निर्णायक एवं व्यापक भूमिका कबीर के यहाँ है किसी अन्य कवि के यहाँ नहीं। मेरा मतलब भक्त कवि के यहाँ। कबीर के काल पर बात करते हुए मुझे वाल्मीकि रामायण का एक प्रसंग उल्लेखनीय लगता है। राम के पास काल तापस वेष में आया। काल तापस अपने तेज से प्रज्वलित होते और अपनी प्रखरों किरणों से दग्ध करते हुए से जान पड़ते थे।

ज्वलन्तमेव तेजोभिः प्रदहन्तमिवांशुभिः।

काल ने कहा—मैं पूर्वकाल में माया द्वारा आपसे उत्पन्न किया गया था। इसलिए आपका पुत्र हूँ। मैं सर्व संहारकारी काल हूँ।

मायासम्भावितो वीर कालः सर्वसमाहरः।

आप लोक में मनुष्य के पुत्र के रूप में आये हैं। आपकी आयु पूरी हो गयी है, यह काल है। अब आप लौट चलिए।

भयंकर भावी भ्रातृवियोग के दृश्य को दृष्टिपथ में लेने वाले काल के उस वचन पर विचार करके श्रीराम के मन में बड़ा दुःख हुआ। उनका मुँह नीचे को झुक गया और वे कुछ बोल न सके। तत्पश्चात् काल के वचनों पर बुद्धिपूर्वक सोच-विचार करके यशस्वी राघव इस निर्णय

पर पहुँचे कि अब यह सब कुछ भी न रहेगा और वे चुप हो गये।

ततो बुद्ध्या विनिश्चित्य कालवाक्यानि राघवः।
नैतदस्तीति निश्चित्य तूष्णीमासीन्महायशाः।।

काल कबीर के राम द्वारा ही माया से उत्पन्न किया गया है वह सर्वसंहारक है किन्तु वह राम के पास ब्रह्मा का आदेश लेकर नहीं जा सकता। काल के आने पर मातृवियोग से कबीर के राम का मुँह नहीं लटक सकता। क्योंकि कबीर के राम किसी के पुत्र रूप में मनुष्य नहीं बने।

पवन जान्हिं आकास चाहिगें चन्द जाहिगें स्कारारे
हम नाहीं तुम नाहीं रे भाई राम रहै भरपूरा रे।

राम के अलावा कहीं कोई बचाव नहीं।

जलने वाल भी मुआ मुआ जलावन हार
हा हा करता भी मुआ कासों करौं पुकार।

इस सर्वसंहारक के कारण संसार मिथ्या है, असत्य है, नश्वर है। यह सब नश्वरता भक्ति का बहुत बड़ा तर्क है। असत से सत की ओर जाने का। जो नहीं रह जायेगा उसको छोड़कर जो हमेशा बना रहेगा—उसी का हो जाने का रास्ता श्रेयस्कर है। काल माजीर है तो राम पिंजरा है जिसमें उनका पाला हुआ सुग्गा कबीर रहता है।

जय मंजार कहा करै। तूं पिंजर हौ सुग्गा तोर।

कबीर की भक्ति में मृत्यु से भासक बिम्ब है। आप विचार करें—चलती चक्की के बिम्ब पर आकाश और पृथ्वी दो पाट हैं—ये अहर्निशि चलते रहते हैं। इनके बीच जो कुछ है सब नष्ट हो रहा है। इस नष्ट होने की प्रक्रिया पर कबीर का ध्यान केन्द्रित रहता है। वे घूम फिरकर मृत्यु की बात अक्सर करते हैं। धार्मिक, राजनीतिक, एकेडेमिक प्रतिष्ठानों का तिरस्कार काल के आधार पर करते हैं।

जौ पण्डित तुम जोतिष जानौं विद्या व्याकरना
तंतः यंत सब ओसध जानौं अन्त तक मरना।

ऐसा लगता है कि सांसारिक सफलता पर इतराने वाले सभी लोगों को कबीर काल-बोध से सन्तुलित करना चाहते हैं।

यह मरण-भय कबीर की साधना का, सदाचार का, उनकी एकता का, उनके सौन्दर्यबोध का भी महत्त्वपूर्ण घटक है और इन सबका कबीर के राम की निर्मिति में हाथ है, लेकिन इस विषय में एक और बात पर ध्यान जाता है जिसका संकेत पहले किया जा चुका है। आशय उनकी और निर्गुण सन्तों की बहिर्मुखी प्रवृत्तियों से है।

अलगाव का गहरा सम्बन्ध मृत्युबोध से है। **रहना नाहि देस बिराना है, यहि नेहर दिन चारी** आदि की भावना मूल रूप से अलगाव और अनिकेतन भी भावना है। यह भावना सगुण कवियों

और भक्ति भाव में भी है लेकिन निगुर्ण सन्त कवियों में यह अधिक है। उसका कारण उनकी सामाजिक स्थिति है। वर्णाश्रम व्यवस्था में उनकी तिरस्कृत स्थिति उनमें अलगाव की भावना पैदा करती है। यह अलगाव उनके अन्तिम या सीमान्त अलगाव के अनुरूप मृत्यु से जुड़ जाता है। करीब-करीब उनके समकक्ष कर देता है और फिर चूँकि मृत्यु का अलगाव सबके लिए है, सिर्फ अवर्णों के लिए नहीं, इसलिए वह निर्गुण सन्त जुलाहे कबीर के लिए अमोघ अस्त्र बन जाता है। दरवाजे पर हाथी बँधा है। दुर्गम रास्तों पर हाथी से जाते हों, लेकिन सबसे दुर्गम रास्ते पर तुम्हीं को जाना होगा। यह हाथी दरवाजे पर ही बँधा खड़ा रह जायेगा।

कहा भय दरि बाँधे हाथी। आवत जात का संग संघाती।

कबीर का मृत्युबोध उनकी अलगाववादी सामाजिक स्थिति से सम्बद्ध है। तुलसी के यहाँ अलगाव तो है किन्तु मरण बोध अपेक्षाकृत कम है। अलगाव प्रायः प्रतिष्ठान विरोधी होता है। जब आपकी स्थिति प्रतिष्ठान की अनुकूलता या संगति में नहीं होती। जरूरी नहीं कि ऐसा अलगाव वर्णक्रम-व्यवस्था या सामाजिक स्थिति से ही पैदा हो। सीधे मृत्यु, जरा रोग क्या तीव्र सर्व संहार बोध भी यह सीमांत अलगाव पैदा कर सकता है जैसा सिद्धार्थ का।

निच्च पज्जलितेसन कोन हासी किमानन्दो।

कबीर के राम इस अलगाव और मृत्यु बोध से संदर्भित हैं। अलगाव की व्यथा ही कबीर के अद्वितीय प्रेम-व्यथा का आधार है। वे जो इतना उद्वेलित होकर इतना व्याकुल होकर—**हमन है इश्क मस्त।ना हमसे दुनिया में यारी क्या है**—वे इसी कारण विकलता, सकलता का विलोम है। जो आत्मीय है उससे अलग होने पर आप सकल नहीं सिर्फ विकल होंगे।

हो बिरहा की लाकड़ी समझ-समझ दुंध आहुं।

कबीर के राम इस अलगाव को दूर करते हैं, मृत्यु को दूर कर अमर पद दिलाते हैं और खोयी सामाजिक प्रतिष्ठा प्रदान करते हैं या उसे अपदार्थ बना देते हैं।

जाति जुलाहा मति का धीर। सहज सहज गुण रमैं कबीर।

इस पंक्ति का ठीक अर्थ लगाने के लिए पंक्ति के आगे 'यद्यपि' लगाइए। यद्यपि जाति का जुलाहा है कबीर सहज भाव से राम के गुण में रमता है। यह अधिकार सिर्फ सवर्णों या तथाकथित उच्च वर्गीय को नहीं है।

कबीरदास के यहाँ द्वन्द्व मरण और अमरण का है। मरण को पछाड़ने की कबीर के यहाँ एक ही विधि है राम से प्रेम। उनके यहाँ भक्ति में राम से एकात्म हो जाने की आकांक्षा है। ऐसा एकात्म कि द्वैत का आनन्द बना रहे।—वही कँवल में कुआँ में प्रेम रस पीवै बारम्बार वाली स्थिति। राम मृत्यु के बाद मिलेंगे इसलिए कहीं-कहीं मरण भी वांछित है। **कब मरि हों। कब देखिहों, पूरनपरमानन्द**—एक और मरण वांछनीय है। जीवन-मृत्यु होना मृत्यु से पहले ही मृत्यु को अंगीकार करके मुक्ति पा लेना यही मरजीवा होना है। डूब कर मोती ले आना। साध

ाना की सिद्धि है शरीर रहते भी शारीरिकता से मुक्त हो जाना।

तुम्हारे मिलन को बेली है पर पात नहीं।

बेली शरीर है और पात शारीरिकता। कबीर ने यह बात कई बार कही है–

पिंड परै जिब जइहै जहाँ। पहलेई ही घर रक्खो तहां।

साधना के पक्ष में मरण और अमरता का खेल कबीर के यहाँ कई रूप धारण करता है। कबीर और तुलसी के रामों पर साथ-साथ विचार करना दोनों के रामों को अच्छी तरह समझने में सहायक है। आचार्य हजारीप्रसाद द्विवेदी ने इस पर विचार किया था। उनके सूत्रों के सहारे हम जान सकते हैं। कबीर और तुलसी दोनों मानवीय भावना के आश्रय हैं, आलम्बन तो हैं ही। अन्तर यह है कि कबीर के राम के पास केवल मानव हृदय है, तुलसी के राम के हृदय और शरीर दोनों हैं। कबीर के राम जननी हैं, भरतार हैं, पिता हैं और तो और उन्हें कुत्ते पालने का भी शौक है, लेकिन सब भाव रूप में लीला रूप में नहीं। कबीर और तुलसी के रामों का यह अन्तर कबीर और तुलसी की संगति में है। कबीर के राम लोकनायक नहीं। कबीर के राम लोक में समाए जरूर हैं लेकिन निराकार हैं। वे मनुष्य नहीं हो सकते थे। मनुष्य होते भी तो क्या लोकनायक होते। हरगिज नहीं। वे मनुष्य होते भी तो जुलाहा होते या जूता गाँठने वाले मोची, छीपा या दरजी या शाधन कसाई। और कबीर के युग की बात छोड़िए। भारतीय साहित्य की बात हम नहीं जानते। हिन्दी में प्रबन्ध साहित्य का प्रथम नायक प्रेमचन्द के उपन्यास 'रंगभूमि' का सूरदास है। ब्राह्मण, क्षत्रिय और वैश्य ही काव्य नायक होते थे क्योंकि लोकनायक भी वही होते थे। इस लोक नायकत्व में लोक विशिष्ट है। भक्ति आन्दोलन ने इस लोक को परिवर्तित करने का प्रयास किया था कुछ ऐतिहासिक स्थितियों के चलते।

अवर्ण निर्गुण सन्त प्रधानतः अलगाव की स्थिति में होने के कारण वर्णाश्रम व्यवस्था और धार्मिक-प्रशासनिक प्रतिष्ठान से पृथक् या निर्वासित होने के कारण उसकी उपेक्षा या उसका तिरस्कार तो कर सकते थे किन्तु उसके नवगठित करने की बात नहीं सोच सकते थे। अनुमानतः वे उस प्रतिष्ठान तन्त्र से परिचित भी नहीं थे। वे साधना प्रक्रिया में मनोजगत को ही पुनर्गठित कर सकते थे। घर के अन्दर ही समूचा बाह्य–यानी समूचा लोक पा सकते थे।

यदि घट अन्तर बाग बगीचा, जोई जोई पिंडे सोई ब्रह्मांडे।

कबीर के राम उस अर्थ में सामाजिक–ऐतिहासिक व्यक्तित्व नहीं, जिस अर्थ में तुलसी के राम। कबीर के रामराज्य के संस्थापक नहीं जहाँ बौद्धिक, दैहिक, भौतिक ताप न हो। सौभाग्यवश कबीर के यहाँ भी रामराज का स्वप्न देखने वाला एक दोहा मिलता है।

मैं वासा मोई किया दुरिजन काठे इरि
राम पियारे राम का नगर बस्या भरपूरि

कबीर के राम राजा न हों लोकनायक न हों, लेकिन वे निर्गुण होते हुए भी सामाजिक-मानवीय

गुणों के प्रतीक, स्रोत एवं समुच्चय हैं। द्विवेदीजी ने कहा था—कबीर के निर्गुण का मतलब गुणहीन नहीं, गुणातीत है। निराकार और असीम अकल्पनीय गुणों के स्रोत और 15वीं शताब्दी में मान्य मानवीय गुणों के योग प्रतीक कबीर के राम। इस पर ध्यान दें तो कबीर के राम और तुलसी के राम में एक प्रच्छन्न समानता दिखायी पड़ेगी। इस प्रच्छन्न समानता के टूटने का उपक्रम भी आचार्य द्विवेदी के ही संकेत सूत्रों के आधार पर किया जा सकता है। दोनों सन्तों की दुविधाएँ हैं। ये दुविधाएँ उनको समान सूत्र में जोड़ती हैं। कहीं ऊपर। वस्तुतः सामाजिक-ऐतिहासिक 17वीं शताब्दी के कोल नायक और भावी मानव समाज के भी लोकनायक कबीर ने कहा, कुछ नहीं रहेगा। जय का पट्टा (ऋणपत्र) लिखा रखा है। ब्रह्मा, विष्णु, महेश, नारद सब जायेंगे। आकाश-धरती की चक्की चल रही है, इसके बीच जो कुछ है सब नश्वर है। चन्द्रमा, सूर्य, पवन, आकाश सब जायेंगे, रह जायेगा राम ही भरपूर रह जायेगा।

पवन जाहि आकास जाहिगे जंद जाहिगे सरारे
हम नाहीं तुम नाहीं रे भाई राम रहे भरपूरा रे।

जगत असत्य है राम सत्य है। सत्य अर्थात् जो रह सके। जिसमें सदैव रहने की प्रकृति या गुण हों। किसी ने कबीर से पूछा होगा कि ये सत्य राम कैसे हैं? इनके विषय में कुछ बताइए तो कबीर ने बताया मैं कुछ नहीं कह सकता। भारी कहुँ तो डर लगता है, हलका कहुँ तो झूठा होगा। मैंने कभी देखा नहीं अपनी आँखों से मैं राम को क्या जानूँ।

भारी कहौत बहु डरों हलका कहौं तो झूठ
मैं का जाणों राम कूं, आंखिन कबहुन दीख।

यानी **'कभी ऐ हकीकत-ए-मुंतजर नजर आ लिबास ए मजाज में'** दुविधा यह हुई तो 'आँखिन देखी' वह नहीं रहेगा। जो रहेगा वह 'आँखिन कबहु न दीख कबीर' ने भी एक रास्ता निकाला। राम तो नहीं मिले—यानी आँखों दिखलाई नहीं पड़े लेकिन राम जैसे मनुष्य मिले। कबीर दास के काम यही मनुष्य आये।

हमने अपने से, उन्हें बन-बन में ढूँढ़ा लेकिन नहीं मिले। मिले राम सरीखे जन—

कबीर बन बन में फिरा कारणि अपणे राम
राम सरीखे जन मिले तिन सारे सब काम।

दादू के राम

रामबक्ष

दादू भक्त हैं, दार्शनिक नहीं। उन्होंने उन दार्शनिक सवालों का जवाब नहीं दिया, जो किसी अध्येता के सामने उठ खड़े होते हैं। यदि जीव ब्रह्म का ही अंश है; यहाँ तक की जीव के माध्यम से ब्रह्म ही अभिव्यक्त होता है, तो ब्रह्म ने जीव को पृथक् किया ही क्यों? ब्रह्म ने सृष्टि का सर्जन करके अपने इतने अंशों को कष्ट में क्यों डाला? क्या ब्रह्म को इन जीवों को कष्ट में देखकर प्रसन्नता होती है? यदि उसने मनष्य का सर्जन किया तो उसके मन और इन्द्रियों को क्यों बनाया, जो उसके कष्टों का मूल कारण हैं। फिर, माया और काल जैसे खल पात्रों का सर्जन क्यों किया? माना कि यह उसका खेल है, लेकिन दूसरों को दुःख देने वाला खेल वह खेलता ही क्यों है? फिर जीव अपना 'आपा' खोकर ब्रह्म में लीन हो जाता है, तब उसे सुख की अनुभूति कैसे हो सकती है? अनुभूति के लिए तो स्वतन्त्र अस्तित्व की जरूरत होती है। जीव तो ब्रह्ममय हो गया है, फिर उसका अस्तित्व कहाँ? ऐसे सवाल मन में उठते हैं। दादू इन्हें सन्देहशील वृत्ति कहेंगे, क्योंकि उनके राम जिज्ञासा के विषय नहीं, बल्कि भक्ति के विषय हैं। उन्होंने एक पद में लिखा है—

क्यों करि यह जग रच्यो गुसांई।
तेरे कौन विनोद बसे मन माही।।टेक

कै तुम आया प्रगट करणां, के यहु रचिले जीव उधरणां ॥1
के यहु तुम्हकौं सेवक जान, के यह रचिले मन के माने।।2
कै यहु तुम्हकौं सेवग भाव, के यह रचिले षेल दिषावै ॥3
कै यहु तुम्हको षेल पियारा, के यह भाव कीन्ह पसारा ॥4
यहु सब दादू अकथ कहाणी, कही समझावौ सारंगप्राणी ॥5

(दादू दयाल ग्रन्थावली, पृ. 407)

भक्ति आस्थाशील होती है, तर्क सन्देह करता है। दादू ने बिना विवाद किये हुए परम्परा से दार्शनिक विचारों को ग्रहण कर लिया है और उन्हें प्रस्तुत कर दिया है। उन विचारों के समर्थन में स्थान-स्थान पर दादू ने मौलिक तर्क प्रस्तुत किया है। राम तो उस बाजीगर के समान है और बाजीगर के खेल की तरह इस दुनिया को उसने फैला दिया है। हम इस खेल

को तो देखते हैं, लेकिन बाजीगर से बेखबर रहते हैं—

भाई रे बाजीगर नटषेला, असे आपै रहै अकेला ॥टेक
यह बाजी खेल पसारा, सब मोहे कोतिग हारा।
यह बाजी खेल दिखावा, बाजीगर किनहूँ न पावा।।1
इहि बाजी जगत भुलांना, बाजीगर किनहूँ न जाना।
कछु नाही सो पेषा, है सो किनहूँ न देषा।।2
कछु असा चेटक कीन्हा, तन मन सब हरि लीन्हा।
बाजीगर भुरकी वाही, काहू पै लषी न जाई॥3
बाजीगर प्रकासा, यह बाजी झूठ तमासा।
दादू पावा सोई, जो इहि बाजी लिपति न होई।।4

(दादू दयाल ग्रन्थावली, पृ. 441)

उस अविगत की गति को देखने का प्रयास कई लोग करते हैं, लेकिन सब असफल होते हैं। ब्रह्मा ने वेद में इसका विचार किया था, जिसे न मालूम कितने पण्डितों ने पढ़ा होगा। लेकिन वे उस परम तत्त्व तक नहीं पहुँच पाये। आज भी कुछ लोग उसे पाने का प्रयास कर रहे हैं। कोई आसन जमाकर बैठा हुआ है, किसी योगी ने ध्यान लगाया है! कितने ही मुनियों ने अपने मन को मार डाला, कितने ज्ञान की खोज में भटक गये। कितने ही पीर और पैगंबर बन चुके हैं, न मालूम कितने ही लोग कुरान का पाठ करते हैं। और भी असंख्य मुल्ला, काजी और शेख हो चुके हैं, लेकिन उस परम तत्त्व को कोई भी खोज नहीं पाया। इस तर्क-पद्धति के द्वारा दादू अपनी समकालीन धार्मिक रूढ़ियों, कुरीतियों या विडम्बनाओं का विरोध करते हैं। ईश्वर प्राप्ति के अब तक बताये गये सब मार्ग असत्य हैं। ये माग चाहे हिन्दुओं ने बताये हों, चाहे मुसलमानों ने। ईश्वर तो एक है, लेकिन उस तक पहुँचने के मार्ग अनेक हो गये हैं। लेकिन सारे पन्थ भ्रम के हैं—

मैं पंथि येक अपार कै मनि और न भावै।
कोई पंथ पावे पीव का, जिस आप लषावै।।टेक
को पंथि हीदू तुरक के, को काहू माता।
को पंथि सोफी सेवडे, को संन्यासी राता॥1
को पंथि जोगी जंगमा, को सकति पंथ ध्यावे।
को पंथि कमड़े कापड़ी, को बहुत मनाव ॥2
को पंथि काहू के चलै, मैं और न जानौं।।
दादू जिनि जगु सिरजिया, नाही कौं मानौ ॥3

(दादू दयाल ग्रन्थावली, पृ. 390)

दादू कहते हैं कि इन पन्थों से जगत का सर्जन करने वाले परम तत्त्व को नहीं जाना जाता, यही चिंत्य है। ईश्वर किस आराधना से प्रसन्न होता है, इसे दादू नहीं जानते। अतः वह स्वयं

ईश्वर से ही पूछते हैं कि हे गुसाईं, तुम किस तरह से प्रसन्न होते हो, मुझे वह साधना-पद्धति समझा दो, ताकि मैं वैसा ही करूँ। दादू कहते हैं कि जो तुम्हें रुचिकर है, वह तो सिर्फ तुम्हें ही पता है और उसे मैं कहकर या समझाकर नहीं बता सकता–

कौन भाँति भल मानै गुसाईं।
तुम भावै सो मैं जानत नाही। ।टेक

केभल मानै नाचे गाए, के भल मान लोग रिझाए। ।1
कै भल मान तीरथि न्हाए, कै भल मानै मूण्ड मुडाए। ।2
के भूल मानै सब घर त्यागी, कै भूल मानै भए विरागी। ।3
के भल मान जटा बधाए, कै भल मान भसम लगाए। ।4
कै भल मानै बन बन डोल, कै भल मानै मुषां न बोलैं ।5
कै भल मानै जप तप कीए, के भल मानै करवत लीए। ।6
कै भल मानै ब्रह्म गियानी, कै भल मान अधिक धियानी। ।7
जै तुम भाव सो तुम आहि, दादू न जाने कहि समझाइ ।।8

(दादू दयाल ग्रन्थावली, पृ. 316)

अर्थात् राम रहस्यमय है। उसके स्वरूप की जानकारी नहीं मिल सकती। उससे मिलने का पंथ बतानेवाले लोग ढोंगी हैं। राम हैं तो रहस्यमय, लेकिन इस सृष्टि का सर्जन राम ने ही किया है। किस प्रकार, यह हमारी समझ के बाहर है। राम हमारी समझ से बड़े हैं, उनका गुण-गान इस लौकिक भाषा में सम्भव नहीं है। राम की इस सृष्टि पर कवि आश्चर्य करता है, यह आश्चर्य कवि मन में सर्जक के प्रति आस्था को और भी अधिक बढ़ा देता है।

अपन आपको सम्बोधित करते हए दादू एक पद में कहते हैं कि हे मेरे जीव! जिस राम ने तुम्हें प्राण और पिंड दिया है तुम उस राम को सँभालकर रखो। जिसने आकाश का निर्माण करके उसमें अनेक चित्रों (तारों) को चित्रित कर दिया है। जिसने सूर्य और चन्द्रमा को बनाया है। इनको वह बिना पहिये के चलाता है, इनमें से गर्म है और दूसरा ठण्डा। इसके माध्यम से राम अपनी कलात्मकता प्रकट कर रहा है। इसने रंग-बिरंगी धरती का और सात समुद्रों का निर्माण किया है। जल और थल में अनेक जीवों को सँभालने वाला वह स्वयं ईश्वर ही है। जिसने पानी और पवन की सृष्टि की है, जिसके आदेश से बादलों से बरसात होती है। जिसने अनेक पेड़ों की सृष्टि की है और जिनको वह सींचता रहता है। जिसमें इन पाँचों तत्त्वों के प्रसार के द्वारा इस सृष्टि का विस्तार किया है। हे मेरे जीव! तू निश्चल होकर उस राम का जाप कर–

साइ राम सँभालि जीयरा, पिण्ड प्राण जिनिन दीया रे।
अंबर आप उपावन हारा, माहि चित्र जिनि कीया रे।। टेक
चंद सुर जिनि किया चिराका, चरनौं बिना चलावै रे।
इक सीतल इक ताता टोले, अनत कला दिषलावै रे।।

धरती धरन वरन बहु वांनी, रचिले सपत समंदा रे।
जलि थलि जीव सँभालन हारा, पूरि रह्यौ सब संगा रे।
प्रकट पवन पांणी जिनि कीन्हा, वरिषावै बहु धारा रे।
अठारह भार विरिषि बहुविधि के, सबका सीचन हारा रे॥3
पंच तत जिनि कीया पसारा, सब करि देषण लागा रे।
निहचल राम जपी मेरे जीयरा, दादू जार्थं जागा रे॥4

(दादू दयाल ग्रन्थावली, पृ. 457-458)

दादू कहते हैं कि जिसने इस धरती का निर्माण किया और उसे ब्रह्माण्ड में बिना किसी खम्भे के सहारे स्थित कर दिया। वह ईश्वर हम जीवों को भूल नहीं जायेगा। वह सर्वशक्तिमान है। भले ही यह राम दिखायी नहीं देता, लेकिन वह हमेशा जीव के साथ ही रहता है। इसकी इस कुदरत को देखा नहीं जा सकता।

कादिर कुदरति लषी न जाइ, कहाँ तै उपजै कहाँ समाइ।।टेक
कहाँ त कीन्ह पवन अर पाणी, धरनि गगन गति जाइ न जाँणी।।1
कहाँ थे काया ग्यान प्रकासा, कहाँ पंच मिलि एक निवासा।।2
कहाँ थै एक अनेक दिषावा। कहाँ थ सकल एक है आवा।।3
दादू कुदरति बहु हेरानां, कहाँ थ राषि रहे रहिमानाँ।।4

(दादू दयाल ग्रन्थावली, पृ. 326)

ऐसे सर्जनकर्ता राम को कोई भी नहीं जान पाता, क्योंकि वह ज्ञान की सीमा और शक्ति से परे है। हम जिन लौकिक इन्द्रियों के द्वारा इस संसार को जानते हैं, उन्हीं इन्द्रियों से ईश्वर को कैसे जाना जा सकता है? हम किसी वस्तु को जानते समय देश-काल की सीमा में ही जान पाते हैं। वह देश-काल से परे है और ऐसी सत्ता या शक्ति की जानकारी असम्भव है। उस सर्जनकर्ता के पैर कहाँ है, रूप कैसा है? मुख, नाक, कान हैं कि नहीं? पेट पीठ किस तरफ है। हे गुरु! आप इस रहस्य को समझायें कि उसका निवास स्थान धरती है या आसमान। वह स्वर्ग का निवासी है? वह पानी, हवा, पृथ्वी, चाँद-सितारे व सूर्य में से किसके पास, किस रूप में रहता है? उसका आसन कैसा है? हे गुरु! देव की गति मुझसे देखी नहीं जाती, तुम ही मुझे समझा दो। दादू कहते हैं–

अैसा राम हमारे आवै, वार पार कोई अन्त न पावे।। टेक
हलुका भारी कह्यो न जाइ, मोल माप नही रह्या समाई।।1
कीमति लेषा नही परबान, सब पचि हारे साधु सुजान।।2
आगौं पीछौं परिमितिं नाही, केते पारषि आवे जाही।।3
आदि अंति मधि कहै न कोइ, देष दादू अचिरज होइ।।4

(दादू दयाल ग्रन्थावली, पृ. 326)

परमतत्त्व तो ऐसी अनुपम सत्ता है, जिसे न तो काल नष्ट कर पाता है और न वह स्वतः नष्ट होता है। वह न मारने से मरता है, न आग से जलता है। वह तो अक्षर-अविनश्वर है, उसका क्षरण नहीं होता। उसे न सर्दी लगती है न गर्मी। न वह पानी में डूबता है, न वह मिट्टी में मिलता है। न ही वह आकाश में विलीन होता है। वह ऐसा अघट अनुपम तत्त्व है। तात्पर्य यह कि जगत् की वस्तुओं की प्रकृति और उनकी परिणति से उस परम तत्त्व की तुलना सम्भव नहीं है। इसको मन से समझा जा सकता है, लेकिन शब्दों में व्यक्त नहीं किया जा सकता। वह परम सत्ता तो गूँगे के गुड़ की भाँति है। गूँगा व्यक्ति गुड़ का स्वाद भर लेता है, इससे उसे प्रसन्नता होती है। इस प्रसन्नता को अपनी मुख मुद्रा से हाथ पैर हिलाकर अनेक अभिनय करके, प्रकट करना चाहता है। फिर भी, वह उस स्वाद का स्वरूप प्रकट नहीं कर सकता। यहाँ अनुभूति का नहीं, अभिव्यक्ति का संकट है—या कि सम्प्रेषण का संकट है। अनुभूत वस्तु अभिव्यक्ति के साधनों में समाहित नहीं हो पाती। दादू ने इस संकट को इन शब्दों में व्यक्त किया है—

दादू मेरा एक मुष, कीरति अनत अपार।
गुण केते परमिति नही, रहे विचारि विचार।।

(दादू दयाल ग्रन्थावली, पृ. 44)

कवि का मुख एक है, जबकि परमात्मा के गुण अनन्त हैं, जिन्हें प्रकट नहीं किया जा सकता। जीव उन गुणों को विचारता ही रहता है—

दादू गूँगे का गुर कहौं, मन जानत है पाइ।
राम रसायन पीवतां, सो सुष कह्यो न जाइ।

(दादू दयाल ग्रन्थावली, पृ. 88)

राम के इस स्वरूप को पढ़-पढ़कर अनेक पण्डित थक गये, लेकिन किसी ने उस राम की सीमा को पार नहीं किया, उसके बारे में अनेक मुनियों ने प्रवचन दिये; फिर भी सारी कथा वे कह नहीं पाये। यह ईश्वर है कैसा—इस बारे में दादू ने एक साखी में कहा है कि पानी के भीतर प्रवेश करके यदि हम आँख खोलें तो हम चतुर्दिक पानी-ही-पानी दिखायी देता है, उसी प्रकार सृष्टि में ईश्वर का विचार करना चाहिए—

दादू पांणी मां है पेसि करि, देष दिष्टि उघाड़ि।
जला बिम्ब सब भरि रह्या, असा ब्रह्म विचारि॥

(दादू दयाल ग्रन्थावली, पृ. 47)

इस राम के अनेक नाम हैंः किन्तु इस विवाद में दादू पड़ना नहीं चाहते। वह सिर्फ यही कहते हैं कि राम के सिवा दूसरा कोई है ही नहीं। जो कुछ सत्य है। वह राम ही है।

बाबा दूसर नांही कोई।
येक अनेक नाँव तुम्हारे, मोपै और न होइ॥टेक
अलष इलाही येक तूं, तूं ही राम रहीम।

तूं ही मालिक मोहना, केसौ नाँव करीम ॥1
सांई सिरजनहार तूं, तूं पावन तूं पाक।
तूं कांइम करतार तूं, तूं हरि हाजिर आप ॥2
रमिता राजिक येक तूं, तूं सारंग सुबिहान।
कादिर करता येक तूं, तूं साहिब सुलितान ॥3
अविगत अलह येक तं, गनी गुसांई येक।
अजब अनुपम आप है, दादू नाँव अनेक ॥4

(दादू दयाल ग्रन्थावली, पृ. 406)

अन्त में, थक-हारकर दादू कहते हैं कि राम सरीखा तो राम ही है, वह जैसा है, बस 'है'। रे मन! तू उस राम का सुमिरन कर!

एक तरफ तो राम है, जो अलख है, निरंजन है; जिसकी गति को कोई नहीं जान पाता, दूसरी तरफ आम आदमी है, जो विषय वासना में लिप्त है। उसकी इस ईश्वर के अस्तित्व और स्वरूप का बोध ही नहीं है। वह माया के वश में पड़ा हुआ है। इन्द्रियों के सुख के पीछे भागता है और बार-बार निराश होता है, उस का चंचल मन भटकता रहता है। मेरा-तेरा करता हुआ वह जो जीवन जीता है, वह जीवन मानव-जीवन नहीं होता, बल्कि पशुओं के समान निरर्थक होता है। मोह-माया के बन्धनों में पड़कर वह अनेक पाप करता है, जिससे उसे चौरासी लाख योनियों में भटकना पड़ता है। मानव जन्म में वह मुक्ति का एक मौका पाता है, उस मौके को भी वह काम-क्रोध के वशीभूत होकर गँवा देता है। ऐसे आम मनुष्य को कभी मुक्ति नहीं मिल सकती। और दादू के अनुसार मुक्ति ही जीवन का एकमात्र लक्ष्य है। परम्परा से मानव-जीवन के चार पुरुषार्थ या लक्ष्य-धर्म, अर्थ, काम, मोक्ष, माने गये हैं। दादू आदि सन्तों के लिए जीवन का एक ही लक्ष्य है और वह चरम-परम लक्ष्य है—जन्म-मरण के बन्धन से मुक्ति।

एक तरफ तो यह जीव अज्ञान के अन्धकार में पड़ा रहता है, दूसरी तरफ राम रहस्यमय हैं। दोनों के बीच जगत् है, जो दुःखों का घर है। जीव को यहाँ अनेक प्रकार की यातनाएँ झेलनी पड़ती हैं। यदि उसके मन में कभी मुक्ति की कामना जाग्रत हो भी जाये, तो भी मुक्ति सहज ही में नहीं मिल पाती। मनुष्य के संस्कार और यह मायावी संसार मुक्ति में बाधा बनकर खड़े हो जाते हैं। मनुष्य की इन्द्रियाँ हैं, जिनसे वह इस लौकिक विश्व के सम्पर्क में आता है और इसी की जानकारी प्राप्त करता है। फिर एक मन है, जो द्वन्द्व में पड़ा रहता है और जिसमें एकाग्रता नहीं है। ईश्वर-मिलन में ये दोनों तत्त्व बाधक हैं। इनका शमन करना पड़ता है। इसके पहले मनुष्य का शरीर है, शरीर की अपनी आवश्यकताएँ हैं। शरीर पैदा होता है और अन्ततः मर जाता है अर्थात् मिट्टी में मिल जाता है। ये सब मरणशील तत्त्व हैं। इसी शरीर में जीव का निवास है। उसे ही आत्मा भी कहते हैं। यह परमात्मा का बिछुड़ा हुआ अंश है। शरीर का भोग करते हुए जीव अपनी सुख-सुविधानुसार नहीं चलता, बल्कि मन और इन्द्रियों की इच्छाओं के अनुसार चलता है। जगत् के अन्य सम्बन्धों को यदि छोड़ भी दिया जाय, तब भी

दादू के अनुसार, मनुष्य स्वभावतः पाप की ओर—माया की ओर प्रवृत्त होता है। वह इन्द्रियाँ और मन से संचालित होता है। ऐसे व्यक्ति की मुक्ति कसे हो सकती है? दादू की रचनाओं का मूल आशय यही है। पहले वह उन बाधाओं का वर्णन करते हैं, जो व्यक्ति की मुक्ति में बाधक बनती हैं। फिर उन्होंने उस प्रक्रिया का वर्णन किया है, जिससे जीव को मुक्ति मिल सकती है।

ऐसे व्यक्ति को मुक्ति दिलाने का काम गुरु करता है। प्रसंगात यहाँ यह भी कह दिया जाना चाहिए कि दादू आदि निर्गुण सन्तों के अनुसार, ज्ञान ही मुक्ति प्रदाता है, गुरु ज्ञान देता है, ज्ञान से शक्ति मिलती है, प्रकाश मिलता है। इससे अज्ञान का अन्धकार मिटता है। अज्ञान व्यक्ति की स्वाभाविक कमजोरी है। ज्ञान की शक्ति उसे स्वयं अर्जित करनी पड़ती है। इसी ज्ञान से व्यक्ति को मानव जीवन की सार्थकता समझ में आती है। ज्ञान पर बल देने के कारण ही आचार्य रामचन्द्र शुक्ल ने निर्गुण भक्ति के कवियों को ज्ञानाश्रयी शाखा की कोटि में रखा है।

ऐसा ज्ञान, मनुष्य को अपने आप नहीं मिल सकता। इसके लिए उसे गुरु की शरण लेनी पड़ती है। ज्ञान का तात्पर्य ईश्वर के अस्तित्व के बारे में ज्ञान है। यह ज्ञान लौकिक विषयों की जानकारी से भिन्न है। ईश्वर के बारे में ज्ञान देने का दावा तो बहुत लोग करते हैं, लेकिन सच्चा गुरु किसी-किसी भाग्यवान को ही मिल पाता है। सच्चे गुरु और नकली धर्म प्रचारकों में दादू ने अन्तर किया है और माया के बन्धन में पड़े हुए तथाकथित गुरुओं को उन्होंने 'अन्धा गुरु' कहा है। सच्चा गुरु वह है, जो शिष्य के हाथ में ज्ञान का दीपक थमा देता है। इसके प्रकाश में सत्य उद्घाटित हो जाता है। भेष बनाकर घूमनेवाले तथाकथित नकली गुरुओं का कमी इस संसार में नहीं है। सच्चा गुरु मिल जाने से मुक्ति आसान हो जाती। हालाँकि सच्चा गुरु सौभाग्य से ही मिलता है। अतः व्यक्ति को गुरु का आभारी होना चाहिए कि उसे सच्चे गुरु मिल गये।

सतगुरु पसु माणस कर, माणस थे सिध सोइ।
दादू सिद्ध ते देवता, देव निरंजण होइ।।

दादू काढे काल मुषि, अंधे लोचन देइ।
दादू औसा गुरु मिल्या, जीव ब्रह्म कर लेइ।।

(दादू दयाल ग्रन्थावली, 102)

दादू वाणी की शुरुआत गुरु की महिमा के गान से होती है। गुरु की कार सृष्टि का रहस्य समझ में आता है, जीवन का चरम लक्ष्य प्रकट होता है और व्यक्तित्व का रूपान्तरण हो जाता है। ऐसा गुरु ज्ञान के दरवाजों को खोल देता है और न दिखायी पड़नेवाली चीज भी दीखने लगती हैं, दूर के स्थान नजदीक हो जाते हैं। अतः दादू गुरु की महिमा का गान गोविन्द से भी अधिक करते हैंः यह गुरु बाहर नहीं, भीतर ही है—

दादू मंझे चेला मंझि गुरु, मंझे ही उपदेस।
बाहरि ढुंढे बावरे, जटा बँधाये केस।।

(दादू दयाल ग्रन्थावली, पृ. 8)

इस स्वार्थपूर्ण और क्रूर समाज-व्यवस्था में व्यक्तियों के आपसी सम्बन्ध स्वार्थ के सम्बन्ध हो गये हैं। सच्चा सम्बन्ध तो गुरु का ही है, जो शरीर से नहीं, बल्कि प्राण से सम्बन्ध रखता है। स्वार्थ के सम्बन्ध तो क्षणिक सुख के दिनों के हैं, दुःख की लम्बी अवधि में सम्बन्ध तो सतगुरु ही रखता है

दादू आप सुवारथ सब सगे, प्राण सनेही नाहिं।
प्राण सनेही राम है, कै साधू कलि मांहि।।
सुष का साथी जगत सब, दुष का नाही कोइ।
दुष का साथी साईयां, दादू सतगुर होइ।।

(दादू दयाल ग्रन्थावली, पृ. 13)

आत्मा के भीतर ही परमात्मा है। इसकी जानकारी और समझ गुरु देता है। यदि सतगुरु नहीं मिलते तो मैं भव सागर में डूब जाता। स्वयं सतगुरु ने मेरे जीवन की नौका खेकर दुःख के समुद्र से पार लगा दिया। मेरी आत्मा प्यासी थी, चारों ओर ईश्वर की कृपा का जल व्याप्त था, किन्तु प्यास तभी बुझ पाया जब सतगुरु मिले–

सरवर भरिया दहदिसा, पंषी प्यासा जाइ।
दादू गुर परसाद बिन, क्यं जल पीवै आइ।।

(दादू दयाल ग्रन्थावली, पृ. 5)

इस संसार में सतगुरु तो कम हैं, लेकिन कपट वेषधारी साधु बहुत हैं। व्यक्ति इनके प्रभाव में आ जाता है, वह कभी मुक्त नहीं हो पाता। गुरुओं के बारे में दादू कहते हैं–

झूठे अंधे गुर घणे, भरम दिढावे आइ।
दादू साचा गुर मिले, जीव ब्रह्म है जाइ॥
झूठे अंधे गुर घणे, बंधे विषै विकार।
दादू साचा गुर मिल, सनमुष सिरजनहार ॥

(दादू दयाल ग्रन्थावली, पृ. 12)

हालाँकि दादू जीव की मुक्ति का अन्तिम श्रेय गुरु को देते हैं, फिर भी मुक्ति के लिए जीव को स्वयं प्रयत्न करना पड़ता है। गुरु का उपदेश बहुत सहज और सरल लगता है, लेकिन उसका पालन बहुत कठिन होता है। इस प्रक्रिया में बहुत बार असफलता मिलती है, निराशा के कठिन दौर से गुजरना पड़ता है, तब कहीं लक्ष्य मिलता है। इसलिए दादू ने सिर्फ गुरु की महिमा का ही गान नहीं किया, बल्कि शिष्य के प्रयत्नों को भी महत्त्व दिया है। उन्होंने यह भी बताया है कि सच्चे गुरु के साथ-साथ ग्रहणशील शिष्य भी आवश्यक होता है। यदि शिष्य जड़ है तो सतगुरु भी उसको मुक्ति नहीं दिला सकता।

दादू वैद विचारा क्या करै, जै रोगी रहै न साच।
मीठा पारा चरपरा, मांगै मेरा वाछ।

(दादू दयाल ग्रन्थावली, पृ. 14)

दादू ने शिष्यों की प्रयत्नावस्था का विस्तृत वर्णन किया है। गुरु जब ज्ञान देता है, तब शिष्य को ईश्वर के अस्तित्व का बोध होता है। इसी के साथ, उसके मन में विरह की अनुभूति जाग्रत होती है। लौकिक जीवन में पहले संयोग होता है, तब वियोग होता है। सन्तों के जीवन में विरह पहले होता है क्योंकि संयोग के बाद तो कभी वियोग होगा ही नहीं। यह विरह अनुभवजन्य नहीं, ज्ञानगम्य होता है। गुरु प्रदत्त उपदेश के ज्ञान से यह विरह उत्पन्न होता है।

निर्गुण कवियों ने स्त्री-पुरुष सम्बन्ध के प्रतीक के माध्यम से आत्मा-परमात्मा के सम्बन्ध को व्याख्यायित किया है। यहाँ आत्मा को स्त्री के रूप में और परमात्मा को पुरुष के रूप में चित्रित किया गया है। इस विरह में प्रियतम के ऐश्वर्य का वर्णन उतना नहीं होता, जितना प्रिय से मिलने की तड़प होती है। जीवात्मा ने प्रियतम को तो कभी देखा ही नहीं, अतः उसका सौन्दर्य-वर्णन क्या करे? अतः वह अपने ही दुःख का वर्णन करता है। यह दुःख मनुष्य को लौकिक भूमिका से ऊपर उठा देता है क्योंकि यह दुःख अलौकिक है। जिसमें इस दुःख का संचार नहीं होता, वह कभी भी मुक्त नहीं हो सकता। अतः पीड़ादायक होते हुए भी यह वांछनीय है। ईश्वर मिलन की पहली सीढ़ी है–

दादू पीड न उपजी, न हम करी पुकार।
ताथै साहिब ना मिल्या, दादू बीती बार।।
अंदरि पीड़ न ऊभरै, बाहरि करै पुकार।
दादू सौ क्यूं करि लहै, साहिब का दीदार।।

(दादू दयाल ग्रन्थावली, पृ. 38)

गुरु के शब्द-बाण से शिष्य घायल हो गया है और उसके अंग-प्रत्यंग में ही पीड़ा व्याप गयी है। यह ऐसी पीड़ा है, जो बाहर दिखायी नहीं देती। रात-दिन विरहणी आत्मा रोती रहती है, किसी काम में उसका मन नहीं लगता। सांसारिक विषयों से उसका चित्त उचट-सा गया है और प्रियतम अभी तक उसे मिला नहीं है। अतः जीवन में एक पीड़ादायक खालीपन आ गया है। इससे एक विशेष प्रकार की उदासी घर कर गयी है। इसका कारण यह है–

साहब मुषि बोले नही, सेवग फिरै उदास।

(दादू दयाल ग्रन्थावली, पृ. 29)

उसके दुःख का कारण अब स्वयं राम हैं, जो बोलते नहीं हैं। इस दुःख को वह किसी और से नहीं कह पाता। स्वयं ईश्वर ही इस दुःख को सुनने का अधिकारी है, वह नहीं सुनता। अतः दादू में एकाकीपन और उदासी का भाव आ गया है।

ना बहु मिलै न मैं सुषी, कहु क्यूं जीवनि होइ।
जिनि मुझ कू घाइल कीया, मेरी दारु सोइ।।

(दादू दयाल ग्रन्थावली, पृ. 29)

दादू ने कुछ परम्परागत काव्य रूढ़ियों के माध्यम से भी अपनी पीड़ा को व्यक्त किया है। जैसे भ्रमर सुगन्ध का लोभी होता है, हरिण संगीत पर मोहित होता है, पतंगा दीपक पर अपनी जान लुटा देता है, चकोर चन्द्रमा से प्रेम करता है, चातक पीव-पीव पुकारता रहता है, वैसे ही मैं राम से एकनिष्ठ प्रेम करता हूँ।

ज्यं अमली के चिति अमल है, सुरे के संग्राम।
निर्धन के चिति धन बसै, त्यं दादू के मन राम।।

(दादू दयाल ग्रन्थावला, पृ. 30)

जीव का परमात्मा से यह प्रेम अधिकारजन्य नहीं है, वह तो सिर्फ प्रभु दर्शन का प्यासा है। राम से मिलन सिर्फ जीव की आराधना से ही सम्भव नहीं है। जीव की तपस्या के साथ-साथ ईश्वर की कृपा भी उतनी ही आवश्यक है, जिस से अन्ततः ईश्वर मिलन सम्भव है। जीव भाँति-भाँति से इस पीड़ा को व्यक्त करता है।

दादू की साखियों में कई बार कातर निराशा भी व्यक्त हुई है। संसार से सारे सम्बन्ध त्याग दिये हैं, राम की एकनिष्ठ पूजा की है, लेकिन ईश्वर मिलन हो नहीं पा रहा है, तपस्या में कोई कमी नहीं है, इन्तजार भी बहत किया है। सबसे होने वाली थकान निराशा तक पहुँच चुकी है। दादू ने इस भाव को व्यक्त करते हुए कहा है—

दादू लाइक हम नही, हरि के दरसण जोग।
बिन देषे मरि जाहिने. पीव के विरह वियोग।।

(दादू दयाल ग्रन्थावली, पृ. 36)

इस स्थिति में जीवन भी निरर्थक लगने लगता है। यह बोध उस समय भी होता है, जब व्यक्ति विषय-वासना में अपना सारा जीवन गँवा कर अन्त समय में ज्ञान प्राप्त करता है। तब उस 'ज्ञान' तो मिल जाता है, लेकिन उसके पास 'कर्म' करने की शक्ति नहीं बचती और वह पश्चात्ताप करता हुआ मर जाता है। यह निरर्थकता उससे अलग है। इसमें जीव (साधक) प्रयत्न करता रहता है और उसे आशंका होती रहती है कि ईश्वर शायद न मिले। यह पीड़ा हालाँकि दादू की रचनाओं में बहुत कम साखियों में व्यक्त हुई है, फिर भी दादू ने इस पीड़ा को वाणी दी है।

इस निराशा से पहले दादू ने साधना की जटिलता का वर्णन किया है। वह आत्म-स्वीकार करता हुआ कहता है कि मेरा मन ही अपराधी है—

बाबा मन अपराधी मेरा, कह्या न माने तेरा।।टेक
माया मोहि मदि माता, कनक कामनी राता॥1
काम क्रोध अहंकारा, भाव विषै विकारा।।2
काल मीच नही सूझ, आतम रामन बूझै।।3
समर्थ सिरजनहारा, दादू करै पुकारा।।4

(दादू दयाल ग्रन्थावली, पृ. 353)

दादू कहना चाहते हैं कि सच्चा गुरु मिल गया, उसने सच्चा ज्ञान भी दे दिया। शिष्य ने भी सत्य ज्ञान को स्वीकार कर लिया, फिर भी मुक्ति नहीं मिली। क्यों? क्योंकि व्यक्ति की पुरानी आदत है। उसका स्वभाव है कि वह माया की तरफ झुकता है। उसने काम, क्रोध और अहंकार है। विकारग्रस्त मन और सुख के पीछे भागने वाली इन्द्रियाँ हैं। इनको वश में करना है। जब तक प्रयासपूर्वक इनको वश में नहीं किया जायेगा, तब तक परमात्मा से मिलन सम्भव नहीं है। गुरु के ज्ञान से सत्य तो प्रकट हो गया, जिसके द्वारा वह इनको वश में कर सकता है। इनको वश में करने के लिए कठोर परिश्रम करना पड़ेगा और उस प्रक्रिया में अपन व्यक्तित्व को बदलना होगा। जब परिवर्तित व्यक्तित्व सहज रूप से राममय हो जायेगा, तब उसे प्रयास करना नहीं पड़ेगा और तभी वह इस लायक होगा राम मिल जाये। व्यक्तित्व का यह रूपान्तरण आसान नहीं है। इन्द्रियाँ, मन और माया के बन्धन को काटना पड़ेगा। यह कार्य असम्भव नहीं है, परन्तु मुश्किल अवश्य है। गुरु की कृपा के बिना यह कार्य सरलता से सम्पन्न नहीं हो सकता, जो ऐसा कर पाये वही—आदर्श पुरुष है, सन्त है। दादू दयाल ऐसे व्यक्ति को अपना समानधर्मा मानते हैं और लौकिक मनुष्यों में सिर्फ उसी का आदर करते हैं।

राम से जीव का मिलन कैसे होता है? इस प्रक्रिया का वर्णन भी दादू ने किया है। शुद्ध चित्त सन्त व्यक्ति और सृष्टिकर्ता ब्रह्म आपस में उसी प्रकार मिलते हैं, जिस प्रकार दूध और पानी या पानी में नमक घुल जाता है, उसी प्रकार व्यक्ति और ब्रह्म तदाकार हो जाते हैं। उनको फिर पृथक् नहीं किया जा सकता।

दादू ज्यों जल पैसे दूध में, त्यूं पाणी मैं लूंण।
अमे आतम राम सौं, मन हठ साधै कूण ॥

(दादू दयाल ग्रन्थावली, पृ. 22)

जिस प्रकार किसी अफीमची के चित्त में अमल (अफीम) बसता है, योद्धा के मन में संग्राम की चाहत रहती है, उसी उत्कण्ठा और लालसा से मेरे मन में राम रहता है। जब परमात्मा से मिलन होता है तो यह दो अलग सत्ता का मिलन या समाहार नहीं होता, बल्कि जीव के पृथक् अस्तित्व की चेतना का परिहार हो जाता है और वह ब्रह्म में ही अपने आपको विसर्जित कर देता है। जब तक जीव में अहंकार रहता है, तब तक ईश्वर उससे दूर रहता है, अहंकार का विनाश हो जाने के बाद, जब जीव ब्रह्म में लीन हो जाता है तब फिर जीव का पृथक् अस्तित्व शेष नहीं रहता, ब्रह्म ही ब्रह्म रहता है।

तब मन नाही मैं नही, नही काया नंहि जीव।
दादू एकै देषिए, दह दिसि मेरा पीव ॥ (दादू दयाल ग्रन्थावली, पृ. 47)

दादू देषू दयाल कू, सकल रह्या भरपूरि।
रोम-रोम मैं रमि रह्या, तूं जिनि जानै दुरि।।
दादू देवू दयाल कं, बाहरि भीतरि सोइ।

सब दिसि देबूं पीवं कू, दूसर नाही कोइ॥

(दादू दयाल ग्रन्थावली, पृ. 50)

इस तरह जीव और ब्रह्म का परस्पर मेल हो जाता है। दादू खुद हैरान है कि जीव और ब्रह्म का यह कैसा अद्भुत मेल है! इसमें जीव ब्रह्ममय हो गया है। फिर भी उसे आनन्द की अनुभूति हो रही है। इस स्थिति तक लाने का श्रेय गुरु का है अतः जीव गुरु का आभारी है। चरम आनन्द के क्षण में भी, जीव गुरु का कृपा के महत्त्व को भूलता नहीं, उसे याद रखता है।

निकट निरंजन देषि हौं, छिन दूरि न जाई।
बाहरि भीतरि एक-सा, सब रह्या समाई।।टेक
सतगुरि भेद बताईया, तब पूरा पाया।
नैननि ही निरषौं सदा, घरि सहज आया।।1
पूरे सौं परचा भया, पूरी मति जागी।
जीव जानि जीवनि मिले, असे बड़भागी।।2
रोम-रोम में रमि रह्या, सो जीवनि मेरा।
जीव पीव न्यारा नही, सब संगि बसेरा।।3
सुन्दर सो सहजै रहै, घटि अन्तरजामी।
दादू सोई देषिहौं, सारौं सिरि स्वामी ॥4

(दादू दयाल ग्रन्थावली, पृ. 394)

जब आत्मा को परमात्मा मिल जाता है, तब आत्मा चरम आनन्द का भोग कर रही होती है। उसे परम आनन्द की अनुभूति हो रही होती है। आनन्द की उस अनुभूति को दादू व्यक्त भी करते हैं। सांसारिक विषय-वासनाओं के कष्ट से जीव अब पूरी तरह से मुक्त हैं और वह हर समय परमात्मा के साहचर्य सुख का भोग कर रहा है। अब उसे किसी प्रकार का कष्ट नहीं है, फिर उसे आनन्द की अनभूति कैसे हो सकती है? क्या दादू द्वैतवादी थे या अद्वैतवादी थे? पं. हजारी प्रसाद द्विवेदी ने कबीर के मूल्यांकन के प्रसंग में इस सवाल को उठाया है। उनके अनुसार कबीर न तो द्वैतवादी हैं और न अद्वैतवादी हैं, बल्कि उनकी अनुभूति 'द्वैताद्वैत विलक्षण' है। राम से पूर्ण मिलन होते हुए भी, एकाकार होते हुए भी जीव पृथक् रूप से मिलन सुख का अनुभव कर सकता है, करता है। दादू दयाल में भी कबीर की यह परम्परा मिलती है। वे कहते है–

येक कहौं तो दोइ है, दोइ कहौं तो येक।
यौं दादू हैरान है, ज्यौं है तूं ही देष ॥

(दादू दयाल ग्रन्थावली, पृ. 90)

दादू मैं नही तब येक है, मैं आइ तब दोइ।
मैं तैं पड़दा मिटि गया, तब ज्यूं था त्यौं होइ।।

(दादू दयाल ग्रन्थावली, पृ. 234)

जहाँ राम तहां मैं नही, मैं तहां नाही राम।
दादू महल बारीक है, द्वै कू नाही ठाम।।

(दादू दयाल ग्रन्थावली, पृ. 236)

दादू के अनुसार 'मैं' और 'राम' साथ-साथ नहीं रह सकते। जब मैं पर का पर्दा हट जाता है तब ही जीव पूर्व स्थिति में पहुँच जाता है। वही स्थिति सत्य है, वांछनीय है। इस प्रकार, दादू उस विचार प्रणाली के समर्थक हैं, जो यह मानती है कि रचना विचारमूलक है। यह विकास नहीं, बल्कि पतन है। अतः सृष्टि का लोप ही वांछनीय है। इससे सारे जीव ब्रह्ममय हो जायेंगे और अपनी वास्तविक, सहज स्थिति प्राप्त कर सकेंगे।

यहाँ यह प्रश्न भी उठता है कि क्या मुक्ति के लिए मृत्यु आवश्यक है? सगुण मत वालों के अनुसार इस जीवन से मुक्ति मृत्यु के उपरान्त ही सम्भव है। मुक्ति में यह काया ही बाधा है। इस बाधा के हटने के बाद ही कुछ हो सकता है। दादू ने इस का विरोध किया। उन्होंने कुछ साखियों में मृत्यु के बाद मुक्ति बताने वालों का विरोध किया है–

मूवां पीछे मुकति बतावै, मूवा पीछ मेला।
मुवा पीछ अमर अभै पद, दादू भूले गेला।।
मुवां पीछे वैकुंठि वासा, मूवा श्रगि पठावैं।
मूवां पीछे मुकति बतावै, दादू जग बौरावैं।।

(दादू दयाल ग्रन्थावली, पृ. 2611)

दादू ने कहा कि जो मृत्यु के बाद स्वर्ग भिजवाते हैं अथवा ईश्वर से मिलन बताते हैं; वे इस संसार को ठगते हैं। दादू के अनुसार, मुक्ति जीवित रहते सम्भव है, मृत्यु के बाद मुक्ति नहीं है। जो जीवित रहते हुए मुक्ति नहीं पा सके वह तो भव सागर में डूब जाता है।

जीवत प्रगट नां भया, जीवत परचा नांहि।
जीवत न पांव पीव कौं, बूड़े भौजल मांहि।
जीवत पद पाया नही, जीवत मिले न जाइ।
जीवत जे छूटे नही, दादू गये बिलाई।।

(दादू दयाल ग्रन्थावली, पृ. 260)

निर्गुण सन्तों ने इस स्थिति के लिए 'जीवत-मृतक' की संज्ञा दी है। जीवित रहते हुए ही जो व्यक्ति अपनी इन्द्रियों और मन को मार डालता है, वही सन्त 'जीवत-मृतक' हो जाता है; वही कलियुग में मुक्त हो पाता है। कितना विचित्र विरोधाभास है कि जो सन्त 'काया' को असत्य मानते हैं, वे इसी काया में जीव की मुक्ति भी देखते हैं। यहाँ काया बाधा नहीं बनती।

प्रेमचन्द के राम

अवधेश प्रधान

प्रेमचन्द ने 'जमाना' (मई-जून 1912), में 'रामायण' और 'महाभारत' का महत्त्व बताते हुए लिखा था, "अगर संस्कृत साहित्य में सिर्फ ये ही दो किताब होतीं तो भी किसी भाषा का लिटरेचर संस्कृत से आँख न मिला सकता। विचारों की उच्चता, विषयों की पवित्रता, वर्णन का सौन्दर्य और कैरेक्टरों की महानता से, उसी जमाने से जब कि ये पुस्तक कवि के हृदय से निकलीं, संसार को आश्चर्य में डाल रक्खा है।" वाल्मीकि और व्यास ने अपनी इन अमर रचनाओं में पूर्ण मनुष्य के जीते-जागते चरित्र एक अनुकरणीय आदर्श के रूप में उपस्थित किये—"ऐसे पूर्ण मनुष्य शेक्सपियर और दांते, होमर और वर्जिल, निजामी और फिरदौसी की कल्पना की परिधि से भी बहुत ऊँचे हैं।" इनम राम और सीता के चरित्र को अलग से रेखांकित करते हुए लिखा है, "रामचन्द्र निश्चय ही उच्चतम मानवता के उदाहरण थे और सीता स्त्रियों के पवित्र धर्म की एक पावन मूर्ति।" प्रेमचन्द ने बच्चों के लिए 'रामचर्चा' नाम की पुस्तक लिखी तो यह बिलकुल स्वाभाविक था, लेकिन प्रेमचन्द के रचना-संसार में इसकी कोई चर्चा तो नहीं ही होती; उल्लेख भी मुश्किल से मिलता है। मैंने भी यह किताब तब पढ़ी जब काशी हिंदू विश्वविद्यालय में विदेशी छात्रों को डिप्लोमा कोर्स में निर्धारित एक पाठ्यपुस्तक के रूप में इसे पढ़ाने का मौका मिला।

'रामचर्चा' प्रेमचन्द की क्लासिक कथाकृतियों के मुकाबले कोई मूल्य नहीं रखती लेकिन एक अत्यन्त प्राचीन और अत्यन्त लोकप्रिय कथा को नये सिरे से प्रस्तुत करते हुए उसमें युग के अनुरूप काट-छाँट करने और नई-नई चीज जोड़ने की दृष्टि से ऐसी अनेक खूबियाँ हैं, जो गौर करने लायक हैं, और नये लेखकों के लिए सीखने लायक भी।

'रामचर्चा' बिलकुल बातचीत की शैली में शुरू होती है, "प्यारे बच्चो! तुमने विजयदशमी का मेला तो देखा होगा।" रामलीला की चर्चा के बाद प्रेमचन्द बच्चों को अयोध्या के प्राचीन वैभव की सैर कराते हैं—अयोध्या विद्या, कला, व्यापार में बढ़ी-चढ़ी थी। साफ-सुथरी सड़कों और आलीशान महलों के अलावा वहाँ "नाटक घर भी बने हुए थे, जहाँ शहर के लोग तमाशा देखने जाते थे। इससे मालूम होता है कि पुराने जमाने में भी इस देश में नाटकों का रिवाज था।" बड़े-बड़े बाग थे, जिनमें फल तोड़ने की मनाही नहीं थी। किला था और किले की सु.

रक्षा का पक्का इंतजाम था। लोगों में आदर्श नागरिक के सभी गुण थे। "अदालतों में आजकल की तरह झूठे मुकदमे दायर नहीं किये जाते थे।'' प्राचीन गौरव-गाथा के बीच में वर्तमान की दुर्दशा की याद दिलाने की यह कला ध्यान देने योग्य है, जिसमें भारतेन्दु युग के लेखक सिद्ध थे। उसी कला को आजमाते हुए प्रेमचन्द आगे लिखते हैं, "किसान खुशहाल थे। उनसे लगान बहुत कम लिया जाता था। डाके और चोरी की वारदात सुनाई भी न देती थीं। और ताऊन, हैजा वगैरह बीमारियों का नाम तक न था।'' इसी प्रकार चित्रकूट में राम भरत को जो राजधर्म की शिक्षा देते हैं उसम सैनिकों को समय पर वेतन देने के साथ-साथ गरीबों और किसानों का ध्यान रखने की खास हिदायत देते हैं, ''निर्धनों को धनिकों के अत्याचार से बचाना। किसानों के साथ कभी सख्ती न करना। खेती-सिंचाई के लिए कुएँ, नहर, ताल बनवाना।'' रामराज्य की विशेषताओं का वर्णन भी उन्होंने कुछ इस तरह किया है जैसे बच्चों के मन में अंग्रेजी राज के विकल्प का स्वप्न-बीज बो रहे हों, "विद्वान् लोग न्याय करते थे इसलिए झूठी गवाहियाँ न बनायी जाती थीं। किसानों पर सख्ती न की जाती थी, इसलिए वह मन लगा कर खेती करते थे। अनाज बहुतायत से पैदा होता था। हर एक गाँव में कुएँ और तालाब खुदवा दिये गये थे, नहरें बनवा दी गयी थीं, इसलिए किसान लोग आकाश-वर्षा पर ही निर्भर न रहते थे।... दूध, घी विपुलता से पैदा होता था, क्योंकि हर एक गाँव में चरागाह थीं इसलिए देश में बीमारियाँ न थीं। प्लेग, हैजा, चेचक इत्यादि बीमारियों के नाम भी कोई नहीं जानता था।'' जब राम का राज्याभिषेक हुआ तो भरत ने खुलकर दान किया—गरीबों ने भी अशर्फियाँ पाईं, नंगों को शाल-दुशाले मिले, भूखों को मेवे और मिठाइयाँ मिलीं और "किसानों के साथ विशेष छूट की गयी। एक साल का ब्याज माफ कर दिया गया।'' प्रेमचन्द ने जिस रामराज्य की कल्पना की थी उसम किसानों के साथ विशेष छूट की गयी, अरबपतियों के साथ नहीं!

प्रेमचन्द ने हमेशा यह ध्यान रखा है कि वे यह कथा बच्चों के लिए लिख रहे हैं इसलिए उन्होंने कोशिश की है कि भाषा सरल और सुबोध रहे, संवाद भारी और किताबी न हों और हर प्रसंग युक्तिसंगत और अधिक से अधिक युग के अनुकूल बनाकर प्रस्तुत किया जाय। इसीलिए उन्होंने 'अरण्य काण्ड' को 'वन काण्ड' लिखा और कैकय देश को काश्मीर। मिथिला का प्रसंग आते ही समझाया, "आजकल का बिहार ही उस समय मिथिला कहलाता था।'' निषाद राज गुह को भील सरदार बताया। अयोध्या में किलों के बुर्जों पर तोप लगी रहती थीं। पुष्पक विमान एक विचित्र और आश्चर्यजनक चीज थी। कल घुमाते ही हवा में उठकर उड़ने लगती थी। मिथिला में राम ने धनुष तोड़ दिया तो जय-जय कार और मंगल-गान के साथ-साथ "बन्दूक छूटने लगीं।'' रामचन्द्र की राजगद्दी के मौके पर "तोपों ने सलामियाँ दागीं।'' कैकेयी ने जब भरत के लिए राजगद्दी और राम के लिए चौदह बरस बनवास की माँग रखी तो राजा दशरथ पछताने लगे, "यह तीन-तीन विवाह करने का फल है! बुढ़ापे में विवाह करने का फल! उससे अधिक मूर्ख दुनिया में कोई नहीं जो बुढ़ापे में विवाह करता है। वह जान-बूझ कर विष का प्याला पीता है।'' दशरथ के इस अनुताप में आधुनिक भारत के उस नवजागरण की चिन्ता

बोल रही है जिसने बहुविवाह, वृद्ध विवाह आदि को जड़ से उखाड़ने का अभियान शुरू किया।

प्रेमचन्द ने अनेक अलौकिक और अस्वाभाविक प्रसंगों को लौकिक और व्यावहारिक बनाने की कोशिश की। 'रामचर्चा' का जटायु एक पक्षी नहीं, एक साधु है। सीता को रावण विमान पर नहीं, रथ पर भगा कर ले गया। सीता ने रास्ते में पंपासर के निकट पहाड़ पर बन्दर-भालू नहीं देखे, वे ''बन्दरों की-सी सूरत वाले आदमी'' थे। हनुमान ने समुद्र को आ. काश-मार्ग से नहीं, तैर कर पार किया। लंका में वे मच्छर का रूप धर कर नहीं गये, बल्कि पहरेदारों की आँख बचाकर एक छतनार पेड़ पर चढ़कर उसकी शाखाओं के सहारे महल में उतर गये। "पहाड़ों में तो वे पैदा ही हुए थे। बचपन ही से पेड़ों पर चढ़ना, उचकना, कूदना सीखा था। इतनी फुरती से पेड़ों पर चढ़ते थे कि बन्दर भी देखकर शरमा जाय।'' प्रेमचन्द ने न सुरसा का प्रसंग दिया, न लंकिनी का। लंका में आग कैसे लगी? राक्षसों ने पहले हनुमान को बन्दर बनाया-उनका मुँह रंगा, उनके शरीर पर रोएँ चिपकाए, खूब लम्बी दुम लगाई और उसम लत्ते बाँधकर, खूब तेल छिड़क कर आग लगा दी। हनुमान ने इस अपमान का बदला लेने की ठानी। एक पेड़ पर चढ़ गये जिसकी शाखा रनिवास में झुकी हुई थी। बस एक क्षण में राजमहल जलने लगा। उसके बाद पूरी बस्ती में एक छत से दूसरी छत पर कूदते गये और आग धधकती गयी। समुद्र में कूद कर अपनी दुम की आग बुझाने के बाद वे रातों-रात तैरकर समुद्र के पार आ गये। नल और नील ने सेना को पार उतरने के लिए समुद्र पर पुल बना दिया। वे दोनों "बड़े होशियार इंजीनियर थे।'' लक्ष्मण को शक्ति लगने पर संजीवनी बूटी लाने के लिए हनुमान भेजे गये। कथा प्रसिद्ध है कि बूटी पहचान न पाने के कारण हनुमान पूरा धौलागिरि ही उठा लाए-वह भी आकाश मार्ग से उड़ते हुए। 'रामचर्चा' में वे धौलागिरि के बजाय वहाँ की ढेर सारी घास-पात उखाड़ लाए। उड़ते हुए नहीं, "आंधी की तरह'' दौड़ते हुए गये और आये। राम ने लंका पर घेरा डाल दिया। अब उनका रणकौशल देखिए, "दुर्ग में चारों द्वारों पर चार बड़े-बड़े नायकों को खड़ा किया। सुग्रीव को सारी सेना का सेनापति बनाया। आप और लक्ष्मण सुग्रीव के साथ हो गये। तेज दौड़ने वालों को चुन-चुन कर समाचार लाने और ले जाने के लिए नियुक्त किया। जिस नायक को कोई आज्ञा देनी होती, इन्हीं आदमियों द्वारा कहला भेजते थे। नगर के चारों द्वार बन्द हो गये। राक्षसों का बाहर निकलना दुर्गम हो गया। रसद का बाहर के देहातों से आना बन्द हो गया। लोग अन्दर भूखों मरने लगे।''

'रामचर्चा' में राम न तो भगवान के अवतार हैं, न लक्ष्मण, भरत, हनुमान आदि उनके भक्त। लक्ष्मण और भरत आदर्श भाई हैं। लक्ष्मण की स्पष्टवादिता और वीरता विलक्षण है तो भरत की सरलता और विनम्रता। जब राम ने कहा-"भाग्य में जो लिखा है, वह पूरा होकर रहेगा" तो लक्ष्मण ने तुरन्त प्रतिवाद किया- ''भाग्य साहस का दास है, उसका राजा नहीं।'' राम सर्वश्रेष्ठ आदर्श हैं, वीर हैं लेकिन रावण भी वीर है, "अत्याचारी था। अन्यायी था। नीच था। किन्त वीर भी था। मरते समय भी धनुष उसके हाथ में था।'' उसका बड़ा भारी दोष था-धन का, बल का, राज्य का, ज्ञान का अहंकार। न वह अपनी आलोचना सुन सकता था,

न किसी की सलाह मानता था। विभीषण ने उसे सीता के अपहरण के लिए राम से क्षमा माँग कर शत्रुता समाप्त करने की राय दी तो उसने विभीषण को 'देशद्रोही' और 'धोखेबाज' कहा और लंका से निकाल बाहर किया। उसके दो जासूसों ने राम की सेना की वास्तविक स्थिति बताने के बाद उसे राम से लड़ाई न करने की सलाह दी तो रावण ने उन्हें भी देशद्रोही करार दे कर देश निकाला दे दिया।

राम ने न केवल पिता के वचन की मर्यादा के लिए वनवास स्वीकार किया बल्कि कैकेयी का भी आजीवन सम्मान किया। उन्होंने भील, सरदार, गुह, केवट, कोल-भील, वानर-भालू समुदाय, शबरी भीलनी और जटायु-सबके साथ प्रेम-सम्बन्ध का निर्वाह किया। सुलोचना को मेघनाद का सिर दिलवा दिया और विभीषण को न केवल अपनाया बल्कि उसे लंका की राजग. द्दी पर बैठाया जिस प्रकार सुग्रीव को किष्किन्धा की राजगद्दी पर बैठाया था। नीच कही जाने वाली जातियों को भी गले लगाने वाले राम भला शंबूक का वध कैसे कर सकते हैं? इसीलिए प्रेमचन्द ने 'रामचर्चा' में वह प्रसंग आने ही नहीं दिया। इस मामले में उन्होंने तुलसीदास के 'रामचरितमानस' का अनुसरण किया लेकिन सीता की अग्नि परीक्षा और सीता के परित्याग का प्रसंग बनाए रखा। ये दोनों प्रसंग बड़े-बड़े कवियों के आगे चुनौती पेश करते रहे हैं। प्रेमचन्द शंबूक बध की तरह इसे छोड़ सकते थे लेकिन उन्होंने चुनौती स्वीकार की।

सबसे पहले अग्नि-परीक्षा। रावण के वध और विभीषण के राज्याभिषेक के बाद सीता पालकी पर लाई गयीं। सीता पालकी से उतर कर राम की ओर चलीं, लेकिन वे अपनी जगह पर खड़े रहे। "उनके चेहरे से खुशी नहीं जाहिर हो रही थी, बल्कि रंज जाहिर हो रहा था।" सीता बिना कहे सब कुछ समझ गयीं। वह सिर झुका कर खड़ी हो गयीं और आँसू बहाने लगीं। फिर उन्होंने लक्ष्मण से चिता बनाने को कहा। "रामचन्द्र को सीता जी पर किसी प्रकार का सन्देह" न था लेकिन "संसार को निर्मल हृदयता पर कैसे विश्वास आता?" सीता भी यह समझ रही थीं। "रामचन्द्र का कलेजा फटा जाता था, किन्तु विवश थे।" सीता राम को प्रणाम करके धधकती चिता की ओर बढ़ीं तभी शोर मच गया। सब लोग चिल्ला कर कहने लगे-हमको सीता जी पर किसी प्रकार का संदेह नहीं है। "वह देवी हैं, हमारी माता हैं, हम उनकी पूजा करते हैं। हनुमान, अंगद, सुग्रीव इत्यादि सीता जी का रास्ता रोक कर खड़े हो गये। उस समय रामचन्द्र को विश्वास हुआ कि अब सीता जी की पवित्रता पर किसी को संदेह नहीं। उन्होंने आगे बढ़ कर सीता जी को छाती से लगा लिया।"

अब सीता-परित्याग और उनका भूमि-प्रवेश। अयोध्या में राजा राम वेश बदल कर रात को घूमा करते और प्रजा की वास्तविक दशा अपनी आँखों देखते। किसी सरकारी अधिकारी की बुराई सुनते तो उसे दंडित करते। "जिस ब्राह्मण को धन की ओर झुकते देखते, तुरन्त उसका नाम वैश्यों में लिखा देते। उनके राज्य में यह सम्भव न था कि कोई तो धन और प्रतिष्ठा दोनों ही लूटे और कोई दोनों में से एक भी न पाये।" इसी प्रकार वेश बदल कर घूमने के दौरान उन्होंने धोबी और धोबिन का झगड़ा सुना। धोबी धोबिन को धमकाते हुए कह रहा था, "मैं

राजा नहीं हूँ कि तू चाहे जो अवगुण करे, उस पर पर्दा पड़ जाय।... तुझे अगर सैर-सपाटा करना है तो मेरे घर से चली जा।'' सीताजी को अपने पास से अलग करने के सिवा कोई दूसरा उपाय उन्हें सूझ नहीं रहा था। उन्होंने भाइयों से राय-बात की। उनकी राय थी कि धोबी को फाँसी दे दी जाये या राज्य से निकाल बाहर किया जाय। राम का विचार था-धोबी को मार डालने से और बदनामी होगी। उन्हें सीता पर विश्वास था लेकिन जब तक प्रजा को पूरा विश्वास न हो तब तक उनके व्यक्तिगत विश्वास का क्या मतलब? उन्होंने लक्ष्मण को किसी बहाने से सीता जी को वन में छोड़ आने के लिए बाध्य किया। उन्हें सीता से स्वयं बात करने का साहस नहीं होता था। "उनके सामने जाकर मैं अपने राष्ट्रीय कर्तव्य से हट जाऊँगा इसलिए तुम आज ही सीता जी को किसी बहाने से लेकर चले जाओ। मैं जानता हूँ कि निर्दयता करते हुए तुम्हारा हृदय तुमको कोसेगा, किन्तु याद रखो, कर्तव्य का मार्ग कठिन है। जो आदमी तलवार की धार पर चल सके वही कर्तव्य के रास्ते पर चल सकता है।'' गंगा के पार उतर कर लक्ष्मण ने जब सीता को सच्ची बात बतलाई तो एक बार सीता के मन में आत्महत्या का विचार आया लेकिन फिर उन्होंने अपने को सँभाल लिया और कहा, "नहीं वीर लक्ष्मण, अभी जान न दूँगी। मुझे अभी एक बहुत बड़ा कर्तव्य पूरा करना है। अपने बच्चे के लिए जिऊँगी।''

प्रेमचन्द ने 'रामचर्चा' में भूमि-प्रवेश के प्रसंग की अलौकिककता को हटाकर उसे स्वाभाविक रूप देने की युक्ति निकाली। अश्वमेध यज्ञ के अवसर पर वाल्मीकि ने सीता से 'अपने पवित्र और निर्मल होने का प्रमाण' देने को कहा। यह सुन कर "सीता का पीला चेहरा लाल हो गया।'' उन्होंने भीड़ पर उड़ती हुई दृष्टि डाली, फिर आकाश की ओर देखकर ईश्वर से प्रार्थना करते हुई बोलीं– "यदि मैंने सदैव प्रकट और गुप्त रूप में अपने पति की पूजा न की हो, यदि मैंने अपने पति के साथ अपने कर्तव्य को पूर्ण न किया हो, यदि मैं पवित्र और निष्कलंक न हूँ तो तुम इसी समय मुझे इस संसार से उठा लो। यही मेरी निर्मलता का प्रमाण होगा।'' न भूमि फटी, न पृथ्वी माता सिंहासन लिए हुए प्रकट हुईं और न सीता को अपनी गोद में लेकर पाताल में समा गयीं बल्कि "अन्तिम शब्द मुँह से निकलते ही सीता भूमि पर गिर गयीं। रामचन्द्र घबराये हुए उनके पास गये, पर वहाँ अब क्या था? देवी की आत्मा ईश्वर के पास पहुँच चुकी थी। सीता जी निरंतर शोक में घुलते-घुलते यों ही मृतप्राय हो रही थीं, इतने बड़े जनसमूह के सम्मुख अपनी पवित्रता का प्रमाण देना इतना बड़ा दुःख था जो वह सहन न कर सकती थीं।'' एक साधु के साथ राम एकान्त में बातचीत कर रहे थे। उसी समय दुर्वासा ने आकर राम से तत्काल मिलना चाहा और बाधा देने पर शाप देने की धमकी दी। लक्ष्मण ने राजाज्ञा की अवहेलना करते हुए दुर्वासा को अन्दर जाने दिया। राम को राजाज्ञा की अवमानना के अपराध में अपने प्रिय भाई लक्ष्मण को देश निकाले का दण्ड देना पड़ा। लक्ष्मण ने सरयू के किनारे जाकर अपनी जान दे दी। शोकग्रस्त राम राज्य का भार बेटों को सौंपकर तीनों भाइयों के साथ वन में तपस्या को निकल गये। राम की यह कथा देने के बाद प्रेमचन्द ने बताया कि राम के जीवन का एक ही अर्थ है–कर्तव्य। चौदह वर्ष तक जंगलों में रहे कर्तव्य के लिए।

पत्नी का परित्याग किया—कर्तव्य के लिए और भाई से हाथ धोया-कर्तव्य के लिए। "प्रेम, पक्षपात और शील को कभी कर्तव्य के मार्ग में नहीं आने दिया। यह उनकी कर्तव्य—परायण ाता का प्रसाद है कि सारा भारत देश उनका नाम रटता है...। इसी कर्तव्यपरायणता ने उन आदमियों के समूह से उठाकर देवताओं के समकक्ष बैठा दिया। यहाँ तक कि आज निन्यानबे प्रतिशत हिन्दू उन्हें आराध्य और ईश्वर का अवतार समझते हैं।''

'रामचर्चा' की शुरुआत बच्चों के सम्बोधन से हुई थी, उसका अन्त भी लड़कों के सम्बोधन से हुआ है, "लड़को! तुम भी कर्तव्य को प्रधान समझो। कर्तव्य से कभी मुँह न मोड़ो। यह रास्ता बड़ा कठिन है। कर्तव्य पूरा करने में तुम्ह बड़ी-बड़ी कठिनाइयों का सामना करना पड़ेगा; किन्तु कर्तव्य पूरा करने के बाद तुम्ह जो प्रसन्नता प्राप्त होगी, वह तुम्हारा पुरस्कार होगा।''

प्रेमचन्द ने कथा का अन्त उपदेश के साथ किया है और बच्चों को ध्यान में रखकर उसे भरसक शिक्षाप्रद बनाने की भरपूर कोशिश की है, लेकिन पूरी रचना का टोन उपदेशपरक नहीं है। वह कथा के रस से भरपूर है और उसकी भाषा में प्रेमचन्द का जादू मौजूद है। जगह-जगह चुटीले मुहावरे तो खैर उनकी भाषा का अनिवार्य अंग है ही। फिर बोलचाल की जबान में किस्सा सुनाने की शैली का क्या कहना! "सुमन्त्र अन्दर गये तो क्या देखते हैं'' कि जैसा टुकड़ा उन्हीं की वर्णन-कला में आ सकता था और राम ने सुबाहु को "एक ही अग्नि-बाण में ठण्डा कर दिया" जैसा वाक्य वही लिख सकते थे। हास्य-व्यंग्य का अवसर आते ही कथाकार प्रेमचन्द की कलम कभी सुई तो कभी छुरी की तरह चलती है, कभी गुदगुदाती है तो कभी चिकोटी काटती है। परशुराम-लक्ष्मण-संवाद और शूर्पणखा प्रसंग में कौन उन्नीस है, कौन बीस—कहना मुश्किल है। जब राम धनुष तोड़ने को मंच की ओर बढ़ते हैं तो वहाँ बैठे हुए अपमानित राजा खूब फब्तियाँ कसते हैं—"जरा सँभले हुए जाइएगा, ऐसा न हो, अपने ही जोर में गिर पड़िये।'' "इस पुराने धनुष पर दया कीजिए, कहीं पुरजे-पुरजे न कर दीजिएगा", "जरा धीरे-धीरे कदम रखिए, जमीन हिल रही है।'' लक्ष्मण के संवादों में यों तो उनका ओज और उत्साह बोलता है लेकिन सीता-बनवास के समय उनके शब्द आँसुओं से तर हो गये हैं। मरते हुए बालि का संवाद और भरत का अनुताप दोनों मर्मस्पशी हैं लेकिन सीता-बनवास पूरा का पूरा प्रकरण करुण रस से सराबोर है। केवल चार वाक्य देखिए, "गंगा के किनारे के लम्बे-लम्बे वृक्ष सिर धुन रहे थे। गंगा की लहरें मानो रो रही थीं! अँधेरा भयानक आकृति धारण किये दौड़ा चला आता था। लक्ष्मण पत्थर की मूर्ति बने, निश्चल खड़े थे मानों शरीर में प्राण नहीं।'' हिन्दी के पुराने साहित्यकारों ने समूचे हिन्दी समाज को शिक्षित-सुसंस्कृत और जागरूक करने के लिए अनेक दिशाओं में काम किया। बच्चों के लिए रोचक, कलात्मक और ज्ञानवर्धक साहित्य की रचना भी लेखन की एक महत्त्वपूर्ण दिशा है। प्रेमचन्द की 'रामचर्चा' से हमारे लेखक-कलाकार इस दिशा में भी काफी कुछ सीख सकते हैं।

शिव के राम

सत्यनारायण व्यास

अद्वैत वेदान्त के अनुसार एक परब्रह्म की ही वास्तविक सत्ता है। उस परब्रह्म के निर्गुण और सगुण दो रूप हैं। निर्गुण उसका मूल स्वभाव है और माया से मुक्त होकर उसके सगुण रूप बनते हैं। इन सगुण रूपों में शिव, राम और कृष्ण शामिल हैं। शिव विद्यमान और अजन्म हैं। उनके कोई भी माता-पिता नहीं हैं। राम अवतार हैं। फिर भी उनका जन्म और निधन हुआ, क्योंकि ये संसार में आने की शर्तें हैं। राम का धरती पर आकर अवतार लेना हकीकत है। शिव इस दायरे में नहीं आते। हालाँकि राम के अवतार और उनके विद्यमान होने का इतिहास सम्मत काल-निर्णय सर्वसम्मति से तय नहीं हो पाया हैं। लेकिन इतना सच है कि भाारतीय जनता के मानस में राम और कृष्ण की जो छवि ओर स्थान है, वह अपने आप में एक हकीकत है। यहाँ विज्ञान, शोध और इतिहास के तर्क और तथ्य लागू नहीं होते।

इन सबके बावजूद भारतीय धर्म और भक्ति की यह विशेषता कहे बिना मन नहीं मानता कि यहाँ की सामूहिक चित्त-वृत्ति में 'मिथक और कल्पना-लोक' के पात्रों पर यथार्थ से भी बढ़कर अगाध विश्वास और यथार्थ जीवन तथा संसार को मिथक और कल्पना समझ मानकर चलना यहाँ का स्थायी भाव है। यह विरोधाभास आश्चर्यजनक और वैज्ञनिक विश्लेषण से परे है। अस्तु।

शिव और राम दोनों को हम भाव-संवलित वास्तविक आराध्य देवता मानकर चलें। बहुलक विद्वानों की मान्यता है कि शिव हजारों वर्ष पहले के आर्येतर जातियों के देवता थे (यहाँ 'अनार्य' शब्द का प्रयोग उचित नहीं), जबकि राम आर्यजाति के वंशज और अवतार हैं। यहां हिन्दुस्तानी संस्कृति की तारीफ करनी पड़ेगी कि इसकी समावेशी और सामाजिक प्रकृति के चलते आर्य और आर्येतर सभी देवता एक 'प्लेटफॉर्म' पर आ गये हैं। यहाँ ऋषभदेव, बुद्ध और महावीर के साथ भी यही हुआ।

शिव अज-अमर और अवतार मुक्त हैं तो राम को विष्णु का अवतार माना गया है। पर ऋग्वेद जो कि वैदिक और स्मार्त का आधार ग्रन्थ है—उसमें विष्णु एक गौण और सामान्य देव हैं—उनसे बढ़कर 'इन्द्र' को भरपूर महत्ता दी गयी और विष्णु को 'उपेन्द्र' (उप-इन्द्र) कहा गया। यहाँ तक कि शिव भी अर्वाचीन देवता के रूप में बाद में जाकर आराध्य हुए। वैदिक रुद्र

और शम्भु हैं। यजुर्वेद में प्रजापति के समय पर उभर कर आये और शिव रूप में पूज्य हुए।[1]

शिव और राम के पारस्परिक भाव-विनिमय के खास आधार—ग्रन्थ हैं—शिवपुराण, वाल्मीकि रामायण, 'रामचरितमानस' और कतिपय पुराण। इन सब में एक स्तर से आर्य और आर्येतर दोनों महान् देवताओं के सामंजस्य विधान का प्रयास नजर आता है। यहाँ एक सुना हुआ प्रसंग याद आया है कि एक यूरोपियन यात्री भारत में आया था और यहाँ असंख्य देवी-देवताओं की पूजा-उपासना देखकर चकित और भ्रमित होते हुए पूछ बैठा—

"How do you manage your 'pooja and Bhakti' among so many gods and godess in india."

उत्तर देने वाले ने शायद यही कहा होगा कि हम बिना किसी उलझन के सबको अपना आराध्य मानकर चलते हैं।

शिव और राम की आपसी भक्ति और प्रेम से भारतीय वाङ्मय भरा पड़ा है। सर्वत्र यही पायेंगे कि शिव समाधिस्थ होकर राम का ध्यान कर रहे हैं और राम बारम्बार शिव की कृपा और आशीर्वाद के अभिलाषी हैं। यहाँ तक कि जब सीता के स्वयंवर में शिव के ही धनुष को राम ने तोड़ डाला तो बजाय नाराज होने के शिव प्रसन्नता से भर गये। वे परशुराम थे—एक शिवभक्त जो खामोश राम से पंगा ले बैठे और फिर क्षमा माँगी।

अध्यात्म रामायण, कृत्तिवास रामायण और 'रामचरितमानस' में शिव और राम के पारस्परिक प्रेम और सौहार्द का विस्तृत वर्णन है। जैसे—कृत्तिवास रामायण में यह प्रसंग है[2] कि लंका-युद्ध के समय पार्वती ने शिव से अपने भक्त रावण को बचाने का अनुरोध किया, किन्तु शिव ने कहा कि हजार तपस्या करने पर भी रावण अमरत्व का वरदान नहीं पा सका। अब विष्णु राम का अवतार लेकर उसे मारने आये हैं। अतः रावण बचेगा नहीं।

यही नहीं, अध्यात्म रामायण और 'रामचरितमानस' की तो पूरी रचना ही शिव पार्वती के संवाद के रूप में की गयी है। यथा, मानस में प्रारम्भ की ये चौपाइयाँ द्रष्टव्य हैं—

सम्भु कीन्ह यह चरित सुहावा।
बहुरि कृपा करि उमहि सुनावा।।

कीन्हि प्रस्न जेहि भाँति भवानी।
जेहि बिधि-संकर कहा बखानी।।

अमा कहहुँ मैं अनुभव अपना।
सत हरिभजन जगत सब सपना।।[3]

इसके अलावा, सेतुबन्ध के समय रामेश्वर शिवलिंग की स्थापना सबसे अच्छा, सरस और सरल उदाहरण है—राम और शिव के अनुराग का।

अध्यात्म रामायण के सर्ग 6 और 10 में सेतुबन्ध के समय शिवलिंग की स्थापना और पूजन का जमकर उल्लेख है[4] :

सीतासंगमनार्थाय रामो लिंगस्य पूजनम्।
चक्रे तेन महादेवः सीताशुद्धिं चकार ह।।

इसी तरह, अयोध्या में राम के जन्मोत्सव पर शिव का मानव-रूप धारण कर दर्शन करने जाने का उल्लेख भी अध्यात्म रामायण, 'रामचरितमानस' और उत्तर भारत के सभी अंचलों के लोक गीतों में गहराई से वर्णन है। मानस में शिव उमा से कहते हैं[5] :

औरउ एक फहउँ निज चोरी।
सुनु गिरिजा अति दृढ़ मति तोरी।।
काक भुसुण्डि संग हम दोऊ।
मनुजरूप जानइ नहिं कोऊ।।

पुनः लंका-विजय से पूर्व शिवलिंग स्थापना का मानस में यह उल्लेख देखिए[6]—राम कहते हैं—

करिहउँ इहाँ संभु स्थापना।
मोरे हृदयँ परम कलपना।।
लिंग थापि विधिवत करि पूजा।
सिव समान प्रिय मोहि न दूजा।।

शिव द्रोही मम भगत कहावा।
सो नर सपनेहुँ मोहि न भावा।।

संकर बिमुख भगति यह मोरी
सो नारकी मूढ़ मति थोरी।।

संकर प्रिय मम द्रोही, सिव द्रोही मम दास।
ते नर करहिं कलप भरि, घोर नरक महुँ बास।।

शिव की रामभक्ति, पहले पार्वती के गले नहीं उतरी। सोचा, मेरे पति से बढ़कर या बराबर कोई अन्य या राम कैसे हो सकते हैं? अतः शिव की मनाही के बावजूद सती पार्वती ने, सीता का रूप रखकर राम की परीक्षा ली थी। यह प्रसंग 'शिवमहापुराण'[7] तथा 'रामचरितमानस'[8] में बड़े विस्तार से आया है। मानस का एक अंश देखिए—

चलीं सती सिव आयसु पाई।
करहिं विचारू करौं का आयी।।
इहां संभु अस मन अनुमाना।
दच्छ सुता कहुँ नाहिं कल्याणा।।
पुनि पुनि हृदयँ विचारू करि, धरि सीता कर रूप।
आगे होइ चलि पंथ तेहि, जेहिं आवत नरभूप।।

एक विशेष ध्यान देने योग्य बात यह है कि रामकथा पर विश्वभर में सर्वश्रेष्ठ शोध कार्य फादर कामिल बुल्के ने किया है। दक्षिण एशिया भर में रामकथा के विविध रूपों पर उनका यह शोध ग्रन्थ अद्वितीय और अन्यतम है। इसमें श्री बुल्के ने ठेठ वैदिक साहित्य से लेकर, संसार भर में उपलब्ध लगभग तीन सौ रामायणों का पता लगाते हुए भारत के पुराण साहित्य, तमाम प्रकार की रामायणों, महाकाव्यों और संस्कृत नाटकों में मौजूद राम कथा का आकलन और विवेचन किया है।[9]

यही नहीं, संस्कृति के विशाल स्तोत्र-साहित्य में भी शिव और राम के हार्दिक प्रेम और भक्ति का भरपूर वर्णन है। यहाँ तक कि 'अध्यात्म रामायण' में तो एक पूरा स्तोत्र ही राम के प्रति, महादेव कृत बनाया गया है। शिव कहते हैं[10]—

अहं भवन्नामगुणैः कृतार्थो वसामि काश्यामनिशं भवान्या।
मुमूर्षमाणस्य विमुक्तयेऽहं दिशामि मन्त्रं तव रामनाम।।

इसी क्रम में रामानन्द विरचित 'शिवरामाष्टक स्तोत्र', 'पद्मपुराण' का 'रामाष्टोत्तर' स्तोत्र तथा अन्य कई स्तोत्र शिव और राम की सहृदयता अनुराग और एकात्म्यता के प्रतीक माने जाते हैं।

इन सबमें से एक बात तो पुरजोर उभर कर आती है, वह भारतीय संस्कृति में साम्प्रदायिक विद्वेष को मिटाते हुए, सभी सम्प्रदायों में सद्भाव और सामंजस्य-भावना का विकास करना है। विशेषकर गोस्वामी तुलसीदास ने मुगलकाल में व्याप्त इस बीमारी के निराकरण हेतु शिव और राम के बहाने शैव, शाक्त और वैष्णवों के अखाड़ों की दुश्मनी को, आपसी प्रेम भाव में रूपान्तरित कहने का भागीरथ प्रयत्न किया है।

सन्दर्भ

1. मुखर्जी राधाकुमुद, हिन्दू सम्यता, पृ 129
2 कृत्तिवास रामायण, सर्ग 6, श्लोक 14
3 तुलसीदास, बालकाण्ड, रामचरितमानस
4. अध्यात्म रामायण, सर्ग 6 और 10 में क्रमशः श्लोक 1:81 और 1:83
5. तुलसीदास, रामचरितमानस, बालकाण्ड (रामजन्म)
6. वही, लंकाकाण्ड
7. शिवमहापुराण, रुदसंहिता, अध्याय 24-26
8. रामचारितमानस, बालकाण्ड
9. देखिए : बुल्के फादर कामिल, रामकथा
10. वृहद् स्तोत्र रत्नाकर, सम्पादक रामतेज पाण्डेय, पृ. 83

हनुमान के राम

मीता शर्मा

धर्म और अध्यात्म मानवीय चेतना के संवाहक और भारतीय संस्कृति के आश्रय स्थल हैं। इनसे निर्मित जीवन सत्य और मूल्यों से भारतीय संस्कृति का विस्तार होता है, संस्कृति की पहचान स्थापित होती है। सत्यं, शिवं और सुन्दरं की ओर उन्मुख होने के लिए मनुष्य कई साधनों से नैतिक बल को प्राप्त करना चाहता है। उनमें से एक साधन है—ईश्वर के प्रति भक्ति। सत्य, सौन्दर्य और शिव शाश्वत मूल्य हैं, ईश्वर में सन्निहित हैं क्योंकि यह सर्वमान्य है कि ईश्वर सत्य का अन्तिम रूप है, सौन्दर्य की सीमा और शिव की पूर्णता भी है। आधुनिक दृष्टि से ईश्वर केवल अनन्त, सर्वज्ञ, सर्वशक्तिमान शक्ति ही नहीं वरन् आदर्श मूल्यों का स्रोत भी। वर्तमान समय के जटिल परिवेश में आदर्श मूल्यों की संस्थापना हेतु 'हनुमान के राम' पर चिन्तन करना प्रासंगिक होगा।

सर्वाविदित है कि श्रीराम के प्रति हनुमान की भक्ति अतुलनीय है। परन्तु भक्ति को कैसे परिभाषित किया जाये। मानक हिन्दी कोश में भक्ति का तात्पर्य है-"धार्मिक क्षेत्र में आराध्य, ईश्वर, देवता आदि के प्रति होने वाला वह श्रद्धापूर्ण अनुराग जिसके फलस्वरूप वह सदा उसका अनुयायी रहता है और अपने आपको उसका वशवर्ती मानता है।"[1] एक सच्चे भक्त की श्रद्धा, त्याग, समर्पण, प्रेम एवं सेवा भाव सभी हनुमान की भक्ति में विद्यमान हैं। राम की भक्ति में तल्लीन एक आदर्श भक्त और सेवक के रूप में उपस्थित हनुमान मानव जाति के लिए एक प्रेरक पुरुष हैं। श्रीरामायण में भी यद्यपि प्रधान नायक भगवान श्रीराम ही हैं तथापि इसमें सुन्दरकाण्ड और उससे आगे तो रामभक्त हनुमान की जीवनी, चरित्रचित्रण, उनकी भक्ति और सेवा का रूप विस्तार से देखने को मिलता है

भगवान श्रीरामचन्द्र के प्रिय दास होते हुए भी हनुमान दास्य भक्ति के प्रताप से देवता बन गये—विचारणीय है? यह सिद्धि दूसरा कोई कपिपति प्राप्त नहीं कर सका-क्यों? क्योंकि हनुमान केवल शारीरिक बल सम्पन्न ही नहीं अपितु बुद्धि बल सम्पन्न भी थे जो समय और सन्दर्भ के अनुसार भाषण कर सफलता प्राप्त करते हैं। राम उनके स्वामी हैं और उनसे जुड़ी हर परेशानी का समाधान करने के लिए हनुमान सदैव तत्पर रहते हैं। ऐसे कई प्रसंग और उदाहरण रामकथा में हैं जो हनुमान की दृष्टि में राम के होने का महत्त्व बताते हैं। वे स्वामी

के हितार्थ युक्ति, उक्ति और बुद्धि चातुर्य का परिचय देते हैं। सीता की खोज में अशोक वन तक पहुँचने का घटनाक्रम, वहाँ पहुँचकर अपने आगमन का समाचार, शक्ति का प्रदर्शन, युद्ध के सभी घटना क्रम और संजीवनी बूँटी की खोज इत्यादि कई ऐसे प्रसंग हैं, जो सर्वविदित हैं। उदाहरण स्वरूप सुरसा हनुमान जी की परीक्षा लेकर कहती है, 'राम काजु सब करिहहु तुम्ह बल बुद्धि निधान।''[2] सीता ने भी अशोक वाटिका में हनुमान को बल और बुद्धि का कोश माना और आज्ञा दी कि जाकर फल खा लो–

देखि बुद्धि बल निपुन कपि कहेउ जानकी जाहु
रघुपति चरन हृदयँ धरि तात मधुर फल खाहु।।[3]

हनुमान पर वेद, पुराण, रामायण, महाभारत और तुलसी साहित्य में प्रचुर सामग्री प्राप्त होती है। तन्त्र साहित्य में भी इनकी उपासना के चमत्कारी प्रभाव निर्दिष्ट हुए हैं। इन ग्रन्थों में हनुमान के चरित्र में भक्ति, श्रद्धा, और प्रेम के दर्शन होते हैं। हनुमान के जन्म से लेकर उनके अब तक अमर रहकर किये गये क्रियाकलापों का परिचय मिलता है जैसे द्वापर युग में वे भीमसेन से मिले, अर्जुन के रथ पर रहे और कलियुग में गोस्वामी तुलसीदास पर प्रसन्न रहकर उन्हें राम का दर्शन कराया और भक्तों की मनोकामना पूर्ण की। तुलसीदास 'रामचरितमानस' में रघुपतिप्रिय भक्त 'नमामि' में हनुमान के व्यक्तित्व एवं उनके गुणों को उजागर करते हैं–

अतुलितबलधामं हेमशैलाभदेहं दनुजवनकृशानुं ज्ञानिनामग्रगण्यम्।।
सकलगुणनिधानं वानराणामधीशं रघुपतिप्रियभक्तं वातजातं नमामि।।[4]

(जो अतुलबल के धाम सोने के पर्वत (सुमेरू) के समान कान्तियुक्त शरीरवाले, दैत्यरूपी वन (अथति को ध्वंस करने) के लिए अग्निरूप, ज्ञानियों के अग्रगण्य, सम्पूर्ण गुणों के निधान, वानरों के स्वामी और श्री रघुनाथ जी के प्रिय भक्त हैं, उन पवन पुत्र श्री हनुमान जी को मैं प्रणाम करता हूँ।)

सर्वशास्त्रज्ञाता, महाबली, पर्वत तक उखाड़ लाने में सक्षम, अंजनी पुत्र, पवनसुत, शंकरसुवन, केसरीनन्दन, बाल ब्रह्मचारी, महावीर, अतिशय बुद्धि बलवान, चतुरशिरोमणि, सेवाधर्मी, सर्वथा निर्भय, सत्यवादी, स्वामी भक्त, महाविरक्त, सिद्धपुरुष, ईश्वर के गुण, तत्त्व और रहस्य के पारखी, परमप्रेमी, सदाचारी महात्मा और सर्वप्रमुख आदर्श भक्त–ऐसे सर्वगुण सम्पन्न हनुमान जी अपने स्वामी श्रीराम के सम्मुख हाथ जोड़ कर नतमस्तक हो, केवल भक्ति भाव से ही विद्यमान रहते हैं। उनके राम उनके सेवक हैं, भक्तवत्सल है जीवनाधार हैं, आस्थापुंज हैं, अक्षय ऊर्जा के स्रोत हैं, राम नाम हनुमान की जीवन शक्ति है।

दास भक्ति के लिए प्रथम पूज्य नाम स्थापित है तो वह हनुमान का। कलियुग में तुलसीदास का आदर्श हनुमान बनते हैं। आदि सम्प्रदाय के आचार्य जगद्गुरु श्री निम्बार्क महामुनीन्द्र 'वेदान्त कामधेनु' नामक ग्रन्थ में हनुमान को दैन्यादि भाव की सर्वगुण सम्पन्नता के कारण नवधा भक्ति में दास्य भाव के सर्वश्रेष्ठ प्रथम भक्त कवि मानते हैं–**''केशवार्जुनयोः सख्यं सख्यं**

सुग्रीवरामयोः सख्यं कृष्ण सुदामनूः स्याद् दास्यं रामहनूमतोः।।[5] 'पद्मपुराण' के उत्तरखण्ड में भक्ति की सर्वोत्कृष्टता के समर्थन में भगवान ने नारद से कहा है—"नारद! मैं न तो वैकुण्ठ में निवास करता हूँ और न योगियों के हृदय में ही। मेरे भक्त जहाँ मेरा गुण-गान करते हैं, वहीं मेरा सच्चा निवास है। जो मनुष्य मेरे उन भक्तों का गन्ध पुष्पादित के द्वारा पूजन-अर्चन करते हैं, उस पूजन-अर्चन से मुझे जो सन्तुष्टि होती हे, वह मेरे स्वयं के पूजन से नहीं होती। जो मनुष्य मेरी पुराण-कथा का श्रवण तो करते हैं, किन्तु मेरे भक्तों के नाम की निन्दा करते हैं, वे मूढ़ मेरे द्वेष के पात्र होते हैं।"[6]

भक्ति शब्द सेवा' का पर्यायवाचक है और सेवा 'भक्ति' का। अतः 'भगवतपुराण' में एक प्रसंग है—जब हिण्यकश्यप ने अपने पुत्र प्रहलाद से उसके द्वारा पठित कतिपय श्लोकों की आवृत्ति करने और उनका सारांश कहने को कहा, तब प्रहलाद ने भगवान की 'नवधा भक्ति' का इस प्रकार प्रतिपादन किया था—(1) श्रवण, (2) कीर्तन, (3) स्मरण, (4) पादसवेन, (5) अर्चन, (6) वन्दन्, (7) दास्य, (8) सख्य और (9) आत्मनिवेदन। भक्तिमार्ग के ये ही नौ सोपान हैं। श्री हनुमान आठ सोपानों को पारकर अन्तिम सोपान आत्मनिवेदन पर प्रतिष्ठित हैं। भक्तिमार्ग के इस चरम सोपान को प्राप्त कर लेने पर भक्त के द्वैत भाव का लय होकर उसमें अद्वैत का उदय होता है। भक्त भगवान में, तदाकारता या जीवन्मुक्ति प्राप्त कर लेता हैं, किन्तु हनुमानजी ने मुक्ति की अपेक्षा भक्ति को ही श्रेयस्कर समझा। हनुमान के राम भक्त वत्सल हैं। उनके पास कोई भी पदार्थ हनुमान को प्रदान करने के लिए अदेय नहीं है। राम अपने सच्चे भक्तों के समक्ष अपना हृदय खोल देते हैं।

कृतज्ञ और सच्चे प्रेमी

हनुमान के राम किये हुए उपकार को सम्मान देते हैं, विस्मृत नहीं करते हैं। तभी तो कृतज्ञ हनुमानजी की श्रीराम-भक्ति वर्णनानीत है। स्वयं प्रभु श्रीराम जिनके ऋणिया बन गये, सर्वसमर्थ स्वामी जिनके प्रेमपरवश हो गये, जनक राजकिशोरी सीता जिनसे उऋण न हो सकीं, ऐसे हनुमानजी के लिए लंका दहन के बाद वापस आने पर प्रभु को स्वयं श्रीमुख से कहना पड़ा—

अहं च रघुवंशश्च लक्ष्मणश्च महाबलः। वैदेहूया दर्शनेनाद्य धर्मतः परिरक्षिताः।।[7]

अर्थात् 'हे हनुमान! तुमने विदेह राजनन्दिनी सीता का पता लगाकर-उनका दर्शन कर और उनका शुभ समाचार सुनाकर समस्त रघुवंश की तथा महाबली लक्ष्मण की और मेरी भी आज धर्मपूर्वक रक्षा कर ली। 'वाल्मीकि रामायण' के अन्य प्रसंग में ऐसे प्रेम की प्रतिमा श्रीराम ने हनुमान से कहा था—

एकैकस्योपकारस्य प्राणानू दास्यामि ते कपे। शेषस्येहोपकाराणां भवाम ऋणिनो वयम्।।
मदङ्गे जीर्णतां यातु यत् त्वयोपकृतं कपे। नरः प्रत्युपकाराणामापत्स्वायाति पात्रताम्।।

अर्थात् 'हे हनुमान! तुम्हारे एक-एक उपकार का ऋण चुकाने में मैं अपने प्राण समर्पण करने को उद्यत हूँ; परन्तु तुम्हारे जो अनेक उपकार शेष रह जाते हैं, उनके लिए तो हम

सपरिवार-सपरिकर तुम्हारे ऋणी ही रहेंगे। मैं नहीं चाहता कि तुमसे उऋण हो जाऊँ। तुम्हारे उपकार मेरे अंग में पच जायँ; क्योंकि किसी का प्रत्युपकार तभी किया जाता है, जब वह आपत्ति में पड़ा हो। मैं स्वप्न में भी नहीं चाहता कि तुम पर कभी कोई आपत्ति आये।' भगवान श्रीराम के ये शब्द श्रीहनुमान जी के प्रति उनके अगाध स्नेह के ज्वलन्त प्रमाण हैं। हनुमान के राम भक्तों को प्रेमपूर्वक उपहार देने में कभी आलस्य नहीं करते। यह भक्त की श्रद्धा है कि वह इसे किस रूप में देखता है। प्रत्युत्तर में भी हनुमानजी भी यही वर माँगते हैं—

स्नेहो मे परमो राजंस्त्वयि तिष्ठतु नित्यदा। भक्तिश्च नियता वीर भावो नान्यत्र गच्छतु।।
यावद्रामकथा वीर चरिष्यति महीतले। तावच्छरीरे वत्स्यन्तु प्राणा मम न संशयः।।

अर्थात् 'राजराजेश्वर! आपके प्रति मेरा महान् स्नेह सदा बना रहे। वीर! आपमें ही मेरी निश्चल भक्ति रहे। आपके अतिरिक्त और कहीं मेरा आन्तरिक अनुराग न हो। वीरवर! इस पृथ्वी पर जब तक राम-कथा प्रचलित रहे, तब तक निस्सन्देह मेरे प्राण इस शरीर में ही बसे रहें।'

आचार्य सुवालाल श्री का कथन है "श्रीहनुमान ने अपने अद्भुत चरित्र से यह भी स्पष्ट कर दिया कि चारित्र्य, ज्ञान, निर्भयता आदि गुणों के बिना सच्चा दास्य भाव नहीं आता। महाराष्ट्र में समर्थ रामदास स्वामी ने 'दास मारुति' और 'वीर मारुति'—ऐसे दो भावों की मूर्तियों की स्थापना की है। एक में हनुमान भगवान के चरण पकड़े हुए हैं और दूसरे में लंका-दहन का प्रसंग चित्रित है। जो दास हो सके, वही वीर होता है। हनुमान दास होने के साथ ही 'अतुलितबलधाम' भी हैं और 'ज्ञानिनामग्रगण्य' होते हुए भी कुशल राजनीतिज्ञ, वानराधीश एवं निपुण दूत भी हैं। आज के दिग्भ्रान्त तथा कलुषित समाज के उद्धार के लिए ऐसे ही विविधि पुरुषार्थयुक्त भक्तों की आवश्यकता है, जो इस धरती पर पुनः राम-राज्य की स्थापना कर सकें।"[8]

राम नाम में निष्ठा

श्रीराम-राज्याभिषेक के अनन्तर श्रीकिशोरीजी ने एक दिव्य रत्नों का हार श्रीहनुमानजी को प्रसन्नतापूर्वक प्रदान किया। उनकी कान्ति से श्रीहनुमानजी का दिव्य विग्रह अपूर्व शोभा से उद्दीप्त हो उठा—

अथ सा वायुपुत्राय तं हारमसितेक्षणा। तेजो धृतिर्यशो दाक्ष्यं सामर्थ्यं विनयो नयः।
पौरुषं विक्रमो बुद्धिर्यस्मिन्नेतानि नित्यदा।।
हनूमांस्तेन हारेण शुशुभे वानरर्षभः। चन्द्रांशुचयगौरेण श्वेताभ्रेण यथाचलः।।[9]

'जिन श्रीहनुमान जी में तेज, धैर्य, सुयश, चातुर्य, सामर्थ्य, विनय, नीति, पुरुषार्थ, पराक्रम तथा विलक्षण बुद्धि-ये सद्गुण नित्य ही निवास करते हैं, वे वानरश्रेष्ठ श्रीहनुमान जी उस हार के धारण करने से ऐसे सुशोभित होने लगे, जैसे चन्द्रमा की किरणों के समूह-सदृश श्वेत बादलों की माला से कोई पर्वत शोभा पा रहा हो! श्री अवध किशोर दास जी ने लिखा है, "ऐसे हार को पाकर उसमें भी वे श्रीराम-नाम को ढूँढ़ने लगे। कथा प्रसिद्ध ही है। अन्त में उन्होंने अपने हृदय में श्रीराम की दिव्य झाँकी करायी है। तब प्रभु ने पूछा—'हनुमान! क्या तुमको हमसे भी

हमारा नाम अधिक प्यारा है?' इस पर हनुमानजी ने तुरन्त उत्तर दिया—

राम त्वत्तोऽधिकं नाम इति मे निश्चिता मतिः। त्वया तु तारितायोध्या नाम्ना तु भुवनत्रयम्।।

'प्रभो! आपसे आपका नाम तो बहुत ही श्रेष्ठ है, ऐसा मैं बुद्धि से निश्चयपूर्वक कहता हूँ। आपने तो केवल अयोध्यावासियों को तारा है, परन्तु आपका नाम तो सदा-सर्वदा तीनो भुवनों को तारता ही रहता है।'[10]

यह है श्रीहनुमानजी की रामनाम निष्ठा। श्रीहनुमान जी को शीघ्र प्रसन्न करने का सरल साधन है—श्रीराम-नामका स्मरण तथा श्रीराम-कथा अध्ययन, मनन एवं स्मरण।

रामनाम स्मरण और आराधना

हनुमान के राम अपने स्मरण मात्र से मनुष्य के दुःखों का निवारण कर देते हैं। श्रीहनुमत्संहितोक्त निम्नोद्धृत श्लोक में हनुमान जी अपनी रसना को आदेश दे रहे हैं—

हे जिह्वे जानकीजानेर्नाम माधुर्यमण्डितम्। भजस्व सततं प्रेम्णा चेद्वांछसि हितस्वकम्।।
जिह्वे श्रीरामसंलापे विलम्बं कुरुषे कथम्। वृथा नायाति ते किंचिद्विना श्रीनामसुन्दरम्।।

'हे रसने! यदि तू अपना कल्याण चाहती है तो श्रीजानकी-जीवन का मधुरातिमधु 'राम' नाम सतत प्रेमपूर्वक रटती रह। जिह्वे! श्रीराम-नाम का उच्चारण करने में तू देर क्यों कर रही है? मधुर मनोहर श्रीराम-नाम के उच्चारण बिना तेरा क्षणमात्र भी व्यर्थ नहीं जाना चाहिए।'

श्रीहनुमानजी का सिद्धान्त है कि जीव चाहे लेटा हो या बैठा हो अथवा खड़ा ही क्यों न हो, जिस किसी भी दशा में श्रीराम-नाम का स्मरण करके वह भगवान के परमपद को प्राप्त हो जाता है—

आसीनो वा शयानो वा तिष्ठन् वा यत्र कुत्र वा। श्रीरामनाम संस्मृत्य याति तत्परमं पदम्।।

श्रीराम-नाम को हनुमान जी ने अपना जीवन सर्वस्व मान रखा है—

केवलं रामनामैव सदा मज्जीवनं मुने। सत्यं वदामि सर्वस्वमिदमेकं सदा मम।।

श्रीआदिरामायण में सेतुबन्ध प्रसंग में नल-नील को श्रीराम-नामका स्मरण करते हुए हनुमान कह रहे हैं—

एकतः सकला मन्त्रा एकतो ज्ञानकोटयः। एकतो रामनाम स्यात् तदपि स्यान्न वै समम्।।
देशकालक्रियाज्ञानादनपेक्ष्य स्वरूपतः अनन्तकोटिफलदो राममन्त्रो जगत्पतेः।।

अर्थात् तराजू के एक पलड़े पर सभी महामन्त्रों के कोटि-कोटि ज्ञान-ध्यानादि साधनों के फलों को रखा जाये, दूसरे पलड़े पर केवल श्रीराम-नाम को ही रखा जाये तो भी सब मिलकर श्रीराम-नाम की तुलना नहीं कर सकते हैं। श्रीराम-नाम की आराधना में अन्य साधनों की भाँति देश काल की पवित्रता एवं अनुष्ठानादि क्रिया और ज्ञान की अपेक्षा नहीं होती। उच्चारण मात्र से ही अनन्तकोटि फल प्रदान करने वाले हैं—श्रीराम-नाम रूपी मन्त्र। श्रीराम-नाम भजन में विलक्षणता यह है—

सुमिरि पवनसुत पावन नामू। अपने बस करि राखे रामू।।[11]

स्वामी और सेवक

श्रीहनुमान जी नवधा भक्ति के प्रकार में सातवीं दास्य-भक्ति के आचार्य माने जाते हैं। स्वामी का आज्ञापालन ही सेवक का परम धर्म है। वैसे तो श्रीहनुमानजी अवध की बाल-लीला से ही भगवान श्रीराम के सच्चे सेवक थे, किन्तु उनका विशेष परिचय हमें तब मिलता है, जब सीताजी के वियोग में भगवान श्रीराम और लक्ष्मण ऋष्यमूक पर्वत के निकट आते हैं। इधर अपने भाई बाली के भय के कारण सुग्रीव पर्वत के ऊपर अपने अनुचरों के साथ निवास करते थे। उन्होंने इन अज्ञात वीर पुरुषों को पहचानने के लिए श्रीहनुमान जी को भेजा और वे ब्राह्मण वटु का रूप बनाकर वहाँ गये भी- 'ब्रिप्र रूप धरि कपि तहँ गयऊ।'

श्रीराम-लक्ष्मण के श्याम-गौर शरीर, मनोहर मुखाकृति और सौम्य स्वरूप से प्रभावित होकर श्रीमहावीर ने श्रीराम के चरणों में प्रणाम किया और उनका परिचय पूछा। अपना संक्षिप्त परिचय देते हुए श्रीराम ने कहा- 'हम दोनों भाई अवध-नरेश श्रीदशरथ जी के पुत्र हैं। मेरा नाम राम है और ये मेरे अनुज लक्ष्मण हैं। सीतादेवी के साथ हम लोग वन में आये थे; दुर्भाग्यवश कोई राक्षस जनक-नन्दिनी का अपहरण कर ले गया है। उसी की खोज में हम दोनों वन-वन में फिर रहे हैं।'

इन वचनों को सुनकर श्रीहनुमानजी की जो दशा हुई, उसका वर्णन जड़ लेखनी कैसे कर सकती है? श्रीमंगल उद्धव ने लिखा ''माता अंजनादेवी के मुख से उन्होंने श्रीराम का वर्णन सुना था और उसी सीता-हरण के प्रसंग की मानो यहाँ पुनरावृत्ति हो रही थी। श्रीशंकर जी ने जिनके बाल स्वरूप का दर्शन करा दिया था, उन्हीं प्रभु श्रीराम को आज किशोरावस्था में सम्मुख खड़े देखकर भी हनुमान के नेत्रों से प्रेमाश्रु बहने लगे। अपने आराध्य देव के दर्शन करके वे अपना वास्तविक रूप छिपा न सके। प्रभु-चरणों को पाकर भला बाह्याडम्बर कहाँ तक टिक सकता है? उन्होंने अपना वास्तविक रूप प्रकट कर दिया और श्रीराम के चरणों में दण्डवत् प्रणाम किया। बाल-सखा एवं अनन्य भक्त को भगवान ने अपने हृदय से लगा लिया। भक्त और भगवान के इस मिलन का भला कौन वर्णन कर सकता है?''

भक्त (हनुमान) के चातुर्य

वस्तुतः जिस बड़भागी भक्त के ऊपर भगवान की कृपा होती है, उसे वे अपने सद्गुणों का दान देते हैं। भगवान श्रीराम चतुरशिरोमणि क्यों न हों? ऐसी कथा प्रचलित है कि एक समय कपिवर श्रीहनुमान की प्रशंसा के आनन्द में निमग्न श्रीरामजी ने सीताजी से कहा–'महादेवी! लंका-विजय में यदि मारुति का सहयोग न प्राप्त हुआ होता तो आज भी मैं सीता-वियोगी ही बना रहता।'' 'आर्यपुत्र!' श्रीसीता ने प्रश्न किया–'आप बार-बार कपिवर हनुमान की प्रशंसा करते रहते हैं'–कभी उनके बल-शौर्य की, कभी उनके ज्ञान की, कभी उनके चातुर्य की; अतः आज आप एक ऐसा प्रसंग सुनाइये, जिसमें उनका चातुर्य लंका-विजय में विशेष सहायभूत रहा

हो।' 'ठीक याद दिलाया तुमने।' श्रीराम बोले—''वैसे तो युद्ध से रावण थक चुका था। अनेक सुभटों का श्रीहनुमान जी द्वारा वध भी हो चुका था। अब युद्ध में विजय प्राप्त करने का उसने अन्तिम उपाय सोचा। यह था देवी को प्रसन्न करने के निमित्त सम्पुटित मन्त्र द्वारा चण्डी महायज्ञ। अब यज्ञ प्रारम्भ हो गया, किन्तु हमारे चतुर शिरोमणि मारुति के मन में चैन कहाँ? यदि यज्ञ पूर्ण हो जाता और रावण को देवी का वरदान मिल जाता तो उसकी विजय निश्चित थी। बस, तुरन्त कपिवर ने ब्राह्मण का रूप धारण करके रावण के यज्ञ में सम्मिलित ब्राह्मणों की सेवा करना प्रारम्भ कर दिया। ऐसी निस्स्वार्थ सेवा देखकर ब्राह्मणों ने कहा- 'विप्रवर! आपकी इस सेवा से हम सन्तुष्ट हैं। आप हम लोगों से कोई वरदान माँग लें।' ''पहले तो महावीर ने कुछ भी माँगने से इनकार कर दिया; किन्तु सेवा से सन्तुष्ट ब्राह्मणदेवों का आग्रह देखकर उन्होंने एक वरदान माँग लिया।'' 'वरदान में क्या माँगा महावीर ने?' सीताजी के प्रश्न में उत्सुकता थी—'शीघ्र बताइए, नाथ!'

'उनकी उसी वर-याचना में ही तो चातुर्य है कपिराज का!' श्रीराम बोले-''जिस मन्त्र के सम्पुटीकरण से हवन किया जा रहा था, उसी मन्त्र के एक अक्षर का परिवर्तन महावीर ने वरदान में माँग लिया और बेचारे भोले ब्राह्मणों ने 'तथास्तु' कह दिया। उसी के कारण मन्त्र में अर्थान्तर हो गया, जिससे रावण का विनाश हुआ।''

'एक ही अक्षर में इतना अर्थ-परिवर्तन?' सीताजी ने प्रश्न किया-'कौन-सा मन्त्र था वह?'

श्रीराम ने उत्तर दिया—''वह मन्त्र इस प्रकार है''—**जय त्वं देवि चामुण्डे जय भूतार्तिहारिणि/जय सर्वगते देवि कालरात्रि नमोऽस्तु ते।।**

इस श्लोक में 'भूतार्तिहारिणि' में 'ह' के स्थान पर 'क' उच्चारण करने का श्रीहनुमान जी ने वर माँगा। ब्राह्मणों ने वैसा ही किया। 'भूतार्तिहारिणि' का अर्थ है- 'सम्पूर्ण प्राणियों की पीड़ा हरने वाली' और 'भूतार्तिकारिणि' का अर्थ है- प्राणियों को पीड़ित करने वाली।' इस प्रकार एक अक्षर के विपर्यय से रावण का सर्वस्व नाश हो गया। ''रावण को यज्ञ की पूर्णाहुति के बाद जब यह ज्ञात हुआ तो उसने अपने दसों मुखों से श्रीहनुमान जी की प्रशंसा की।''[12]

राम-सीता-हनुमान

सुन्दरकाण्ड के आरम्भ के मंगलाचरण में ही श्री गोस्वामी जी ने लिखा है- **'शान्तम्', 'शाश्वतम्'** और **'शान्तिप्रदम्'**, पर शान्त वही होगा, जिसे शान्ति मिली होगी। इस काण्ड में (1) शान्ति सीता का समाचार पाकर अशान्त श्रीराम को शान्ति मिली, (2) समुद्र-तट पर बैठी हुई मरणासन्न वानरी-सेना को शान्ति मिली (3) हनुमान जी को तो साक्षात् शान्ति देवी से वरदान पाकर अर्थात् परम शान्ति मिली और (4) वैराग्य पुत्र के द्वारा श्रीराम-नाम तथा श्रीराम-कथा और 'रामनाम अंकित अति सुन्दर' मुद्रिका पाकर शान्ति-देवी को महाशान्ति मिली। अतः इस काण्ड का प्रथम मंगलाचरण **'शान्तम्'** एवं **'शान्तिप्रदम्'** के शोध से आरम्भ होता है—**'शान्तं शाश्वतमप्रमेयमनघं निर्वाणशान्तिप्रदम्।'**''[13]

तुलसीदास कृत सुन्दर काण्ड हनुमान और की राम के आपसी प्रेम और विश्वास का प्रतीक है

भक्त वत्सल, परदुःख कातर और धर्म के प्रति निष्ठावान

अश्वमेघ यज्ञ के घोड़े को महाराज सुरथ ने चुनौती दी थी। एक प्रसंग है जिसमें हनुमान ने राम के कई गणों का उल्लेख किया है—

"राजसभा में बैठकर महाराज सुरथ ने बँधे हुए हुनमान जी से कहा—'पवन कुमार! अब तुम अपनी मुक्ति के लिए दयामय श्रीरघुनाथ जी का स्मरण करो।" बन्धनयुक्त दयापरवश हनुमानजी ने अपने समीप अपने पक्ष के सभी प्रधान-प्रधान वीरों को बँधा देकर कमलनेत्र श्रीरामचन्द्र जी का स्मरण करते हुए मन-ही-मन उनसे अत्यन्त करुण प्रार्थना की—'हा नाथ! हा पुरुषोत्तम!! हा दयालु सीतापते!!! (आप कहाँ हैं? मेरी दशा पर दृष्टिपात करें।) प्रभो! आपका मुख स्वभाव से ही शोभा सम्पन्न है, उस पर भी सुन्दर कुण्डलों के कारण तो उसकी सुषमा और भी बढ़ गयी है। आप भक्तों की पीड़ा का नाश करने वाले हैं, मनोहर रूप धारण करते हैं, दयामय! मुझे इस बन्धन से शीघ्र मुक्त कीजिये (देर न लगाइए! आपने गजराज आदि भक्तों को संकट से बचाया हे, करुणानिधे! अब मेरी भी सुध लीजिए। नाथ! बड़े-बड़े सम्राट् भी आपके चरणों का पूजन करते हैं; इस समय आप यज्ञकर्म में लगे हैं, मुनीश्वरों के साथ धर्म का विचार कर रहे हैं और यहाँ मैं सुरथ के द्वारा दृढ़ बन्धन में बाँधा गया हूँ। महापुरुष! देव! शीघ्र आकर मुझे छुटकारा दिलाइए।

प्राणप्रिय पवन कुमार के अन्तर हृदय की प्रार्थना सुनते ही परम प्रभु श्रीराम तुरन्त पुष्पक विमान पर आरूढ़ होकर तीव्रतम गति से चलकर वहाँ आ पहुँचे। हनुमान जी दयामय पवननन्दन ने गद्‌गद कण्ठ से भाग्यवान् महाराज सुरथ से कहा—'राजन्! भक्तों को संकट से मुक्त करने वाले मेरे प्राण-सर्वस्व श्रीरघुनाथ जी हमें बन्धन-मुक्त करने आ गये।' हनुमानजी का संकेत प्राप्त होते ही महाराज सुरथ प्रभु के चरणों में लोटकर बारम्बार प्रणाम करने लगे। उन्होंने प्रभु के परम पावन चरणों को अपने प्रेमाश्रुओं से धो दिया और जब दयाधाम श्रीराम ने चतुर्भुज रूप धारण कर राजा सुरथ को छाती से लगा लिया, तब हनुमान जी के नेत्रों से आनन्दाश्रु प्रवाहित होने लगे। प्रभु ने राजा से कहा—'राजन्! तुमने यशस्वी क्षत्रिय-धर्म का पालन कर बड़ा उत्तम कार्य किया है।[14]

अशोक वाटिका में हनुमान द्वारा गुणगान

श्रीमद्‌वाल्मीकीय रामायण के द्वितीय खण्ड के युद्धकाण्ड में हनुमान की दृष्टि में राम की उच्चकुल परम्परा, वनवास के समय का संघर्ष और शौर्य का वर्णन मिलता है।[15] अशोक वाटिका में हनुमान सीता से कहते हैं—

राजा दशरथो नाम रथकुंजरवाजिमान्। पुण्यशीलो महाकीर्तिरिक्ष्वाकूणां महायशाः।।2।।

इक्ष्वाकुवंश में राजा दशरथ नाम से प्रसिद्ध एक पुण्यात्मा राजा हो गये हैं। वे अत्यन्त कीर्तिमान् और महान् यशस्वी थे। उनके यहाँ रथ, हाथी और घोड़े बहुत अधिक थे।।2।।

राजर्षीणां गुणश्रेष्ठस्तपसा चर्षिभिः समः। चक्रवर्तिकुले जातः पुरंदरसमो बले।।3।।

उन श्रेष्ठ नरेश में राजर्षियों के समान गुण थे। तपस्या में भी वे ऋषियों की समानता करते थे। उनका जन्म चक्रवर्ती नरेशों के कुल में हुआ था। वे देवराज इन्द्र के समान बलवान् थे।।।3।।

अहिंसारतिरक्षुद्रो घृणी सत्यपराक्रमः। मुख्यस्येक्ष्वाकूवंशस्य लक्ष्मीवाँल्लक्ष्मिवर्धनः।। 4।।
पार्थिवव्यंजनैर्युक्तः पृथुश्रीः पार्थिवर्षभः। पृथिव्यां चतुरन्तायां विश्रुतः सुखदः सुखी।। 5।।

उनके मन में अहिंसा-धर्म के प्रति बड़ा अनुराग था। उनमें क्षुद्रता का नाम नहीं था। वे दयालु, सत्य पराक्रमी और श्रेष्ठ इक्ष्वाकुवंश की शोभा बढ़ाने वाले थे। वे लक्ष्मीवान नरेश राजोचित लक्षणों से युक्त, परिपुष्ट शोभा से समपन्न और भूपालों में श्रेष्ठ थे। चारों समुद्र जिसकी सीमा हैं, उस सम्पूर्ण भूमण्डल में सब ओर उनकी बड़ी ख्याति थी। वे स्वयं तो सुखी थे ही, दूसरों को भी सुख देने वाले थे।।4-5।।

तस्य पुत्रः प्रियो ज्येष्ठस्ताराधिपनिभाननः। रामो नाम विशेषज्ञः श्रेष्ठः सर्वधनुष्मताम्।। 6।।

उनके ज्येष्ठ पुत्र श्रीराम-नाम से प्रसिद्ध हैं। वे पिता के लाड़ले, चन्द्रमा के समान मनोहर मुखवाले, सम्पूर्ण धनुर्धारियों में श्रेष्ठ और शस्त्र-विद्या के विशेषज्ञ हैं।।6।।

रक्षिता स्वस्य वृत्तस्य स्वजनस्यापि रक्षिता। रक्षिता जीवलोकस्य धर्मस्य च परंतपः।। 7।।

शत्रुओं को सन्ताप देने वाले श्रीराम अपने सदाचार के, स्वजनों के, इस जीव-जगत् के तथा धर्म के भी रक्षक है।। 7।।

तस्य सत्याभिसंधस्य वृद्धस्य वचनात् पितुः। सभार्यः सह च भ्रात्रा वीरः प्रव्रजितो वनम्।। 8।।

उनके बूढ़े पिता महाराज दशरथ बड़े सत्यप्रतिज्ञ थे। उनकी आज्ञा से वीर श्रीरघुनाथ जी अपनी पत्नी और भाई लक्ष्मण के साथ वन में चले आये।। 8।।

तेन तत्र महारण्ये मृगयां परिधावता। राक्षसा निहताः शूरा बहवः कामरूपिणः।। 9।।

वहा विशाल वन में शिकार खेलते हुए श्रीराम ने इच्छानुसर रूप धारण करने वाले बहुत से शूरवीर राक्षसों का वध कर डाला।। 9।।

जनस्थानवधं श्रुत्वा निहतौ खरदूषणौ। ततस्त्वमर्षापहृता जानकी रावणेन तु।। 10।।

उनके द्वारा जनस्थान के विध्वंस और खर-दूषण के वधक समाचार सुनकर रावण ने अमर्षवश जनकनन्दिनी सीता अपहरण कर लिया।। 10।।

वञ्चयित्वा वने रामं मृगरूपेण मायया। स मार्गमाणस्तां देवीं रामः सीतामनिन्दिताम्।। 11।।
आससाद वने मित्रं सुग्रीवं नाम वानरम्।

पहले तो उस राक्षस ने माया से मृग बने हुए मारीच के द्वारा वन में श्रीराम चन्द्र जी को

धोखा दिया और स्वयं जानकी जी को हर ले गया। भगवान श्रीराम परम साध्वी सीता देवी की खोज करते हुए मतंग-वन में आकर सुग्रीव नामक वानर से मिले और उनके साथ उन्होंने मैत्री स्थापित कर ली।।11।।

ततः स वालिनं हत्वा रामः परपुरञ्जयः।। 12।। आयच्छत् कपिराज्यं तु सुग्रीवाय महात्मने।

'तद्नन्तर शत्रु-नगरी पर विजय पाने वाले श्रीराम ने बाली का वध कर वानरों का राज्य महात्मा सुग्रीव को दे दिया।। 12।।

सुग्रीवेणाभिसंदिष्टा हरयः कामरूपिणः।। दिक्षु सर्वासु तां देवीं विचिन्वन्तः सहस्रशः।

तत्पश्चात् वानरराज सुग्रीव की आज्ञा से इच्छानुसार रूप धारण करने वाले हजारों वानर सीता देवी का पता लगाने के लिए सम्पूर्ण दिशाओं में निकले हैं।। 13।।

अहं सम्पातिवचनाच्छतयोजनमायतम्।। 14।। तस्या हेतोर्विशालाक्ष्याः समुद्रं वेगवान् प्लुतः।

उन्हों में से एक मैं भी हूँ। मैं सम्पादि के कहने से विशाल लोचना विदेहनन्दिनी की खोज के लिए योजना विस्तृत समुद्र को वेगपूर्वक लाँघकर यहाँ आया हूँ।। 14।।

तीन लोक के स्वामी

हनुमान के राम कैसे हैं? इसका सशक्त प्रमाण महर्षि वाल्मीकि प्रणीत श्री रामायण में अन्यत्र भी मिलता है। इसमे एक सर्ग के अन्तर्गत हनुमान रावण के समक्ष श्रीराम के प्रभाव का वर्णन करते हुए सीता को आदर सहित अपने साथ भेजने का निवेदन करते हैं।[16] दशरथ नन्दन राम, पिता की भाँति, प्रजा के हितैषी और इन्द्र के समान तेजस्वी रथ, हाथी घोड़े इत्यादि से सम्पन्न हैं–

देवासुरनरेन्द्रेषु यक्षरक्षोरगेषु च। विद्याधरेषु नागेषु गन्धर्वेषु मृगेषु च।। 40।।
सिद्धेषु किं नरेन्द्रेषु पतत्त्रिषु च सर्वतः। सर्वत्र सर्वभूतेषु सर्वकालेषु नास्ति सः।। 41।।
यो रामं प्रति युध्येत विष्णुतुल्यपराक्रमम्।

भगवान श्रीराम श्रीविष्णु के तुल्य पराक्रमी हैं। देवता, असुर, मनुष्य, यक्ष, राक्षस, सर्प, विद्याधर, नागर, गन्धर्व, मृग, सिद्ध, किन्नर, पक्षी एवं अन्य समस्त प्राणियों में कहीं किसी समय कोई भी ऐसा नहीं है, जो श्री रघुनाथ जी के साथ लोहा ले सके।।40-42।।

देवाश्च दैत्याश्च निशाचरेन्द्र गन्धर्वविद्याधरनागयक्षाः।
रामस्य लोकत्रयनायकस्य स्थातुं न शक्ताः समरेषु सर्वे।।43।।

निशाचर राज! श्रीरामचन्द्र जी तीनों लोकों के स्वामी हैं। देवता, दैत्य, गन्धर्व, विद्याधर, नाग तथा यक्ष–ये सब मिलकर भी युद्ध में उनके सामने नहीं टिक सकते।।43।।

ब्रह्मा स्वयम्भूश्चतुराननो वा रुद्रस्त्रिनेत्रस्त्रिपुरान्तको वा।
इन्द्रो महेन्द्रः सुरनायको वा स्थातुं न शक्ता युधि राघवस्य।। 44।।

'चार मुखों वाले स्वयम्भू ब्रह्मा, तीन नेत्रों वाले त्रिपुरनाशक रुद्र अथवा देवताओं के स्वामी महान् ऐश्वर्यशाली इन्द्र भी समर के क्षेत्र में श्रीरघुनाथ जी के सामने नहीं ठहर सकते।।44।।16

निष्कर्षत : हनुमान का समर्पण भाव उच्चतम मानवीय मूल्यों की स्थापना करता है। सत्य, सुन्दर और शिव की प्रतिष्ठा करता है जिसकी आज के समय में आवश्यकता है। वर्तमान युग में वैज्ञानिक दृष्टिकोण का विकास, वैश्वीकरण का प्रभाव के कारण आध्यात्मिक मूल्यों को निरर्थक और वायवी माना जाकर अस्वीकृति की प्रवृत्ति तीव्रता से प्रसार पा रही है, जिसके कारण विभिन्न युगीन प्रवृत्तियाँ (जैसे भौतिकता, यान्त्रिकता, वैयक्तिकता, अनास्था, आर्थिकता, अनैतिकता, अजनबीपन, पूँजीवाद महानगरीय सभ्यता, सामाजिक विघटन, औद्योगिकीकरण, तीव्र जीवन संर्घष आदि) उभर रही हैं। व्यक्ति के स्तर पर जहाँ आध्यात्मिक मूल्यों का तेजी से ह्रास हुआ है, वहाँ समाज के स्तर पर सहानुभूति, सेवा, सदाशयता, त्याग और करुणा जैसे मानवीय मूल्यों की क्षति हुई है। स्वभावतः इससे नैतिक स्तर पर मानवीय संकट उत्पन्न हुआ है।

श्रीराम का जीवन संघर्ष यह व्यंजित करता है कि जीवन का मार्ग संघर्षों की काँटेदार पगडंडियों से होकर गुजरता है। जीवन में हर कदम पर संघर्ष करना पड़ता है। संघर्ष से भयभीत होने वाला व्यक्ति विजय से पहले ही पराजय स्वीकार कर लेता है। प्रभु-विश्वासी और प्रभु-समर्पित मनुष्य इन द्वन्द्वात्मक संघर्षों से खण्डित नहीं होते और अपने नैतिक बल से ऊर्जस्वित होते रहते हैं।

सन्दर्भ ग्रन्थ

1. (सम्पा.) रामचन्द्र वर्मा : मानक हिन्दी कोश, (चतुर्थ खण्ड) हिन्दी साहित्य सम्मेलन प्रयाग, इलाहाबाद, सन् 2007, पृ. 188
2. गोस्वामी तुलसीदास : श्री रामचरितमानस सुन्दरकाण्ड (मूल), गीता प्रेस, गोरखपुर, संवत् 2064, 52वां पुनः मुदण (दोहा-2), पृ. 8
3. उक्तानुसार : (दोहा 17) पृ. 22
4. उक्तानुसार : पंचम सोपान
5. 'श्रीजी' राधा सर्वेश्वरशरण देवाचार्य महाराज : श्रीराम भक्त हनुमान जी, कल्याण का हनुमान-अंक (49वाँ विशेषांक), गीता प्रेस, गोरखपुर, संवत् 2078, पृ. 32
6. डॉ. सर्वानन्द पाठक : श्रीहनुमान, कल्याण, (हनुमान-विशेषांक) उक्तानुसार, पृ. 106
7. महर्षि वाल्मीकि प्रणीत : श्रीमद्वाल्मीकीय रामायण (द्वितीय खण्ड), गीता प्रेस, गोरखपुर, पृ. 237, संवत् 2074
8. आचार्य डॉ. सुवालाल : सर्वगुण सम्पन्न श्री हनुमान, हनुमान–अंक (49वाँ विशेषांक), गीता प्रेस, गोरखपुर, संवत् 2078 पृ. 148
9. महर्षि वाल्मीकि पणीत : श्रीमद्वाल्मीकीय रामायण (द्वितीय खण्ड), अष्टाविंशत्यधिकशततमः सर्ग, गीता प्रेस, गोरखपुर, संवत् 2074, पृ. 659

10. श्रीअवधकिशोर दास : 'श्री हनुमान जी की अनन्य श्रीराम भक्ति' कल्याण, हनुमान अंक (49वाँ विशेषांक), गीता प्रेस, गोरखपुर, संवत् 2078, पृ. 144
11. श्री शत्रुशरण जी : श्रीराम नाम रसिक हनुमान जी, (उक्तानुसार), पृ. 102
12. श्री मंगल उद्धव : 'रूप एक-गुण अनेक', कल्याण, (उक्तानुसार), पृ. 153-154
13. डॉ. श्यामकान्त द्विवेदी : श्री हनुमान में सीता-शोध का आध्यात्मिक मूल्य' (उक्तानुसार), पृ. 198
14. पं. शिवनाथ दुवे : श्रीराम भक्त के बन्धन में, कल्याण, हनुमान विशेषांक (उक्तानुसार), पृ. 345-346
15. महर्षि वाल्मीकि प्रणीत : श्रीमद्वाल्मीकीय रामायण (द्वितीय खण्ड), युद्धकाण्डम्, प्रथमसर्ग, गीता प्रेस, गोरखपुर, पृ. 119-120, संवत् 2074
16. महर्षि वाल्मीकि प्रणीत : श्रीमद्वाल्मीकीय रामायण (द्वितीय खण्ड), एक पंचाश सर्ग, गीता प्रेस, गोरखपुर, पृ. 119-120, संवत् 2074

दशरथ के राम

कृष्णबिहारी पाठक

गोस्वामी तुलसीदास ने अपनी भक्ति पद्धति में अनन्यता और एकनिष्ठता पर सर्वाधिक बल दिया है। अनन्य, एकनिष्ठ भक्ति के आदर्श रूप में वे चातक-मेघ सम्बन्धों को सामने रखते हैं और इसी पारस्परिकता के बीच वे एकनिष्ठता और अनन्यता को चातक के माध्यम से परिभाषित करते हैं। आखिर इस एकनिष्ठ अनन्यता का पैमाना क्या है और चातक-मेघ इसका निर्वहन किस रीति से करते हैं?

प्रिय के प्रेम में अपने अस्तित्व का सम्पूर्ण विसर्जन और विलीनीकरण ही इस अनन्यता का पैमाना है। वह अपने प्राण देकर भी प्रेम की आन और मान रखता है–

चरग चंगु गत चातकहि, नेम प्रेम की पीर।
तुलसी परबस हाड़ पर, परिहै पुहुमी नीर।।[1]

(दोहावली, दो. 301)

बाज के चंगुल के फँसे चातक को अपने जीवन से अधिक चिन्ता, व्यथा और पीड़ा प्रेम के निर्वहन की है। परवशता में पड़कर यह पीड़ा बहुगुणित और गहरी हो जाती है। प्रेम की जिस एकनिष्ठता का जीवनपर्यन्त निर्वहन किया वह आज टूटती-छूटती प्रतीत होती है, यही सबसे बड़ी पीड़ा है, यह पीड़ा परवश मृत्यु के बोध से उपजी है, आसन्न मृत्यु जीव परवशता में छटपटाता भी जीवन और मृत्यु के घाटों को एकनिष्ठ प्रेम के सेतु से पाट देता है–

बध्यो बधिक पर्‌यो पुन्य जल उलटि उठाई चोंच।
तुलसी चातक प्रेमपट मरतहुँ लगी न खोंच।।[2]

(दोहावली, दो. 302)

बधिक के हाथों पड़कर मरता हुआ चातक संयोगवश पुण्यसलिला गंगा के पवित्र जल में गिरता है। पर गंगाजल क्या चीज है? स्वाति मेघ का अनन्य साधक, गंगाजल क्या, अमृकलश को भी आँख उठाकर नहीं देखता, चखना और पीना तो दूर की कौड़ी है। बधिक के हाथों मरते न मरते, गंगाजल में गिरते न गिरते वह चोंच को पलटकर ऊपर उठा लेता है। उसका प्रेमरूपी वस्त्र न फटता है, न उधड़ता है। मरते दम तक प्रेम पट पर खोंच नहीं लगती।

चातक की इसी अनन्यता पर मुग्ध होकर आचार्य रामचन्द्र शुक्ल ने लिखा है—

"जिससे बड़ा चातक और किसी को नहीं समझता, उसे छोड़ यदि और किसी के सामने वह दीनता प्रकट करे तो उसकी दीनता की सचाई में फर्क आ जाय, उसके प्रेम की अनन्यता भंग हो जाय।"[3]

चातक-मेघ सम्बन्धों के इस आदर्श को जब हम श्रीराम के सन्दर्भ में देखते हैं तो राम से सम्बद्ध अनेक पात्रों के बीच केवल दशरथ को ही इस कसौटी पर खरा पाते हैं। दशरथ की राम के प्रति अनन्यता और एकनिष्ठता चातक के आत्मविसर्जन और विलीनीकरण के स्तर पर पहुँची हुई है।

राम के वियोग में माता-भ्राता, परिजन-पुरजन सभी विकल हैं। राम के प्रति उनका वात्सल्य, उनका प्रेम, उनकी श्रद्धा और भक्ति अन्तःकरण की सात्विकता का ही प्रत्यक्षीकरण है। राम के बिना उन्हें जीवन की कल्पना भी दूभर है, राम को वन से रोकने के लिए वे क्या कुछ नहीं कहते, क्या कुछ नहीं करते। अपने प्रिय राम के समक्ष उन्होंने हृदय खोलकर रख दिया है किन्तु इतना सब होते हुए भी उनका प्रेम दशरथ के प्रेम से कुछ उन्नीस रह गया है।

दशरथ के राम उनके लिए प्राण तत्त्व हैं। देह में जो महत्त्व आत्मा का है, वही महत्त्व दशरथ के लिए राम का है। आत्मा के छूटते ही जैसे देह संज्ञाहीन हो जाती है वैसे ही राम से बिछुड़कर दशरथ भी प्राणहीन हो जाते हैं, बिछुड़कर क्या, बिछुड़ने की सम्भावना मात्र के अनुमान से वे निष्प्रभ हो उठते हैं—गयउ सहमि नहिं कछु कहि आवा।

'दोहावली' के चातक प्रसंग में आयी परवशता, बाज का चंगुल और बधिक के हमले को दशरथ-कैकेयी प्रसंग के समानान्तर देखें तो चातक और दशरथ एकरस भूमि पर ही प्रतिष्ठित होते जान पड़ते हैं। यह बात ध्यान देने योग्य है कि मानस में कैकेयी वरदान प्रसंग में मर्माहत दशरथ की स्थिति—'जनु सचान बन झपटेउ लावा', कहकर बाज के चंगुल का ही बिम्ब रखा गया है।

उधर चातक, इधर दशरथ दोनों परवश हैं पर इस परवशता में उनका प्रेम संकल्प और अधिक दृढ़तर और भास्वर हो गया है। किसी लेनदेन या आशा आकांक्षा से परे यह केवल प्रेम के लिए किये जाने वाला प्रेम है जिसमें प्रेमी अपना जीना मरना प्रेमी के होने न होने से जोड़कर देखता है। दशरथ ने जीते मरते दोनों स्थितियों में प्रेम की इसी प्रतिष्ठा की लीक रखी है—

जीवन मरन सुनाम जैसे दशरथ राय को।
जियत खिलाए राम राम बिरहँ तनु परिहरेउ।।[4]

प्रिय पात्र के बिछुड़ने पर भी यदि उसका अनन्य प्रेमी जीवित रहता है तो उसके प्रेम की सच्चाई में कुछ कसर समझनी चाहिए। वह प्रेम उस पूर्णता को नहीं पहुँचता। जल में रहने वाले मकर, उरग, दादुर, कमल आदि जलचर चाहे जल के प्रति अपने प्रेम और एकनिष्ठता की कितनी ही दुहाई देते फिरें पर वे मीन की प्रेमिल अनन्यता को नहीं छू सकते हैं—

तुलसी एकै मीन को है साँचिलो सनेह।[5]

राम से जुड़े परिजन, पुरजन, सखा, सेवक आदि के बीच अकेले दशरथ ही राम से उस सच्चे स्नेह की भूमि पर सम्बद्ध हैं। वन जाते राम को देखकर, रामविहीन जीवन को अवधवासी इसीलिए धिक्कारते हैं तो राम विरह में प्राण त्यागते भूपाल को इसीलिए गोस्वामी तुलसीदास स्वीकारते हैं–

बन्दौ अवध भुआल सत्य प्रेम जेहि राम पद।
बिछुरत दीनदयाल प्रिय तन तृन इव परिहरेउ।।[6]

दशरथ के लिए राम प्राण तत्त्व हैं, हृदय में उपजे सच्चे प्रेम के अवलम्बन हैं, आधार हैं। 'आप हमारे जीवन मूल हैं, प्राण प्यारे प्राणाधार हैं' कहने वाले प्रेमी, भक्त कितने ही मिलते हैं किन्तु कितने ऐसे मनुष्य हैं जो इन भावोक्तियों के मर्म को जीवनधारा से अभिसिंचित करते हैं। दशरथ के राम उनकी सुत विषयक रति के आधार बिन्दु हैं। यह सुत विषयक रति दशरथ ने पूर्वजन्म में मनुरूप में स्वमेव चाही थी। मनुरूप में श्री हरि से वरदान माँगते दशरथ राम से वैसा ही सम्बन्ध और सम्बद्धता माँगते हैं जैसी जल से मीन की और मणि से फणि की है। दशरथ के पूर्व रूप मनु द्वारा यह कहा जाना कि 'मम जीवन तिमि तुम्हहि अधीना।'

जिस प्रिय पात्र के बिना सम्पूर्ण जीवन धारा ही खण्डित जान पड़ती हो उसे प्रेमी का प्राण तत्त्व नही कहें तो क्या कहें। जीवन की अधीनता में प्रेम का यही समुज्ज्वल रूप जगमगाता है। दशरथ के लिए राम सच्चे अर्थों में प्राणाधार हैं।

दशरथ की राम के प्रति एकनिष्ठ अनन्यता का आधार पिता-पुत्र विषयक प्रेम से कहीं अधिक शील और चरित्र है। राम दशरथ के इकलौते पुत्र नहीं है किन्तु चारों पुत्रों के बीच से जीवन की विषमतम परिस्थितियों में शील का जैसा अद्‌भुत उत्कर्ष राम के व्यक्तित्व में उभरता है वह अद्वितीय है।

राम का जो सर्वव्यापक, सर्वस्वीकृत रूप है वह है उनका लोकोन्मुख स्वरूप। लोक कल्याण की मंगलाशा मर्यादा और शील की प्रतिष्ठा ही राम का रामत्व है। राम जो मंगल के भवन हैं, अमंगल के उन्मूलक हैं, वे राम दशरथ के राम हैं, दशरथ के अजिर में विचरण करने वाले हैं–**'द्रवहु सु दशरथ अजिर बिहारी।'**

इस अर्द्धाली में राम को दशरथ के आँगन में लीलारत दिखाया है। घर के आँगन का सम्बन्ध दशरथ से जोड़ा गया है, यह बात ध्यान देने योग्य है। लोक में जो घर का आदर्श मिलता है उसमें आँगन, घर के भीतर का खुला भाग होता है तथा इसी के पास घर के द्वार के निकट पौरी होती है। आँगन तथा पौरी की पारस्परिकता यहाँ ध्यान देने योग्य है। घर में रहने वाले पुरुषों का अधिकृत भाग पौरी होता है जबकि महिलाओं तथा बालकों के लिए आँगन में पूर्ण अवकाश रहता है।

इस दृष्टि से साहित्य परम्परा में बालरूपों और बाल लीलाओं का वर्णन करते समय आँगन के साथ घर की महिलाओं का सम्बन्ध जोड़ा गया है। सूर ने कृष्ण की बाल लीलाओं के

प्रसंग में जहाँ उनका घर के आँगन में खेलना दिखाया है वहाँ वे यशोदा को ही इस आँगन में उपस्थित दिखाते हैं–

हरि अपने आंगन कछु गावत
तनक तनक चरनन सों नाच मनहिं रिझावत...
दुरि देखति जसुमति यह लीला हरष आनन्द बढावत। (सूरदास)

आँगन की सम्बद्धता प्रायः अन्य स्थानों पर भी बालकों तथा घर की स्त्रियों से अधिक दिखायी गयी है किन्तु तुलसी के मानस में राम को जो दशरथ अजिर बिहारी कहा गया है तो इसमें दशरथ की राम के प्रति विशेष अनन्यता ही परिलक्षित होती है कि वे अपने लिए निर्दिष्ट पौरी को बार-बार लाँघकर आँगन में राम का सामीप्य सुख पाते हैं।

विविध सम विषम घटनाक्रमों के बीच पड़कर राम के शील गुणों का उद्घाटन जैसे-जैसे दशरथ के सामने होता है दशरथ के मन में राम के महत्त्व की स्वीकृति बढ़ती जाती है। महत्त्व की इस बढ़ती स्वीकृति के साथ ही प्रिय के समीप होने न होने के बरक्स प्राणों के होने न होने का आग्रह भी और वेगावेग से बढ़ता जाता है और इसी अनुपात में राम और अधिक 'दशरथ के राम' होते जाते हैं। राम के शील गुणों के उत्कर्ष अपने प्रत्यक्ष ही क्या परोक्ष पाकर भी दशरथ की अनन्यता और एकनिष्ठता बलवती होती जाती है।

सुमन्त राम को वन में छोडने गये हैं और पीछे से राम के वियोग में दशरथ के प्राण आकुल-व्याकुल हैं। राम की शील सम्मत स्मृतियों से साक्षात्कार करते-करते दशरथ प्राण निकले जाते हैं। आचार्य रामचन्द्र शुक्ल ने 'गोस्वामी तुलसीदास' शीर्षक समीक्षा में इस प्रसंग का उल्लेख किया है।

लक्ष्मण जब दशरथ की परवशता, वचनबद्धता और सत्यपालन को भूलकर पुत्र को वनवास की आज्ञा देने वाले पिता की कठोरता को ही लक्षित कर सुमन्त से दशरथ के प्रति कठोर वचन कहते हैं तो राम एक ओर लक्ष्मण को बरजते हैं, वहीं दूसरी ओर संकोच में भरकर सुमन्त से यह विनती करते हैं कि लक्ष्मण की ये बातें पिता से न कहना।

इस पूरे प्रसंग में जैसे जैसे दशरथ राम के शील गुणों का अपनी स्मृति से प्रत्यक्ष और सुमन्त के मुख से सुनकर परोक्ष साक्षात्कार करते हैं वैसे-वैसे ही प्रिय के महत्त्व की आनन्दमयी स्वीकृति बढ़ती है और प्राणों को त्यागने की त्वरा बढ़ती जाती है। रामचन्द्र शुक्ल ने लक्ष्मण और राम के शील के बीच के अन्तर को चिह्नित किया है। शील गुणों के बीच का अन्तर और उत्कर्ष ही तो दशरथ के लिए राम प्रेम का आधार है। यह अन्तर और उत्कर्ष ही राम को 'दशरथ का राम' सिद्ध करता है। रामचन्द्र शुक्ल ने लिखा है–

"पिता के व्यवहार की कठोरता के सामने लक्ष्मण का ध्यान उनके सत्यपालन और परवशता कीं ओर न गया। उनकी वृत्ति इतनी धीर और संयत न थी कि वे इतनी दूर तक सोचने जाते।"[7]

वहीं लक्ष्मण से अपेक्षाकृत उच्च शील और मर्यादा वाले दशरथ के राम हैं धीर-गम्भीर और संयत, जो प्रेम और आदर भरा सन्देशा सुमन्त के हाथों भिजवाते हैं। जिसमें न कहीं खिन्नता

है न कहीं उदासीनता। दशरथ के राम वही राम हैं, जो स्वयं धीर संयत होकर भी अपने साथ खड़े लक्ष्मण के अधैर्य और उच्छृंखलता पर संकोच करने लगते हैं–

"यह संकोच राम की सुशीलता और लोक मर्यादा का भाव व्यंजित करता है।... सुमन्त ने अयोध्या लौटकर राजा से लक्ष्मण की कही हुई बातें तो न कहीं, पर इस घटना का उल्लेख बिना किये उससे न रहा गया। क्यों? क्या लक्ष्मण से उसकी कुछ शत्रुता थी? नहीं। राम के शील का जो अद्‌भुत उत्कर्ष उसने देखा, उसे वह हृदय में न रख सका।... उस शील-सौन्दर्य की झलक अपने ही तक वह न रख सका, दशरथ को भी उसे उसने दिखाया। कहने की आवश्यकता नहीं कि इस अन्तिम झलक ने राजा को और भी उस मृत्यु के पास तक पहुँचा दिया होगा जो आगे चलकर दिखायी गयी है।"[8]

दशरथ के राम दशरथ के लिए जीवनमूल हैं, प्रेम के सत्य और सातत्य की कसौटी हैं। धैर्य की परिभाषा और संयम का वैभव हैं। चाहे अनिच्छा और परवशता से ही सही पर वनवास की आज्ञा तो दशरथ की ही थी और ऐसी कठोर आज्ञा देने वाले पिता के प्रति राम न केवल सुमन्त को कर्तव्य की शुभता का आग्रह-अनुग्रह करते हैं बल्कि लक्ष्मण के व्यवहार पर संकुचित होकर उस व्यवहार को विस्मृत करने की प्रार्थना करते हैं। यह संकोच शील के सौन्दर्य का दिग्दर्शन है। शील गुणों का ऐसा ही उत्कर्ष प्रेमी के हृदय में प्रिय के लिए एकनिष्ठता और अनन्यता को चमकाता है। दशरथ के राम शील की प्रतिमूर्ति हैं। शील के ऐसे उत्कर्ष से उपजी प्रीति की प्रतीति ही प्रेमी के जीवन को प्रिय के आधीन बनाती है। राम वियोग में दशरथ का प्राण त्यागना इसी प्रीति की प्रतीति है और इसका प्रमाण है कि दशरथ राम को देखकर ही जीते थे।

यहाँ यह प्रश्न उठाया जा सकता है कि दशरथ की राम के प्रति ऐसी ही अनन्यता थी, एकनिष्ठता थी, जल बिन मीन का साम्य था तो 'बिछुरत' अर्थात बिछुड़ते ही उनके प्राण पखेरू क्यों न उड़ गये। मानसकार ने इस प्रसंग का बहुत सूक्ष्मता से विश्लेषण दिया है।

वन जाते राम को सुमन्त के हाथों सौंपते दशरथ ने सुमन्त को जैसे बन पड़े वैसे राम को लौटा लाने के निर्देश दिये थे और वे आश्वस्त भी थे कि सुमन्त राम को दो-चार दिन वनों में घुमाकर लौटा लायेंगे–'रथ चढ़ाइ देखराइ वन, फिरेहु गये दिन चार।' दशरथ की यह आश्वस्ति राम के शील का ध्यान होते ही कभी-कभी डिगती भी है कि दशरथ के राम सत्यप्रतिज्ञ और दृढ़संकल्पवान हैं। इसलिए दशरथ–'नाहिं त मोर मरन परिनामा' कहकर सुमन्त को दृढ़ता प्रदान करते हैं।

संसार में आशा से बलवती कोई दूसरी वस्तु नहीं है और सुमन्त के हाथों राम के पुनरागमन की आशा दशरथ के साथ लगी हुई है यही कारण है कि 'बिछुरत' ही प्राण छूटते नहीं हैं। यदि सुमन्त के रीते हाथ आने पर भी दशरथ के प्राण टिके रहते तो अवश्य वह अनन्यता भंग हो सकती थी, उसकी सचाई में फरक आ सकता था, प्रेम की सत्यता में कुछ कसर रह सकती थी।

राम के पुनरागमन की आशा होते हुए भी सुमन्त के वापस आने तक दशरथ की स्थिति 'मणि बिनु फणि' की सी ही रहती है। और यह निश्चय हो जाने पर कि सुमन्त छूंछे हाथ

लौट आये हैं दशरथ की स्थिति जैसी हो जाती है उसे देखकर राम को दशरथ का प्राणाधार, जीवनमूल मानने में कोई संशय शेष नहीं रह जाता है। गोस्वामी तुलसीदास ने इस प्रसंग की बड़ी मार्मिक व्यंजना की है–

जाई सुमन्त्र दीख कस राजा। अमिय रहित जनु चन्द्र बिराजा।।
आसन सयन बिभूषन हीना। परेउ भूमितल निपट मलीना।।...

राम रूप गुन सील सुभाउ। सुमिरि सुमिरि उर सोचत राउ।।...

सूत बचन सुनतहिं नरनाहू। परेउ धरनि उर, दारुन दाहू।।
तलफत विषम मोह मन मापा। माँजा मनहुँ मीन कहँ व्यापा।।...

प्रान कंठगत भयउ भुआलू। मनि बिहीन जनु व्याकुल ब्यालू।।
इन्द्री सकल बिकल भईं भारी। जनु सर सरसिज-बन बिनु बारी।।[9]

स्वर्ग से गिरे ययाति से, पंखहीन सम्पाति से, सुधाहीन चन्द्रमा से, श्रीहत, होकर राजा दशरथ दयनीय मृत्यु को प्राप्त होते हैं। राम-राम कहते मरणासन्न दशरथ में तुलसी ने चातक का ही स्वरूप चित्रित किया है–

हा रघुनन्दन प्रान-पिरीते।
तुम बिन जियत बहुत दिन बीते।।
हा जानकी लखन हा रघुबर।
हा पितु-हित-चित-चातक-जलधर।।
राम राम कहि राम कहि। राम राम कहि राम।।
तनु परिहरि रघुबर बिरह। राउ गयउ सुरधाम।।[10]

दशरथ के मुँह से राम-राम की यह रटन्त अनन्यता और एकनिष्ठता की ही अनुगूँज है। तुलसी के 'एक भरोसो एक बल एक आस विश्वास' की विनयोक्ति में इसी चातक मेघ प्रेम की दुहाई है जो केवल दशरथ को प्राप्त है।

दशरथ के लिए राम वही हैं, जो चातक के लिए मेघ हैं। वनवास से पूर्व दो अवसर और आते हैं जहाँ राम दशरथ से दूर जाते हैं। ऐसे में उनकी एकनिष्ठता पर यह प्रश्न उठता है कि राम के विद्याध्ययन के समय और विश्वामित्र के साथ यज्ञ रक्षा में जाते समय भी वियोग के अवसर आते हैं तब दशरथ की एकनिष्ठता कहाँ चूक जाती है। उनके प्राण राम के ही साथ क्यों नहीं निकल गये।

इस सन्दर्भ में महत्त्वपूर्ण बात यह है कि इन दोनों अवसरों पर राजा ने अपना वात्सल्य भाव राम को साथ ले जाने वाले गुरुजन वशिष्ठ तथा विश्वामित्र में स्थापित कर दिया था। अनमने होकर पुत्रों को छोड़ते समय भी यह कहने में कि **'तुम मुनि पिता आन नहिं कोऊ'**, दशरथ द्वारा अपने पितृत्व धर्म की स्थापना का उद्देश्य विहित है। यद्यपि दशरथ ने मुनि के सामने

राम को जीवनमूल बताते हुए बार-बार इस बात का प्रयास किया है कि राम के वियोग की सम्भावना को टाला जा सके—

देह प्रान तें प्रिय कछु नाहीं। सोउ मुनि! देउँ निमिष एक माहीं।।
सब सुत प्रीय प्रान की नाईं। राम देत नहिं बनइ गोसाईं।।[11]

यह ठीक है कि मुनियों के साथ राम के जाने के बाद दशरथ के प्राण नहीं छूटे हैं, किन्तु इसके बाद भी इन प्रसंगों में दशरथ का रामहीन जीवन उतना स्वस्थ और प्रीतिकर नहीं है। वे वियोग में कलपते ही रहे हैं। वे शरीर लेकर अवश्य घूमते हैं पर उसमें प्राण तत्त्व नहीं है। जनकपुर में राम से मिलने पर—**'मृतक सरीर प्रान जनु भेंटे'**, में भी यही बात है।

सभी पुत्रों के प्राणवत होते हुए भी 'राम देत नहीं बनइ गोसाईं' में यह प्रतिध्वनित है कि दशरथ की राम के प्रति एकनिष्ठता और अनन्य प्रेम इसलिए नहीं कि वे उनके पुत्र हैं बल्कि इसलिए है कि सभी पुत्रों में राम के शीलगुणों के उत्कर्ष पर वे मुग्ध हैं। प्रिय के महत्त्व की आनन्द भरी स्वीकृति इसमें अन्तर्निहित है। राम के व्यक्तित्व कृतित्व में निहित लोकमंगल की भावना, मानवीय मूल्यों और जीवन आदर्शों की उद्भावना दशरथ की एकनिष्ठता के मूल में है। लोकसुखदायी मेघ के प्रति चातक की अनन्यता के समान ही राम के प्रति दशरथ की अनन्यता है।

प्रेम और अनन्यता का सबसे बड़ा आदर्श चातक मेघ है। दशरथ के राम और चातक के मेघ की पारस्परिकता के बीच यह जिज्ञासा भी जोर मारती है कि इस आदर्श के मूल में कौनसा तत्त्व है। प्रेम की चातक रीति का रहस्य आखिर क्या है? आचार्य रामचन्द्र शुक्ल ने इसे चिह्नित किया है—

"चातक को मेघ का जीवों को सुख देना अत्यन्त प्रिय लगता है। वह जो बारहों महीने चिल्लाता है, सो अधिकतर प्रिय के सुखदायक मनोहर रूप के दर्शन के लिए, केवल स्वाति की दो बूँदों के लिए नहीं।... चातक का प्रिय लोकसुखदायी है। उसका मेघ सचमुच बड़ा है और सबके लिए बड़ा है। अतः चातक के प्रेम के भीतर महत्त्व की आनन्दमयी स्वीकृति छिपी हुई है।"

दशरथ को राम का मुनिजनों, परिजनों और पुरजनों को सेवा, सुख और सहायता देना अतिप्रिय लगता है। वे जो आठों याम राम-राम की रट लगाते फिरते हैं, तो स्वर्ग-अपवर्ग की कामना से नहीं, बल्कि राम के प्रति प्रेम को अभिसिंचित करने के लिए, पुष्ट करने के लिए। राम से प्रेम इसलिए नहीं है कि मुक्ति मिलेगी, यह प्रेम प्रेम के लिए ही है। दशरथ के लिए राम का प्रेम मुक्ति का साधन नहीं स्वमेव साध्य है। मुक्ति की कामना लेकर तो भक्ति या प्रेम किया भी नहीं जा सकता है। राम का प्रेम कर्म नहीं, सत्कर्मों से मिलने वाला फल है—**'सकल सुकृत फल राम सनेहू।'**

दशरथ के राम लोकमंगलकारी हैं। वे सचमुच विशिष्ट हैं और सबके लिए विशिष्ट हैं। दशरथ के राम-प्रेम के भीतर राम के वैशिष्ट्य की छन्दभरी स्वीकृति का आसिंजन है।

राम के शीलगत वैशिष्ट्य का साक्षात्कार अनेक स्थानों और प्रसंगों पर दशरथ को होता है। विश्वामित्र प्रसंग की विविध घटनाएँ जैसे यज्ञ रक्षा, अहल्या उद्धार, अन्याय और अधर्म में तत्पर

असुरों का उन्मूलन, धनुर्भंग और परशुराम प्रसंग आदि राम के प्रताप को उद्घाटित करती हैं, तो वहीं राज्याभिषेक और वनवास प्रसंग की घटनाएँ राम के शील को उभारती हैं।

विविध अवान्तर प्रसंगों और परिस्थितियों के बीच से क्रमशः उभरते निखरते शील और प्रताप के महत्त्व की स्वीकृति राम के प्रति दशरथ के प्रेम को घनिष्ठ से घनिष्ठ करती जाती है। यह स्वीकृति उत्कर्ष पाकर जीवन की राममय परिणति पर महकती है।

दशरथ के राम लोकमंगलकारी हैं, यह बात लोक अर्थात् प्रजाजन के माध्यम से ही दशरथ तक पहुँचती है। राम का लोकसुखदायी स्वरूप जनमत से उपजा है। वाल्मीकि रामायण में प्रजाजनों ने स्वयं दशरथ के सामने राम के इस वैशिष्ट्य का गुणगान किया है और इसी आधार पर राम के राज्याभिषेक की कामना की है—

तं देवदेवोपममात्मजं ते सर्वस्य लोकस्य हिते निविष्टम्।
हिताय नः क्षिप्रमुदारजुष्टं मुदाभिषेक्तुं वरद त्व मर्हसि।।[13]

प्रजाजन राम की उदारता, सुशीलता और सद्वृत्तियों पर इतने मुग्ध हैं कि राजा के जीते जी इनको युवराज देखना चाहते हैं। तुलसी ने भी—'राम सुजसु सुनि अतिहि उछाहू' कहकर वाल्मीकि से सहमति दर्शायी है। यहाँ पर आया 'सुनि' शब्द ध्यान देने योग्य है। इस शब्द से यह व्यंजित होता है कि राम का सुयश स्वयं राम या दशरथ का अभिकथन नहीं है बल्कि सभा में यह बात प्रजा के बीच से चलकर आयी है। सुयश लोक के लिए, लोकहित में किये गये कार्यों से बनता है इसलिए इसका अभिकथन लोक के माध्यम से ही श्रेयस्कर होता है।

सेवक सचिव सकल पुरबासी में भी राम की व्यापक स्वीकृति व्यंजित है। दशरथ के सामने राम के प्रताप की यह व्यापक स्वीकृति विशेष महत्त्व रखती है। दशरथ के राम, लक्ष्मणादि कुमारों की तरह अपने शौर्य और धैर्य का ढिंढोरा खुद ही नहीं पीटते फिरते हैं। धनुष यज्ञ प्रसंग में वे समर्थ होकर भी वे लक्ष्मण की तरह त्वरित गर्व और रोष में भरकर 'कन्दुक इव ब्रह्माण्ड उठावउँ', 'काँचे घट जिमि डारउँ फोरी' या 'सकउँ मेरू मूलक इव तोरी' की सी गर्वोक्तियाँ अपने मुँह से नहीं गढ़ते हैं। राम का प्रताप, उनका सौजन्य राम के मुँह से नहीं मुनिजन, प्रजाजन और परिजन के हृदय से होकर दशरथ तक पहुँचता है।

हम अच्छे हैं, औरों से श्रेष्ठ हैं, यह बात दूसरों के मुँह के बजाय अपने मुँह से कही जाने पर कुछ और हो जाती है। रूप, गुण, शौर्य आदि के अभिकथन के आधार पर ही तो नायकत्व की कसौटी तय होती है। अपने पराक्रम, प्रताप आदि के यशोगान के अभिकथन की प्रवृत्ति जैसे जैसे मुखर होती जाती है व्यक्तित्व का नायकत्व क्षीण होता जाता है। जनक सभा में राम के सम्मुख अभिकथन करते परशुराम का नायकत्व इसीलिए श्रीहीन हो गया है। लंका में रावणादि असुरों में यह प्रवृत्ति चरम पर है, कहने की आवश्यकता नहीं कि नायकत्व की दृष्टि से वे कहाँ ठहरते हैं।

वाल्मीकि रामायण में राम के सन्दर्भ में यह 'लायक' शब्द एकाधिक श्लोकों में विस्तार के साथ वर्तमान है जहाँ उन्हें मानवीय और देवोपप मूल्यों के साथ प्रस्तुत किया गया है—

सम्मतस्त्रिषु लोकेषु वसुधायाः क्षमागुणैः।
बुद्ध्या बृहस्पतेस्तुल्यो वीर्ये चापि शचीपतेः।।
यमशक्रसमो वीर्ये बृहस्पतिसमो मतौ।
महीधरसमो धृत्या मतश्च गुणवत्तरः।।[14]

राज्याभिषेक की सूचना मिलने पर राम के द्वारा अभिव्यक्त प्रतिक्रियाओं से हम राम के चरित्र को उसके समुज्ज्वल रूप में प्रतिष्ठित होते देखते हैं। ये दशरथ के ही राम हैं जो चारों भाइयों में से केवल एक के राज्याभिषेक को उपयुक्त नहीं ठहराते हैं। जब शिक्षा-दीक्षा, खेलकूद और पालन-परवरिश, सबकी साथ और समान है तो राज्य का उत्तराधिकारी अकेला क्योंकर हो?—

जनमे एक संग सब भाई। भोजन सयन केलि लरिकाई।।
करनबेध उपबीत बिआहा। संग संग सब भयउ उछाहा।।
बिमल बंस यह अनुचित एकू। बंधु बिहाइ बड़ेहि अभिषेकू।।[15]

सम्पत्ति पर भाइयों का समान अधिकार ही धर्मशास्त्रों में विहित है। अत्यन्त सहजता और सर्वसम्मति से प्राप्त राज्य को राम इसीलिए अनुचित ठहराते हैं कि यह राज्य उन्हें भाइयों से अलगाता है। यहाँ राम का रामत्व समता, त्याग, उदारता, न्याय, नेतृत्व आदि विभूतियों के साथ जगमगाता है। 'रामचरित मानस' की टीका 'मानस पीयूष' में 'बिहाई' शब्द को विलक्षण मानते हुए इसकी विलक्षणता से राम के चारित्रिक उत्कर्ष को सन्तुलित किया गया है—

"बिहाई शब्द बड़ा विलक्षण है। इससे भरत जी का इस उत्सव के समय बाहर कर दिया जाना भी व्यंजित हो सकता है। ऐसी दशा में रामजी राज्य को ग्रहण करना अत्यन्त अनुचित समझते हैं।"[16]

दशरथ के राम स्थितप्रज्ञ हैं, उगते छिपते सम। वे अभिषेक की सूचना से न बहुत अधिक हर्ष मनाते हैं न ही वनवास पाकर कोई विशेष शोक—

जो अभिषेक की बात सुनी तो प्रसन्नता नेक करी न दिखायी।
ओ वनवास की आयु पे चिन्ता की कछु रेख न आयी।।

वे राज्य पाकर भी वीतरागी हो सकते हैं और वन में भी राजत्व का वैभव बना सकते हैं। जीवन की प्रत्येक सम विषम परिस्थिति को वे सम भाव से देखते हैं। कैकेयी से दशरथ—'लोभ न रामहि राज' कर, कहकर यही प्रमाण देते हैं। राम वनवास को भी स्वागत भाव से स्वीकार करते हैं। प्रतिकूलताओं को अनुकूलता में बदलने की अद्‌भुत गति मति उन्हें प्राप्त है—

मुनि-गन मिलन बिसेष वन। सबहि भाँति हित मोर।
तेहि महँ पितु आयसु बहुरि। सम्मत जननी तोर।।[17]

जीवन के अभावों में भाव देखना, प्रतिकूलताओं को अनुकूल बनाना राम का स्वभाव है। दशरथ के लिए राम ऐसे ही नायक हैं जो विपत्ति में म्लान न हो, जो शक्ति पाकर गर्वित न

हो, जो विजय पाकर क्षमा करना न भूले, जो सबका हो, सबके लिए हो, समरस, समन्वयशील, शक्ति-शील-सौन्दर्य का आगार।

ऐसे सबसे चहेते, सबके चहेते राम दशरथ के राम हैं। राम का अभिषेक इसीलिए दशरथ की आज्ञा और इच्छा से बढ़कर उनकी साध और संकल्प बन गया है। 'साकेत' में मैथिलीशरण गुप्त लिखते हैं–

पुत्र रूपी चार फल पाये यहीं।
भूप को अब और कुछ पाना नहीं।।
बस यही संकल्प पूरा एक हो।
शीघ्र ही श्रीराम का अभिषेक हो।।[18]

गुप्त जी के 'साकेत' में दशरथ के राम उस आदर्श राज्य के प्रतिष्ठापक के रूप में वर्णित हैं जिनके होने में 'रामराज्य' का होना निहित है। गुप्त जी का यह कथन कि 'रामराज्य' विधान होने जा रहा, इसी ओर संकेत करता है। रामराज्य को फलित होते देखने में ही परिजनों ने अपने दृगों की सफलता और सुकृतों की सिद्धि पूर्ण मानी है। वहीं आगे चलकर कैकयी के वर माँगते ही दशरथ की जो स्थिति गुप्त जी ने दिखायी है, वह दशरथ की राम के प्रति अनन्य प्रीति और निष्ठा की ही परिचायक है।

ठगे से देखते ही रह जाना, वज्र सा टूट पड़ना, शरीर छूट जाना, संज्ञाहीन, हतज्ञान हो जाना आदि क्रियाएँ, तथा–राम से सुत को भी वनवास जैसे कथन, दशरथ के लिए राम जीवनमूल हैं, यही व्यंजित करते हैं। राम वनगमन के कथन मात्र से ही वे मृतप्राय हो उठते हैं–

हुए जीवन मरण के मध्य धृत-से वे।
रहे बस अर्द्ध जीवित अर्द्ध मृत-से वे।।[19]

राम से एकनिष्ठ प्रेम करते दशरथ छटपटाहट और पीड़ा राम की सहनशील वृत्ति के कारण बहुगुणित हो उठती है। दशरथ के राम धैर्य, संयम और सहनशीलता की सीमा हैं। परवश, ग्लानिजन्य दशरथ को ऐसे समय में जिस सम्बल की सबसे अधिक आवश्यकता थी वह राम से उन्हें मिलता है। राजमहल के षड्यन्त्र से राम का जो भविष्य तय होता है उसके प्रत्येक पक्ष को राम ने सुखकर और हितकर बताया है।

राम का वनवास के प्रति यह तोष दिखावा भर नहीं है। वे वनवास को हृदय से आत्मसात कर इस कर्म को कर्तव्य की उच्चता के साथ अपनाते हैं। वे इस पूरी घटना में पितृभक्ति, मातृभक्ति, कुलनिष्ठा, राजभक्ति और राष्ट्रभक्ति की सम्भावनाओं को साकार करते हैं। सुमन्त्र द्वारा पितृ-स्पृहा और प्रजाभाव की दुहाई देने पर राम 'स्पृहा बड़ी या धर्म बड़ा' कहकर धर्म को श्रेयस्कर बताते हैं।

राजा और राज परिवार का अनुकरण, अनुसरण ही प्रजा करती है इसी से 'यथा राजा तथा प्रजा' की उक्ति चली आयी है। राज परिवार इसीलिए विशिष्ट है कि उसकी प्रत्येक गतिविधि पर प्रजा की नजर लगी रहती है इसलिए आदर्श राज्य की स्थिति में राजपरिवार को स्वयं के

सुख-सुविधाओं को ताक पर रखकर वैसे ही व्यवहार प्रतिमान उपस्थित करने पड़ते हैं जैसे आदर्श वे राज्य और प्रजा में फलीभूत होते देखना चाहते हैं। दशरथ के प्रति राम के ये कथन इसी मनोवृत्ति के परिचायक हैं—

तुम्हारा पुत्र मैं आज्ञा तुम्हारी।
न मानूं, तो कहे क्या सृष्टि सारी?
प्रकट होगा कपट ही हाय! इससे।
न माँ के साथ होगा न्याय इससे।।
मिटेगी वंश-मर्यादा हमारी।
बनेंगे हम अगौरव-मार्गचारी।।[20]

दशरथ की स्वीकृति मिलने पर भी, यदि राम दशरथ द्वारा कैकेयी को प्रदत्त वचनों के विपरीत आचरण कर लेते तो एक पुत्र की, एक पिता की, एक कुल की और एक राज्य की कौनसी मर्यादा शेष रह जाती। राम का यह औदात्य दशरथ के मन में राम के महत्त्व का विस्तार करने वाला है। महत्त्व का यह विस्तार और स्वीकरण जैसे-जैसे बढ़ता जाता है दशरथ के जीवन का प्रश्न राम के होने न होने से उतना ही जुडता जाता है। राम के वियोग का निश्चय जैसे-जैसे दशरथ के संज्ञान में आरोहित तिरोहित आता है, उनकी व्यथा और छटपटाहट तीव्रतर होती जाती है। गुप्त जी ने यह 'साकेत' में यह सत्य राम के माध्यम से उद्‌घाटित किया है—

अरे! फिर तात ने संज्ञा गँवाई!
रहूंगा मैं यहाँ अब और जब तक।
बढ़ेगा मोह इनका और तब तक।।[21]

दशरथ का राम के प्रति यह एकात्म आत्मा-परमात्मा के अद्वैत की भूमि पर प्रतिष्ठित है। दशरथ का यह कहना कि वियोग-विदग्ध इस जन को वे न पायेंगे में यही प्रतिध्वनित है। राम के पुनरागमन की जो धुँधली सी क्षीण आशा सुमन्त्र के वापस आने तक ऊभ-चूभ रही थी, वह सुमन्त्र के रीते रथ के साथ चुक जाती है। दीपक की लौ, जो विषम वायु का प्रहार सहती लुप-झुप, लुप-झुप कम्पित लंपित हो रही थी, बुझ जाती है।

खाकर भी बार-बार झटके।
क्यों प्राण अभी तक हैं अटके?
हे जीव चलो अब दिन बीते,
हा राम! राम! लक्ष्मण सीते!
बस, यही दीप-निर्वाण हुआ,
सुत-विरह वायु का बाण हुआ।[22]

दशरथ के राम, आत्म का वह परमात्म तत्त्व हैं जो आत्मा के सृजन और विसर्जन का मूल है। दशरथ और राम, आत्मा परमात्मा की भाँति अद्वैत हैं। यह बहुत सांयोगिक नहीं है कि रामभक्ति शाखा से इतर भक्तिमार्गों में राम की संकल्पना 'दशरथ सुत' के रूप में प्रचलित

हुई है। कबीर का यह कहना कि **'दशरथ सुत तिहुं लोक बखाना, राम नाम का मरम है आना'** अपना एक विशेष सांकेतिक महत्त्व रखता है। राम नाम का मरम उनके 'दशरथ सुत' अर्थात दशरथ के राम, होने में ही तो निहित है। दशरथ के राम दशरथ के माने तो वही सत चित आनन्द स्वरूप ब्रह्म हैं जिसके मर्म को जानते देव, गंधर्व, सन्त, मनुष्य 'नेति नेति' कहकर थकते हैं। जो शेष शारद की परिभाषाओं के पार होकर अपार हैं, अपरम्पार हैं।

राम के ब्रह्मत्व का संज्ञान ही है कि दशरथ एक बार राम को पाकर छोड़ना नहीं चाहते, किसी मूल्य पर नहीं। प्राण देकर भी नहीं। केशव की 'रामचन्द्रिका' का यह अंश देखें–

प्राण दिये धन जाहिं दिये सब।
केशव राम न जाहिं दिये अब।।[23]

सब कुछ देकर, सर्वस्व लुटाकर भी राम को अपनाने की यह रीति प्रायः राम साहित्य के प्रत्येक ग्रन्थ में वर्तमान हैं। कंब रामायण में कैकेयी को समझाते हुए दशरथ राम के वनवास के बदले कैकेयी को अपने नेत्र, सम्पूर्ण पृथ्वी का साम्राज्य यहाँ तक कि अपने प्राण देने को सहर्ष प्रस्तुत हैं। दशरथ का यह सर्वस्व समर्पण राम के रामत्व के प्रति है, परमत्व के प्रति है। महर्षि कंब ने इस घटना के पूर्ववर्ती प्रसंगों में इसकी भूमि तैयार कर दी थी।

कंब रामायण में महर्षि कंब ने वर्णित किया है कि जब दशरथ जनकपुर पहुँचकर मुनिगण आदि से राम के अपौरुषेय पराक्रम के बारे में सुनते हैं तो उन्हें यह निश्चय हो जाता है कि दशरथ के ये राम परब्रह्म ही हैं। बिहार राष्ट्रभाषा परिषद् से कंब रामायण का अनुवाद प्रकाशित हुआ है। जनकपुर पहुँचे दशरथ की प्रतीति यहाँ द्रष्टव्य है–

''दशरथ ने सोचा–इस छोटी अवस्था में ही इसने जो अपूर्व कार्य किया है और पराक्रम दिखाया है वह तीनों लोकों के निवासियों के लिए भी असाध्य है। निश्चय ही वह कुमार कर्म करने वालों को ऐहिक और पारलौकिक फल प्रदान करने वाला 'परमतत्व' है।''[24]

यहाँ दशरथ के राम को जो ऐहिक और पारलौकिक फल प्रदान करने वाला बताया है यह बात ध्यान देने योग्य है। यज्ञ रक्षा और धनुर्भंग के प्रसंगों से जहाँ दशरथ को राम की पारलौकिक शक्तियों का आभास हो गया था, वहीं विविध प्रजाजन की सम्मतियों से उन्हें राम की प्रजावत्सलता और लोकमंगलकारी प्रवृत्ति का भी निश्चय हो गया था। राम के राज्याभिषेक के संकल्प में दशरथ ने इन्हीं गुणों को सामने रखा है। महर्षि रंग द्वारा विरचित रंगनाथ रामायण में दशरथ ने राम के गुणों को बडे मुग्ध भाव से दिखाया है–

''मेरा पुत्र राम... सदा दीन दुखियों की चिन्ता करने वाला, परहित का विचार करने वाला, समस्त प्राणियों पर दया दिखाने वाला... सतत सन्तुष्ट.. उचित क्रोध तथा प्रसाद गुणों से पूर्ण, शासन शक्ति से समन्वित... ईर्ष्यारहित, करुणा सिंधु... प्रजारंजक... क्षमा में पृथ्वी के समान ओर सकल सद्‌गुण सम्पन्न है, उसका राज तिलक कर देना चाहिए।''[25]

इस उद्धरण में दो बातें बहुत स्पष्टतया उभरकर आती हैं, पहली है दशरथ के राम की लोकमंगलकारी प्रवृत्ति और दूसरी है रामराज्य के आदर्श को साकार करने वाले राजा के विशेषक। कहने की आवश्यकता नहीं कि दशरथ के राम में ये दोनों बातें वर्तमान हैं।

विविध ग्रन्थों, शास्त्रों और भक्ति सम्प्रदायों के साथ-साथ दशरथ के राम लोक में किस रूप में वर्तमान है अल्पतः इस पर भी विचार किया जाना आवश्यक है। लोक संस्कृति और सरोकारों में भी दशरथ के राम का लोकमर्यादावादी और लोकमंगलकारी रूप ही प्रतिष्ठित है। दशरथ की राम के प्रति अनन्यता और एकनिष्ठता का रहस्य भी राम की लोकोन्मुखता है।

राम का लोकोन्मुख स्वरूप मानव जीवन के विविध सन्दर्भों के साथ लोकगीतों में, लोककथाओं में आज तक जीवन्त है। माता-पिता अपने पुत्र को, भाई भाई को, प्रजा राजा को, पत्नी पति को, सेवक स्वामी को, मित्र मित्र को राम ही के रूप में पाना, देखना चाहते हैं। राम जिनकी सार्वजनीन स्वीकार्यता है वही दशरथ के राम हैं। राम जो शक्ति शील सौन्दर्य के आगार हैं, वही दशरथ के राम हैं। जो कृपासिन्धु दीनबन्धु हैं, जो सबके हैं, जो सब में हैं, वही दशरथ के राम हैं।

सन्दर्भ

1. तुलसीदास, गोस्वामी, दोहावली (दोहा 301), गीता प्रेस, गोरखपुर
2. तुलसीदास, गोस्वामी, दोहावली (दोहा 302), गीता प्रेस, गोरखपुर
3. शुक्ल, आचार्य रामचन्द्र, 1935 ई., गोस्वामी तुलसीदास, इंडियन प्रेस लिमिटेड, प्रयाग
4. तुलसीदास, गोस्वामी, दोहावली (सो. 221), गीता प्रेस, गोरखपुर
5. पूर्वोक्त, (दो. 138)
6. तुलसीदास, गोस्वामी, रामचरित मानस, गीता प्रेस, गोरखपुर
7. शुक्ल, आचार्य रामचन्द्र, 1935 ई., गोस्वामी तुलसीदास, इंडियन प्रेस लिमिटेड, प्रयाग
8. पूर्वोक्त
9. तुलसीदास, गोस्वामी, रामचरित मानस, गीता प्रेस, गोरखपुर
10. पूर्वोक्त
11. पूर्वोक्त
12. शुक्ल, आचार्य रामचन्द्र, 1935 ई., गोस्वामी तुलसीदास, इंडियन प्रेस लिमिटेड, प्रयाग
13. वाल्मीकि रामायण (2/2/54)
14. वाल्मीकि रामायण (2/1/32 एवं 39)
15. तुलसीदास, गोस्वामी, रामचरित मानस, गीता प्रेस, गोरखपुर
16. शरण, अंजनी नन्दन, मानस पीयूष (भाग 4 खण्ड 1) गीता प्रेस, गोरखपुर
17. तुलसीदास, गोस्वामी, रामचरित मानस, गीता प्रेस, गोरखपुर
18. गुप्त, मैथिलीशरण, साकेत, साहित्य सदन, चिरगाँव, झाँसी
19. पूर्वोक्त
20. पूर्वोक्त
21. पूर्वोक्त
22. पूर्वोक्त
23. केशवदास, रामचन्द्रिका
24. मूल—महर्षि कम्ब रचित कम्ब रामायण, अनुवाद—राजगोपालन, एन. वी., बिहार राष्ट्रभाषा परिषद्
25. मूल—रंगनाथ रामायण, अनुवाद—कामाक्षि राव, ए.सी., बिहार राष्ट्रभाषा परिषद्।

लक्ष्मण के राम

सूर्यप्रसाद दीक्षित

भारतीय साहित्य में लक्ष्मण का व्यक्तित्व यों तो राम के व्यक्तित्व का पूरक बनकर आया है, याने कहीं भी स्वतन्त्र रूप से उनका चरित्र-चित्रण नहीं हुआ है, फिर भी उनके व्यक्तित्व की रेखाएँ अथवा उनकी आकृति-प्रकृति इतनी प्रभावकारी है कि सर्वत्र उनका एक रूपाकार निर्मित हो ही गया है।

'लक्ष्मण' शब्द की व्याख्या करते हुए कहा गया है–

लक्ष्मणो लक्ष्मिवर्धनः
लक्ष्मणो लक्ष्मिसम्पन्नः

अर्थात् लक्ष्मण जी ऐश्वर्य के प्रतीक हैं। गोस्वामी तुलसीदास ने इस कथन का समर्थन करते हुए लिखा–

लच्छन धाम रामप्रिय, सकल जगत आधार।
गुरु बसिष्ठ तेहिं, राखा लछिमन नाम उदार।।

अर्थात् वे मानवीय शुभ लक्षणों के केन्द्र हैं, राम के परम प्रिय हैं, शेषावतार हैं, इसलिए सकल जगत को धारण किये हुए हैं और सुमित्रा के आदर्श पुत्र तथा राम के आदर्श भ्राता हैं।

वाल्मीकि 'रामायण' में लक्ष्मण के लिए तीन विशेषण दिये गये है–

1. 'प्राणः बहिश्चरः'
2. 'भ्राता स्वमूर्तिरात्मनः'
3. 'सुमित्रानन्दवर्धनः।'

वाल्मीकि के अनुसार वे राम की प्राणवायु हैं। लक्ष्मण और सुमित्रा के प्राण प्रिय हैं लक्ष्मण।

गोस्वामी जी ने 'दोहावली' की इन पंक्तियों में लक्ष्मण को लालित्य, माधुर्य, सुख-सम्पत्ति, कीर्ति-विजय आदि गुणों का प्रतीक मानते हुए सर्वमांगल्य का प्रतीक भी घोषित किया है–

ललित लखन मूरति मधुर, सुमिरत सहित सनेह।
सुख सम्पति कीरति विजय, सुमन सुमंगल गेह।

(दोहावली–210)

वस्तुतः पौराणिक मान्यता के अनुसार लक्ष्मण शेषावतार हैं, अर्थात् राम शेषी हैं और लक्ष्मण शेष हैं, इसीलिए धनुर्भंग के समय पृथ्वी को धारण करने वाली शाक्तियों को सावधान करते हुए वे आदेश देते हैं—

दिसि कुंजरहु कमठ अहि कोला।
धरहुँ धरणि धरि धीर न डोला।
राम चहहिं शंकर धनु तोरा।
सजग होहु सुनि आयसु मोरा।

यहाँ वे अहि (शेषनाग) को विशेषतः सावधान कर रहे हैं। लक्ष्मण के चरित्र में रामकथाकारों ने अनेक विशेषताएँ चित्रित की हैं, जैसे—

1. परम त्यागी—वाल्मीकि 'रामायण' के अनुसार लक्ष्मण को जब युवराज-पद दिया जाता है तो उसे वे अस्वीकार कर देते हैं, इसलिए उनके नाम से पृथक् राज्य की स्थापना विश्वसनीय नहीं लगती। भ्रातृ प्रेम के पीछे वे अपनी पत्नी ऊर्मिला तक का मोह त्याग देते हैं।

2. संयमी—राम-काव्यों में लक्ष्मण को परम जितेन्द्रिय रूप में प्रस्तुत किया गया है। वे भ्रातृ-भक्ति के कारण सर्वस्व त्याग कर श्रीराम के साथ वन जाते हैं। चौदह वर्षों तक वहाँ ब्रह्मचर्य का पालन करते हुए, निद्रा का त्याग करके वे श्रीराम और सीता की सेवा करते हैं। सीता-हरण के बाद श्रीराम उनके आभूषण दिखाते हुए लक्ष्मण से पहचान करवाना चाहते हैं तो लक्ष्मण कहते हैं कि मैं मात्र इन नूपुरों को पहचान रहा हूँ, क्योंकि चरण-वन्दना करते मैं इन्हें नित्य देखा करता था।

3. अनन्य सेवक—लक्ष्मण छाया की तरह श्रीराम का साथ देते हैं। उन्हें बन गमन की अनुमति देती हुई सुमित्रा कहती हैं कि तुम्हारा जन्म ही वनवास के लिए हुआ है। तुम राम को दशरथ के तुल्य मानना। मेरी जगह सीता को माँ समझना। उस वन को ही अयोध्या मान लेना और हर प्रकार राम को प्रसन्न रखना—

सृष्टस्त्वं वनवासाय स्वानुरक्तः सुहृज्जने।
रामं दशरथं विद्धि मां विद्धि जनकात्मजाम्
अयोध्यामटवीं विद्धि गच्छ तात यथासुखम्।
रामे प्रमादं मा कार्षीः पुत्र भ्रातरि गच्छति।।

यही बात तुलसी ने सुमित्रा से कहलवायी है—

तात तुम्हारि मातु बैदेही। पिता राम सब भाँति सनेही।।
अवध तहाँ जहाँ राम निवासू....।

4. 'भायप भगति' के आदर्श—लक्ष्मण जी लघु भ्राता के रूप में राम की दाहिनी भुजा हैं—'रामो दक्षिणो बाहुः।' तुलसी के शब्दों में दोनों भाइयों में 'ब्रह्म जीव इव सहज सनेहू' है, अर्थात् राम परमात्मा है, लक्ष्मण जीवात्मा। यही तुलसी का विशिष्टाद्वैत है। इसे 'अयोध्या

कल्ट' कहा जा सकता है। इसीलिए अवध के मन्दिरों में सीता के साथ राम लक्ष्मण की युगल मूर्ति रखी गयी है। चारों भाइयों में राम-लखन का ही युग्म बन पाया है। राम रक्ष्य हैं, लक्ष्मण रक्षक, इसीलिए विश्वामित्र इन दोनों को अपने साथ ले जाते हैं और दीक्षा देते हैं। अयोध्या की रसिकोपासना में राम 'काम' हैं, सीता 'रति' हैं और लक्ष्मण 'ऋतुराज' हैं। रामकाव्यों में राम लक्ष्मण का स्नेह बाल्यावस्था से ही चित्रित किया गया है। वाल्मीकि रामायण में एक प्रसंग आया है कि एक बार इन दोनों शिशुओं को अलग-अलग पलँगों पर लिटा दिया जाता है तो वे आर्तक्रन्दन करने लगते हैं। विवश होकर गुरु वशिष्ठ को बुलाया जाता है। वे स्थिति को ताड़ लेते हैं और जब उन्हें साथ-साथ लिटा देते हैं तो सब शान्त हो जाते हैं। दोनों की संग निद्रा, संग भोजन, संग शिक्षा और संग मृगया का प्रायः उल्लेख किया गया है। इसीलिए बनवास के समय भी लक्ष्मण श्रीराम से अलग नहीं होते और तभी गोस्वामी जी के शब्दों में वे– "भूरि भाग्य भाजन भयहु।" वाल्मीकि जी के अनुसार जब रामराज्याभिषेक में बाधा पहुँचती है तो लक्ष्मण विद्रोह कर बैठते हैं। गोस्वामी जी के अनुसार श्रीराम की उपस्थिति में जब जनक 'वीर विहीन मही' घोषित कर देते हैं, तो लक्ष्मण उनका विरोध करते हैं और परशुराम की जमकर भर्त्सना करते है। भ्रातृ भक्ति वश वे चित्रकूट में मिलने आ रहे भरत-शत्रुघ्न पर भी सन्देह करते हैं। स्पष्ट है कि गोस्वामी जी ने उन्हें भ्रातृ प्रेम की पराकाष्ठा माना है और राम को भी परम प्रेमास्पद सिद्ध किया है। लंका में जब लक्ष्मण को शक्ति लगती है तो श्रीराम कातर-क्रन्दन करते हैं। वे लक्ष्मण को 'सहोदर भ्राता' तक कहते हैं–'मिलइ न जगत सहोदर भ्राता।' वे लक्ष्मण के साथ प्राण-त्याग करने के लिए उद्यत हैं। 'गीतावली' के एक पद में गोस्वामी जी लिखते हैं–

सुनि रन घायल लखन परे हैं।

वस्तुतः भ्रातृत्व का ऐसा उदाहरण विश्व-साहित्य में दुर्लभ है। विलक्षणता यह है कि गोस्वामी जी ने भरत को भी भ्रातृत्व का आदर्श माना है और दोनों में सूक्ष्म अन्तर दिखाया है। एक स्थल पर श्रीराम स्वयं लक्ष्मण से कहते हैं–

लखन तुम्हारि सपथ पितु आना।
नहिं सुबन्धु जग भरत समाना।

यहाँ वे एक भाई के आगे दूसरे भाई की तुलना कर रहे हैं। लक्ष्मण ने राम के पीछे अपना सर्वस्व त्याग दिया है, किन्तु सर्वोत्तम भाई उन्हें न मानकर वे भरत को मानते हैं। यह बात विचित्र सी लगती है। किन्तु इसके पीछे एक गूढ़ार्थ है। वह यह कि लक्ष्मण मात्र भाई नहीं हैं, बल्कि राम के व्यक्तित्व के अभिन्न अंश हैं। तभी वे उनकी शपथ लेते हैं। गोस्वामी जी ने लक्ष्मण के माध्यम से उन मानवीय भावनाओं की अभिव्यक्ति कराई है जो मर्यादा पुरुषोत्तम होने के नाते श्रीराम में नहीं दिखायी जा सकतीं, जैसे–क्रोध, आशंका आदि। इन भावों की भी नर लीला में कभी-कभी जरूरत पड़ती है, इसलिए ऐसे प्रसंगों में श्रीराम प्रायः लक्ष्मण के

मुँह से बोलते हैं। उदाहरणार्थ लक्ष्मण परशुराम प्रसंग में, समुद्र से वार्ता करते हुए, शूर्पणखा को दण्ड देते हुए, बालकाण्ड में सती की परीक्षा लेते हुए और जनक, सुग्रीव आदि का विरोध करते हुए। यह उल्लेखनीय है कि राम लक्ष्मण प्रायः साथ-साथ मिलकर ताड़का, विराध, कबन्ध आदि राक्षसों का वध करते हैं। केवल मेघनाद का वध लक्ष्मण अकेले करते हैं। तात्पर्य यह है कि राम-लक्ष्मण दोनों दो शरीर एक मन-प्राण हैं। गोस्वामी जी ने ठीक ही लिखा है–

रघुपति कीरति बिमल पताका।
दण्ड समान भयहु जस जाका।

अर्थात् यदि राम यशः पताका हैं तो लक्ष्मण उसको धारण करने वाले दण्ड हैं। लक्ष्मण के बिना श्रीराम का अवतारी रूप अपूर्ण ही रह जाता।

5. चिन्तक–राम काव्यों में लक्ष्मण को यदा-कदा दार्शनिक के रूप में भी प्रस्तुत किया गया है। वाल्मीकि के शब्दों में वे ''नर युद्धे चकुशलः सर्वशास्त्र विशारदः'' हैं। वे मारीच की माया को पलक मारते समझ लेते हैं तथा सती के छद्म वेश को भी पहचान लेते हैं। 'मानस' में वे निशादराज से ब्रह्म विद्या की जो चर्चा करते हैं, उससे उनके तत्त्व ज्ञान का प्रमाण मिलता है।

6. क्रोधी–विद्रोही व्यक्तित्व–राम काव्यों में लक्ष्मण **'अमर्षी दुर्जेयों जेता विक्रांतो बुद्धिमान बली'** हैं। उनको प्रायः कुव्यवस्था-विरोधी सिद्ध किया गया है। हाँ, उनका क्रोध अविचारित नहीं है। उसके पीछे राम भक्ति की प्रेरणा रही है। श्रीराम अपना मन उन्ही से खोलते हैं, जनक वाटिका में पूर्वराग के समय और सीता, विरह की अवस्था में भी। 'उत्तर राम कथा' में राम जब परिस्थिति वश लक्ष्मण का त्याग करते हैं तो वे स्वयं भी भ्रातृशोक वश जल-समाधि ले लेते हैं। वाल्मीकि ने लक्ष्मण को 'विनयसम्पन्नः' भी कहा है। इसका अर्थ यह है कि वे राम द्रोहियों के प्रति उग्र हैं शेष के प्रति विनम्र हैं।

7. लोक कथाओं में लक्ष्मण–मध्य भारत की कई कथाओं, में लक्ष्मण को लंका जाकर रावण वध करने का श्रेय दिया गया है। अवधी के एक लोकगीत की पंक्ति हैं–''लछिमन तीर चलाई। मारेउ तीर गिरे भुजा बीसा, जहँ बइठे रघुराई।'' जैन रामायणों में राम पूर्ण अहिंसावादी हैं, अतः रावण वध लक्ष्मण से कराया गया है।

अयोध्या में रामराज्य स्थापित करके राम मधुवन जाकर किसी कूबरी के प्रेम में फँस जाते हैं, तब लक्ष्मण वहाँ सीता के साथ जाते हैं और राम को मनाकर वापस लाते हैं। सीता को जब बनवास होता है तो लक्ष्मण उन्हें वाल्मीकि आश्रम तक ले जाते हैं और सोती हुई सीता को छोड़कर लौट आते हैं। लवकुश का जन्म होने पर सीता लक्ष्मण को रोचना भेजती हैं। एक दिन आखेट के व्याज से वे राम को सीता की कुटी तक ले जाते हैं। अश्वमेघ के पूर्व राम एवं वशिष्ठ के साथ लक्ष्मण भी सीता को मनाने के लिए जाते हैं। कुछ गीतों में, विशेषतः छत्तीसगढ़ी लोक वांड्मय में लक्ष्मण को मछन्दर पुत्री मचलादई, रावण-पुत्री फुफैया, वासुकि की बेटी बीजल देई, इन्दर राजा दुर्बल की इन्दर कामिनी आदि का प्रेमी कहा गया है और उन्हें 'सत-परीक्षा' (अग्नि परीक्षा) के लिए भेजा गया है। कुछ लोकाख्यानों में उन्हें लक्ष्मणपुरी (लखनऊ) का

संस्थापक भी माना गया है। यहाँ लछिमन टीला और शेषनाग मंदिर इस कथन के साक्ष्य हैं।

8. गोस्वामी जी के मध्यस्थ–'विनय पत्रिका' में गोस्वामी जी ने लक्ष्मण को अपना माध्यम बनाया है। तुलसी की प्रार्थना पर सबसे पहले लक्ष्मण ध्यान देते हैं और भरत की 'मति' पाकर वे प्रभु से संस्तुति करते हैं कि इस भक्त का उद्धार होना चाहिए, इसीलिए गोस्वामी जी ने लखनलाल को बड़ी आस्था के साथ चित्रित किया है। फलतः रामलखन-जानकी की त्रयी अवध के जन-जीवन में सदा-सर्वदा के लिए प्रतिष्ठित हो गयी है।

वस्तुतः लक्ष्मण का चरित्र राममय है। वे कभी राम का अहित सहन नहीं कर पाते। इसीलिए रामकथा में उन्हें अनेक बार विद्रोह की भूमिका में उतरना पड़ा है। वे स्पष्ट कह देते हैं कि दशरथ के प्रति मैं पितृभाव नहीं रखता। वे सुमन्त द्वारा यही कटु वचन (सन्देश) भेजते हैं। भरत-शत्रुघ्न पर भी सन्देह करते हैं और समय-समय पर जनक, परशुराम, शूर्पणखा, समुद्र, सुग्रीव, अयोमुखी आदि का विरोध करते हैं। राम के लिए वे विराध, कबन्ध और मेघनाद का वध करते हैं। राम को उनके पौरुष पर बड़ा विश्वास है। वे कहते हैं–

जग मँह अहहिं निसाचर जेते, लछिमन हनहिं निमिश मँह तेते।

लक्ष्मण दूरदर्शी हैं, इसलिए मारीच की माया को भाँप लेते हैं। इसी के साथ-साथ सती के रूप को पहचान लेते हैं और हर अनिष्ट का यथा समय निवारण कर देते हैं।

लक्ष्मण को चरित नायक बनाकर भारतीय भाषाओं में कुछ काव्य, उपन्यास, नाटक आदि रचे गये हैं, किन्तु सब में प्रायः राम ही छा गये हैं, इसलिए कि लक्ष्मण स्वयं राम के अंश हैं, उनके पूरक है, अर्थात् अविभाज्य अंग हैं। वाल्मीकि के शब्दों में–'रामस्यापि शरीरतः।' श्रीराम का व्यक्तित्व लक्ष्मण के साथ जुड़कर ही अवतारी तथा लीला-मर्यादा पुरुषोत्तम रूप ६ ाारण करता है।

अयोध्या कल्ट में रामलला और लखन लाल की युगलोपासना होती है। गोस्वामीजी ने उन्हें राम भक्ति का हेतु माना है–''बन्दहु लछिमन पद जल जाता। सीतल सुभग भगत सुख दाता कृपा सिंधु सौमित्र गुनाकर।'' उन्होंने 'मानस' के अरण्यकाण्ड में होने वाली राम लक्ष्मण वार्ता को लक्ष्मण गीता के रूप में प्रस्तुत किया है और उन्हें विश्वात्मा, 'विश्वविभु' कहा है। वाल्मीकि रामायण में अयोध्याधिपति श्रीराम के साथ इनके पारस्परिक अलौकिक प्रेम का सविस्तार दिग्दर्शन कराया गया है। सुमित्रनन्दन लक्ष्मण श्रीराम के दक्षिण बाहु एवं बाहरी प्राण हैं, इसीलिए श्रीराम लक्ष्मण के बिना न भोजन करते हैं, न शयन करते हैं। महर्षि वाल्मीकि ने लक्ष्मणकुमार को साक्षात् शेष का अवतार तथा अनन्य सेवक के रूप में चित्रित किया है।

'मानस' में गोस्वामी जी ने भी लक्ष्मण को एक ओर शेषावतार तथा दूसरी ओर शेष का भी कारण कहा है। इनकी वन्दना करते हुए गोस्वामी जी ने इन्हें सहस्रफण वाले शेषनाग का तथा जगत् का कारण घोषित किया है। जनकपुर में धनुष यज्ञ के समय महाराज जनक ने अपनी प्रतिज्ञा भंग होते देख, अत्यन्त दुःखी होकर जब पृथ्वी को 'वीर विहीन' कह दिया तो लक्ष्मण रुष्ट हो गये। उन्होंने राम के विद्यमान रहते पृथ्वी को वीर विहीन कहने पर स्वयं ब्रह्माण्ड को गेंद के समान उठा

लेने, कच्चे घड़े के समान फोड़ डालने और मूली की तरह मरोड़ डालने का संकल्प घोषित किया, किन्तु प्रभु के संकेत पर वे शान्त हो गये। जब श्रीराम धनुष तोड़ने चले, तब लक्ष्मण ने पृथ्वी को पाँव तले दबाकर दसों दिग्गजों तथा कच्छप, शेष, वराह आदि को स्थिर रहने का आदेश दिया। इससे स्पष्ट है कि लक्ष्मण जी शेष को भी आज्ञा देने वाले अर्थात् शेष के कारण हैं। परशुराम जी ने जब श्रीराम को ललकारा तो लक्ष्मण ने उन्हें हतप्रभ कर दिया। श्रीराम के वनगमन के समय श्री लक्ष्मण कुमार अपने परिजनों तथा राज्य के सुखों का परित्याग कर प्रभु के साथ वन चले गये। उन्होंने चौदह वर्षों तक प्रहरी के रूप में, शयन किये बिना, नित्य निरन्तर श्री सीताराम की हर तरह से सेवा की।

लक्ष्मण जी ने लंका—युद्ध में इन्द्रजित मेघनाथ का वध कर सुयश प्राप्त किया। लोक-परलोक के समस्त वैभव को तृण के समान त्याग कर श्री सीताराम की सेवा करने वाला, उच्च-उदात्त आदर्श प्रस्तुत करने वाला दूसरा ऐसा कोई पात्र रामकथा में नहीं है। उन्होंने कभी स्वामी बनने की कामना नहीं की। मात्र अनन्य सेवक बने रहने की ही प्रतिज्ञा का निर्वाह किया। इसीलिए सीताराम की प्राप्ति में सुमित्रानन्दन को प्रमुख सहायक स्वीकार किया गया है और इसीलिए सीताराम के प्राचीन मन्दिरों में सर्वत्र लक्ष्मण जी की प्रतिमा प्रतिष्ठित है।

एक प्राचीन ग्रन्थ 'रुद्रयामल' के सत्रहवें अध्याय में शंकर जी पार्वती से कहते हैं कि पापमोचन तीर्थ (वर्तमान गोलाघाट) के पूर्व भाग में सरयू के जल से सौ धनुष की दूरी पर उत्तम तीर्थ सहस्त्र धारा है। इसके समीप ही लक्ष्मण का निवास था। वाल्मीकि रामायण में भी इसका संकेत है। इसको वर्तमान समय में लक्ष्मण किला, लक्ष्मण घाट तथा सहस्रधारा तीर्थ के नाम से जाना जाता है। सहस्रधारा तीर्थ की उत्पत्ति का वर्णन करते हुए शिवजी कहते हैं—

भगवान श्रीराम जब राक्षसों का वध कर अयोध्यापुरी में, राजसिंहासन पर अभिषिक्त होकर, राज्य का संचालन कर रहे थे, उसी समय ब्रह्मा जी का सन्देश लेकर स्वयं कालदेवता प्रभु के पास पधारे। श्रीराम काल देवता के साथ एकान्त में बैठकर मन्त्रणा करने लगे। वार्तारम्भ के पूर्व राम ने काल के आग्रह पर यह प्रतिज्ञा कर ली थी कि हमारी इस गुप्त मन्त्रणा के मध्य में जो भी आयेगा, उसका परित्याग कर दिया जायेगा। उन्होंने लक्ष्मण को द्वार-रक्षक बना दिया। उसी समय दुर्वासा वहाँ आ पहुँचे। उन्होंने लक्ष्मण से कहा—'सुमित्रानन्दन! मैं अत्यन्त आवश्यक कार्यवश श्रीराम से मिलने आया हूँ। आप शीघ्र मेरे आगमन की सूचना दें।' लक्ष्मण ने प्रणाम निवेदन कर उनसे कहा— 'महर्षे! आपका जो कार्य हो, आप कहें। मैं आपकी क्या सेवा करूँ? इस समय रघुनाथ जी आवश्यक कार्य में संलग्न हैं। आप दो घड़ी तक प्रतीक्षा कर लें।' यह सुनकर दुर्वासा रुष्ट हो गये और बोले— 'सुमित्रानन्दन! इसी क्षण श्रीराम को मेरे आगमन की सूचना दो, अन्यथा मैं समस्त राज्य को, इस नगर को तथा तुम सभी भाइयों को श्राप दे दूँगा।' श्राप द्वारा सबका विनाश न हो, यह निश्चय कर लक्ष्मण अपने ही विनाश का संकल्प लेकर मन्त्रणा करते हुए श्रीराम के समीप पहुँच गये। उन्होंने महर्षि दुर्वासा के आगमन का समाचार दिया। महर्षि वाल्मीकि के अनुसार, श्रीराम ने दुर्वासा का स्वागत कर उनके आगमन

का प्रयोजन जानना चाहा। दुर्वासा जी बोले—'रघुनन्दन! मैंने एक हजार वर्षों तक उपवास किया है। आज व्रत-समाप्ति का दिन है, अतः जो भोजन आपके यहाँ तैयार हो, उसे मैं ग्रहण करना चाहता हूँ।' रघुनन्दन ने प्रसन्न होकर उन्हें भोजन कराया। अमृत तुल्य भोजन ग्रहण कर दुर्वासा मुनि तृप्त हुए और अपने आश्रम को चले गये। दुर्वासा मुनि के चले जाने पर श्रीराम ने काल के वचनों का स्मरण करके और अपनी प्रतिज्ञा का स्मरण करके, भावी भ्रातृ वियोग से दुःखी हो गये। तब स्वयं सुमित्राकुमार ने मधुरवाणी में प्रभु को प्रतिज्ञा-पालन करने की सलाह दी। ब्रह्मर्षि वशिष्ठजी की आज्ञा से श्रीराम ने लक्ष्मण कुमार का परित्याग कर दिया। श्रीराम के इतना कहते ही कि ''मैंने तुम्हारा परित्याग कर दिया'' लक्ष्मण के नेत्रों में आँसू भर आये। वे तुरन्त वहाँ से चल दिये। अपने महल में नहीं गये, सीधे सरयूतट पहुँचे। सरयू के जल का उन्होंने आचमन किया तथा बद्धांजलि होकर सम्पूर्ण इन्द्रियों को वश में करके, योगयुक्त हो, अपनी प्राणवायु को रोक लिया।

लक्ष्मण का चरित्र-विकास विभिन्न धार्मिक, सामाजिक दबावों से प्रेरित-प्रभावित प्रतीत होता है। वाल्मीकि रामायण के दक्षिण पाठ में, पालि भाषा के 'दशरथ जातक' में, भास रचित 'प्रतिमा' नाटक में और खेतवनी रामायण' में लक्ष्मण को राम का द्वितीय ज्येष्ठ भ्राता (भरत से भी बड़ा भाई) बताया गया है, जबकि अधिकतर रामकाव्यों में राम का अवतरण चैत्र नवमी को, भरत-जन्म दशमी को और लक्ष्मण का जन्म एकादशी को हुआ है। बौद्ध जातकों में उन्हें अनेक स्थलों पर 'लखन पण्डित' नाम दिया गया है। अवधी लोक कथाओं, लोकगीतों में राम-लखन की जोड़ी सर्वत्र दिखायी गयी है। वे साथ-साथ शिकार करते हुए जनकपुर पहुँच जाते हैं। घर लौटकर राम जी दशरथ से आग्रह करते हैं कि सीता से मेरा ब्याह करा दो। उनसे अनुमति प्राप्त करके राम-लक्ष्मण सीता को ब्याह करके अयोध्या लाने चल पड़ते हैं। पूरी रामकथा में वे राम की छाया की तरह विद्यमान हैं। तुलसी के राम केवल 'छाया' सीता वाली घटना उन्हें नहीं बताते। गोस्वामी जी कहते हैं—'लछिमन हूँ यह मरम न जाना।' शेष सब कार्य दोनों की सहमति से होते रहे हैं। एक विचित्रता इस बात में भी है कि तुलसी के राम और सीता ने लक्ष्मण को सदैव अबोध (नाबालिग) रूप में देखा है। वनपथ पर चलती हुई सीता बहाना करती हुई कहती द्वै—'जल को गये लक्खन हैं लरिका, परखो प्रिय छाँह घरीक है ठाढ़े।' इसी प्रकार सूर्पणखा को प्रेम-प्रसंग को टालते हुए राम लक्ष्मण को कुँवारा कहते हैं—'अहहि कुमार मोर लघु भ्राता।' लक्ष्मण के मर्यादा बोध पर प्रकाश डालते हुए गोस्वामी जी लिखते हैं कि राम-सीता के पीछे चलते हुए लक्ष्मण यही प्रयास करते रहे हैं कि राम और सीता के पद चिन्हों पर उनके पैर न पड़ने पायें, क्योंकि दोनों उनके आराध्य हैं। बंगला की कृति—'मेघनाद वध' में माइकेल मधुसूदन दत्त ने लक्ष्मण को खलनायक रूप में चित्रित किया है, इसलिए कि उन्होंने निकुम्भला में साधनारत मेघनाद पर आक्रमण करके उसे छल से मारा था। 'साकेत' में गुप्त जी ने पहली बार ऊर्मिला को नायिका का और लक्ष्मण को नायक का पद प्रदान किया। 'पंचवटी' में भी उनका काफी गौरव-गान किया। कविवर शिवसिंह 'सरोज' ने 'लक्ष्मण' नामक महाकाव्य और

'वीरवर लक्ष्मण' नामक उपन्यास में उन्हें लक्ष्मणनगरी (लखनऊ) का संस्थापक सिद्ध करने का प्रयास किया है। डॉ. सुधाकर अदीब लिखित 'मम अरण्य' नामक उपन्यास में लक्ष्मण को एक महान दूरदर्शी, यथार्थवादी राजनेता के रूप में प्रस्तुत किया गया है।

लक्ष्मण सम्बन्धी काव्यों की परम्परा बहुत पुरानी है। रीतिकालीन कवि 'खुमान' ने 'लक्ष्मण शतक' नामक जिस काव्य की रचना की है, वह वीररस का उत्कृष्ट नमूना है—

भूप दसरत्थ को नवेलो अलबेलो रन
रेलो कूप झेलो दल राकस निकर को।
मान कवि कीरति उमंडी खलखण्डी चंड़ी
पति सो घमंडी कुलकंडीं दिनकर को।
इन्द्र गज गंजन को भंजन प्रभंजन तनै
जन मन रंजन निरंजन भँवर को।
राम गुन ज्ञाता मनवांछित को दाता
हरिदासन के त्राता धनि भ्राता रघुवर को।।

कई कवियों ने उन्हें अमर्ष असहिष्णुता (सात्विक क्रोध) का आदर्श सिद्ध किया है। मर्यादा पुरुषोत्तम श्रीराम जहाँ अप्रिय नहीं बोलना चाहते, वहाँ लक्ष्मण वह भूमिका निभाते हैं। वे राम का अहित होता नहीं देख सकते, इसलिए गोस्वामी जी लिखते हैं—**'अहह धन्य लछिमन बड़ भागी। रामपदार बिन्द अनुरागी। बारहिं ते निज हित पति जानी। लछिमन राम चरित रति मानी।'**

वस्तुतः बड़ा महिमामण्डित है रामकथा में लक्ष्मण का व्यक्तित्व।

लक्ष्मण के राम

विक्रम जीत

आदि कवि पुण्यश्लोक महर्षि वाल्मीकि द्वारा विरचित 'रामायण' विश्व का प्रथम काव्य है। यह भारतीय साहित्य का उपजीव्य है। संस्कृत में श्लोकबद्ध इसी काव्य को आधार बनाकर न केवल भारत में, अपितु विश्वभर में अनेक भाषाओं में राम के चरित से सम्बद्ध प्रभूत साहित्य रचा गया। रामायण के नायक राम, वस्तुतः भारत की संस्कृति के उत्स हैं। राम इस देश के जन-मानस के राजहंस हैं। वे भारत के भगवान नहीं, अपितु प्राण हैं। राम अगणितगुणगण-भूषित हैं। वे ज्ञानसम्पन्न, वशी, वाग्मी, यशस्वी, विचक्षण, धर्मज्ञ, सत्यसन्ध, नियतात्मा, महावीर, श्रीमान्, द्युतिमान्, धृतिमान्, बुद्धिमान्, स्मृतिमान्, प्रतिभावान्, समाधिमान्, प्रतापवान्, क्रोध में कालाग्नि के समान, क्षमा में पृथ्वी के सदृश, त्याग में धनद (कुबेर) के तुल्य, गाम्भीर्य में समुद्र और धैर्य में हिमवान् के समान हैं।[1] विरक्ति, प्रीति, रीति, नीति, भक्ति, भीति, श्रुति, युक्ति, अनुभूति इत्यादि के मर्मज्ञ हैं राम। वे मर्यादापुरुषोत्तम हैं। वे सभ्यता और भद्रता के निकष हैं। वे साक्षात् शरीरधारी धर्म ही हैं—**'रामो विग्रहवान् धर्मः।'**[2] राम—यह एक ऐसा विलक्षण नाम है जो द्व्यक्षर मन्त्र बन गया है। राम सर्व मत-पन्थ-सम्प्रदाय के हैं। सगुण, निर्गुण, आस्तिक, नास्तिक, सबल, निर्बल, सधन, निर्धन, पुरवासी, ग्रामवासी, वनवासी, गिरिवासी सब जन के सहस्राब्दियों से जीवनाधार रहे हैं राम। राम वाल्मीकि और तुलसी के हैं, तो नानक, कबीर, रैदास के भी हैं। राम सब के हैं। सब राम के हैं। सब में राम हैं। राम लोक से श्लोक तक सर्वत्र हैं। राम सबको जोड़ते हैं। वे भारत-जन को तो परस्पर जोड़ते ही हैं, भारत को भी विश्व-जन से जोड़ते हैं। विश्व के लगभग 200 देशों में न्यूनाधिक अन्तर के साथ राम-कथा चलती है।

रामकथा के इस कालजयी महाप्रभाव को देखकर ही श्री पेराला रत्नम्, जो कि अमरीका, चीन, लाओस तथा इण्डोनेशिया में भारत के राजदूत रहे, ने तो प्रथम प्रधानमन्त्री पं. नेहरू को परामर्श दिया था कि ब्रिटिश कॉमनवेल्थ (राष्टमण्डल) के समान 'रामायण कॉमनवेल्थ' बनायें; ऐसे देशों का संघटन, जो रामकथा से जुड़े हैं; जहाँ रामकथा चलती है।[3] संसार के वाङ्मय में नैतिक जीवनमूल्यों को जीवन की प्रत्यक्ष परिस्थितियों में उतार कर इतनी सुन्दर रीति से कहीं अन्यत्र प्रस्तुत नहीं किया गया, जितना कि रामायण के कथानक में। नैतिकता कर्तव्य की आन्तरिक पुकार है। कहते हैं कि जब एच.जी. वेल्स ने महात्मा गाँधी को

मानवाधिकारों के सार्वभौम घोषणापत्र (Charter of Human Rights) के लिए प्रारूप भेजने को कहा, तो उन्होंने प्रत्युत्तर में लिखा कि मानवाधिकारों का घोषणापत्र बनाने से पूर्व संयुक्त राष्ट्रसंघ को मानव कर्तव्यों का घोषणापत्र (Charter of Human Duties) बनाना चाहिए। जब वेल्स ने मानव कर्तव्यों का घोषणापत्र भेजने के लिए कहा तो गाँधी जी ने उन्हें 'रामचरितमानस' की एक प्रति भेज दी और लिखा कि रामायण हम भारतीयों के कर्तव्यों का घोषणापत्र है।[4]

विश्व में किसी भी भाषा के साहित्य को किसी नायक ने इतना प्रभावित नहीं किया, जितना इक्ष्वाकु-कुल-कुमुद-चन्द्र श्रीराम ने। राम-चरित के लोक-विलक्षण आकर्षण को देखकर और उसकी प्रभविष्णुता को समझकर राष्ट्रकवि मैथिलीशरण गुप्त ने उचित ही लिखा है–

राम, तुम्हारा चरित स्वयं ही काव्य है।
कोई कवि बन जाये सहज संभाव्य है।।[5]

भारत में रामायण प्रतिष्ठित है और रामायण में भारत प्रतिष्ठित है। राम के लोक-चरित और लोकोत्तर-चरित दोनों से यह देश सञ्जीवनी शक्ति पाता है। यह देश नाना झंझावातों को सहकर भी यदि सीना ताने खडा है, तो इसके पीछे एक कारण लोक में व्याप्त राम का महनीय मर्यादा पुरुषोत्तम रूप और उनका भगवत्तापूर्ण विराट् चरित है–

सदियों से झञ्झावातों में
चलते रहे सदा अविराम!
रोक कौन पथ सकता उनका
पथ जिनको दिखलाते राम!![6]

वाल्मीकीय रामायण गृहस्थाश्रम का सुन्दरतम काव्य है और रघुकुलभूषण राम का चरित गृहस्थों के लिए सर्वोत्तम आदर्श प्रस्तुत करता है। रामायण ने बाहुबल को नहीं, विजिगीषा को नहीं, राष्ट्र के आक्रामक अभिमान को नहीं, केवल शान्तरसास्पद गृहधर्म को ही कारुण्य के अश्रुजल से अभिषिक्त कर महान् शौर्य-वीर्य के ऊपर प्रतिष्ठित किया है। गार्हस्थ्य धर्म की मर्यादाओं को अक्षुण्ण रखने के लिए मर्यादापुरुषोत्तम राम अपने समग्र जीवनकाल में सावहित और सचेष्ट दिखते हैं। वे एक पुत्र के रूप में, एक भर्ता के रूप में और एक भ्राता के रूप में भारतीय कुटुम्ब-व्यवस्था के लिए 'रोल मॉडल' हैं। माता के लिए राज्यलक्ष्मी को ठुकरा देना, पत्नी के लिए सागर को लाँघ जाना और भाइयों के लिए पदे-पदे आदर्श उपस्थित करते जाना–गार्हस्थ्य के लिए प्रेरणा का इससे महत्तर स्रोत क्या होगा–

मातुरर्थे त्यक्तराज्यं भार्यार्थे लंघितार्णवम्।
भ्रात्रर्थे विहितादर्शं वन्दे कोदण्डधारिणम्।।[7]

भ्रातृत्व की चर्चा करें, तो सात्विक भ्रातृ-प्रेम के निकष हैं राम। अवतार-विवेचन में श्रीमद्रामचन्द्र भगवान विष्णु के अर्धांश, भरत चतुर्थांश तथा लक्ष्मण और शत्रुघ्न प्रत्येक

अष्टमांश थे।[8] चारों मिलकर पूर्ण थे। गृहस्थाश्रम में सब भाइयों का सम्मिलित रहना, एक प्राण-एक हृदय रहना ही पूर्णता तथा गार्हस्थ्य-सुख-शान्ति का रहस्य है। सद्भ्रातृत्व का यही रहस्य इस अवतार-विवेचन से प्रकट हुआ है। इसलिए, वैसे तो तीनों ही अनुजों के प्रति राम का सहज और अव्याज प्रेम प्रथित है, किन्तु लक्ष्मण के प्रति वह सविशेष है। राम और लक्ष्मण का पारस्परिक प्रेम तो भ्रातृप्रेम की पराकाष्ठा है। इससे परे और काष्ठा क्या होगी कि श्रीजनकदुलारी-हृदय-कञ्ज-भृङ्ग श्रीराम अपनी प्राणप्रिया अर्द्धाङ्गिनी सीता से भी अधिक स्वता लक्ष्मण के प्रति रखते थे। इसी कारण शक्ति-मूर्च्छित लक्ष्मण के लिए सकरुण विलाप करते हुए श्रीराम ने कहा था–

शक्या सीतासमा नारी मर्त्यलोके विचिन्वता।
न लक्ष्मणसमो भ्राता सचिवः साम्परायिकः।।
परित्यक्ष्याम्यहं प्राणान् वानराणां तु पश्यताम्।
यदि पञ्चत्वमापन्नः सुमित्रानन्दवर्द्धनः।।[9]

(अर्थात् संसार में ढूँढ़ने पर सीता-सदृश स्त्री मिल सकती है, किन्तु लक्ष्मण के जैसा सहायक और युद्धनिपुण भाई नहीं मिल सकता। यदि लक्ष्मण के प्राण न रहे तो मैं भी वानरों के देखते-देखते प्राण त्याग दूँगा।) और ''किं नु मे सीतया कार्यं लब्धया जीवितेन वा''[10] यानी अब सीता अगर मिल भी गयी तो क्या, और लक्ष्मण-विरहित इस जीवन से भी क्या–ऐसा कहने वाले राम ने इस बात को सार्थक करके भी दिखा दिया। प्रजावत्सल श्रीरामचन्द्र प्रजारञ्जन-लोकाराधन-लोकमर्यादारक्षण के लिए निर्दोषा सहधर्मचारिणी सीता को वनवास[11] देकर भी जीवित रहे, किन्तु दैववश जब उन्हें भाई लक्ष्मण का परित्याग करना पड़ा तो श्रीराम जीवन-धारण न कर सके और लक्ष्मण-वर्जन के कतिपय दिन बाद ही आपने अपनी लीला का संवरण कर लिया।

इस प्रकार राम-लक्ष्मण का युग्म लोकप्रसिद्ध है। इन दोनों का नित्य साहचर्य प्रसिद्ध है, इसलिए अभिधामूला शाब्दी व्यञ्जना के प्रसंग में भर्तृहरि की ''संयोगो विप्रयोगश्च साहचर्यं विरोधिता''[12] इत्यादि कारिका में उक्त विभिन्न अर्थनियामकों का स्पष्टीकरण करते हुए आचार्य मम्मटादि ने 'साहचर्य' (साथ-साथ रहना) के उदाहरण के रूप में 'रामलक्ष्मणौ' पद को रखा है यानी राम और लक्ष्मण–ये दोनों ही शब्द वैसे तो अनेकार्थक हैं, किन्तु 'रामलक्ष्मणौ' प्रयोग में साहचर्य के कारण इनका अर्थ दशरथपुत्र ही होता है, क्यों दशरथपुत्र राम-लक्ष्मण का साहचर्य प्रसिद्ध है। राम और लक्ष्मण की जुगलजोड़ी की प्रसिद्धि का प्रमाण यह भी है कि सब कोई राम-लक्ष्मण, राम-लखन ही कहते हैं; राम-भरत, राम-शत्रुघ्न इत्यादि कोई नहीं बोलता। मन्दिरों में राम की श्याम मूर्ति के साथ सीता जी के अतिरिक्त लक्ष्मण जी की गौरमूर्ति भी स्थापित होती है। मनमन्दिर में भी सीतासमेत दोनों भाई राम और लक्ष्मण विराजें, यह कामना भक्तजन करते हैं–''मन-मन्दिर तिन्ह कें बसहु सीय सहित दोउ भ्रात।''[13] लक्ष्मण और राम का यह सहभाव तथा अनन्य भ्रातृप्रेम अविनाभाव सम्बन्ध जैसा है। यह 'एक जान दो कालिब' की सी बात है।

दण्डकारण्य में प्रवेश के समय दैत्य–निपीड़न रघुनन्दन अपने अनुज लक्ष्मण से कहते हैं कि हे लक्ष्मण, अब इस घोर विपिन में आगे मैं चलूँगा और पीछे तुम हाथ में धनुः लेकर चलो। हम दोनों के मध्य सीता उसी तरह रहे, जैसे परमात्मा और जीवात्मा के मध्य में माया रहती है। क्या अद्भुत पूर्णोपमा है–

अग्रे यास्याम्यहं पश्चात्त्वमन्वेहि धनुर्धरः।
आवयोर्मध्यगा सीता मायेवात्मपरात्मनोः।।[14]

इसी दृश्य को गोस्वामी तुलसीदास ने 'रामचरितमानस' के अरण्यकाण्ड में इस प्रकार उपस्थित किया है–

आगे राम लखन पुनि पाछे, तापस बेष बिराजत आछे।
उभय बीच सिय सोहति कैसे, ब्रह्म जीव बिच माया जैसे।।

जैसे रात्रि की शोभा चन्द्रमा से होती है और चन्द्रमा की रात्रि से, तथा चन्द्रमा व रात्रि इन दोनों से आकाश की शोभा होती है अथवा जैसे जल से कमल की और कमल से जल की शोभा होती है, तथा जल व कमल इन दोनों से सरोवर की शोभा होती है;[15] उसी प्रकार हम कह सकते हैं कि लक्ष्मण से राम शोभित हो रहे हैं और राम से लक्ष्मण, तथा राम-लक्ष्मण दोनों से सीता शोभित हो रही है।

औरंगजेब ने जब अपने पिता को कैद किया था, तत्समय एक फकीर था सरमद शहीद। फिलस्तीन से आये इस सन्त ने औरंगजेब के भाई दाराशिकोह को अपना शिष्य बनाया। उसे रामायणादि ग्रन्थ पढ़ाये। औरंगजेब ने दाराशिकोह के बाद सरमद की भी हत्या करवा दी। जामा मस्जिद की सीढ़ियों के पास इस नग्न फकीर का मजार अब भी है। कहते हैं कि मरते समय सरमद ने एक मार्मिक रुबाई गायी। उसका भाव कुछ ऐसा था कि सरमद, इश्क की गली में तू बहुत बदनाम हुआ। यहूदी के दीन से तू इस्लाम में आ गया और फिर तूने अल्लाह को भी छोड़ दिया। असली सत्य की खोज के लिए राम और लक्ष्मण की शरण में गया और अन्त समय में राम और लक्ष्मण की जय बोलकर प्राण छोड़े।[16]

यद्यपि भरत व लक्ष्मण इन दोनों की ही राम में अनन्य भक्ति थी, किन्तु एक अन्तर यह है कि लक्ष्मण का राम के साथ सख्यभाव था और भरत का दास्यभाव। सख्य में 'ममैवासौ' (वे मेरे ही हैं) तथा दास्य में 'तस्यैवाहम्' (मैं उनका ही हूँ) के भाव का प्रामुख्य रहता है। दूसरे भावों के अनुसार सख्यभाव में भी सेवाधर्म बना रहता है। क्यों कि भक्ति का प्रधान अङ्ग है सेवा। वह सेवाभाव रामानुज लक्ष्मण में भी उपास्य राम के प्रति था–

सेवहिं लखन करम-मन-बानी। जाइ न सील सनेह बखानी।।[17]

राम-लक्ष्मण का सख्यभाव परमात्मा व जीवात्मा के विचार से अनादि है। उपनिषद् में कहा गया है–"द्वावा सुपर्णा सयुजा सखाया समानं वृक्षं परिषस्वजाते।"[18] इस देहरूपी वृक्ष पर सुन्दर पक्ष वाले दो विहंगम एक साथ सखा की भाँति वास करते हैं। यहाँ दो पक्षियों से

तात्पर्य है जीवात्मा व परमात्मा। इससे सिद्ध होता है कि जीव तथा ब्रह्म में अटूट सम्बन्ध है। राम-लक्ष्मण का सम्बन्ध भी इसी प्रकार का है। स्वयं राम ने लक्ष्मण को अपना 'द्वितीय अन्तरात्मा' बताया है–

लक्ष्मणेमां मया सार्धं प्रशाधि त्वं वसुन्धराम्।
द्वितीयं मेऽन्तरात्मानं त्वामियं श्रीरुपस्थिता।।[19]

अर्थात् हे लक्ष्मण! तुम मेरे साथ इस पृथ्वी के राज्य का शासन (पालन) करो। तुम मेरे द्वितीय अन्तरात्मा हो। यह राजलक्ष्मी तुम्हीं को प्राप्त हो रही है।

लक्ष्मण के राम की ऐहिक सुखभोगों के प्रति कैसी निस्पृहता है, इसका सुन्दर उल्लेख गोस्वामी जी ने मानस (अयोध्याकाण्ड) में किया है। अपने राज्याभिषेक का समाचार सुनकर कौन हर्षित नहीं होता? किन्तु राम प्रसन्न नहीं हुए, प्रत्युत पश्चात्ताप करते हुए वे कहने लगे "अहो! यह कैसी विडम्बना है कि हम चारों भाई जन्मे साथ, खाना-पीना-सोना-खेलना साथ हुआ, कर्णवेध-यज्ञोपवीत-विवाहादि संस्कार हमारे साथ हुए, फिर यह राज्य ही मुझ अकेले को क्यों मिलना चाहिए? हमारे निर्मल कुल में यही एक प्रथा अनुचित है कि छोटे भाइयों को छोड़कर अकेले बड़े को ही राजगद्दी मिलती है।"[20] और कहा कि लक्ष्मण! यह राज्य तुम लोगों का है, तुम लोग इसे भोगो–"सौमित्रे! भुंक्ष्व भोगांस्त्वमिष्टान् राज्यफलानि च।"[21] राम को भोगासक्ति छूती भी नहीं। अकेले-अकेले भोगना तो उन्हें कतई स्वीकार्य नहीं। विषयों को अकेले भोगने वाले को वेद ने भी पापी बताया है–"केवलाघो भवति केवलादी।"[22] राष्ट्रकवि मैथिलीशरण गुप्त ने भी लिखा है–"यही पशुप्रवृत्ति है कि आप आप ही चरें।"[23] लोक में भी कहा जाता है कि "बाँट-बाँट कर खाना और वैकुण्ठ में जाना।" तो राम केवलादी कैसे हो सकते थे! राम को भोग में नहीं, त्याग में अथवा त्याग करते हुए भोग में आनन्द है। त्यागपूर्वक यथावश्यक भोग करना, यह औपनिषदिक[24] आदर्श है, राम उसी के अनुगामी हैं। आज की भाषा में हम राम को सच्चा समाजवादी कह सकते हैं।

राम कुटुम्ब-प्रबन्धन में भी निपुण हैं। वे सबको कालोचित उपायों से अपने अनुकूल कर लेते हैं। राम-वनवास की बात सुनकर सरोष लक्ष्मण आपा खोकर कहने लगे–

उन्मत्तं भ्रान्तमनसं कैकेयी-वशवर्तिनम्।
बद्ध्वा निहन्मि भरतं तद्बन्धून् मातुलानपि।।[25]

हे रघुवीर! कैकेयी के वशीभूत हुए उन्मत्त, भ्रान्तचित्त राजा दशरथ को कैद करके मैं भरत को उसके मित्रों तथा मामाओं समेत मार दूँगा। तब सौमित्रि-कर-सरोज-लालित श्रीराम ने क्रोधाविष्ट लक्ष्मण को युक्ति से शान्त करने के लिए उसे पकड़कर हृदय से लगा लिया–"**इति ब्रुवन्तं सौमित्रीमालिङ्ग्य रघुनन्दनः।**"[26] परम शान्त पुरुष के प्रेमालिङ्गन से क्रोधाविष्ट शरीर के विकृत अणु-परमाणुओं का स्पन्दन भी कुछ समय के लिए छन्द सा बन जाता है। आलिङ्गन द्वारा लक्ष्मण को कुछ शान्त करके भगवान कहने लगे–रघुशार्दूल! मैं जानता हूँ कि तुम वीर हो। भरत मेरा प्राणप्रिय है। जब तुम भरत का भी वध करने को तत्पर हो, तो निश्चय ही तुम

मेरे अत्यन्त हितसाधन में रत हो। भाई! मैं तुम्हारा प्रताप जानता हूँ, पर यह प्रताप दिखाने का अवसर नहीं। इसके पश्चात् दीर्घ उपदेश करके लक्ष्मण को शान्त किया।

पुनः चित्रकूट में जब लक्ष्मण देखते हैं कि भरत चतुरङ्गिणी सेना के साथ आ रहा है, तो उन्हें लगा कि निश्चय ही यह भरत राज्यप्राप्ति के पश्चात् अब राज्य को निष्कण्टक बनाने की इच्छा से हम दोनों (राम-लक्ष्मण) को मारने आ रहा है।[27] इससे लक्ष्मण का क्रोधानल फिर भड़क जाता है और क्षुब्ध लक्ष्मण भरत को वध्य (भरतो वध्य एव) घोषित करते हुए कहते हैं कि इस भरत के मारे जाने पर आप समस्त वसुधा का शासन करें–''एतस्मिन् निहते कृत्स्नामनुशाधि वसुन्धराम्।''[28] रोषावेश-मूर्च्छित लक्ष्मण के इन वचनों को सुनकर उन्हें शान्त करते हुए राम कहते हैं कि भाई! यह सागराम्बरा पृथ्वी मेरे लिए दुर्लभ नहीं है, किन्तु अधर्म से तो मैं इन्द्रासन को भी पाने की इच्छा नहीं रखता। मैं अपने धनुष की शपथ लेकर कहता हूँ कि मैं यदि राज्य प्राप्ति चाहूँगा तो केवल अपने भाइयों के सुख के लिए। हे अनुज! भरत को, तुम्हें और शत्रुघ्न को छोड़कर यदि मुझे कोई सुख मिलता हो तो उसे अग्निदेव जलाकर भस्म कर दे।[29] उसके बाद राम ने एक ऐसी बात कही लक्ष्मण से कि सारा रोष जाता रहा और लक्ष्मण पानी-पानी हो गये। राम ने कहा कि हे सौमित्र! कितनी ही महती आपत्ति क्यों न आ जाये, एक पुत्र अपने पिता को अथवा भाई अपने भाई को कैसे मार सकता है? यदि तुम राज्य के लिए ऐसी कठोर बात कहते हो तो मैं भरत से मिलने पर उन्हें यह कह दूँगा कि यह राज्य तुम लक्ष्मण को दे दो–

यदि राज्यस्य हेतोस्त्वमिमां वाचं प्रभाषसे।
वक्ष्यामि भरतं दृष्ट्वा राज्यमस्मै प्रदीयताम्।।[30]

बस, इस प्रेम-वारि के वर्षण से मिश्रित तर्जन से लक्ष्मण मानो लज्जा से गड़ गये और उनके हृदय की द्वेषाग्नि पूर्णतः शान्त हो गयी।

इसी प्रकार अरण्यवास के दौरान एक बार लक्ष्मण ने कैकेयी को लेकर कुछ निन्दा-वचन कह डाले। इस पर भ्रातृप्रेमी राम ने अनुज को प्रेम से समझाते हुए कहा कि हे भाई! मझली माता (कैकेयी) की निन्दा कभी मत किया करो। बातें करनी हों तो इक्ष्वाकुनाथ भरत के विषय में किया करो (क्यों कि भरत की चर्चा मुझे अति प्रिय है)–

न तेऽम्बा मध्यमा तात गर्हितव्या कदाचन।
तामेवेक्ष्वाकुनाथस्य भरतस्य कथां कुरु।।[31]

इससे राम की मातृभक्ति भी सूचित होती है। सम्पूर्ण रामायण श्रीराम की मातृभक्ति के ''करिष्ये प्रतिजाने च, रामो द्विर्नाभिभाषते''[32] जैसे उदाहरणों से मण्डित है।

मर्यादापुरुषोत्तम की पितृभक्ति भी उनके निम्नोक्त प्रकार के वचनों से पदे-पदे प्रमाणित हुई है–

अहं हि वचनाद् राज्ञः पतेयमपि पावके।
भक्षयेयं विषं तीक्ष्णं पतेयमपि चार्णवे।।[33]

रणभूमि में शक्तिबाण से लक्ष्मण के मूर्च्छित होने पर श्रीराम का विलाप लक्ष्मण के प्रति उनके स्नेहातिशय को बताता है। राम कहने लगे—अब युद्ध से, राज्य से या जीवन से ही क्या प्रयोजन रह गया है जब कि प्यारा भाई लक्ष्मण युद्धभूमि में सो चुका है। भाई! जिस प्रकार महा तेजस्वी तुम मेरे साथ वन में आये थे, उसी प्रकार मैं भी तुम्हारे साथ परलोक में जाऊँगा—

किं मे राज्येन किं प्राणैर्युद्धे कार्यं न विद्यते।
यत्रयं निहतः शेते रणमूर्धनि लक्ष्मणः।।
यथैव मां वनं यान्तमनुयाति महाद्युतिः।
अहमप्यनुयास्यामि तथैवेनं यमक्षयम्।।[34]

मानस में भी इस राम—विलाप का अति मञ्जुल उपनिबन्धन हुआ है। अनुज के लिए राम के विलाप की इस पराकाष्ठा ने लोक को भ्रातृप्रेम की सुन्दर शिक्षा दी है।

लक्ष्मण के सकल स्नेह-सम्बन्ध और भक्ति के केन्द्र में राम ही हैं, इसलिए तुलसी की यह प्रसिद्ध अर्धालि लक्ष्मण पर घटित की जा सकती है—"नाते नेह राम के मनियत।"[35] लक्ष्मण की राम के प्रति प्रेमाभक्ति का एक नमूना देखिये कि वन में लक्ष्मण के कष्टों को देखकर जब राम उनसे अयोध्या लौट जाने का आग्रह करते हैं तो लक्ष्मण इसका बड़ा मार्मिक उत्तर देते हैं कि हे रघुनन्दन! सीता जी और मैं आपसे अलग होकर उसी तरह घड़ीभर भी नहीं जी सकते, जैसे जल से निकालने पर मछलियाँ नहीं जी सकतीं। हे शत्रुनाशन! मैं तो आपको छोड़कर पिताजी, शत्रुघ्न, सुमित्रा और स्वर्ग को भी नहीं देखना चाहता—

न च सीता त्वया हीना न चाहमपि राघव।
मुहूर्तमपि जीवावो जलान्मत्स्याविवोद्धृतौ।।
न हि तातं न शत्रुघ्नं न सुमित्रां परन्तप।
द्रष्टुमिच्छेयमद्याहं स्वर्गं चापि त्वया विना।।[36]

निषादराज गुह के यहाँ जब राम और सीता रात्रि में लक्ष्मण द्वारा सज्जित घास-फूस की शय्या पर सोते हैं, तब लक्ष्मण कुछ दूर खड़े पहरा दे रहे हैं। गुह आकर कहते हैं—आपको जागने का अभ्यास नहीं है, आप विश्राम करें। मैंने पहरे का सारा प्रबन्ध कर दिया है। इसे सुनकर लक्ष्मण कहते हैं कि दाशरथी राम सीता के साथ जमीन पर सो रहे हैं, फिर मुझे नींद कैसे आ सकती है और कैसे जीवन तथा सुख अच्छा लग सकता है—

कथं दाशरथौ भूमौ शयाने सह सीतया।
शक्या निद्रा मया लब्धुं जीवितानि सुखानि वा।।[37]

लक्ष्मण की अपने राम के प्रति आज्ञानुवर्तिता ऐसी है कि सम्पूर्ण वाल्मीकि-रामायण में बमुश्किल एक-दो ही अपवाद-स्थल मिलते हैं, जहाँ लक्ष्मण ने राम की आज्ञा के विपरीत आचरण किसी परिस्थिति-विशेष के कारण किया। अन्यथा तो वे सदा राम-निर्देशाधीन होकर ही वर्तन करते हैं। राम का यह मनस्तोष ही इस विषय में परम प्रमाण है—

लक्ष्मणश्चैव धर्मात्मा मन्निदेशे व्यवस्थितः।
त्वञ्चानुकूला वैदेहि प्रीतिं जनयती मम।।[38]

(हे विदेहनन्दिनी! धर्मात्मा लक्ष्मण सदा मेरी आज्ञा के अधीन रहते हैं और तुम भी मेरे मनोऽनुकूल ही चलती हो; इससे मुझे बड़ी प्रसन्नता होती है।)

लक्ष्मण तो मानो राम जी के बाहर विचरने वाले दूसरे प्राण ही थे। राम जी को उनके विना नींद नहीं आती थी और उनके लिए उत्तम भोजन लाया जाता तो राम जी लक्ष्मण के विना उसे खा नहीं पाते थे—

लक्ष्मणो लक्ष्मिसम्पन्नो बहिः प्राण इवापरः।
न च तेन विना निद्रां लभते पुरुषोत्तमः।।
मृष्टमन्नमुपानीतमश्नाति नहि तं विना।[39]

लक्ष्मण के राम कितने धीर हैं, गभीर हैं और क्षोभ के समय में भी किस प्रकार अनुद्विग्न बने रहते हैं, इस विषय में कहा गया है—

आहूतस्याभिषेकाय विसृष्टस्य[40] **वनाय च।**
न मया लक्षितस्तस्य स्वल्पोप्याकारविभ्रमः।।[41]

अर्थात् राम को पहले जब यौवराज्याभिषेक के लिए बुलाया गया और फिर जब 14 वर्ष के लिए वन में भेजने का निर्णय सुनाया गया, तो इन दोनों ही स्थितियों में राम के मुख पर कोई विकार नहीं देखा गया। ऐसी निर्विकारता दुर्लभ होती है। ऐसी ही धीरता और निर्विकारता के लिए कालिदास ने लिखा है कि विकार उत्पन्न करने की पूरी कारण-सामग्री सामने उपस्थित हो और फिर भी जिनके मन में तनिक विकार न जगे, वे ही धीर कहलाते हैं—"विकारहेतौ सति विक्रियन्ते येषां न चेतांसि त एव धीराः।"[42]

राम का इतिवृत्त तो जीवन-मूल्यों का अक्षय कोष है, किन्तु लक्ष्मण और राम का एक प्रसंग हमें मातृ-भक्ति और मातृभूमि-भक्ति की अनूठी शिक्षा दे जाता है। लंका-विजय के पश्चात् सोने की लंका में ही निवास के लक्ष्मण के प्रस्ताव को नकारते हुए राम कहते हैं—

अपि स्वर्णमयी लंका न मे लक्ष्मण रोचते।
जननी जन्मभूमिश्च स्वर्गादपि गरीयसी।।[43]

(अर्थात् हे लक्ष्मण! यद्यपि यह लंका सोने की बनी है, तथापि इसमें मेरी कोई रुचि नहीं है, (क्योंकि) जननी और जन्मभूमि स्वर्ग से भी बढ़कर होती हैं।)

राम अत्यन्त विषम-विपरीत और नकारात्मक स्थिति में भी सकारात्मकता का कोई सूत्र अवश्य दे जाते हैं। राज्याभिषेक की घोषणा जब अचानक वनगमन के कठोर निर्णय के रूप में पलट दी जाती है, तो कौसल्या-प्राणाधार अवधेशकुमार राम माता कौसल्या के पास जाकर उन्हें यह समाचार सुनाते हुए कोई शिकायत नहीं करते, दुःखी नहीं होते, छाती नहीं पीटते, अपितु

माता को सान्त्वना देते हुए कहते हैं कि हे माँ! पिताजी ने मुझे वन का राज्य दिया है। पुनश्च, 'मुझे जंगल का राजा बनाया है' इसकी व्यञ्जना कोई किसी अन्यार्थ में न कर ले, इसके लिए उत्तरार्ध में स्पष्टीकरण भी दे दिया कि अब मुझे वहाँ जाकर बड़े-बड़े कार्य करने हैं–

पिता दीन्ह मोहे कानन राजू। जहँ सब भाँति मोर बड़ काजू।।[44]

इसे कहते हैं सम्पत्ति और विपत्ति में एकरूप[45] रहना; यही समभावरूप योग[46] है; यही 'न दैन्यं न पलायनम्'[47] की मनस्स्थिति है और इसे ही 'आपदा में अवसर देखना' कहते हैं। राम राजभवन के सकल सुख-वैभव त्यजकर, स्वाधिकार-सम्मत अवधेश के पद का मोह छोड़-छाड़कर वन गये, तो बन गये भुवनेश।

लक्ष्मण के राम के चरित में सामान्यतः कोमलता ही दृष्टिगोचर होती है,[48] किन्तु यथावसर कभी-कभी कठोरता, उग्रता व प्रचण्डता भी भासित होती है, यथा बालिवध के समय[49] अथवा रामसेना के समुद्र-सन्तरण हेतु सेतुबन्ध के अवसर पर[50] या सीतानिर्वासन के समय। गोस्वामी जी का इस विषय में यह मानना है कि श्रीराम का चित्त स्वयं के विषय में तो कठोर है, कुलिश (वज्र) से भी कठोर; किन्तु अपने भक्तजन के लिए कोमल है, कुसुम से भी कोमल–

कुलिसहु चाहि कठोर अति, कोमल कुसुमहु चाहि।
चित्त खगेस राम कर, समुझि परइ कहु काहि।।[51]

ठीक ही है, अलौकिक महापुरुषों के चित्त को तत्त्वतः कौन जान सकता है! हूबहू यही बात महाकवि (नाटककार) भवभूति ने भी कही है–

वज्रादपि कठोराणि मृदूनि कुसुमादपि।
लोकोत्तराणां चेतांसि को नु विज्ञातुमर्हति।।[52]

रामचरित पाठकों को मंजिल-ए-मक्सूद तक पहुँचाता है। निरक्षर-साक्षर-अपण्डित-पण्डित सब इसके श्रवण-पठन से आनन्द पाते हैं। यह ऐसा सुधा-तड़ाग है कि क्षुद्र पक्षीवत् कोई अपठित भी एक घूँट भी पी ले, तो उतना ही आनन्दित होता है, जितना कोई अगाध पण्डित इसके 'दरस परस मज्जन अरु पान' से होता है।

श्रीराम के अगाध चरित की थाह कौन पा सकता है! पर उसके गुणानुवाद का प्रयास कम से कम इसलिए होते रहना चाहिये कि उसे आगे की पीढ़ियों को हस्तान्तरित किया जा सके। उससे शिक्षा ग्रहण करके उसका यावच्छक्य अनुकरण किया जा सके और संसार की विद्रूपताओं को कम किया जा सके। जीवन को सुन्दर बनाया जा सके। भक्ति के भाव से कहें तो सर्वविध ममत्व के सूत्रों को संयोजित करके हम यदि अपने मन को लोकाभिराम राम के चरणों में बाँध सकें, तो कालव्याल के विषज्वाल से दग्ध जीवन को ईप्सित शान्ति की उपलब्धि हो सके। यह मर्यादा पुरुषोत्तम के उज्ज्वल चरित का चमत्कार ही है कि आदि कवि वाल्मीकि से लेकर आज के कवियों तक उसका सन्धान निर्बाध चल रहा है, चलता रहेगा–

हिन्दियों के दिल में बाकी है कमुहब्बत राम की।
मिट नहीं सकती कयामत तक हुकूमत राम की।।[54]

है राम के वजूद पे हिन्दोस्ताँ को नाज।
अहल-ए-नजर समझते हैं उस को इमाम-ए-हिन्द।[55]

सन्दर्भ

1. वाल्मीकि रामायण 1/1/8-18
2. वाल्मीकि रामायण 3/37/13
3. प्रो. अभिराज राजेन्द्र मिश्र के एक स्वास्तिवाचिक आलेख से
4. डॉ. हरवंशलाल ओबराय समग्र, खण्ड 3, पृ. 12
5. साकेत-निवेदन
6. स्वकीय
7. स्वकीय
8. कल्याण-श्रीरामायणङ्क, पृ. 135
9. वाल्मीकि-रामायण 6/49/6-7
10. वाल्मीकि-रामायण 6/49/5
11. यद्यपि, कतिपय विद्वान् और रामायण के अध्येता सीता-निर्वासनादि घटनाओं समेत पूरे उत्तराकाण्ड को प्रक्षिप्त मानते आये हैं। इस विषय में नाना अन्तःसाक्ष्य और बहिःसाक्ष्य भी मिलते हैं। पाश्चात्य विद्वान् जैकोबी ने रामायण में क्षेपक पर चर्चा की है। फादर कामिल बुल्के ने तो अपनी 'रामकथा' में उत्तरकाण्ड को अर्वाचीन व अवाल्मीकिकृत या प्रक्षिप्त सिद्ध करने कि लिए प्रभूत प्रमाण दिये हैं।

    किन्तु दूसरी ओर, अनेक विद्वानों ने सप्रमाण यह सिद्ध किया है कि उत्तरकाण्डपर्यन्त समग्र रामायण वाल्मीकि विरचित ही है। धर्मसम्राट करपात्री जी महाराज ने अपने लगभग एक हजार पृष्ठ के ग्रन्थ 'रामायण-मीमांसा' में कामिल बुल्के जैसों के तर्कों का जोरदार खण्डन करके सीता-निर्वासन, शम्बूक-बध इत्यादि घटनाओं के साथ ही पूरे उत्तरकाण्ड को वाल्मीकि-रामायण का अंग माना है। संस्कृत के महान् अध्येता ओर गोवर्धन मठ, पुरी के शंकराचार्य स्वामी निश्चलानन्द सरस्वती जी भी इसी मत के हैं कि उत्तरकाण्ड वाल्मीकि रचित ही है।
12. वाक्यपदीय 2/317-318
13. रामचरितमानस, अयोध्याकाण्ड
14. अध्यात्म रामायण 3/1/13
15. शशिना च निशा निशया च शशी, शशिना निशया च विभाति नभः।

    पयसा कमलं कमलं कमलेन पयः, पयसा कमलेन विभाति सरः।।
16. डॉ. हरवंशलाल ओबराय समग्र, खण्ड 3, पृ. 148
17. रामचरितमानस, अयोध्याकाण्ड

18. श्वेताश्वतरोपनिषद् 11/4/60
19. वाल्मीकि रामायण 2/4/43
20. जनमे एक संग सब भाई। भोजन सयन केलि लरिकाई।।
    करनबेध उपबीत बिबाह। संग संग सब भयउ उछाहा।।
    बिमल बंस यह अनुचित एका। अनुज बिहाइ बड़े अभिषेका।।
21. वाल्मीकि रामायण 2/4/44
22. ऋग्वेद 10/117/6
23. 'मनुष्यता' कविता से
24. तेन त्यक्तेन भुञ्जीयाः मा गृधः कस्यस्विद्धनम्।—ईशावास्योपनिषद्
25. अध्यात्म रामायण 2/4/15
26. अध्यात्म रामायण 2/4/17
27. सम्पन्नं राज्यमिच्छंस्तु व्यक्तं प्राप्याभिषेचनम्।
    आवां हन्तुं समभ्येति कैकेय्याः भरतः सुतः।।—वा. रा. 2/96/17
28. वाल्मीकि रामायण 2/96/26
29. वाल्मीकि रामायण 2/97/6-8
30. वाल्मीकि रामायण 2/97/17
31. वाल्मीकि रामायण 3/16/37
32. वाल्मीकि रामायण 2/18/30
33. वाल्मीकि रामायण 2/18/28-29
34. वाल्मीकि रामायण 6/101/12-13
35. विनयपत्रिका
36. वाल्मीकि रामायण 2/53/31-32
37. वाल्मीकि रामायण 2/86/10
38. वाल्मीकि रामायण 2/94/16
39. वाल्मीकि रामायण 1/18/30-31
40. यहाँ 'प्रस्थितंस्य' यह पाठान्तर मिलता है।
41. महानाटक 3.25
42. कुमारसम्भव 1/51
43. यह श्लोक वाल्मीकि रामायण की कुछ पाण्डुलिपियों में मिलता है, और दो रूपों में मिलता है। 'हिन्दी प्रचार सभा, मद्रास' द्वारा 1930 में सम्पादित संस्करण में यह इस रूप में मिलता है—
    मित्राणि धन-धान्यानि प्रजानां सम्मतानिव।
    जननी जन्मभूमिश्च स्वर्गादपि गरीयसी।।
    उल्लेखनीय है कि इस पद्य का उत्तरार्द्ध भाग नेपाल का राष्ट्रीय ध्येय वाक्य भी है।

44. रामचरित मानस, अयोध्याकाण्ड

45. सम्पत्तौ च विपत्तौ च महतामेकरूपता, पञ्चतन्त्र 2/7

46. सिद्ध्यसिद्ध्योः समो भूत्वा समत्वं योग उच्यते–श्रीमद्भगवद्गीता 2/48

47. अज्ञातमूल

48. कोमल चित अति दीनदयाला। कारन बिनु रघुनाथ कृपाला।।

49. सुनु सुग्रीव मारिहउँ, बालिहिं एकहिं बान।

50. विनय न मानत जलधि जड, गये तीन दिन बीति।
बोले राम सकोप तब, भय बिनु होइ न प्रीति।।

51. दोहावली, दोहा क्र. 161

52. उत्तररामचरित 2/7

53. सब कै ममता ताग बटोरी। मम पद मनहि बाँध बरि डोरी।–रामचरित मानस, सुन्दरकाण्ड

54. सागर निजामी (देशभक्ति की नजमों के लिए मशहूर, पद्मभूषण-भूषित शायर)

55. अल्लामा इकबाल।

कौसल्या के राम

कोसलेन्द्र दास

वैदिक सनातन संस्कृति का प्राणभूत ग्रन्थ है रामायण। रामायण भारत की साहित्यिक और सांस्कृतिक परम्परा का आधार ग्रन्थ है। श्रीमद्भागवतमहापुराण का कथन है कि श्रीराम का मर्त्यावतार मर्त्यशिक्षण के लिए हुआ है—**मर्त्यावतारस्त्विह मर्त्यशिक्षणम्।** मर्त्यावतारी श्रीराम का जीवन चरित्र होने से ही रामायण पुराकाल से आज तक भारतीय समाज की चारित्रिक अन्तश्चेतना के विस्तार का महाकाव्य बना हुआ है। यह इस काव्य की अपूर्वता है कि किसी भी पन्थ, परम्परा, भाषा, राष्ट्र तथा संस्कृति के पास 'रामायण' जैसा दूसरा ग्रन्थ नहीं है, जबकि भारत के हरेक नर-नारी को अपने चरित्र और प्रेरणा के नायक-नायिका के रूप में देखने के लिए राम और सीता सहज ही प्राप्त हैं। ऐसा हो भी क्यों नहीं? महर्षि वाल्मीकि की उद्घोषणा है कि **'रामो विग्रहवान् धर्मः'** अर्थात् श्रीराम धर्म के साक्षात् विग्रह हैं। जब धर्म स्वयं ही मूर्तिमान् रूप में राम है तो फिर राम के सहारे चलने वाले भारतीय समाज की प्राणवायु उनके वे अलौकिक-अनुपम कृत्य हैं जो देवोपम-कर्म होने के साथ ही उन्हें मनुष्य के सबसे निकट बैठाकर मनुजावतार के रूप में उतारते हैं।

ईसा की कई शताब्दियों पूर्व से श्रीराम और श्रीकृष्ण को अवतारों के रूप में पूजा जाता रहा है। उनका इतिहास बहुत पुराना है। रामायण भारतीय समाज का लम्बे काल से कण्ठहार है। कालिदास ने 'रघुवंश' (11/22) एवं 'मेघदूत' वामन को राम के समान ही अवतार माना है। इसी प्रकार बाणभट्ट की 'कादम्बरी' में वराह एवं नरसिंह के अवतारों का उल्लेख है।

रामायण का प्रत्येक पात्र सूर्य की तरह अपने को तपाता है। इस तप से वह अपने जीवन के अस्तित्व की उस चरमावस्था को प्राप्त कर लेता है, जो उसे अनंत काल तक सजीव बनाए रखे हुए है। रामकथा के सभी नायक-पात्र उन जीवन-सूत्रों को प्रायोगिक स्वरूप में अभिव्यक्त कर देते हैं, जिनकी असाधारण क्रियाएँ और लोकोत्तर कर्म इस महाकाव्य को करुण रस के सर्वोत्तम महाकाव्य में प्रतिष्ठित कर देते हैं। संस्कृत साहित्य के विद्वान् प्रायः एक वाक्य दोहराते हैं—**'एको रसः करुण एव'** अर्थात् रस एक ही है और वह है करुण। जब करुण रस की बात चलती है तो करुणाधारित कथा का जो चित्र सर्वप्रथम हमारे चित्त में स्वतः दौड़ने लगता है वह है करुणाकर श्रीराम का। तभी तो श्रीराम की रामायण में मानवीय स्तर पर एक से एक

करुणाजनक दृश्य और करुणाधीर चेहरे उपस्थित होते हैं। जिनमें तपश्चर्या है, परिणामतः वे अद्यावधि सत्य-स्वरूप में प्रतिष्ठित हैं। रामायण के ऐसे ही अनेक करुण चेहरों में एक चेहरा है श्रीराम की माता कौसल्या का। 'रामायण' के प्रारम्भ में ही माता कौसल्या 'ह्री' विषेषण से युक्त की गयी हैं। राजा दशरथ की तीन पटरानियाँ ह्री, श्री और कीर्ति कही गयी हैं।

माता कौसल्या के बारे में प्रारम्भिक सूचनाएँ बताती हैं कि वे कोसल देश के नरेश भानुमान की कन्या थी। वे अवधनरेश दशरथ की पटरानी और श्रीराम की माता थी। कोसल देश की राजकुमारी होने के कारण ही वे कौसल्या कहलाई। वाल्मीकि रामायण में माता कैकेयी के कहे वचनों के अनुसार श्रीराम के वन जाने के उपरान्त कौसल्या ने महाराज दशरथ को अनेक मर्मस्पर्शी बातें कही हैं। इस बातों से निरुत्तर होकर दशरथ ने कौसल्या के सामने हाथ जोड़ लिए। यह देखकर कौसल्या भावपूर्ण होकर दुःखी हो जाती हैं। राजा दशरथ द्वारा प्रदत्त सुख में कमी और सौतनों से प्राप्त सहज उपालम्भ के कारण कौसल्या के करुण जीवन का दर्शन 'रामायण' में है। इस कारण कौसल्या प्रायः उदासीन ही रहती हैं। वनवास की समाप्ति के बाद अयोध्या लौट आने पर श्रीराम ने अश्वमेध यज्ञ का अनुष्ठान किया। इस यज्ञ में माता कौसल्या की उपस्थिति है। यज्ञ पूर्ण होने के उपरान्त माता कौसल्या कालधर्म को प्राप्त हो गयी। (भारतीय संस्कृति कोश—लीलाधर पर्वतीय)

कौसल्या शब्द का प्रथम प्रयोग वाल्मीकि रामायण के आदिम सर्ग में है। जब प्राचेतस वाल्मीकि तप और स्वाध्याय में रत, तपस्वियों में सर्वोत्तम एवं वाग्मियों में सर्वश्रेष्ठ मुनिपुंगव देवर्षि नारद से ऐसे व्यक्ति के बारे में जानना चाहते हैं, जो नरोचित तथा देवोपम दुर्लभ गुणों से युक्त हो। त्रिलोकों को जानने वाले मुनि नारद ने वाल्मीकि को जब ऐसे व्यक्ति के बारे में बताना आरम्भ किया तो वे महाराज मनु के पुत्र इक्ष्वाकु के वंश में उत्पन्न 'राम' नाम के व्यक्ति के बारे में उन्हें उपदेश करते हैं। इस क्रम में देवर्षि नारद श्रीराम के लिए विशेषण का उपयोग करते हैं—**स च सर्वगुणोपेतः कौसल्यानन्दवर्धनः।** (वाल्मीकि रामायण 1/1/17) यहां **'कौसल्यानन्दवर्धनः'** पर व्याख्या करते हुए 'रामायणतिलक' टीकाकार राम कहते हैं—**कौसल्यानन्दवर्धनत्वेन महाकुलप्रसूतत्वप्रधानमहिषीपुत्रत्वादिरूपस्याभिषेकोचितधर्मस्य सत्ता दर्शिता।** अर्थात् कौसल्यानन्दवर्धन शब्द से श्रीराम के महाकुल में जन्म और उस कुल में भी प्रधान महारानी देवी कौसल्या के पुत्र रूप में जन्म लेने पर उनके राज्याभिषेक की धर्मविधि के औचित्य को प्रदर्षित किया गया है। इसी श्लोक पर शिवसहाय अपनी 'रामायणशिरोमणि' टीका में लिखते हैं—**कोसलस्य दक्षिणकोसलाधिपतेरपत्यं स्त्री कौसल्या। तस्या आनन्दं वर्धयति सः प्रतिक्षणमद्भुतमातृनवानन्ददाता।** तात्पर्य है कि दक्षिण कोसल के राजा के पुत्री होने से वह कौसल्या है। उस कौसल्या के आनन्द में श्रीराम वृद्धि करते हैं। माता को प्रत्येक क्षण में अद्भुत और नवीन आनन्द देने के कारण वे कौसल्या के आनन्द वर्धक हैं। श्री रामानुज वैष्णव सम्प्रदाय के दार्शनिक सिद्धान्त विशिष्टाद्वैत के अनुसार एक महत्त्वपूर्ण टीका है 'रामायणभूषण'। इस टीका के रचयिता हैं गोविन्दराज। वे लिखते हैं—**कोसलस्य राज्ञोऽपत्यं स्त्री कौसल्या। तस्या आनन्दं**

वर्द्धयतीति कौसल्यानन्दवर्धनः। कौसल्यासुतत्वेनावतीर्णो विष्णुरेव वेदान्तोदितसकलगुणसम्पन्नः परमात्मा न तु ब्रह्मादिष्वन्यतम इत्यर्थः। गोविन्दराज द्वारा की गयी इस व्याख्या का तात्पर्य है—कोसल राजा की अपत्य कन्या कौसल्या है। उसके आनन्द में वर्धन करने से श्रीराम कोसल्या-आनन्द-वर्धन कहे जाते हैं। कौसल्या के पुत्ररूप में अवतीर्ण राम विष्णु ही हैं। वे वेदान्त (उपनिषदों) में कहे गये सारे गुणों से सम्पन्न परमात्मा हैं न कि ब्रह्मादि देवताओं में से कोई अर्थात् वे परम तत्त्व पुरुंषोत्तम हैं। 'रामायणभूषण' ने एक प्रश्न और उठाया कि उन्हें देवर्षि नारद ने 'दशरथ-नन्दन' न कहकर कौसल्यानन्दवर्धन क्यों कहा? उत्तर है—राजा दशरथ को पुत्र लाभ का फल अपनी जाया कौसल्या से ही प्राप्त हुआ—**कौसल्या लोकभर्तारं सुषुवे यं मनस्विनी।**

कौसल्या शब्द के भाषायी स्वरूप को लेकर दो मान्यताएँ हैं। लोक भावनाओं के अनुसार जो राम माता को लोकभाषाओं में प्रायः लोग 'कौशल्या' कहते हैं वे संस्कृत भाषा के व्याकरण के नियमों के अनुसार 'कौसल्या' हैं। 'अष्टाध्यायी' के रचयिता पाणिनि के **'वृद्धेत्कौसलाजादाञ्ञ्यङ्'** सूत्र से **'ञ्यङ्'** प्रत्यय निष्पन्न हुआ है। इसके बाद 'यङश्चाप' से चाप् प्रत्यय होने के बाद 'कौसल्या' शब्द निष्पन्न होता है। इसका सामान्य अर्थ कोसल देश के राजा की पुत्री से है।

माता कौसल्या के बारे में जितनी भी सूचनाएँ उपलब्ध हैं, वे रामायण पर आधारित हैं। प्राचेतस महर्षि वाल्मीकि की रामायण के अतिरिक्त संस्कृत सहित विभिन्न लोकभाषाओं में विरचित रामकथाओं में माता कौसल्या उपस्थित हैं। संस्कृत के महान् कवि भास, कालिदास और भवभूति के राम-सम्बद्ध काव्य-महाकाव्यों में कौसल्या और उनसे जुड़ी कथाएँ हैं, जिनमें प्रायः कौसल्या का विवरण श्रीराम के जन्म और उनके वनवास से ही संयुक्त है। विगत पाँच शताब्दियों में उत्तर भारतीय जन-मन को आप्यायित तथा सम्मोहित करने वाला ग्रन्थ है 'रामचरितमानस'। गोस्वामी तुलसीदास की इस कालजयी रचना 'रामचरितमानस' के बालकाण्ड और अयोध्याकाण्ड में कौसल्या की कथा और उनके द्वारा कहे गये कथन, दोनों प्राप्त होते हैं। कौसल्या के जीवन-धन हैं राम। वे अजन्मा, अविकारी और निर्गुण राम ही प्रेम और भक्ति के वशीभूत हो जन्म लेकर सगुण-स्वरूप में कौसल्या की गोद में उतर आते हैं। कौसल्या उनकी माता और वे उनके सर्वस्व पुत्र राम। इससे समझा जा सकता है कि कौसल्या का तप इस कोटि का है, जिससे अखिल भुवनों के जन्म, स्थित और प्रलय की लीला करने वाले उनके अंक में विलसित हो जाते हैं। भक्ति परम्परा की सगुण और निर्गुण, दोनों शाखाओं को जिस 'राम' नाम का सहारा है, उन श्रीराम को कौसल्या का सहारा है। वे कौसल्या ही उन्हें उन वात्सल्य के संस्कारों से सींचती है, जिससे राम आज भी मानव समाज के लिए श्रद्धा और आकर्षण के केन्द्र बने हुए हैं।

'श्रीरामचरितमानस' में माता कौसल्या के लिए गोस्वामी तुलसीदास के वाक्य हैं—**बन्दउं कौसल्या दिसि प्राची। कीरति जासु सकल जग माची।। प्रगटेउ जहं रघुपति ससि चारू। बिस्व सुखद खल कमल तुसारू।।** 'श्रीरामचरितमानस' की शुरुआत में ही नाम-वन्दना में क्रम में

लिखी इस चौपाई का तात्पर्य है, 'मैं (तुलसीदास) कौसल्या रूपी पूर्व दिशा की वन्दना करता हूँ, जिसकी कीर्ति समस्त संसार में फैल रही है।' यह कीर्ति कैसी है और श्रीराम से जुड़कर इस कीर्ति का विस्तार होना अपने-आप में अनूठा है। प्रायः प्रसिद्ध है कि जब कभी मातृत्व भाव के सर्वश्रेष्ठ प्रतिमान को प्रस्तुत करना हो तो माता कौसल्या का नाम कनिष्ठिका पर अधिष्ठित होता है। इसका कारण स्पष्ट है कि माता कौसल्या की पुत्र-वत्सलता की आदर्श है। राम के वनवास से कौसल्या को प्राणान्त क्लेश है परन्तु प्यारे पुत्र श्रीराम की धर्मरक्षा के लिए कौसल्या उन्हें रोकती नहीं बल्कि कहती है—**न शक्यसे वारयितुं गच्छेदानीं रघूत्तम। शीघ्रं च विनिवर्तस्व वर्तस्व च सतां क्रमे।। यं पालयसि धर्मं त्वं प्रीत्या च नियमेन च। स वै राघवशार्दूल धर्मस्त्वामभिरक्षतु।।** (वाल्मीकि रामायण 2/25/2-3) तात्पर्य है 'पुत्र! मैं तुझे इस समय वन जाने से रोक नहीं सकती। तू जा और शीघ्र ही लौटकर आ। सत्पुरुषों के मार्ग का अनुसरण करता रह। तू प्रेम और नियम के साथ जिस धर्म का पालन कर रहा है, वह धर्म ही तेरी रक्षा करे।' इस प्रकार धर्म पर दृढ़ रहने और महात्माओं के सन्मार्ग का अनुसरण करने की शिक्षा देती हुई माता पुत्र की मंगल रक्षा करती हैं और कहती हैं—**पितु बनदेव मातु बनदेबी। खग मृग चरन सरोरुह सेवी।। अन्तहुँ उचित नृपहि बनबासू। बय बिलोकि हियँ होइ हरासू।।** कर्तव्यपरायणा धर्मशीला त्यागमूर्ति माता कौसल्या इस प्रकार अपने एकमात्र पुत्र राम को सहर्ष वन में भेज देती हैं। यद्यपि वियोग के दावानल से माता कौसल्या का हृदय दग्ध हो रहा है परन्तु पुत्र के धर्म की सुरक्षा और उसकी हर्ष-शोकरहित सुख-दुःख-शून्य आनन्दमयी मंगल-मंजुल मुखाकृति की ओर देख-देखकर वे अपने आपको गौरवान्वित समझती हैं। आश्चर्य है कि लगभग वृद्धावस्था में अपने आश्रय पुत्र को वन भेजते समय कौसल्या के कक्ष में ममता-मोह को तनिक भी अवकाश नहीं है।

श्रीराम के वनगमन के बाद माता कौसल्या के कक्ष में बैठे अमरकीर्ति महात्मा भरत के सामने कौसल्या गौरव के साथ प्रिय पुत्र श्रीराम की प्रशंसा करती हुई कहती हैं—'पुत्र! अयोध्या के महाराज दशरथ ने तेरे बड़े भाई राम को राज्य के बदले वनवास दे दिया है परन्तु ऐसा सुनकर और वन के कष्ट का विचार करने पर भी राम के मुख पर तनिक म्लानता भी नहीं आयी।'

कौसल्या एक ऐसी ही नारी-प्रतिमा बनकर अयोध्या काण्ड में श्रीराम वनगमन के अवसर पर वाल्मीकि द्वारा उपस्थापित की जाती है, जो न केवन अतुलनीय है, बल्कि अन्यत्र सुदुर्लभ है। यह एक काव्यात्मक आलोचना है कि 'रामायण' की नायिका माता सीता के वर्णन को पढ़कर बहुत कम लोगों को अपनी पत्नी का स्मरण होता होगा परन्तु कौसल्या के वर्णन को पढ़कर सबको, चाहे वह राजा हो या रंक, अपनी माता का अनायास स्मरण हो ही जाता है। अपने निजी जीवन के कुछ प्रसंग बरबस याद आने लगते हैं। यह है कौसल्या के वात्सल्य के सार्वभौमता का प्रमाण। वे पुरुषप्रधान समाज में निरन्तर व्रत धारण करके तपोरत रहने वाली भारतीय माताओं और भारतीय नारियों की सार्वभौम प्रतीक हैं। वास्तव में वे रामायण में रस-रूप हैं, ममता हैं और शोभासिन्धु श्रीराम की निर्मात्री।

रामायण का वह मार्मिक प्रसंग अत्यन्त करुण है, जब कौसल्या को श्रीराम पिता दशरथ की मातृसम्मत आज्ञा सुनाते हैं तो बाष्पसंरुद्ध (गदगद कण्ठ) कौसल्या की मानसिक और शारीरिक दशा अकल्पनीय है। वे श्रीराम से कहती हैं—**कथं हि धेनुस्स्वं वत्सं गच्छन्तं नानुगच्छति। अहं त्वाऽनुगमिष्यामि यत्र पुत्र गमिष्यसि।।** (वाल्मीकि रामायण 2/24/9) कौसल्या कह रही हैं कि कैसे कोई गाय अपने बछड़े के पीछे-पीछे चली जाती है ठीक उसी प्रकार मैं भी अपने पुत्र के पीछे-पीछे चलूँगी।

भारतीय प्रज्ञा के असाधारण लेखक कुबेरनाथ राय **'रामायण-महातीर्थम्'** के परिशिष्ट के आलेख **'प्रिय पुत्र, अमृत लेकर लौटना'** लिखते हैं—कौसल्या जब कहती है, 'हे राम! जैसे दुर्बल गाय अपने बछड़े के पीछे-पीछे वन में चलती है वैसे ही मैं भी तुम्हारे पीछे-पीछे वन चलूँगी' (वाल्मीकि रामायण 2/20/54) तो हमारे सामने एक सवत्सा धेनु का दीन करुणा-बिम्ब उभरता है जो उसके पूर्व जीवन और वर्तमान के अन्दर निहित सारी बेबसी, सारी त्राहि और सारी ममता को गम्भीर रूप में व्यक्त करता है। राम जब अपने वनवास का प्रथम संवाद स्वयं उसे देते हैं तो वाल्मीकि के अनुसार, 'तीक्ष्णधार परशु से काटे गये कदली वृक्ष' की तरह वह ढह पड़ती है और दीर्घ जीवन यात्रा में मर्यादा और मौन विविक्षा का भार ढोते-ढोते थकी हुई वह धूल में वैसे ही लोटने लगती है जैसे दीर्घ श्रम से थकी हुई, धूल में हाथ-पाँव पटकती हुई घोड़ी। वह प्रथम आघात को सम्भाल नहीं पाती और जो प्रथम भाषा उसके मुख से निकलती है वह एक प्रतापी सम्राट के अन्तःपुर में निहित अव्यक्त त्रहि और दैन्य की प्रथम अभिव्यक्ति है। "राम, मैं वन्ध्या नारी से भी अधिक अभागिन हो गयी। श्रेष्ठ सती रहते हुए भी मुझे जीवन में कोई सुख नहीं मिला—**आसां राम सपत्नीनां वस्तुं मध्ये न मे क्षमम्।**" सबसे ज्येष्ठ और वरिष्ठ राजमहिषी के बाहरी सम्मान के बावजूद पति के आकर्षण और प्रीति का कितना पात्र वह रह सकी होगी, यह कल्पना सहज ही की जा सकती है। सारा जीवन मुँह बन्द कर वह सब करती रही। वह कहती है, "मैं आजीवन सौतों के व्यंग्य वचनों से बिद्ध होती रही। तो भी सन्तोष था कि शायद पुत्र द्वारा कुछ सुख प्राप्त हो। आज जब मेरी देह यौवनहीन हो चुकी है, मैं पुनः दासी कोटि में विधाता द्वारा डाल दी गयी। द्वेष और सुन्दरियों के अन्तःपुर में जो हिंसा, आत्मपीड़न का वातावरण रहा होगा उसका हल्का संकेत कौसल्या की इन उक्तियों से मिल जाता है। 'रामायण' में यह प्रसंग कहीं भी उभरकर सामने नहीं लाया गया है। ऐसा करना महाकाव्य के घोषित उद्देश्य के प्रतिकूल विरोधी रस की सृष्टि करता। महाकाव्यकार को सर्वत्रः ही विषयगत अनुशासन बरतना पड़ता है परन्तु इन उक्तियों से भीतरी स्थिति का सम्पूर्ण संकेत मिल जाता है।

'रामायण' की महीयसी नारी माता कौसल्या अपनी शान्त और धैर्यभरी महिमा में स्थित हो जाती है और सारी नियति को स्वीकार करके अपनी भावनाओं का कण्ठ दबाकर उन्हें वहीं शान्त कर देती है। अन्तर का देवता जो आत्मा के अतल में बैठा हुआ निरन्तर तितिक्षा और धैर्य का अमृत आजीवन देता रहा है, पुनः सक्रिय हो उठता है और उसे अपने कर्तव्य का

स्मरण हो आता है। वह अपने प्रिय पुत्र रघुनन्दन को साश्रुकण्ठ आशीर्वाद देती हुई कहती हैं—**कृतान्तस्य गतिः पुत्र दुर्विभाव्या सदा भुवि। यस्त्वां सञ्चोदयति मे वच आच्छिद्य राघव।।** (वाल्मीकि रामायण 2/24/35) अर्थात् 'हे पुत्र, जब तुमने सत्यरक्षा के लिए वन जाने का संकल्प कर ही लिया है तो उससे मैं तुम्हें किस प्रकार विचलित कर सकती हूँ? काल ही बलवान् है। तुम भी उसी काल के प्रति नतमस्तक होकर वन को जाओ।' भाग्य की गति प्रबल है। तुम मेरी अनसुनी करके वन जाने पर तुले ही हो तो जाओ, फिर कल्याणपूर्वक घर लौटो। इससे अधिक क्या कहूँ? तुम्हारे फिर लौट आने पर तुम्हारा मुख देख पाऊँगी या नहीं यह तो नहीं जानती परन्तु इस वन-यात्रा के अवसर पर मैं तुम्हारे लिए स्वस्तिवाचन करती हूँ।'

'रामायण' का यह दृश्य अत्यन्त भावपूर्ण है जब वनवास के लिए प्रयाण करने वाले श्रीराम के लिए माता कौसल्या विस्तार के साथ उनका मंगलाशासन करती है। यहाँ अद्भुत है वह मर्मस्पर्शी चित्र, जिसमें मनस्विनी कौसल्या यह विचार कर लेती है कि राम अब वन जायेंगे ही तब वह श्रीराम के लिए मंगल कथन कहती हैं—**सा विनीय तमायासमुपस्पृश्य जलं शुचि। चकार माता रामस्य मंगलानि मनस्विनी।।** वे शोक को छोड़कर आचमन कर मंगल-वचन कहती हैं। 'अमरकोष' में उपस्पर्श और आचमन समानार्थक हैं। श्रीराम के वनगमन के विषाददायी संवाद को जानकर वे रोदन करने लगती हैं। रोदनानन्तर वे मन में आश्वस्त हो जाती हैं कि अब राम वन जायेंगे ही तो वे उन्हें आशीष देने के लिए मंगलकारी शब्द कहना चाह रही हैं। श्रीगोविन्दराज ने 'रामायणभूषण' में इसे अनुपम महाभाव के साथ प्रकट किया है। वे लिखते हैं—रोने से अपवित्रता और अनुत्साह उत्पन्न होता है और वे देवताओं की प्रार्थना करना चाह रही हैं। वे विचार करती हैं कि रोदनोपरान्त अपवित्र और विषादयुक्त होकर पुत्र के लिए मंगलाशासन करना उपयुक्त नहीं है। मंगलाचरण पवित्रावस्था में उत्साहपूर्वक होना चाहिए। अतः आचमन करने के बाद श्रीराम के लिए मंगलाचरण करती हैं।

राममाता कौसल्या ने उनकी वन यात्रा की मंगलकामना करते हुए एक अद्भुत स्वस्तिवाचन किया जो पूरे 'रामायण' महाकाव्य में कई दृष्टियों से बहुत महत्त्वपूर्ण है। कौसल्या ने सबसे पहले देवता को नहीं शीलाचरण और पौरुष का स्मरण किया और कहा—**न शक्यते वारयितुं गच्छेदानीं रघूत्तम। शीघ्रं च विनिवर्तस्व वर्तस्व च सतां क्रमे।। यं पालयसि धर्मं त्वं प्रीत्या च नियमेन च। स वै राघवशार्दूल धर्मस्त्वामभिरक्षतु।। येभ्यः प्रणमसे पुत्र देवेष्वायतनेषु च। ते च त्वामभिरक्षन्तु वने सह महर्षिभिः।। यानि दत्तानि तेस्त्राणि विश्वामित्रेण धीमता। तानि त्वामभिरक्षन्तु गुणैः समुदितं सदा।।** (वाल्मीकि रामायण 2/25/2-5) हे राम, तुम्हें रोका नहीं जा सकता। शीघ्र लौटना और मेरी इस बात का सर्वदा ध्यान रखना कि तुम सदा सन्मार्ग पर चलोगे, तुम उसी पथ पर विचरण करोगे जिस पर सत्पुरुष विचरण करते आये हैं। हे रघुकुलसिंह, जिस धर्म का तुमने पालन किया है वह धर्म अर्थात् तुम्हारा आचरण ही तुम्हारी रक्षा करे। जिन देवस्थानों और ऋषिकुलों को तुमने अपनी श्रद्धा अर्पित की है उन देवस्थानों के देवता और ऋषिकुलों के ऋषि तुम्हारी रक्षा करें। जिन अस्त्रों को तुमने गुरु (ब्रह्मर्षि विश्वामित्र) से ग्रहण किये हैं, वे अस्त्र तुम्हारी रक्षा करें।

यहाँ एक श्लोक की अपनी भिन्न ही विशेषता है। वह है—**पितृशुश्रूषया पुत्र मातृशुश्रूषया तथा। सत्येन च महाबाहो चिरं जीवाभिरक्षितः।।** (वाल्मीकि रामायण 2/25/6) माता कौसल्या कहती हैं कि 'तुम्हारे द्वारा की गयी पिता की सेवा और माता की शुश्रूषा एवं सत्य तुम्हारा कल्याण करे। तुम दीर्घजीवी होओ।' यहाँ मातृशुश्रूषा में 'रामायणतिलक' के अनुसार माता का तात्पर्य कैकेयी से है। वे सब माताओं में श्रीराम की सर्वप्रिया हैं।

'रामायण' स्वभाव और आचरण की भव्यता और दिव्यता का महाकाव्य है। इसी से इसे 'शीलप्रधान' महाकाव्य कहते हैं। इस तथ्य का संकेत कौसल्या के जीवन के एक चरम महत्त्व के क्षण पर आशीर्वाद देते हुए प्रथम वाक्य में ही है, 'पुत्र, तुम सत्पुरुषों के मार्ग पर चलोगे, धर्म का पथ तुम्हारा पथ होगा, तुम्हारा आचरण ही सर्वत्र तुम्हारी रक्षा करेगा।' ऐसा कहकर कौसल्या एक बहुत बड़े सिद्धान्त का प्रतिवाचन कर देती हैं कि मनुष्य का रक्षक, उसके अभय का स्रोत उसका 'शील' ही है। तत्पश्चात् आते हैं उनकी उपासना का पुण्य और उसकी अर्जित विद्या का बल। वह स्वस्तिवाचन के प्रारम्भ में यह नहीं कहती कि भगवान तुम्हारी रक्षा करें। बल्कि वह कहती है, 'पुत्र, तुम्हारा शील तुम्हारी रक्षा करे, तुम्हारी उपासना का पुण्य तुम्हारी रक्षा करे और तुम्हारी अर्जित अस्त्र-विद्या तुम्हारी रक्षा करे।' शील, उपासना और विद्या, ये ही तीन मनुष्य के प्रथम रक्षक हैं। इनके बाद आती है देवताओं की कृपा या करुणा। 'रामायण' एक वीरगाथा है। अतः आशीर्वाद के प्रारम्भ में ही पौरुषवाद की स्थापना की जाती है। वाल्मीकि के नायक श्रीराम जिस पौरुष योग या पुरुषार्थ योग के प्रतीक हैं वह प्रत्येक स्तर पर शील और उपासना से जुड़ा हुआ है।

कौसल्या स्वस्तिवाचन में तत्कालीन देव मण्डल के प्रति अपने पुत्र की रक्षा के लिए अपनी प्रार्थना व्यक्त करती है। वे अपने प्रिय पुत्र के कल्याण के लिए जड़-चेतन में व्याप्त वैदिक देव मण्डल के प्रति अपनी प्रार्थना अर्पित करती है—**समित्कुशपवित्राणि वेद्यश्चायतनानि च। स्थण्डिलानि च विप्राणां शैला वृक्षाः क्षुपा ह्रदाः।। पतङ्गाः पन्नगास्सिंहास्त्वां रक्षन्तु नरोत्तम। स्वस्ति धाता विधाता च स्वस्ति पूषा भगोऽर्यमा।। लोकपालाश्च ते सर्वे वासवप्रमुखास्तथा। दिनानि च मुहूर्ताश्च स्वस्ति कुर्वन्तु ते सदा। स्मृतिर्धृतिश्च धर्मश्च पातु त्वां पुत्र सर्वतः।। स्कन्दश्च भगवान्देवस्सोमश्च स बृहस्पतिः। सप्तर्षयो नारदश्च ते त्वां रक्षन्तु सर्वतः।। ते चापि सर्वतस्सिद्धा दिशश्च सदिगीश्वराः। स्तुता मया वने तस्मिन्पान्तु त्वां पुत्र नित्यशः।। शैलास्सर्वे समुद्राश्च राजा वरुण एव च। द्यौरन्तरिक्षं पृथिवी नद्यस्सर्वास्तथैव च।। नक्षत्राणि च सर्वाणि ग्रहाश्च सहदेवताः। अहोरात्रे तथा सन्ध्ये पान्तु त्वां वनमाश्रितम्।। ऋतवश्चापि षट् चान्ये मासास्संवत्सरास्तथा। कलाश्च काष्ठाश्च तथा तव शर्म दिशन्तु ते।। महावने विचरतो मुनिवेषस्य धीमतः। तवादित्याश्च दैत्याश्च भवन्तु सुखदास्सदा।। राक्षसानां पिशाचानां रौद्राणां क्रूरकर्मणाम्। क्रव्यादानां च सर्वेषां मा भूत्पुत्रक ते भयम्।। प्लवगा वृश्चिका दंशा मशकाश्चैव कानने। सरीसृपाश्च कीटाश्च मा भूवन्गहने तव।। महाद्विपाश्च सिंहाश्च व्याघ्रा ऋक्षाश्च दंष्ट्रिणः। महिषाश्शृङ्गिणो रौद्रा न ते द्रुह्यन्तु पुत्रक।। नृमांसभोजना रौद्रा ये चान्ये सत्वजातयः। मा च त्वां हिंसिषुः पुत्र मया संपूजितास्त्विह।। आगमास्ते शिवास्सन्तु सिध्यन्तु**

च पराक्रमाः। सर्वसम्पत्तये राम स्वस्तिमान्गच्छ पुत्रक।। स्वस्ति तेऽस्त्वन्तरिक्षेभ्यः पार्थिवेभ्यः पुनः पुनः। सर्वेभ्यश्चैव देवेभ्यो ये च वै परिपन्थिनः।। गुरुस्सोमश्च सूर्यश्च धनदोऽथ यमस्तथा। पान्तु त्वामर्चिता राम दण्डकारण्यवासिनम्।। अग्निर्वायुस्तथा धूमो मन्त्राश्चर्षिमुखाच्च्युताः। उपस्पर्शनकाले तु पान्तु त्वां रघुनन्दन।। सर्वलोकप्रभुर्ब्रह्मा भूतभर्ता तथर्षयः। ये च शेषास्सुरास्ते त्वां रक्षन्तु वनवासिनम्।। (वाल्मीकि रामायण 2/25/7-25)

यह देव-स्तवन अनेक दृष्टियों से महत्त्वपूर्ण है और रामायणकालीन धार्मिक चेतना पर प्रकाश डालता है। यह प्रार्थना इस तथ्य की द्योतक है कि काव्य की रचना पौराणिक युग के पूर्व और वैदिक युग के बाद सम्भवतः ब्राह्मण काल में हुई होगी। पुराणों की वरेण्य उपासना मूर्तियों, शिव, विष्णु, दुर्गा, लक्ष्मी आदि का इसमें स्तवन नहीं है। इस प्रार्थना की प्रकृति मूलतः वैदिक है और वैदिक धर्म के देवता ही इसमें मुख्य रूप से आते हैं। वैदिक धर्म लोकधर्म था—वृक्ष-पूजा, नदी-पूजा, ऋतु-पूजा, संवत्सर की शक्तियों, ग्रह, नक्षत्र, वीर, यक्ष-किन्नर आदि की पूजा से जुड़ा था। इसमें वेदी, कुशा और हवन की अग्नि आदि देव-प्रतीक थे। इन सबके प्रति राम-माता साश्रुकण्ठ से पुत्र के कल्याण की याचना करती है। 'हे पुरुषोत्तम, ऋषियों की होमाग्नि तुम्हारी रक्षा करे, उनकी कुशा उनकी होमवेदी और उनके आहूत देवता तुम्हारी रक्षा करें। सारे पर्वत तुम्हारी रक्षा करें, सारे जलाशय तुम्हारी रक्षा करें, सारे वृक्ष, कीट-पतंग, हाथी-सर्प और सिंह तुम्हारी रक्षा करें। हे राम, सघन वन में दिशाओं के लोकपाल तुम्हारी रक्षा करें, षड्-ऋतुओं के अभिमानी देवता तुम्हारी रक्षा करें, दिवस, मास, संवत्सर आदि कालखण डों के देवता तुम्हारी रक्षा करें, चन्द्रमा और सूर्य तुम्हारी रक्षा करें, नक्षत्रें की कलाएँ, ग्रहों की कक्षाएँ तुम्हारी रक्षा करें, सप्तर्षि मण्डल तुम्हारी रक्षा करें, विविध नक्षत्र-मण्डलों के देवता रक्षा करें, व्योम के ज्योतिष्द्ध चक्र की सारी गतियाँ, आकृतियाँ और सम्पूर्ण काल-चक्र ही तुम्हारी रक्षा करता चले। मैं कुमार कार्तिकेय, चन्द्रमा, इन्द्र और बृहस्पति से याचना करती हूँ कि वे तुम्हारी रक्षा करें। मैं वरुण, कुबेर आदि दिशाओं के अधिपतियों से, सारे सिद्धगणों से तुम्हारी रक्षा की भिक्षा माँगती हूँ। शुक्र, चन्द्र, सूर्य, ग्रहगण तुम्हारी रक्षा करें। मृत्यु का अभिमानी देवता यम तुम्हारी रक्षा करे। हे पुरुष सिंह, पृथ्वी, आकाश, पवन, चर और अचर जीवगण तुम्हारी रक्षा करें। घोर अरण्य में घूमते हुए क्रूर अपदेवता और पिशाचगण तुम्हें न सताएँ। जो मांसभक्षी हैं, वे तुम्हें न पीड़ित करें। वानर, बिच्छू, मच्छर, सर्प, हाथी, सिंह, वृक, वाराह और तीक्ष्ण धारदार सींगों वाले महिष तुमको पीड़ा न दें। ये सभी मेरे द्वारा पूजित हों, इनके नियामक देवगण मेरे द्वारा पूजित हों। मैं इन सबकी आराधना करती हूँ। ये तुम्हें पीड़ा न दें। हे राम, जल में स्नान करते हुए ऋषियों द्वारा अघमर्षण सूक्तों और मन्त्रों में जो बल है, सुगन्धित होम में जो बल है, वायु और अग्नि में जो बल है, वे सारे बल तुम्हारी रक्षा करें। सर्वभूतों का कर्ता, सर्वलोकों का प्रभु ब्रह्मा या प्रजापति तथा ऋषि कुल तुम्हारी रक्षा करें। अन्त में मेरा आशीर्वाद है कि तुम्हारे द्वारा पढ़ा गया समस्त आगम शास्त्र तुम्हारा कल्याण करे, तुम्हारा पराक्रम सिद्ध हो, वन में तुम्हें ऐश्वर्य प्राप्त हो, तुम्हारा पथ कल्याणमय हो।

माता कौसल्या द्वारा अनुष्ठित इस स्वस्तिवाचन से यह भी ज्ञात होता है कि प्रजापति ब्रह्मा ही रामायण काल के मुख्य देवता थे और इन्द्र-अग्नि आदि का महत्त्व पीछे चला गया था। संहिताकाल के मुख्य देवता थे मित्र, वरुण, इन्द्र, सोम और अग्नि। ब्राह्मण-आरण्यक काल में कर्मकाण्ड का विस्तार हुआ और सर्वदेवोपरि प्रजापति गणाधिपति बृहद्पति आदि संज्ञाओं से प्रजापति ब्रह्मा ही मुख्य देवता बने। इसी से कौसल्या अपनी मंगल प्रार्थना के उपसंहार में **'सर्वलोकप्रभुर्ब्रह्मा तथर्षयः'** का स्पष्ट उल्लेख करती हैं। वाल्मीकि महाकाव्य के प्रारम्भ में ही ब्रह्मा प्रजापति को ही अपने प्रेरणा-स्रोत बनाते हैं। रामायण का प्रतिनायक रावण प्रजापति का और मेघनाद वैश्वानर (अग्नि) का उपासक है। विष्णु के अवतारों में त्रिविक्रम वामन अवतार का मूल संहिता में है। परन्तु मत्स्य और वराह अवतारों का मूल ब्राह्मण-ग्रन्थों में है (वृषाकपि और वराह का उल्लेख वेदों में है परन्तु वे स्पष्टतः विष्णु के अवतार के रूप में उल्लिखित नहीं हैं) इस अवतार का स्पष्ट उल्लेख 'तैत्तिरीय-संहिता' और 'शतपथब्राह्मण' में है।

माता कौसल्या के स्वस्तिवाचन-प्रसंग से पूर्व अयोध्याकाण्ड की ही एक चर्चा आवश्यक है, जहाँ माता कैकेयी अपने वरदान के साक्षी के रूप में जिन देवताओं का नाम लेती हैं उनके नाम कौसल्या देवी द्वारा उक्त देवताओं के नामों से मेल खाते हैं—**तच्छृण्वन्तु त्रयस्त्रिंशद् देवाः सेन्द्रपुरोगमाः। चन्द्रादित्यौ नभश्चैव ग्रहा रात्र्यहनी दिशः। जगच्च पृथ्वी चेयं सगन्धर्वाः सराक्षसाः।। निशाचराणि भूतानि गृहेषु गृहदेवताः। यानि चान्यानि भूतानि जानीयुः भाषितं तव।।** (वाल्मीकि रामायण 2/11/13-15)

अयोध्याकाण्ड में एक स्थान पर राम और सीता द्वारा नारायण-अर्चना का वर्णन है। यों भी रामायण एक वैष्णव काव्य है परन्तु न तो कैकेयी के साक्ष्य और न कौसल्या के स्वस्तिवाचन में शिव और विष्णु का उल्लेख है। इसका अर्थ यही है कि रामायण के रचनाकाल में विष्णु द्वादशादित्यों में एक आदित्य थे। रुद्र की स्थिति भी प्रधान नहीं, गौण थी। यह ब्राह्मण-ग्रन्थों का काल था जब विष्णु प्रतिष्ठित होने की दिशा में उन्मुख थे परन्तु अभी सर्वोपरि परमरूप में प्रतिष्ठित नहीं हुए, जैसा कि पुराणों और महाभारत में उन्हें पाते हैं। महाभारत के मंगलाचरण में ही हम पाते हैं—**आद्यं पुरुषमीशानं पुरुहूतं पुरुषोत्तमम्। ऋतमेकाक्षरं ब्रह्म व्यक्ताव्यक्तं सनातनम्।। मांगल्यं मंगलं विष्णुं वरेण्यमनघं शुचिम्। नमस्कृत्य ऋषीकेशं चराचरगुरुं हरिम्।।**

महाभारत में सर्वत्र निर्गुण और सगुण दोनों रूपों को विष्णु माना गया है परन्तु रामायण में इस प्रक्रिया की शुरुआत ही है जो स्पष्टतः कहीं भी व्यक्त नहीं होती। वस्तुतः यह तथ्य भी एक बहुत बड़ा प्रमाण है इस बात का कि रामायण महाभारत से प्राचीनतर रचना है। महाभारत तक आते-आते विष्णु-तत्त्व अपनी चरम प्रतिष्ठा लब्ध कर लेता है पर रामायण काल में वे वैदिक देव-व्यूह, साध्यगण, मरुद्गण, धाता, विधाता, अर्यमा, पूषा और भग का ही प्राधान्य है। विष्णु और इन्द्र रामायण काल में पूज्य थे परन्तु विष्णु अपनी सीमित वैदिक कालीन महिमा में ही थे। उन्हें सर्वोपरि और सर्वव्यापी महिमा अभी प्राप्त नहीं हुई थी।

यह अद्भुत संयोग है कि माता कौसल्या का स्वस्तिवाचन तत्कालीन लोकधर्म किरातों

की सर्प-पूजा, वृक्ष-पूजा, निषादों की नदी-पूजा, पर्वत-पूजा, गन्धर्व-यक्ष आदि उपदेवताओं और अर्धदेवताओं की पूजा का स्पष्ट संकेत प्रस्तुत करता है। कौसल्या अपने पुत्र श्रीराम के कल्याण के लिए समस्त जम्बूद्वीप की वैदिक-लोकायत, क्रूर-सौम्य देव-शक्तियों के प्रति अपनी विनती अर्पित करती है। इस स्वस्तिवाचन के सर्वाधिक महत्त्वपूर्ण अंश हैं प्रारम्भ के चार श्लोक जो महाकाव्य की शीलदृष्टि को उपस्थित करते हैं और अन्तिम पाँच श्लोक जो महाकाव्य की विषय-वस्तु का संकेत-बीज प्रस्तुत करते हैं—**यन्मंगलं सहस्राक्षे सर्वदेवनमस्कृते। वृत्रनाशे समभवत् तत्ते भवतु मंगलम्।। यन्मंगलं सुपर्णस्य विनताऽकल्पयत् पुरा। अमृतं प्रार्थयानस्य तत्ते भवतु मंगलम्।। अमृतोत्पादने दैत्यान् घ्नतो वज्रधरस्य यत्। अदितिर्मंगलं प्रादात्तत्ते भवतु मंगलम्।। त्रिविक्रमान् प्रक्रमतो विष्णोरतुलतेजसः। यदासीन्मंगलं राम तत्ते भवतु मंगलम्।। ऋषयः सागराः द्वीपाः वेदाः लोका दिशश्च ते। मंगलानि महाबाहो दिशन्तु शुभमंगलम्।।** (वाल्मीकि रामायण 2/25/32-36)

इन पाँच मन्त्रात्मक श्लोकों को पढ़ते हुए उस करुणामयी राममाता ने विशल्यकरणी नामक लता का एक खण्ड राम के मणिबन्ध में उनकी सुरक्षा के लिए बाँध दिया और साश्रुकण्ठ वन जाने की अनुमति दे दी।

आचार्य कुबेरनाथ राय का मानना है कि ये पाँच श्लोक रामायण के कथाबीज को प्रतीक शैली में व्यक्त करते हैं। कौसल्या यहाँ चार वैदिक कथा-रूढ़ियों का उल्लेख करते हुए अपना आशीर्वाद देती है—(1) वृत्र-इन्द्रद्वन्द्व (2) अमृत के लिए देवासुर संग्राम (3) सुपर्ण द्वारा अमृत आहरण (4) त्रिविक्रम विष्णु का स्वराज्य और यक्ष के लिए विक्रम। इन चारों वैदिक गाथाओं का रामकथा के मूल रूप पौलत्स्य-वध की गाथा से एक भावात्मक सम्बन्ध है। इनमें वृत्रवध और देवासुर-संग्राम तो स्पष्टतः रामकथा का ही वैदिक प्रारूप व्यक्त करते हैं। वैदिक विद्या मूल रूप से शाश्वत सृष्टि-विद्या है जिसमें सृष्टि के प्रसव, स्थिति और प्रलय की शक्तियों का विवेचन है। देवगण इसी की शाश्वत, कल्प-प्रतिकल्प, दुहराई जानेवाली क्रियाओं और कर्ताओं के प्रतीक हैं। यह अर्थ का प्रतीकात्मक स्तर है। इसी सृष्टि विद्या को वैदिक यज्ञ द्वारा व्यक्त किया जाता है। सारे यज्ञ कर्म पुरुष सूक्त का क्रियात्मक रूप अभिनीत करते हैं। शाश्वत स्वर पर रामकथा सविता-कथा है। वारुण मण्डल का तमस् उसका प्रतिरोधक है और उसकी माधवी शक्ति को अवरुद्ध कर देता है। फल होता है द्वन्द्व। यही द्वन्द्व रामकथा में अपहरण उद्धार का रूप लेता है। वैदिक विद्या अर्थ के दूसरे स्तर पर देव कथा है और इसमें इन्द्र आदि शक्तियाँ व्यक्तित्व धारण कर आती हैं। यह अर्थ का कथात्मक स्तर है। रामकथा में रामचन्द्र प्रच्छन्न इन्द्र की भूमिका में उतरते हैं। रावण प्रच्छन्न वृत्र और प्रच्छन्न असुरसेना का प्रतिनिधि है। सीता स्वराज्य और अमृत है। कौसल्या का आशीर्वाद इसी कथात्मक स्तर से जुड़ा हुआ है। यह आशीर्वाद महाकाव्य के चरम संकट के मुहूर्त में वाल्मीकि द्वारा कौसल्या के मुख से व्यक्त कराया गया है। इस आशीर्वाद की भाषा भी ऊपर के स्वस्तिवाचन की श्लोक-भाषा से भिन्न वैदिक धातु से गढ़ी गयी भाषा है। इस आशीर्वाद के माध्यम से कवि संकेत कर रहा है कि रामकथा का स्नायुमण्डल वैदिक मनोभूमि से बुना गया है। वैदिक बिम्बों और वैदिक तथ्यों का उपबृंहण रामकथा में तरह-तरह से किया गया है।

त्रिविक्रमकथा और सुपर्णकथा से सुन्दर काण्ड और लंका काण्ड का विषय ध्वनित होता है। विष्णु के अमित तेज और बल का प्रतीक है त्रिलोकी सृष्टि को तीन पगों से मापा जाना। हनुमान का समुद्र-लंघन और राम का सेतु द्वारा समुद्र-बन्धन ऐसा ही असाध्य साधन है। त्रिविक्रम विष्णु ने यह पराक्रम किया था यज्ञभूमि (स्वराज्य) के विस्तार के लिए। और उन्होंने इस प्रकार कीर्ति रूपी अमृत का आहरण करके अदिति को गौरवशाली बनाया। सुपर्ण ने माता के उद्धार के लिए अमृत का आहरण किया था। यह एक अद्भुत पराक्रम था। महाभारत में वर्णित अन्तरिक्ष-मण्डल का सन्तरण हनुमान के सुन्दर काण्ड के समुद्र-सन्तरण के समानान्तर है। सीता-अन्वेषण और अमृतकुम्भ-अन्वेषण समान परिस्थितियाँ रचते हैं। अवश्य ही प्रतिपक्ष एक में स्पष्ट है। गरुड़ की माता विनता ने कौसल्या की ही तरह यात्रा के आरम्भ में स्वस्तिवाचन करती हैं—**प्रीता परमदुःखार्ता नागैर्विप्रकृता सती। पक्षौ ते मारुतः पातु चन्द्रसूर्यौ च पृष्ठतः।। शिरश्च पातु वह्निस्ते वसवः सर्वतस्तनुम्। अहं च ते सदा पुत्र शान्ति-स्वस्ति-परायणा।। इहासीना भविष्यन्ति स्वस्तिकारे रता सदा। अरिष्टं व्रज पन्थानं पुत्र कार्यार्थसिद्धये।।** (महाभारत 1/27/14-16) कौसल्या के आशीर्वाद के ये श्लोक वैदिक संकेत देते हैं।

कौसल्या अपने पुत्र को केवल सौत का पराभव और राज्य की पुनःप्राप्ति के लिए ही आशीर्वाद नहीं देती है। इन वैदिक गाथाओं का संकेत है कि वह पुत्र को बृहत्तर विजय और बृहत्तर उपलब्धियों का आशीर्वाद देती है, "हे पुत्र, इन्द्र की तरह, त्रिविक्रम की तरह और सुपर्ण की तरह स्वराज्य, कीर्ति और अमृत लेकर घर लौटना। तुम इन्द्र की तरह प्रतिपक्ष का हनन करके स्वराज्य और अमृत को जीतो। तुम त्रिविक्रम विष्णु की तरह अपने यश-पुरुष का त्रिलोकव्यापी विस्तार करो। तुम सुपर्ण की तरह असाध्य साधन करके घर लौटो। यह आशीर्वाद के साथ-साथ संकेत-भाषा में एक परम आह्वान है। जिस तरह एक क्षुद्र शंख के भीतर सम्पूर्ण समुद्र के कण्ठ का वज्रोपम आह्वान छिपा रहता है वैसे ही आशीर्वाद के इन अन्तिम पाँच श्लोकों में सम्पूर्ण महाकाव्य का उदात्त आह्वान छिपा हुआ है। कौसल्या प्रकारान्तर से राम से कहती है, "प्रिय पुत्र, जब जाना ही चाहते हो तो जाओ परन्तु इन्द्र की तरह लौटना, विष्णु की तरह लौटना, सुपर्ण की तरह लौटना, असाध्य साधन करके स्वराज्य, कीर्ति और अमृत लेकर ही घर लौटना। मैं तुम्हारी प्रतीक्षा करती रहूँगी।"

भारतीय दार्शनिक और धर्मशास्त्रीय आकांक्षा के केन्द्रीय बिम्ब 'अमृत' का उल्लेख कौसल्या अपने आशीर्वाद में करती हैं और रामकथा में अमृत के अनेक उप-अर्थों का सगुण अस्तित्व इसके पात्रों की केन्द्रीय आकांक्षाओं से जुड़ा है और कदाचित् इससे ही इसकी कथा दीर्घजीवी हो सकी है।

रामायण महाकाव्य संकल्पप्रधान है। संकल्प और इच्छा में भेद होता है। संकल्प ही चरित्रों को ठोसपन तथा कथा के आकार को सुदृढ़ता देता है। संकल्प का काठिन्य चाहे वह सत्संकल्प हो या दुष्ट-संकल्प रामायण के पात्रों में कूट-कूटकर भरा है। संकल्प की यह दृढ़ता राम के चरित्र में अनोखी है। राम का संकल्प अमृत से जुड़ा है तो रावण का विष से। अमृत-तत्त्व के

सारे उप-अर्थ राम के संकल्प में अभिव्यक्ति पाते हैं। दुष्ट संकल्प आसुरी आकांक्षा से जुड़ा है। परन्तु सत्संकल्प अमृत है और इससे जीवन में दिव्यता का प्रवेश होता है। राम संकल्प-सिद्धि के पथ पर दिव्यतर होते-होते देवोपम बनते हैं और विष्णुरूप में प्रतिष्ठित होते हैं। माता की यह आकांक्षा कि उनका प्रिय पुत्र राम अमृतजयी बने, इस महाकाव्य के उपसंहार में राम को विष्णुरूप में प्रतिष्ठित पाकर पूर्ण तोष को प्राप्त करती है। संकल्पप्रधान चरित्र होने के कारण ही रामचन्द्र जातीय जीवन क्या, सार्वभौम मनुष्य जीवन के लिए अद्यावधि प्रेरणास्रोत बन हुए हैं। तात्पर्य यह कि रामायण की चरम आकांक्षा 'अमृत' की 'संकल्पप्रधान' अभिव्यक्ति है। कौसल्या के आशीर्वाद में अमृत-आहरण और अमृत-विजय के बिम्बों का स्मरण इस तथ्य का संकेत है। संकल्पप्रधान होने के कारण ही रामायण के पात्र जातीय उत्प्रेरणा एवं मानव के परस्पर प्रेम के संवेग के स्रोत आज तक बने हुए हैं।

संस्कृत साहित्य में सुदीर्घ इतिहास में महाकवि भास (ईसा पूर्व दूसरी शती) द्वारा रामायण के आधार पर विरचित नाटक 'प्रतिमानाटकम्' का महत्त्वपूर्ण स्थान है। इस नाटक के द्वितीय अंक में कौसल्या महाराज दशरथ को ढाढ़स देती हुई उपस्थित होती हैं। श्रीराम भार्या जानकी और अनुज सौमित्र लक्ष्मण के साथ वनगमन के लिए आतुर हैं और सत्यप्रतिज्ञ धर्मात्मा दशरथ विलाप करते हैं। कौसल्या रोती हुई कहती हैं—**अलमिदानीं महाराजोतिमात्रं सन्तप्य परवशमात्मानं कर्तुम्। ननु सा तौ च कुमारौ महाराजस्य समयावसाने प्रेक्षितव्या भविष्यन्ति।** अर्थात् महाराज, आप अधिक दुःख न करें और विलाप करके अपना धैर्य न खोएँ। चौदह वर्षों के व्यतीत होने पर आप सीता और दोनों राजकुमारों को अवश्य देखेंगे। ये वाक्य सुनकर बेसुध पड़े राजा दशरथ पूछते हैं कि 'ऐसा कहने वाली तुम कौन हो?' कौसल्या उत्तर देती हैं—**अस्निग्धपुत्रप्रसविनी खल्वहम्।**—मैं उस अप्रिय पुत्र की जननी हूँ। यह मार्मिक कथन सुनकर महाराज दशरथ कहते हैं, क्या तुम उस राम की माता कौसल्या हो, जो सभी के हृदय और नेत्रों के लिए सुन्दर है? कौसल्या कहती हैं—**महाराज सैव मन्दभागिनी खल्वहम्।**— महाराज मैं ही राम की वो अभागिन माता कौसल्या हूँ। कौसल्या के स्वयं को अभागिन कहने पर उन्हें टोकते हुए राजा दशरथ कहते हैं—**कौसल्ये! सारवती खल्वसि। त्वया हि खलु रामो गर्भे धृतः!**—अरे कौसल्ये तुम तो धन्य हो!, तुम ही ने तो राम को गर्भ में धारण किया है।

महाकवि कालिदास (ईसा की दूसरी से चौथी शताब्दी के बीच) के 'रघुवंश' महाकाव्य के दशम सर्ग से पन्द्रहवें सर्ग तक श्रीराम की कथा का मनोरम वर्णन है। वे पुत्रप्राप्ति के लिए सन्नद्ध महाराज दशरथ को पुत्रकामेष्टि से प्राप्त दिव्य वैष्णव चरु के वितरण प्रसंग में माता कौसल्या को स्मरण करते हैं। कालिदास लिखते हैं कि पत्नीत्रय होने पर भी राजा द्वारा उसके दो विभाजन ही क्यों किये गये? राज दशरथ ने एक भाग कौसल्या को और दूसरा भाग कैकेयी को क्यों दिया? इसके समाधान में प्रवृत्त कालिदास लिखते हैं—**अर्चिता तस्य कौसल्या प्रिया कैकयवंशजा। अतः संभावितां ताभ्यां सुमित्रामैच्छदीश्वरः।।** अर्थात् राजा दशरथ की कौसल्या बड़ी नारी थी और कैकय राजा के कुल में पैदा हुई कैकेयी प्यारी थी, इसलिए सामर्थ्यवान् राजा

दशरथ ने सुमित्रा को उन दोनों रानियों से (अपने-अपने अंश से उसे भाग देने से) सम्मानित कराने की इच्छा की थी। तात्पर्य है कि दोनों बड़ी रानियाँ अपने भाग में से इसको चरु दें। यह सम्मान करवाकर राजा दशरथ ने औचित्य एवं चातुर्य का परिचय दिया है। (रघुवंश 10/55) कालिदास श्रीराम के जन्म प्रसंग पर लिखते हैं—**अथाग्र्यमहिषी राज्ञः प्रसूतिसमये सती। पुत्रं तमोपहं लेभे नक्तं ज्योतिरिवौषधिः।।**—राजा दशरथ की पतिव्रता पटरानी कौसल्या ने दसवें मास में अज्ञान का नाश करने वाले पुत्र को उसी प्रकार प्राप्त किया, जिस प्रकार रात्रि में जलने वाली वनस्पति अन्धकार को मिटाने वाले प्रकाश को प्राप्त कर लेती है। (रघुवंश-10/66)

गोस्वामी तुलसीदास की 'रामचरितमानस' में वनगमन से पूर्व कौसल्या और श्रीराम का मिलन अत्यन्त भावपूर्ण है। वनगमन के लिए विदा लेने आये हुए पुत्र राम के वचन सुनकर माता कौसल्या स्तब्ध रह गयी हैं। आसन्न-पुत्र वियोग उनके लिए दुविधा बनकर खड़ा हो गया है। न तो वे श्रीराम को अपने पास रख सकती हैं और न ही वन जाने की आज्ञा दे पा रही हैं। एक ओर धर्म और दूसरी ओर ममता ने ऐसा धर्मसंकट उपस्थित कर दिया है, जिससे त्रण पाना कठिन है किन्तु विजय कर्तव्यरूपी धर्म की होती है। धैर्य ममता के प्रवाह में अडिग खड़ा होकर कहता है कि पिता की आज्ञा का पालन ही पुत्र के लिए सबसे बड़ा धर्म है। वे कहती हैं कि राज्य देने के स्थान पर महाराज ने तुम्हें वनवास दे दिया, इसका मुझे तनिक भी कष्ट नहीं है पर क्या स्वयं महाराज और धर्मात्मा भरत तथा अयोध्या की प्रजा तुम्हारा वियोग सहन कर सकेंगे? हे तात! यदि केवल पिता की आज्ञा हो तो माता को उनसे अधिक महत्त्व देकर वन को न जाओ किन्तु यदि माता और पिता, दोनों ने ही वनगमन के लिए आदेश दिया है तो वन तुम्हारे लिए सैंकड़ों अयोध्या के समान है—**राजु देन कहि दीन्ह बनु मोहि न सो दुःख लेसु। तुम्ह बिनु भरतहि भूपतिहि प्रजहि प्रचंड कलेसु।।** (अयोध्याकाण्ड 55) वे श्रीराम को आशीर्वाद देते हुए कहती हैं—**देव पितर सब तुम्हहि गोसाईं। राखहुं नयन पलक की नाईं।।**—सब देव और पितर तुम्हारी वैसे ही रक्षा करे, जैसे पलके आँखों की करती हैं।

'रामायण' के विभिन्न प्रसंग इस बात की उद्घोषणा करते हैं कि माता कौसल्या का वात्सल्य राम के लिए केवल दुलार नहीं है बल्कि वह उन्हें राम बनाने की प्रक्रिया का सजीव प्रयोग है। कौसल्या श्रीराम को जो उपदेश देती है, वह राम के जीवन किंवा उनके जीवन के प्रतिक्षण को अमृत से जोड़कर उन्हें देवत्व प्रदान करने का कार्य करता है। कौसल्या और राम के सम्बन्ध केवल उन तक नहीं बल्कि प्रत्येक माता-पुत्र के सम्बन्ध हैं। जब कभी सर्वश्रेष्ठ माता की चर्चा होती है तो राममाता कौसल्या का नाम सहज ही चला आता है। 'रामायण' के अन्त में यह कथन है कि अश्वमेध यज्ञ की परिसमाप्ति के अनन्तर श्रीराम की माताएँ कालधर्म को प्राप्त हुईं—**रामस्य मातरः सर्वाः कालधर्ममुपागताः।**

राममाता कौसल्या केवल अयोध्या और 'रामायण' की कथा तक सीमित नहीं हैं, वे हर घर में माता और पुत्र के बीच उपस्थित सम्बन्धों की सार्वकालिक-वाहिका हैं। वेद प्रतिपादित धर्म **'मातृदेवो भव'** की प्रतीक हैं, प्रतिष्ठा हैं और इस वेद वाक्य की शाश्वत की छवि हैं।

सीता के राम

पूर्णचन्द्र उपाध्याय

रामाय रामभद्राय रामचन्द्राय वेधसे।
रघुनाथाय नाथाय सीतायाः पतये नमः।।

कविपुङ्गव महर्षि वाल्मीकि द्वारा प्रणीत कालजयी काव्यरत्न मर्यादा पुरुषोत्तम प्रभु श्रीरामचन्द्र के उदात्त चरित्र की सुवासित सुमन सन्दोह से निबद्ध 'रामायण' को हमारी सनातन संस्कृति का आधार एवं प्रामाणिक ग्रन्थ होने के साथ लौकिक संस्कृत साहित्य के जगत् में विश्व का आदि काव्य होने का गौरव प्राप्त है। जिसका प्रमाण हमें वाल्मीकि 'रामायण' एवं परवर्ती अनेक उपजीव्य काव्य तथा लक्षण ग्रन्थों में उपलब्ध होता है। इस सम्बन्ध में 'रामायण' के माहात्म्य वर्णन के अवसर पर प्रतिपादित निम्नाकिंत काव्यांश नितान्त प्रासङ्गिक है–**''रामायण मादिकाव्यं सर्ववेदार्थसम्मतम्''** (रामायण माहात्म्य 5-61)। महाकवि भवभूति ने अपने नाटक 'उत्तररामचरितम्' में वाल्मीकि के आदिकवित्व एवं 'रामायण' का आदिकाव्यत्व को उद्घोषित करते हुए कहा है कि ''ऋशे! आद्यः कविरसि। आम्नायनादन्यत्र नूतनछन्दसामवतारः।'' (उ.रा. 2-अंकः)। इस में किसी को आपत्ति नहीं हो सकती है कि, रामायण की उत्पत्ति का मार्मिक रहस्य सहृदय हृदयस्पर्शी होने के साथ प्राणी मात्र के अन्तःकरण को द्रवित करने में सशक्त है। संवेदना से आप्लावित महर्षि वाल्मीकि के मुखारविन्द से प्रस्फुरित छन्दोमयी वाणी इस प्रकार है–

मा निषाद प्रतिष्ठां त्वमगमः शाश्वतीः समाः।
यत्क्रौंचमिथुनादेकमवधीः काममोहितम्।।[1]

'रामायण' के इस घटनाप्रधान प्रतीकात्मक आविर्भाव में ही जगन्माता देवी सीता एवं जगन्नियन्ता प्रभु श्रीरामचन्द्र के अद्वितीय अलौकिक सम्बद्ध का रहस्य बीज सूक्ष्म रूप से निहित है। 'रामायण' के उत्पत्तिमूलक इस पद्य में वर्णित क्रौंची सीता की एवं क्रौंच श्रीरामचन्द्र का प्रतीक हैं। इस प्रकार सीता एवं राम के चरित्र की आधारभूत इस छोटी सी संवेदनशील घटना ने नौ काण्डों में विभक्त 24000 श्लोकों का एक विशालकाय ग्रन्थ ''रामायण'' का रूप धारण कर लिया।

''रमन्ते योगिनः यस्मिन्निति रामः'' संस्कृत की इस व्युत्पत्ति की अन्वर्थता में यह सिद्ध होता है कि राम का चरित्र सार्वकालिक, सार्वदेशिक एवं अलौकिक है। **''योगश्चित्तवृत्तिनिरोधः''** योग के इस

लक्षण के अनुसरण में जो समस्त अन्तरिन्द्रियों एवं बाह्य इन्द्रियों की प्रवृत्तियों से अपने चेतस् को नियन्त्रित कर पुरुषोत्तम राम में **काय मनो** वाक्य से रमण करता है वास्तव में वही योगी कहलाता है। इस दर्शन की चरितार्थता में देवी सीता का चरित्र सर्वथा खरा उतरता है। क्योंकि राम से बढ़ कर सीता का और कौन प्रिय हो सकता है?

संस्कृत में **''रामः अयनं यस्य तद् रामायणम्''** इस व्युत्पत्ति के अनुसरण में 'रामायण' का अर्थ यह है कि राम ही जिसका आश्रय या मार्ग है यानी राम का चरित्र चित्रण ही जिसका मुख्य प्रतिपाद्य है। यह भी सार्वजनीन सत्य है कि शक्ति स्वरूपा जगन्माता सीता के संसर्ग के अभाव में परम पुरुष श्रीरामचन्द्र के धरावतरण का उद्देश्य सर्वथा अप्रासङ्गिक एवं निरर्थक है। क्योंकि शैव दर्शन के अनुसार जिस प्रकार शिवा यानी माता पार्वती के बिना शिवतत्त्व अशक्त है उसी प्रकार सीता के बिना राम शक्तिहीन हैं। इस तथ्य का अवबोधन हमें सन्त कवि तुलसीदासजी की निम्नांकित चौपाई से स्पष्ट हो जाता है—

जो सुनि सादर नर बडभागी। भव तरिहहिं ममता मद त्यागी।।
आदिसक्ति जेहिं जग उपजाया। सोउ अवतरिहि मोरि यह माया।।[2]

'श्रीरामचरितमानस' के मङ्गलाचरण में प्रयुक्त निम्नांकित मङ्गल पद्य भी इस तत्त्व को और अधिक परिष्कृत करता है—

उद्भवस्थितिसंहारकारिणीं क्लेशहारिणीम्।
सर्वश्रेयस्करीं सीतां नतोऽहं रामवल्लभाम्।।[3]

इस प्रकार पुरुषोत्तम श्रीरामचन्द्र ब्रह्मस्वरूप हैं तो सम्पूर्ण स्त्रीजाति की प्रतिनिधि स्वरूपा सीता मैया उन मर्यादा पुरुषोत्तम की प्रकृति हैं। अतः श्री तुलसीदासजी ने श्रीराम को जहाँ सर्वश्रेष्ठ कारण कहा है वहीं माता सीता को जगत् के समस्त कष्ट दूर करने वाली सर्वकल्याणकारी कहा है और सीताजी को प्रभु श्रीराम से अभिन्न बताकर दोनों को एक ही नाम **''सीताराम''** से संज्ञायित किया है। क्योंकि श्रीराम अलौकिक प्रकाश स्वरूप सत्त्व गुणवान् ज्ञान का परिचायक हैं और क्रियास्वरूपिणी रजोगुणवती देवी सीता विश्वास की आधार भूमि साक्षात् मूर्तिमती श्रद्धा की परिचायिका हैं। युग एवं कालधर्म के अनुसरण में इन दोनों का सम्बन्ध जन्म जन्मान्तर से अविनाभाव है। इतिहास इस तथ्य का साक्षी है कि, अधर्म के अपसारण एवं धर्म के उत्थान केलि, परमकारुणिक परमपिता परब्रह्म ने इस धरा पर जब-जब अवतार ग्रहण किया है तब-तब जगन्माता आदिशक्ति योगमाया ने अवतरित होकर अद्वैत भाव से उन परब्रह्म के महत् उद्देश्य को कृतार्थ किया है।

महर्षि अत्रि के कथनानुसार सीता श्रीराम की शक्ति स्वरूपा हैं। महर्षि वाल्मीकि ने श्रीराम एवं सीताजी की अविभाज्यता पर प्रकाश डालते हुए कहा है कि, ''हे राम! आप वेद की मर्यादा के रक्षक हैं और आपकी स्वरूपरूपा देवी सीता आपकी माया शक्ति हैं। जो आपके साहचर्य से जगत् का निर्माण, रक्षण एवं संहार करती हैं।'' तुलसीदास जी की काव्यमयी शब्दमूर्ति इस प्रकार है—

श्रुति सेतु पालक राम तुम्ह जगदीस माया जानकी।
जो सृजति जगु पालति हरति रुख पाइ कृपानिधान की।।[4]

कवि शिरोमणि तुलसीदासजी ने 'रामचरितमानस' में श्रीराम और सीता के अविनाभाव सम्बन्ध को मनु-शतरूपा, कश्यप-अदिति आदि के वर्णन के माध्यम से और अधिक स्पष्ट किया है। एकदा स्वायम्भुव मनु एवं उनकी पत्नी शतरूपा ने भगवान विष्णु के दर्शनेच्छा से अनन्त काल तक कठोर तपस्या की। **''नाहं तिष्ठामि वैकुण्ठे योगिनां हृदये न च। मद्भक्ताः यत्र गायन्ति तत्र तिष्ठामि नारद!।''** इस भगवदुक्ति की अन्वर्थता में उनकी अनन्या भक्ति-भावना के रज्जु से वषीभूत भक्तवत्सल प्रभु नारायण ने अपनी माया आदि शक्ति (सीता) के साथ स्वरूपतः प्रत्यक्ष उपस्थित हो कर तपस्वीयुगल के नयनपथ को कृतार्थ किया एवं प्रसन्नतापूर्वक उन्हें यथेच्छ वर-याचना की अनुज्ञा दी। सांसारिक भौतिक सुख से वितृष्ण मनु एवं शतरूपा ने परमानन्द की प्राप्ति हेतु श्रीहरि जैसे पुत्ररत्न प्राप्त करने की इच्छा व्यक्त की। तब प्रभु अत्यन्त प्रसन्न हो कर उनकी याचना को अङ्गीकार करते हुए कहा, मेरे समान पुत्र (दूसरा) कहाँ से खोजूँ! अतः परवर्ती जन्म में जब तुम दोनों दशरथ एवं कौसल्या के रूप में अयोध्या के राजा-रानी बनोगे तब मैं तुम लोगों के पुत्र के रूप में जन्म ग्रहण करूँगा और मेरी यह आद्या शक्ति भी जनकनन्दिनी सीता का रूप धारण करेगी। तुलसीदास जी की चौपाई का भाव कुछ इस प्रकार है–

देखि प्रीति सुनि बचन अमोले। वमस्तु करुनानिधि बोले।।
आपु सरिस खोजौं कहं जाई। नृप तव तनय होब मैं आयी।।[5]

प्रभु श्रीरामचन्द्र एवं देवी सीता का अलौकिक रहस्यमय जन्म वृत्तान्त का सादृश्य भी उन दोनों के अटूट सम्बन्ध को व्यक्त करता है। पूर्व प्रतिश्रुति के अनुसरण में देवता, ऋषि, मुनि एवं समस्त पृथ्वीवासी सामान्य नर-नारी के सम्पीडक अहंकारी रावण के वध करने हेतु देवताओं द्वारा निवेदन किये जाने पर श्रीहरि ने जब अयोध्यापति पुण्यात्मा दशरथ को अपने पिता बनाने की इच्छा की तब पुत्रहीन महातेजस्वी दशरथ ऋषियों के परामर्श के अनुरूप पुत्रप्राप्ति निमित्त पुत्रेष्टि यज्ञ कर रहे थे। ऐसे पवित्र अवसर पर भगवान के निर्देशानुसार उस यज्ञकुण्ड में से महापराक्रमी एक तेजस्वी पुरुष ने आविर्भूत होकर महाराजा दशरथ को अमृतायमान खीर का पात्र प्रदान किया एवं उन्हें निर्देशित किया कि देवनिर्मित यह खीर अपनी पत्नियों को खिलाओ, जिससे तुम्हें अनुरूप पुत्ररत्न की प्राप्ति होगी–

भार्याणामनुरूपाणामश्नीतेति प्रयच्छ वै।
यासु त्वं लप्स्यसे पुत्रान् यदर्थं यजसे नृप!।।[6]

प्रभु श्रीरामचन्द्र के प्राकट्योत्सव के मूल में जिस प्रकार यज्ञ कार्य का सम्पादनात्मक अलौकिक घटना निहित है उसी प्रकार आदि शक्ति स्वरूपा अयोनिजा जगज्जननी देवी सीता के प्राकट्योत्सव के मूल में यज्ञसंविधानपूर्वक अलौकिक तथ्य निहित है। इस सम्बन्ध में 'रामायण' के बालकाण्ड में प्रसङ्ग आता है कि अपने प्रासाद में अनायास पधारे मुनिश्रेष्ठ विश्वामित्र

से मिथिलाधिपति राजा जनक शिवधनुष एवं सीता के आविर्भाव का परिचय प्रदान करते हुए कहते हैं कि एक दिन मैं यज्ञ के लिए भूमिशोधन करते हुए खेत में हल चला रहा था, उसी समय हल के अग्रभाक्त से जोती गयी भूमि (सीता) से एक कन्या प्रकट हुई। सीता (जोती गयी भूमि) से उत्पन्न होने के कारण उसका नाम सीता रखा गया है और यही मेरी पुत्री है। आदिकवि वाल्मीकि लिखते हैं–

अथ मे कृशतः क्षेत्रं लाङ्गलादुत्थिता ततः।।
क्षेत्रं शोधयता लब्धा नाम्ना सीतेति विश्रुता।
भूतलादुत्थिता सा तु व्यवर्धत ममात्मजा।।[7]

'वीरभोग्या वसुन्धरा' इस उक्ति के मर्म को राजा जनक अच्छी तरह जानते थे। इसलिए उन्होंने सीता के जन्म समय में ही धरावतरण को सार्थक करनेवाली वसुन्धरासम्भूता सीता का विवाह एक सर्वश्रेष्ठ वीर योद्धा से कराने की प्रतिज्ञा कर ली थी। स्वयं जनक कहते हैं–

वीर्यशुल्केति मे कन्या स्थापितेयमयोनिजा।
भूतलादुत्थितां तां तु वर्धमानां ममात्मजाम्।।8

इस हेतु जनक ने यह प्रण रखा कि जो भी वीर पुरुष शिवधनुष पर प्रत्यंचा का आरोहण कर देगा वही मेरी कन्या को वरण करने का अधिकारी हो सकता है। शर्त के अनुसार अपने पराक्रम सिद्ध करने हेतु अनेक राजा उपस्थित हुए, परन्तु शिवधनुष को हिलाने में भी समर्थ न हो सके। समर्थ होते भी कैसे? क्योंकि सीता तो श्रीरामचन्द्र के लिए ही प्रकट हुयी थी। सीता को वरण करने के अधिकारी सिर्फ राम ही थे। अतः अमित बलशाली प्रभु श्रीरामचन्द्र ने गुरु विश्वामित्रजी के निर्देश प्राप्त कर खेल ही खेल में उस दिव्य धनुष को उठा लिया और उस पर प्रत्यंचा का आरोहण करते ही वह धनुष बीच में से टूट गया। राजा जनक ने श्रीरामजी के इस पराक्रम से अभिभूत व हतप्रभ होकर मुनि विश्वामित्र जी से निवेदन किया, हे मुनिश्रेष्ठ! दाशरथि के इस अद्भुत पराक्रम से मैं आश्वस्त एवं प्रसन्न हूँ कि मेरी पुत्री जानकी रघुकुलनन्दन को वरण कर मेरे कुल को गौरवान्वित करने के साथ जगत् का कल्याण करेगी। अब मैं प्रतिज्ञा के अनुसरण में प्राण से अधिक मेरी पुत्री को वीरश्रेष्ठ श्रीराम के हाथ में समर्पित करूँगा–

मम सत्या प्रतिज्ञा सा वीर्यशुल्केति कौशिक!।
सीता प्राणैर्बहुमता देया रामाय मे सुता।।[9]

'रामायण' में उल्लेखित अनेक घटनाएँ 'सीता के ही राम' इस तथ्य को परिपुष्ट करती हैं। जनकनन्दिनी सीता एवं दशरथनन्दन श्रीरामचन्द्र की अद्वितीय चारित्रिक विशेषताएँ भी परस्पर सम्बन्ध की अभिन्नता एवं प्रगाढ़ता को एक सूत्र में बाँधने का पर्याप्त कारण हैं। रामायण तथा परवर्ती अनेक काव्य-नाटकों के वर्णनानुसार सीता के पातिव्रत्य, अनुपम सौन्दर्य, सहनशीलता, आस्था, निष्ठा व सेवापरायणता आदि गुणों के कारण मर्यादा पुरुषोत्तम श्रीरामचन्द्र को जनकनन्दिनी सीता अत्यन्त प्रिय थी। देवी सीता को भी श्रीराम के गाम्भीर्य, धैर्य, त्याग,

एकपत्नीव्रात्य, अतुलनीय शौर्य, अभिन्न स्नेह, समदर्शिता एवं अनुपम सौन्दर्य आदि गुणों के कारण श्रीराम अत्यन्त प्रिय थे। जैसाकि रामायण के बालकाण्ड में कहा गया है–

मनस्वी तद्गतमनास्तस्या हृदि समर्पितः।
प्रिया तु सीता रामस्य दाराः पितृकृता इति।।
गुणाद्रूपगुणाच्चापि प्रीतिर्भूयोऽभिवर्धते।
तस्याश्च भर्ता द्विगुणं हृदये परिवर्तते।।[10]

रघुकुलवधू सीता एक आदर्श रमणी थी। वह भारतीय नारीसमाज की प्रतिनिधिस्वरूपा हैं। उन्होंने अपने आचरण से यह सिद्ध किया है कि नारी अबला के रूप में केवल पुरुष की वासना को चरितार्थ करने का एक साधनमात्र नहीं है, अपितु सहधर्मिणी के रूप में हर विपरीत परिस्थितियों का सामना करने एवं उसका समाधान करने में वह सशक्त है। वास्तव में देवी सीता का पातिव्रत्य अतुलनीय है। पितृसत्य की रक्षार्थ सत्यसन्ध श्रीराम जब वनवास के लिए प्रस्थान करते हैं, तब राजप्रासाद के स्वर्ग सुख को परित्याग कर अपने पत्नीधर्म का पालन करती हुई सीता राम के साथ चलना चाहती हैं, राम उन्हें वन की भयानकता एवं दुर्गमतता से डरा कर रोकना चाहते हैं। परन्तु सीता उत्साह के साथ कहती हैं, मुझे वन की दुर्गमता की परवाह नहीं है, मैं तुम्हारे रास्ते के कुश और काँटों को कुचलती हुई आप के आगे-आगे चलूँगी–

यदि त्वं प्रस्थितो दुर्गं वनमद्यैव राघव।
अग्रतस्ते गमिष्यामि मृद्नन्ती कुशकण्टकान्।।[11]

'अर्धनारीश्वर' न्याय से एक स्त्री का अपने पति पर कितना अधिकार होता है इसका परिचय हमें देवी सीता के चरित्र से प्राप्त होता है। अपने स्त्री-धर्म की रक्षा करने के साथ पति को मनाने के लिए सती स्त्री अपने पति को डाँट भी सकती है। इस बात को सीता अच्छी तरह जानती थी। जब श्रीराम सीताजी को साथ न ले जाने हेतु बाध्य करते हैं, तब सतीशिरोमणी सीताजी प्रेम और स्वाभिमान से अन्तिम अस्त्र के रूप में प्रभु श्रीराम को डाँटती हुई कहती है, 'श्रीराम! क्या मेरे पिताजी ने आपको दामाद के रूप में वरण करते समय कभी यह भी सोचा था कि आप केवल शरीर से ही पुरुष हैं, कार्य सम्पादन में स्त्री ही हैं'–

सा तमुत्तमसंविग्ना सीता विपुलवक्षसम्।
प्रणयाच्चाभिमानाच्च परिचिक्षेप राघवम्।।
किं त्वामन्यत वैदेहः पिता मे मिथिलाधिपः।
राम जामातरं प्राप्य स्त्रियं पुरुषविग्रहम्।।[12]

पत्नी सीता के इस प्रकार स्वाभिमान पूर्ण वचन से पराजित एवं वशीभूत होकर श्रीराम ने उन्हें वन में साथ ले जाने हेतु सहमति प्रदान की। रावण के द्वारा अपहृत माता सीता को हनुमान अशोक वाटिका में दीनावस्थापन्ना के रूप में अवश्य देखते हैं, परन्तु अपने स्वामी श्रीराम के तेज के कारण वह अदैन्य व तेजस्विता से युक्त हैं तथा शील से रक्षित हैं। सीता

की पवित्रता एवं तेजस्विता के समक्ष राक्षसराज रावण का तेज व पराक्रम निष्क्रिय हो गया था, यही कारण है कि वह सती सीता के शरीर का स्पर्श तक करने में असमर्थ हो गया था। कामुक रावण जब प्रणय निवेदन करते हुए उनके समक्ष उपस्थित होता है, तब देवी सीता भय के मारे वायु प्रवाह से रम्भा वृक्ष की तरह अवश्य काँप उठती है तथा जो सीता पहले यानी छल से रावण के द्वारा अपहरण करते समय प्रज्वलित अग्नि की शिखा जैसी थी, वह इस समय 'शान्त अग्निशिखा' हो जाती है। परन्तु रावण का प्रलोभन उन पर कोई प्रभाव नहीं डाल पाता है, रावण से वह कहती हैं, मुझे ऐश्वर्य अथवा धन से प्रलोभित नहीं किया जा सकता, क्योंकि जैसे प्रभा सूर्य से अलग नहीं होती, उसी प्रकार मैं श्रीरामचन्द्र से अभिन्न हूँ। इतना ही नहीं और जिस प्रकार वेदविद्या आत्मज्ञानी ब्राह्मण की ही सम्पत्ति होती है, उसी प्रकार मैं केवल उन महीपति श्रीरामचन्द्र की ही भार्या बनने योग्य हूँ–

शक्या लोभयितुं नाहमैश्वर्येण धनेन वा।
अनन्या राघवेणाहं भास्करेण यथा प्रभा।।
अहमौपायिकी भार्या तस्यैव च धरापतेः।
व्रतस्नातस्य विद्येव विप्रस्य विदितात्मनः।।[13]

रावण जब राक्षसियों द्वारा सीता को भयभीत करवा कर पत्नी के रूप में अपनाना चाहता है, तब सीता उन्हें खरी-खरी सुनाती हुई कहती हैं–तुम सब लोग भले ही मुझे खा जाओ, किन्तु मैं तुम्हारी बात नहीं मान सकती। मेरे पति श्रीराम दीन हों अथवा राज्यरहित हों, वे ही मेरे हृदयेश्वर स्वामी हैं, वे मेरे गुरु हैं, मैं हमेशा उन्हीं में उसी प्रकार अनुरक्त हूँ और रहूँगी जैसे सुवर्चला सूर्य में अनुरक्त रहती है–

दीनो वा राज्यहीनो वा यो मे भर्ता स मे गुरुः।
तं नित्यमनुरक्तास्मि यथा सूर्यं सुवर्चला।।[14]

देवी सीता का अपने पति श्रीराम के प्रति अटूट विश्वास, आस्था व विश्वास आदि अद्वितीय सद्गुणों ने श्रीराम के हृदय को जीत लिया था। जिससे मानवीय लीला को अपनाते हुए रामचन्द्र दिवानक्त सहधर्मिणी सीता को अपने हृदय में धारण किये हुए थे। श्रीराम के द्वारा स्नेहपूर्ण वचन कहे जाने पर जब माता सीता श्रीराम के वक्षस्थल पर निद्राधीन हो जाती है तब श्रीराम सीता के प्रति अपने अन्तःकरण की भावना को व्यक्त करते हुए कहते हैं–

इयं गेहे लक्ष्मीरियममृतवर्तिर्नयनयो–
रसावस्याः स्पर्शो वपुषि बहुलश्चन्दनरसः।
अयं बाहुः कण्ठे शिशिरमसृणो मौक्तिकसरः,
किमस्या न प्रेयो? यदि परमसह्यस्तु विरहः।।[15]

श्रीराम अपने हृदयगत भाव को व्यक्त करते हुए कहते हैं–यह सीता मेरी घर की साक्षात् लक्ष्मी है, सीता का स्पर्श मेरे शरीर के लिए गाढे चन्दन रस का लेप है और इसकी भुजलता

मेरे कण्ठ में स्निग्ध एवं शीतल मोतियों का हार तुल्य है। इसके अतिरिक्त और अधिक क्या कहूँ? इसकी कौनसी वस्तु मुझे प्रिय नहीं है? अपितु इसकी समस्त वस्तु मुझे प्रिय हैं। परन्तु इसका विरह मेरे लिए सर्वथा अप्रिय है। इस पद्य में अभिव्यक्त श्रीरामचन्द्र के हृदय दर्शन से यह परिष्कृत हो जाता है कि, सीता सिर्फ राम की हैं और राम सिर्फ सीता के ही हैं। इतना ही नहीं, प्रभु श्रीरामचन्द्र सुख, दुःख आदि विभिन्न सांसारिक परिस्थितियों में उत्तम दाम्पत्य-स्नेह के साहचर्य को सौभाग्य का विषय बताते हुए वेदान्त दर्शन के अन्तर्गत अद्वैतभाव सिद्धान्त के अनुसरण में हृदयेश्वरी सहधर्मिणी देवी सीता को अपने से अभिन्न मानते हैं। उनका मानवीय जीवन दर्शन महाकवि भवभूति के निम्नाङ्कित दार्शनिक तत्त्व संवलित पद्य में परिलक्षित होता है—

अद्वैतं सुखदुःखयोरनुगतं सर्वास्ववस्थासु य–
द्विश्रामो हृदयस्य यत्र, जरसा यस्मिन्नहार्यो रसः।
कालेनावरणात्ययात्परिणते यत्प्रेमसारे स्थितं
भद्रं तस्य सुमानुषस्य कथमप्येकं हि तत्प्रार्थ्यते।।[16]

उपर्युक्त पद्य में 'गागर में सागर' जैसा अपूर्व दाम्पत्य जीवन दर्शन निहित है। वस्तुतः सीता जैसी पतिव्रता धर्मपत्नी का सान्निध्य प्राप्त कर प्रभु श्रीरामचन्द्र स्वयं के मानवीय जीवन को धन्य मानते हैं।

इस तथ्य का परिचय हमें भवभूति के 'उत्तररामचरितम्' के वर्णनानुसार कुश के द्वारा राम के समक्ष रामायण की आवृत्ति प्रसङ्ग से भी प्राप्त होता है। देवी सीता श्रीराम की पिता जनक द्वारा विधिपूर्वक दी गयी प्रिय पत्नी थी। रूप एवं रूप-गुणों से पारस्पिरिक स्नेह प्रगाढ़ था। एक दूसरे का हृदय एक दूसर के लिए समर्पित थे। वस्तुतः यह भाव अव्यक्त है, इसकी अभिव्यक्ति तो सिर्फ हृदय के द्वारा की जा सकती है और हृदय के द्वारा समझी जा सकती है। इस भाव के परिज्ञानार्थ निम्नांकित पद्यद्वय उल्लेखनीय हैं—

प्रिया तु सीता रामस्य दाराः पितृकृता इति।
गुणैरूपगुणैश्चापि प्रीतिर्भूयोऽप्यवर्धत।।
तथैव रामः सीतायाः प्राणेभ्योऽपि प्रियोऽभवत्।
हृदयं त्वेव जानाति प्रीतियोगं परस्परम्।।[17]

सीता के प्रति राम के हृदयावस्थित अगाध स्नेह का परिचय हमें उनके सीता वियोगजन्य परिताप से प्राप्त होता है। उनका विचार यह है कि धर्मशास्त्र विपत्ति के समय स्त्री की रक्षा करने का उपदेश प्रदान करता है। परन्तु उन्होंने अपनी सती साध्वी पत्नी की रक्षा नहीं की, जिसके कारण वे कारुण्य से सन्तप्त हैं। इतना ही नहीं वन में सीता उन पर आश्रिता थी, परन्तु राम ने उनकी रक्षा न की। अतः वे आनृशंस्य अर्थात् आश्रित जन की संरक्षा के स्वभाव के अभाव का निमित्त बनने के कारण अन्तःकरण में अत्यन्त दुःखी है। सीता उनकी पत्नी सहधर्मिणी थी, उनकी रक्षा न कर पाने के कारण वे धर्म का पालन करने में असमर्थ हुए,

जबकि सीता उनकी प्रिया अर्थात् प्रियतमा होने के कारण वह उनकी सकल सुख की साधिका थी। इस प्रकार सीता के साथ समुचित न्याय न कर पाने के कारण श्रीराम अत्यन्त दुःखी हैं। जैसाकि वाल्मीकि रामायण में कहा गया है--

स्त्री प्रणष्टेति कारुण्यादाश्रितेत्यानृशंस्यतः।
पत्नी नष्टेति शोकेन प्रियेति मदनेन च।।[18]

सम्पूर्ण 'रामायण' के समीक्षात्मक अध्ययन करने पर नवनीत के रूप में निष्कर्षतः हम यह कह सकते हैं कि, 'रामायण' का इतिवृत्त आद्योपान्त राम-सीता के दाम्पत्य प्रणय पर ही केन्द्रीकृत है। देवी सीता के हृदयारविन्द में श्रीराम षट्पद की सत्ता नित्य गुंजायमान है। सीता अपने पति श्रीराम की ही हैं, इस बात का प्रमाण हमें सत्यवादिनी सीता के वचन से भी प्राप्त होता है। वाल्मीकि रामायण के सुन्दरकाण्ड में राक्षसियों से कहती हैं–'जिस प्रकार शची इन्द्र की, अरुन्धती महर्षि वसिष्ठ की, रोहिणी चन्द्रमा की, लोपामुद्रा ऋषि अगस्त्य की, सुकन्या च्यवन की, सावित्री सत्यवान् की हैं, उसी प्रकार मैं भगवान श्रीराम की ही हूँ।' अतः यह कहने में कोई अतिशयोक्ति नहीं है कि सीता के बिना राम के अस्तित्व की एवं राम के बिना सीता के अस्तित्व की कल्पना नहीं की जा सकती है। क्योंकि सीता हैं राम की और राम हैं सीता के। यही कारण है कि 'रामायण' के अन्तिम पर्याय में सीता-राम के पवित्र अविनाभाव सम्बन्ध की प्रामाणिकता के क्रम में अग्निपरिपूता धरासम्भूता सीता की ही प्रार्थना को स्वीकार करती हुई माता वसुन्धरा ने उन्हें अपने गर्भ में पुनः समाविष्ट कर लिया। इस प्रकार सीता-राम के अद्वैत चरित्र सुमन से सुवासित यह कालजयी ग्रन्थ न केवल भारतवर्ष अपितु सम्पूर्ण वैश्विक मानव सभ्यता एवं संस्कृति का प्रतिनिधि साहित्य की महिमा से विभूषित हाने के साथ-साथ त्रैकालिक, आधिभौतिक, आधिदैविक एवं आध्यात्मिक जगत्त्रितय का कल्याणकारी उपदेष्टा भी है। इति शम्।

सन्दर्भ सूची

1. रामायण–1.2.15
2. रा.च.मा–बा.का.–151.2
3. रा.च.मा–बा.का.–1.5
4. रा-च.मा–अयो.का.–125 छन्द
5. रा.च.मा–बा.का.–149.1
6. वा.रा. बा.का.–16.20
7. वा-रा-बा-का–66-13-14
8. वा.रा. बा.का.–67-5
9. वा.रा.बा.का.–68-23

10. वा.रा.बा.का.–77-26-27
11. वा.रा.अयो.का.–27-7
12. वा.रा.अयो.का.–30.2.3
13. वा.रा. सु.का.–21.15.17
14. वा.रा. सु.का.–24.9
15. उ.रा.च.–1.-38
16. उ.रा.च.–1.39
17. उ.रा.च.–6.31.32
18. वा.रा. सुन्दरकाण्ड–15.50

भरत के राम

नवीन नन्दवाना

राम सृष्टा भी हैं और सृष्टि भी! राम द्रष्टा भी हैं और दृष्टि भी!
राम एकान्त भी हैं और महफिल भी! राम मार्ग भी हैं और मंजिल भी!
राम जीवन भी हैं और मुक्ति भी! राम युद्ध भी हैं और युक्ति भी!
राम मनहर भी हैं और मनस्वी भी! राम राजा भी हैं और तपस्वी भी!...
राम गृहस्थ भी हैं और सन्त भी! राम आदि भी हैं और अन्त भी![1]

हिन्दी के ख्यातनाम मंचीय कवि कुमार विश्वास की रचना 'अपने अपने राम' की इन पंक्तियों से हम राम की व्यापकता और भारतीय लोक जीवन में राम की उपस्थिति का सहज अनुमान लगा सकते हैं। भारतीय समाज में राम और रामकथा की धारा एक अजस्र स्रोतस्विनी के रूप में सदियों से प्रवाहमान है। इस रामकथा को भारतीय प्राणधारा में सहज स्थापित करने का श्रेय आदिकवि वाल्मीकि और गोस्वामी तुलसीदास को दिया जाता है। इन दोनों ही महत कवियों की रचनाओं ने भारतीय जनमानस में राम के एक श्रेष्ठ रूप की स्थापना की है। आज के दौर में हर व्यक्ति के अपने-अपने राम हैं। वह राम को अलग-अलग रूप में स्वीकार करता है।

वाल्मीकि कृत 'रामायण' से लेकर 'रघुवंश' (कालिदास) में, बौद्ध परंपरा में 'अनामर्क जातक', 'दशरथ जातक', 'दशरथ कथानक' आदि रचनाओं में, अपभ्रंश भाषा में स्वयंभू रचित 'पउमचरिउ' में तो विभिन्न आधुनिक भारतीय भाषाओं में भी रामकथा रचना की समृद्ध परंपरा मिलती है। गुजराती भाषा में 'रावण मंदोदरी संवाद' (श्रीधर), 'राम बालचरित' (भालण ा), 'रामायण' (नाकर), उड़िया भाषा में 'जगमोहन रामायण' या 'दाण्डि रामायण' या 'ओड़िआ रामायण', तेलुगु भाषा में 'भास्कर रामायण', 'रंगनाथ रामायण', 'रघुनाथ रामायण', कन्नड भाषा में 'कुमुदेन्दु रामायण', 'तोरवे रामायण', असमिया में 'कथा रामायण', बंगला भाषा में 'कृत्तिवास रामायण', पंजाबी भाषा में 'रामावतार' या 'गोविन्द रामायण', कश्मीरी में 'रामावतार चरित', मलयालम में 'रामचरितम्', तमिल में 'कंबरामायण' की रचना हुई। हिन्दी में गोस्वामी तुलसीदास की 'रामचरित मानस' और 'विनय पत्रिका' के साथ उनकी अन्य रचनाएँ अलग-अलग भूमिकाओं में राम की एक अलग छवि उपस्थित करती हैं।

रामकथाओं पर गहन विचार-मन्थन कर विविध विद्वानों ने राम की अलग-अलग छवियाँ उपस्थित की हैं। कौसल्या के अपने राम हैं, वहीं कैकेयी और सुमित्रा के भी अपने राम हैं। दशरथ के राम एक विशेष पहचान रखते हैं तो सीता, लक्ष्मण और भरत के भी अपने राम हैं। ये सभी और इन सभी के साथ सदा से ही भारतीय समाज राम को अलग-अलग रूपों में देखता आया है। राम कभी आदर्श पुत्र के रूप में दिखायी पड़ते हैं तो कभी एक आदर्श भाई के रूप में, कभी एक आदर्श पति के रूप में तो कभी एक आदर्श सखा के रूप में। इस प्रकार राम का स्वरूप बड़ा ही व्यापक और वैविध्यमय है।

गोस्वामी तुलसीदास ने रामकथा की महत्ता का बखान करते हुए लिखा है कि 'मंगल करनि कलिमल हरनि तुलसी कथा रघुनाथ की।' इस मंगलकारी कथा को राम और भरत के सन्दर्भ में देखें तो पाते हैं कि 'रामचरितमानस' में राम और भरत के प्रसंग अनेक स्थानों पर आये हैं और भरत अपने ज्येष्ठ भ्राता राम के प्रति पूरी तरह समर्पित और निष्ठावान् हैं। मानस के अयोध्याकाण्ड में अनेक प्रसंग ऐसे हैं जो भरत के हृदय में बसी राम की छवि का उद्घाटन करते हैं। रामकथा के प्रसिद्ध आलोचक योगेन्द्र प्रताप सिंह लिखते हैं कि ''अयोध्याकाण्ड का उत्तरांश अर्थात् भरत कथा इस पूर्वांश से कहीं अधिक महत्तम, कर्म तथा ज्ञान से भिन्न मात्र भक्ति की ऐकांतिक प्रतिष्ठा से परिपूर्ण आराध्य के ध्यान में विगलित तुलसी जैसे पिपासु भक्तों के लिए मानक आदर्श के रूप में है। अयोध्याकाण्ड के इस उत्तरांश के कथानायक भरत हैं और ये भरत दशरथ पुत्र ही नहीं, राम के अनुज भी नहीं, भक्तप्रवर गोस्वामी तुलसीदास की प्रतिमूर्ति हैं।''[2] यहाँ यह स्पष्ट हो जाता है कि दशरथ और भरत के मन में राम की अलग-अलग छवियाँ हैं। भरत जी के प्रयाग जाने और भरत-भारद्वाज संवाद के प्रसंग में गोस्वामी तुलसीदास भरत हृदस्यथ भावों की जो सुन्दर अभिव्यक्ति देते हैं, उससे हम भरत के राम का एक परिचय प्राप्त कर सकते हैं—

अरथ न धरम न काम रुचि गति न चहउँ निरबान।
जनम जनम रुति राम पद यह बरदानु न आन।।
जानहुँ राम कुटिल करि मोही। लोग कहउ गुर साहिब द्रोही।
सीता राम चरन रति मोरें। अनुदिन बढ़उ अनुग्रह तोरें।''[3]

यहाँ भरत अपनी इच्छा को दर्शाते हुए यह स्पष्ट कर देते हैं कि उन्हें राम के अतिरिक्त धर्म, अर्थ, काम और मोक्ष आदि किसी प्रकार की कामना नहीं है। साथ ही सीताराम के चरणों में उनके प्रेम की दिनोंदिन वृद्धि की कामना रखते हैं। ऋषि भारद्वाज अपने कथनों के माध्यम से यह स्पष्ट कह देते हैं कि भरत तुम्हारा यश निर्मल है और लोक तथा वेद दोनों तुम्हारे निर्मल यश का गान करेंगे। भरत की माता कैकेयी के कारण मिले राम-वनवास पर भरत आत्मग्लानि महसूस करते हैं और यह सोचते हैं कि राम के मन में उनके प्रति क्या चल रहा होगा। इस पर मुनि का कथन राम के उदार स्वरूप और भरत के प्रति उनके प्रेम को दर्शाता है। मानस

के अयोध्याकाण्ड में कथन है–

सुनहु भरत रघुबर मन माहीं। पेम पात्रु तुम्ह सम कोउ नाहीं।।
लखन राम सीतहि अति प्रीती। निसि सब तुम्हहि सराहत बीती।।
जाना मरमु नहात प्रयागा। मगन होहिं तुम्हरे अनारागा।।
तुम्ह पर अस सनेह रघुबर कें। सुख जीवन जग जस जड़ नर के।।[4]

राम के वनगमन और दशरथ के निधन के बाद के प्रसंग जब शत्रुघ्न सहित भरत अयोध्या लौटते हैं तो वे प्रसंग बड़े कारुणिक बन पड़े हैं। भरत अपनी माता कैकेयी को जब इन सबका कारण मानते हैं तो वे अपनी माता को बहुत भला-बुरा कहते हैं और राम के प्रति अपने अनुराग को दर्शाते हैं। अपनी माता को उनके कृत्य पर धिक्कारते हुए वे राम और अपने परिवार के प्रति अपने अनुराग को कुछ इस प्रकार दर्शाते हैं–

भरतहि बिसरेउ पितु मरन सुनत राम बन गौनु।
हेतु अपनपउ जानि जियँ थकित रहे धरि मौनु।।

जौं पै कुरुचि रही अति तोही। जनमत काहे न मारे मोही।।
पेड़ काटि तैं पालउ सींचा। मीन जिअन निति बारि उलीचा।।
हंसबंसु दसरथु जनकु राम लखन से भाइ।
जननी तूँ जननी भई बिधि सन कछु न बसाइ।।[5]

इस पश्चात्ताप और दुःख की घड़ी में भी राम की माता कौसल्या भरत पर अपना स्नेह दर्शाती हैं और उनके मन में भरत के प्रति उनके प्यार में किसी प्रकार की कमी नहीं आती है। भरत इन सब अनर्थों का कारण स्वयं को स्वीकारते हैं।

मातु भरत के बचन सुनि साँचे सरल सुभायँ।
कहति राम प्रिय तात तुम्ह सदा बचन मन कायँ।।
राम प्रानहु तें प्रान तुम्हारे। तुम्ह रघुपतिहि प्रानहु तें प्यारे।।
बिधु बिष चवै स्रवै हिमु आगी। होइ बारिचर बारि बिरागी।।
भएँ ग्यानु बरु मिटै न मोहू। तुम्ह रामहि प्रतिकूल न होहू।।
मत तुम्हार यहु जो जग कहहीं। सो सपनेहुँ सुख सुगति न लहहीं।।[6]

यहाँ उपर्युक्त कथनों के माध्यम से कौसल्या माता यह आश्वस्त करती है कि हे भरत, राम को तुम अपने प्राणों से भी अधिक प्यार करते हो। अतः अपने मन में इस प्रकार का विषाद न लाओ। चित्रकूट के मार्ग पर भरत बहुत व्याकुल होकर बढ़ रहे होते हैं। वे मार्ग में मिलने वाले प्रत्येक जन से सीता-राम और लक्ष्मण की कुशल और स्थान के बारे में पूछते हैं। भरत जी के भाईपने, भक्ति और आचरण की प्रत्येक व्यक्ति सराहना करता है। स्वयं गोस्वामी तुलसीदास ने भी लिखा है कि ''भायप भगति भरत आचरनू। कहज सुनत दुःख दूषन हरनू।।''

जब चित्रकूट में भरत के आगमन से पूर्व लक्ष्मण राम के समक्ष यह शंका व्यक्त करते हैं कि भरत को राजमद हो गया है तो राम अपने भाई भरत के आचरण और व्यवहार के विषय में लक्ष्मण को जो कहते हैं उससे राम और भरत के परस्पर स्नेह-सम्बन्ध का ज्ञान होता है। राम कहते हैं—

भरतहि होइ न राजमदु बिधि हरि हर पद पाइ।
कबहुँ कि काँजी सीकरनि छीरसिंधु बिनसाइ।।
तिमिरु तरुन तरनिहि मकु गिलई। गगनु मगन मकु मेघहिं मिलई।।
गोपद जल बूड़हिं घटजोनी। सहज छमा बरु छाड़ै छोनी।।
मसक फूँक मकु मेरु उड़ाई। होइ न नृपमदु भरतहि भाई।।
लखन तुम्हार सपथ पितु आना। सुचि सुबंधु नहिं भरत समाना।।[7]

भरत के चित्रकूट आगमन पर सबके मिलाप के पश्चात राम-भरत संवाद में भी हम भरत के राम का स्वरूप जान सकते हैं।

मैं जानउँ निज नाथ सुभाऊ। अपराधिहु पर कोह न काऊ।।
मो पर कृपा सनेहु बिसेषी। खेलत खुनिस न कबहूँ देखी।।
सिसुपन तें परिहरेउँ न संगू। कबहुँ न कीन्ह मोर मन भंगू।।
मैं प्रभु कृपा रीति जियँ जोही। हारेहूँ खेल जितावहिं मोही।।
महूँ सनेह सकोच बस सनमुख कही न बैन।
दरसन तृपित न आजु लगि प्रेम पिआसे नैन।।[8]

यहाँ भरत जी के कथन सम्पूर्ण सभा पर अपना प्रभाव छोड़ते हैं और एक आदर्श भाई का स्वरूप सभी को यहाँ दृष्टिगत होता है। राम भी उन्हें स्पष्ट रूप से समझाते हैं कि जीवन की गति हमारे वश में नहीं है, ये सब ईश्वराधीन हैं। वे राम को तीनों कालों और तीनों लोकों में श्रेष्ठ होने की संज्ञा देते हैं। भरत के राम के प्रति इसी प्रेम के विषय में प्रसिद्ध आलोचक योगेन्द्र प्रताप सिंह लिखते हैं कि "हिन्दी साहित्य के विवेचकों ने भरत की भक्ति को भायप भक्ति के रूप में स्वीकार किया है। उनके अनुसार भरत में अपने अग्रज के लोकात्मक सम्बन्ध का एक ओर निर्वाह है तो दूसरी ओर उनमें आराधक की भाँति समर्पण निष्ठा भी है। इस प्रकार लोक सम्बन्ध तथा भक्ति निष्ठा का निर्वाह दोनों तत्त्व भरत के चरित्र द्वारा निर्दिष्ट किये जा सकते हैं। लोक सम्बन्ध मूलतः प्रसंग में नगण्य है। कथा सन्दर्भ है कि वे श्रीराम के लघु भ्राता हैं। कवि भायप भक्ति में भायप अर्थात् भ्रातृत्व का धीरे-धीरे विलयन उनके भक्त व्यक्तित्व में करता है। राम के लिए सर्वस्व त्याग, उनके दर्शन की महती उत्कण्ठा एवं हर्षातिरेक, वहाँ तक पहुँचने के लिए सम्पूर्ण संकटों का वरण, अपने सम्पूर्ण जीवन को आराध्य राम की प्रियता के अनुकूल परिवर्तित करने का भाव और उनके लिए अगाध मोह—ये ऐसे तत्त्व हैं, जो उन्हें भाई की अपेक्षा भक्त अधिक स्वीकार कराते हैं।"[9]

भरत को राजपाट से कुछ भी स्नेह नहीं है। वह तो राम का साथ चाहते हैं, इसी कारण

वे स्पष्ट शब्दों में कह उठते हैं कि राजतिलक ग्रहण करने की सभी सामग्री साथ लाई गयी है, आप इसे स्वीकार करें और मैं स्वयं वन जाकर पिता को दिया गया आपका वचन पूरा करूँगा। तुलसी इस प्रसंग को इस प्रकार वर्णित करते हैं—

जो सेवकु साहिबहि सँकोची। निज हित चहइ तासु मति पोची।।
सेवक हित साहिब सेवकाई। करै सकल सुख लोभ बिहाई।।
स्वारथु नाथ फिरें सबही का। कियें रजाइ कोटि बिधि नीका।।
यह स्वारथ परमारथ सारू। सकल सुकृत फल सुगति सिंगारू।।
देव एक बिनती सुनि मोरी। उचित होइ तस करब बहोरी।।
तिलक समाजु साजि सबु आना। करिअ सुफल प्रभु जौं मनु माना।।
सानुज पठइअ मोहि बन कीजिअ सबहि सनाथ।
नतरु फेरिअहिं बंधु दोउ नाथ चलौं मैं साथ।।[10]

जनक-सुनयना संवाद में गोस्वामी जी ने भरत के गुणों और चरित्र का जो बखान किया है, वह अनुपम है। वे भरत को भरत के समान ही बताते हैं, उनकी दृष्टि में भरत के लिए कोई दूसरी उपमा उचित ही नहीं है। वे कहते हैं कि जैसे मछली का पृथ्वी पर विचरण असम्भव है वैसे ही भरत की महिमा का बखान असम्भव है। तुलसीदास जी लिखते हैं कि **''निरवधि गुन निरुपम पुरुषु भरतु भरत सम जानि। कहिअ सुमेरु कि सेर सम कबिकुल मति सकुचानि।।''**[11] राम के साथ संवाद करते वक्त भरत राम के शरणागत वत्सल स्वरूप का उद्घाटन करते हैं। अयोध्याकाण्ड की उत्तर कथा में हम इस प्रसंग के चरमबिन्दु को देख सकते हैं, जहाँ एक भाई के मन में वनगमन को लेकर कोई खेद नहीं है तो दूसरा भाई इतने बड़े राजपाट के मोह से बिल्कुल दूर है। एक आदर्श स्वरूप की रचना समाज को एक विशिष्ट सन्देश देती है। भरत का राम के साथ संवाद सुनकर उपस्थित साधुओं का समाज और अन्य परिवारजन सभी भरत जी की प्रशंसा करते नहीं थकते हैं।

रघुराउ सिथिल सनेहँ साधु समाज मुनि मिथिला धनी।
मन महुँ सराहत भरत भायप भगति की महिमा घनी।।
भरतहि प्रसंसत बिबुध बरषत सुमन मानस मलिन से।
तुलसी बिकल सब लोग सुनि सकुचे निसागम नलिन से।।[12]

राम और भरत के मिलन के विषय में योगेन्द्र प्रताप सिंह का कथन है कि ''श्रीराम और भरत का यह सम्मिलन अयोध्याकाण्ड की कथा का कथाफल है। भरत की मानसिक संसक्ति एवं वासना के रूप में राम के वियोग की पीड़ा का मार्मिक चित्रांकन करके उसे भातृत्व वियोग से कहीं अधिक आराध्य राम के लिए भक्त की निरन्तर छटपटाहट के रूप में चित्रित करने के लिए कवि प्रयत्नशील है। एक योगी जिस प्रकार परासमाधि दशा में केवलाद्वैत भाव में प्रतिष्ठित रहता है, ब्रह्म के बिम्ब से प्रतिबिम्बित उसका चित्त समाधि दशा में शून्य एवं जड़वत् हो उठता

है वैसी ही दशा भरत एवं श्रीराम के गूढ़ स्नेह सम्मिलन की है।"[13]

राम की चरण पादुकाओं को ग्रहण कर अयोध्या लौटना और नन्दीग्राम में पर्णकुटी बनाकर उसमें निवास करते हुए रामाज्ञा मानते हुए राम के अयोध्या लौटने तक शासन सँभालने में भी भरत का व्यक्तित्व अधिक ऊँचाई ग्रहण करता है। राम के प्रति अगाध प्रेम के कारण ही भरत मुनि वेश ग्रहण कर उसी प्रकार का जीवन स्वीकार कर लेते हैं जिस प्रकार वनवासी राम का जीवन था। वे सिर पर जटा, बदन पर वल्कल वस्त्र धारण कर लेते हैं। वे भोजन, वस्त्र, व्रत और नियम आदि के पालन में ऋषियों की दिनचर्या को अपना कर राम के प्रति अपने एकनिष्ठ प्रेम को दर्शाते हैं। तुलसी लिखते हैं–

जटाजूट सिर मुनिपट धारी। महि खनि कुस साँथरी सँवारी।।
असन बसन बासन ब्रत नेमा। करत कठिन रिषिधरम सप्रेमा।।
भूषन बसन भोग सुख भूरी। मन तन बचन तजे तिन तूरी।।
अवध राजु सुर राजु सिहाई। दसरथ धनु सुनि धनदु लजाई।।
तेहिं पुर बसत भरत बिनु रागा। चंचरीक जिमि चंपक बागा।।
रमा बिलासु राम अनुरागी। तजत बमन जिमि जन बड़भागी।।[14]

लक्ष्मण मूर्च्छा के प्रसंग में हनुमान जी का संजीवनी लेकर लौटते समय भरत के बाण से आहत होने के प्रसंग में गोस्वामी जी ने भरत का अपने भाइयों के प्रति प्रेमभाव वर्णित किया है। हनुमान जी के मुख से रामनाम का उच्चारण सुनकर उन्हें भरत जी गले लगाते हैं और अपने किये पर पश्चात्ताप व्यक्त करते हैं। उन्हें यहाँ भी लगता है कि देव उनकी कठिन परीक्षा ले रहे हैं।

जेहिं बिधि राम बिमुख मोहि कीन्हा। तेहिं पुनि यह दारुन दुःख दीन्हा।।
जौं मोरें मन बच अरु काया। प्रीति राम पद कमल अमाया।।[15]

लंकाकाण्ड के उस प्रसंग में जब राम वनवास अवधि बीत जाने पर अयोध्या वापसी का कहते हैं तब वे विभीषण से अपने भाई भरत के विषय में जो कहते हैं उससे भरत के प्रति उनके अगाध प्रेम को अभिव्यक्ति मिलती है। तुलसीदास जी इस प्रसंग को इस प्रकार वर्णित करते हैं–

तोर कोस गृह मोर सब सत्य बचन सुनु भ्रात।
भरत दसा सुमिरत मोहि निमिष कल्प सम जात।।
तापस बेष गात कृस जपत निरन्तर मोहि।
देखौं बेगि सो जतनु करु सखा निहोरउँ तोहि।।
बीतें अवधि जाउँ जौं जिअत न पावउँ बीर।
सुमिरत अनुज प्रीति प्रभु पुनि पुनि पुलक सरीर।।[16]

राम को यहाँ स्पष्ट स्मरण है कि अवधि बीत जाने पर उन्हें तुरन्त अयोध्या पहुँचना है

क्योंकि भरत वहाँ राम का बेसब्री से इन्तजार कर रहे हैं। अब राम का हर क्षण भरत के बिना एक कल्प के समान लग रहा है। यह इस बात को दर्शाता है कि जितना स्नेह भरत के हृदय में राम के प्रति है उतना ही स्नेह हमें राम के हृदय में भी भरत के प्रति दृष्टिगत होता है। उत्तरकाण्ड के प्रसंग में जब राम के वनवास की अवधि मात्र एक ही दिन शेष रह जाती है तब भरत के मन में पुनः शंका उठने के प्रसंगों का वर्णन गोस्वामी जी ने किया है। यहाँ यह भाव सहज ही द्रष्टव्य होता है कि जिनमें अटूट प्रेम होता है, वहाँ मन में कई बार विपरीत भाव भी संचरित हो जाते हैं। शायद इसी कारण भरत के मन में यह भाव आने लगा कि अवधि पूर्ण होने को है और राम के आगमन का समाचार नहीं मिला, कहीं राम ने मुझे भुला तो नहीं दिया। यहाँ भी राम के प्रति भरत का प्रेम दिखायी पड़ता है। गोस्वामी जी ने लिखा है–

रहेउ एक दिन अवधि अधारा। समुझत मन दुःख भयउ अपारा।।
कारन कवन नाथ नहिं आयउ। जानि कुटिल किधौं मोहि बिसरायउ।।
अहह धन्य लछिमन बड़भागी। राम पदारबिन्दु अनुरागी।।
कपटी कुटिल मोहि प्रभु चीन्हा। ताते नाथ संग नहिं लीन्हा।।
जौं करनी समुझै प्रभु मोरी। नहिं निस्तार कलप सत कोरी।।
जन अवगुन प्रभु मान न काऊ। दीन बन्धु अति मृदुल सुभाऊ।।[17]

स्वयं राम भी जब भरत से मिलते हैं तो हनुमान जी को सम्बोधित करते हुए यह बात स्पष्ट कर देते हैं कि "तुम्हु जानहु कपि मोर सुभाऊ। भरतहि मोहि कछु अन्तर काऊ।"[18] यह सब राम के हृदय की उदारता को दर्शाता है कि राम वनवास की लम्बी अवधि व्यतीत कर लौटे हैं, किन्तु अपने भाई के प्रति उनके मन में कोई दुर्भाव नहीं अपितु और स्नेह संचरित है। अपनी इस रचना और विशेष रूप से अयोध्याकाण्ड की कथा नवधा भक्ति में भायप भक्ति को और जोड़ती है। भरत के माध्यम से तुलसीदास जी ने अपने हृदय के भक्तिभावों को सुन्दर अभिव्यक्ति दी है। भरत के माध्यम से गोस्वामी जी ने मध्यकालीन भक्ति के विशेष स्वरूप को रचा है जिसमें आराध्य आराधक से सम्पूर्णता से जुड़ता है। जिस प्रकार भरत चातक की भाँति अपने आराध्य राम के प्रति एकनिष्ठ हैं वैसे ही तुलसीदास जी ने भी अपने भटकाव को राम में केंद्रित कर स्थिरता दी है। वे अपनी रचना दोहावली में लिखते हैं–

एक भरोसो एक बल एक आस विश्वास।
एक राम घनस्याम हित चातक तुलसीदास।।[19]

सन्दर्भ सूची

1. https://99lyricstore-com/2019/11/apne-apne-ram-ram-katha-by-kumar.html
2. योगेंद्र प्रताप सिंह :, श्रीरामचरितमानस, अयोध्याकाण्ड, लोकभारती प्रकाशन, इलाहाबाद, दसवाँ संस्करण, 2019, पृ. 16
3. गोस्वामी तुलसीदास : श्रीरामचरितमानस, अयोध्याकाण्ड, गीता प्रेस, गोरखपुर, संवत् 2061, पृ. 467

4. गोस्वामी तुलसीदास : श्रीरामचरितमानस, अयोध्याकाण्ड, गीता प्रेस, गोरखपुर, संवत् 2061, पृ. 470
5. गोस्वामी तुलसीदास : श्रीरामचरितमानस, अयोध्याकाण्ड, गीता प्रेस, गोरखपुर, संवत् 2061, पृ. 433
6. गोस्वामी तुलसीदास : श्रीरामचरितमानस, अयोध्याकाण्ड, गीता प्रेस, गोरखपुर, संवत् 2061, पृ. 439
7. गोस्वामी तुलसीदास : श्रीरामचरितमानस, अयोध्याकाण्ड, गीता प्रेस, गोरखपुर, संवत् 2061, पृ. 411
8. गोस्वामी तुलसीदास : श्रीरामचरितमानस, अयोध्याकाण्ड, गीता प्रेस, गोरखपुर, संवत् 2061, पृ. 512
9. योगेंद्र प्रताप सिंह : श्रीरामचरितमानस, अयोध्याकाण्ड, लोकभारती प्रकाशन, इलाहाबाद, दसवाँ संस्करण, 2019, पृ. 18
10. गोस्वामी तुलसीदास : श्रीरामचरितमानस, अयोध्याकाण्ड, गीता प्रेस, गोरखपुर, संवत् 2061, पृ. 518
11. गोस्वामी तुलसीदास : श्रीरामचरितमानस, अयोध्याकाण्ड, गीता प्रेस, गोरखपुर, संवत् 2061, पृ. 534
12. गोस्वामी तुलसीदास : श्रीरामचरितमानस, अयोध्याकाण्ड, गीता प्रेस, गोरखपुर, संवत् 2061, पृ. 545
13. योगेंद्र प्रताप सिंह : श्रीरामचरितमानस, अयोध्याकाण्ड, लोकभारती प्रकाशन, इलाहाबाद, दसवाँ संस्करण, 2019, पृ. 19
14. गोस्वामी तुलसीदास : श्रीरामचरितमानस, अयोध्याकाण्ड, गीता प्रेस, गोरखपुर, संवत् 2061, पृ. 562
15. गोस्वामी तुलसीदास : श्रीरामचरितमानस, लंकाकाण्ड, गीता प्रेस, गोरखपुर, संवत् 2061, पृ. 758
16. गोस्वामी तुलसीदास : श्रीरामचरितमानस, लंकाकाण्ड, गीता प्रेस, गोरखपुर, संवत् 2061, पृ. 822
17. गोस्वामी तुलसीदास : श्रीरामचरितमानस, उत्तरकाण्ड, गीता प्रेस, गोरखपुर, संवत् 2061, पृ. 830
18. गोस्वामी तुलसीदास : श्रीरामचरितमानस, उत्तरकाण्ड, गीता प्रेस, गोरखपुर, संवत् 2061, पृ. 867
19. http://kavitakosh.org/kk/nksgkoyh_/_rqylhnkl_/_पृ._28

कैकेयी के राम

कृष्णबिहारी पाठक

श्रीराम के आगमन और अवतरण को धरती के भार उतारने से जोड़कर देखा जाता है। धरती पर यह भार क्या है और किस रीति से यह भार उतारा जा सकता है? राम आख्यानों में प्रायः खर, दूषण, रावणादिक राक्षसों के अस्तित्व को धरती के भार के रूप में वर्णित किया गया है। इस दृष्टि से इन राक्षसों का वध करके, धरती को उनसे मुक्त करके श्रीराम धरती का भार उतारते हैं।

प्रश्न यह है कि धरती क्या दो-चार-दस प्राणियों के भार से बोझिल थी अथवा उन प्राणियों में उपस्थित, उनके द्वारा पोषित, प्रेषित, प्रसारित नकारात्मक प्रवृत्तियों से? निश्चय ही धरती पर भार उन प्राणियों के भौतिक शरीर का नहीं, वैचारिक शरीर का था, नकारात्मक प्रवृत्तियों और मनोविकारों का था, जिसे उतारने के लिए वैचारिक आत्मबल से संपृक्त, सदवृत्तियों के पोषक और जीवन-संजीवन मूल्यों के प्रवर्तक व्यक्तित्व की अवतारणा अनिवार्य थी। ऐसे चरित्र की अवतारणा जो अपने कृतित्व और व्यवहार में सद्वृत्तियों को जीकर दिखाये। ऐसा चरित्र जो अपने कृतित्व से धर्म, शील, मर्यादा और सदाचरण की स्पष्ट लीक खींचकर दिखाये।

यह बात ध्यान देने योग्य है कि यदि राम इन राक्षसों का वध न करते तो क्या धरती का भार कभी नहीं उतरता? क्या अपनी विहित आयु पूरी होते ही वे स्वमेव इस नश्वर शरीर का त्याग नहीं करते? वे मरते, अवश्य मरते, किन्तु मरते-मरते भी वे अपने राक्षसत्व को साथ लिए ही मरते।

राम का साक्षात्कार पाकर उन राक्षसों के भीतर का राक्षसत्व क्रमशः मिटता गया। वे जब मरे तो राक्षस और राक्षसत्व दोनों एक साथ मिटे। इतना ही नहीं, धरती पर उपस्थित अन्य प्राणियों के भीतर संकल्प-विकल्प के रूप में आरोहित-तिरोहित राक्षसत्व के समूल उन्मूलन के लिए ऐसे चरित्र का साक्षात्कार परमावश्यक था, है और सदैव रहेगा। राम की आयोजना जीवन में सद्विचार, सद्वृत्तियों आदर्शों और मूल्यों की आयोजना है।

राम के द्वारा असुरों का नाश एक स्थूल परिघटना है, जबकि आसुरी प्रवृत्तियों का नाश करते हुए सद्वृत्तियों की स्थापना एक अमूर्त शिव कामना है। राम का होना, राम बनना इस अमूर्तता से ही सिद्ध होता है। यही राम का रामत्व है, यही नायक का नायकत्व।

एक अन्य महत्त्वपूर्ण बात यह है कि राम का यह रामत्व, यह नायकत्व सर्वाधिक रूप से तब उभरता है जब हम निरपेक्ष राम को कैकेयी के राम के रूप में सामने, सापेक्ष पाते हैं। कैकेयी के राम क्या हैं, कैसे हैं?

राम जो जीवन की मंगलविधायिनी ऊर्जा के अजस्र पुंज हैं, वे कैकेयी के राम हैं। राम जो सत्यप्रतिज्ञ हैं, दृढ़ संकल्पित हैं, वे कैकेयी के राम हैं। राम जो स्थितप्रज्ञ हैं, वे कैकेयी के राम हैं। राम जो माता-पिता के प्रति चिर विनीत और आज्ञाकारी हैं, वे कैकेयी के राम हैं। राम जो धर्म, मर्यादा, सदाचरण और सत्ससंकल्पों के प्रतिष्ठापक हैं, वे कैकेयी के राम हैं। राम जो क्षमाशील, परम धैर्यवान, दयालु, कृपालु, चिर उदार, उदात्त हैं वे कैकेयी के राम हैं।

राम, जिस पर और जिसकी बात पर अविचल विश्वास कायम रखा जा सके वे कैकेयी के राम हैं। राम जिनका सर्वस्व कुल की मर्यादा और आन के लिए न्योछावर हैं, वे कैकेयी के राम हैं। जो गुणवान, गुणागार, गुणातीत हैं, जो निश्छल, निर्विकार, निर्मल हैं, जो पतित पावन हैं वे कैकेयी के राम हैं।

पतित पावन के मायने क्या हैं? कैकेयी के राम के सन्दर्भ में यह पतित पावन शब्द बड़ी गहरी अर्थवत्ता के साथ वर्तमान है। पतित पावन अर्थात मन से मलिन, वचन से कटु और कर्म से हिंसा की ओर प्रवृत्त प्राणी को भी पवित्रता प्रदान करने वाले। पतित, जो गिर चुका है, निम्न और न्यून है, नीच है उसका भी उद्धार करने वाले।

गिरे हुए को उठाने वाले राम नीचे गिरे हुए व्यक्ति को उसकी गिरावट या न्यूनता के अनुभव से मुक्त रखते हैं। वह व्यक्ति जो दण्ड के भय से अपनी नीचता को नहीं त्यागता, जो लोकलाज की परवाह नहीं करता वह पतित पावन राम के निर्मल व्यक्तित्व का स्पर्श पाकर, ग्लानि में गलकर अन्तःकरण की शुद्धता के साथ पावन हो जाता है—**गरई गलानि कुटिल कैकेई।**

कुटिल से कुटिल व्यक्ति भी राम के सौजन्य से पावन हो उठता है। कुटिलता और ग्लानि का एक ही प्राणी में उदय असम्भव सा व्यवहार है, असम्भव की संभाव्यता ही राम का रामत्व है, दिव्यत्व है।

राम के पतित पावन सन्दर्भ में कैकेयी के साथ अहल्या को भी रखने वाले वर्ग का यह आग्रह हो सकता है कि राम जो पतित पावन हैं वे अहल्या के राम अधिक हैं अथवा कैकेयी के?

यहाँ यह स्पष्ट करना आवश्यक है कि अहल्या का सम्पूर्ण प्रसंग राम को दिव्य पुरुष, पारलौकिक विभूति या ईश्वर सिद्ध करने की ओर है, वह राम को मानवीय भूमि पर प्रतिष्ठित नहीं कर पाता। दूसरे यहाँ अहल्या और राम के पारस्परिक सम्बन्ध और सम्बद्धता का भी कोई अवकाश हम नहीं पाते। राम केवल गुरु की आज्ञा का पालन मात्र करते हैं।

एक व्यक्ति के सौजन्य से दूसरे का कालुष्य कैसे तिरोहित होता है इस भावात्मक अन्तःप्रक्रिया की बजाय यहाँ चमत्कारवाद पोषित है कि राम की पदरज के स्पर्श से अहल्या का उद्धार होता है। राम ने गिरे हुए को उठाया है इसीलिए वे पतित पावन हैं। नहीं, राम इसीलिए पतित पावन नहीं, वे इसलिए पतित पावन हैं और अधिक स्पष्टतया पतित पावन हैं कि उनके सौजन्य के

साक्षात्कार से कैकेयी का अन्तःकरण सात्विक और पवित्र हो उठता है। उसकी कुटिलता, उसी की ग्लानि के ताप से भस्मीभूत हो चुकी है।

राम से साक्षात्कार का अर्थ है राम के शील से साक्षात्कार। राम के व्यक्तित्व में समाकर धर्म, दया, क्षमा, विनय, कृतज्ञता आदि गुणों को अद्‌भुत सजीवता और उत्कर्ष प्राप्त हुआ है। आचार्य रामचन्द्र शुक्ल ने 'गोस्वामी तुलसीदास' शीर्षक आलोचना ग्रन्थ में शील के इस उत्कर्ष और विस्तार को लक्ष्य कर कहा है कि राम की सुशीलता सर्वभूतव्यापिनी सुशीलता है जिसके चलते मनुष्य तो क्या पशु पक्षी भी उनके वियोग में विकल हो उठते हैं। ऐसी सरलता और शील को सामने पाकर भी जिसका हृदय न बदलता हो, जिसका पाप न छूटता हो, जिसकी मलिनता का विसर्जन न होता हो, वह पशु पक्षी से भी नीचे है, जड़ है। आचार्य रामचन्द्र शुक्ल लिखते हैं–

''श्रीराम के ऐसे विशद और मर्मस्पर्शी शील स्वरूप को देखकर भी जिनका हृदय द्रवीभूत न हो, उसे गोस्वामी जी जड़ समझते हैं–

सुनि सीतापति सील सुभाउ।
मोद न मन, तन पुलक, नयन जल, सो नर खेहर खाउ।...

शील और शक्ति के इस संयोग में मनुष्य ईश्वर के लोकपालक रूप का दर्शन करके गद्‌गद हो जाता है। जो गद्‌गद न हो उसे मनुष्यता से नीची कोटि में समझना चाहिए।''[1]

अपने प्रति अहित चाहने वाले, अप्रिय करने वाले के प्रति भी निर्मल मन से, मृदुवाणी से, सात्विक बुद्धि से और शिवकर्मों से मुखरित राम को सामने पाकर कैकेयी को ऐसे व्यक्तित्व का साक्षात्कार होता है जो बुराई का प्रतिकार नहीं, उसका मार्गान्तीकरण करता है, परिशोधन करता है। राम का शील और सरलता स्वमेव औदात्य और औदार्य की पराकाष्ठा है।

पारस्परिक सम्बन्ध और सम्बद्धता से उपजा यह परिष्करण, चरित्र विकास किसी पारलौकिक, चामत्कारिक भूमि पर नहीं सहज मानवीय भूमि पर प्रतिष्ठित है इसीलिए कैकेयी के राम ही पतित पावन राम हैं। कैकेयी के सन्दर्भ को लेकर राम के पतित पावन स्वरूप का आचार्य रामचन्द्र शुक्ल ने बड़ा मनोहारी विश्लेषण किया है–

''सब माताओं से पहले राम कैकेयी से प्रेमपूर्वक मिले। क्यों? क्या उसे चिढ़ाने के लिए? कदापि नहीं। कैकेयी से प्रेमपूर्वक मिलने की सबसे अधिक आवश्यकता थी। अपना महत्त्व या सहिष्णुता दिखाने के लिए नहीं, उसके परितोष के लिए। अपनी करनी पर कैकेयी को जो ग्लानि थी, वह राम ही के किये दूर हो सकती थी।''[2]

आचार्य रामचन्द्र शुक्ल ने इसी प्रसंग में आगे चलकर कैकेयी के व्यक्तित्व का मनोवैज्ञानिक विश्लेषण भी किया है। उन्होंने स्पष्ट किया है कि राम के प्रति कैकेयी की कठोरता आकस्मिक थी, स्वभावगत नहीं।

पहले-पहल कैकेयी द्वारा मन्थरा को दुर्मति, कुबुद्धि और घरफोड़ी कहकर दुत्कारने में कैकेयी के मूल स्वभाव की ही झलक है। कैकेयी की कठोरता स्वभावगत नहीं थी, परिस्थितिवश,

प्रेरणावश उसका आविर्भाव होता है तो राम के शील के साक्षात्कार से वह तिरोहित भी हो जाती है। परन्तु कैकेयी के राम का महत्त्व इससे भी अधिक बढ़कर है कि उनकी सुशीलता मूल स्वभाव पर भी प्रवर्तनकारी प्रभाव डालने वाली है। शुक्ल जी का कथन है–

"कैकेयी की कठोरता आकस्मिक थी, स्वभावगत नहीं। स्वभावगत भी होती तो भी राम की सरलता और सुशीलता उसे कोमल करने में समर्थ थी।

लखि सिय सहित सरल दोउ भाई।
कुटिल रानि पछितानि अघाई।।
अवनि जमहि जाचति कैकेई।
महि न बीचु बिधि मीचु न देई।।

जिस समाज के शील सन्दर्भ की मनोहारिणी छटा को देख वन के कोल किरात मुग्ध होकर सात्त्विक वृत्ति में लीन हो गये, उसका प्रभाव उसी समाज में रहने वाली कैकेयी पर कैसे न पड़ता।

भए सब साधु किरात-किरातिनि, राम-दरस मिटि गै कलुषाई।
खग-मृग मुदित एक सँग बिहरत सहज बिषम बड़ बैर बिहाई।।

उस समाज के भीतर नीति, स्नेह, शील, विनय, त्याग आदि के संघर्ष से जो धर्म ज्योति फूटी, उससे आसपास का सारा प्रदेश जगमगा उठा।[3]

जिस तरह 'पतित पावन' राम का अन्यतम विशेषक है उसी तरह 'रामराज्य' की सम्बद्धता भी राम के व्यक्तित्व से अनन्य है। यहाँ यह बात उल्लेखनीय है कि ये दोनों बातें राम के शील से ही सम्बन्धित और सन्दर्भित हैं। और यह कहने की आवश्यकता नहीं कि जिस राम को शीलगुणों के सर्वोच्च उत्कर्ष और आदर्श पर हम प्रतिष्ठित पाते हैं, वे कैकेयी के ही राम हैं।

राम के शील का सर्वाधिक स्पष्ट दिग्दर्शन उन्हीं स्थलों और प्रसंगों के बीच होता है जहाँ वे कैकेयी के राम के रूप में हमारे सामने आते हैं। कैकेयी के राम शील की पराकाष्ठा हैं। शीलगुणों की यह उच्चता किस तरह रामराज्य को साकार करती है, इस पर आचार्य रामचन्द्र शुक्ल की यह उद्धरणी बहुत महत्त्व रखती है

"रामराज्य... हृदय को स्पर्श करने वाला है, उसमें लोकरक्षा के अनुकूल भावों की प्रतिष्ठा करने वाला है। रामराज्य में–

बयरु न कर काहू सन कोई। राम प्रताप बिषमता खोई।।...
सब नर करहिं परस्पर प्रीती। चलहिं स्वधर्म निरत श्रुति नीती।।...

लोग जो बैर छोड़कर परस्पर प्रीति करने लगे, वह क्या राम के बाहुबल के प्रताप से, दण्डभय से? दण्डभय से लोग इतना ही कर सकते हैं कि किसी को मारें पीटें नहीं यह नहीं कि किसी से मन में भी वैर न रखें, सबसे प्रीति रखें। सुशीलता की पराकाष्ठा, राम के रूप में हृदयाकर्षिणी शक्ति होकर उनके बीच प्रतिष्ठित थी।"[4]

राम के वनगमन का सम्पूर्ण उत्तरदायित्व अपने ऊपर मानकर भरत ग्लानि के जिस अथाह

समुद्र में डूबे जाते हैं वहाँ से उबरने के लिए उन्हें केवल राम की सुशीलता का ही हाथ सुझाई देता है जो ग्लानि गलित भरत को खींचकर तट पर ला देता है। भाई को भाई के हृदय से लगा लेता है। सुशीलता की मूर्ति राम के सामने किसी को क्षमा करने, न करने का प्रश्न कभी इसलिए नहीं खड़ा होता है कि वे किसी को अपने प्रति दोषी ही नहीं मानते। 'अंब ईश आधीन जग' कहने वाले राम किसी को भी दोषी मानने के पक्ष में नहीं। राम जब कैकेयी को ही दोषी नहीं मानते तो भरत को दोषी मानने की तो कल्पना ही कैसी। राम की यही सरलता, यही सुशीलता भरत का सम्बल है–

"सुशीलता की मूर्ति राम मुझे दोषी नहीं मान सकते–राम की सुशीलता पर भरत को इतना अविचल विश्वास है। वह सुशीलता धन्य है जिस पर इतना विश्वास टिक सके य और वह विश्वास धन्य है जो सुशीलता पर इस अविचल भाव से जमा रहे।"[5]

अपरिमित शक्ति और अद्भुत सामर्थ्य के साथ उपस्थित सरलता, सदाशयता, सौजन्य, धीरता, मृदुता और मृदुलता ही तो राम का रामत्व है। राम का यह रामत्व सबसे अधिक उन्हीं प्रसंगों में जगमगाता है जब वे अपने प्रति बुराई करने वाले के प्रति भी निर्मल होकर सम्मुख होते हैं। अपने किये पर पछताती कैकेयी के लिए उसके राम का साक्षात्कार ऐसा ही विरल प्रसंग है–

"अपने साथ बुराई करने वाले के हृदय को शान्त और शीतल करने की चिन्ता राम के सिवा और किसको हो सकती है?... राम का यह शील प्रदर्शन तब हुआ जब कैकेयी का अन्तःकरण अपनी कुटिलता का पूर्ण अनुभव करने के कारण इतना द्रवीभूत हो गया था कि शील का संस्कार उस पर सब दिन के लिए जम सकता था।"[6]

अन्तःकरण की शुद्धि और प्रसंस्करण के लिए देव, ऋषि, मुनि, गन्धर्व, मनुष्य आदि कठोर तपश्चर्या करते हैं, पुरश्चरण करते हैं, ध्यान, योग, व्रत और उपवास करते हैं। अन्तःकरण की वह शुद्धि कैकेयी के राम के शील के अनुशीलन और साक्षात्कार से कितनी सहज प्राप्य है।

हम ऊपर कह आये हैं कि मानवता और जीवन के वे मूल्य जो राम के रामत्व के प्रतीक हैं, जिन्हें चरितार्थ करते हुए राम धरती के प्राणियों की पाशविक प्रवृत्तियों को समूल नष्ट करने आये थे, धरती का भार उतारने आये थे, वे सारे गुण और मूल्य सबसे स्पष्ट और प्रभावी रूप से उनमें तभी उभरते हैं जब हम राम को कैकेयी के राम के रूप में देखते हैं।

सज्जनों की रक्षा के लिए, सौजन्य के पोषण के लिए, पाशविक प्रवृत्तियों के उन्मूलन के लिए, धर्म स्थापना के लिए, मर्यादा के प्रतिष्ठापन के लिए राम जैसे शील, मूल्य और गुणों के साथ लोक में अस्तित्वमान हैं, शास्त्रों और परंपराओं में वर्णित हैं, काव्य कथा और आख्यानों में जीवंत हैं, वे कैकेयी के ही राम हैं।

राम का सत्यसंकल्प और धर्मदृढ़ चरित्र पहले पहल कैकेयी के ही सन्दर्भ में ही निखरता है। कैकेयी के वचन माँगते ही, उनकी भयंकरता से क्षुब्ध और भयार्त दशरथ 'मारेसि मोहि कुठांव' कहते कहते सहम कर निष्चेष्ट होने लगे तो कैकेयी को अपने माँगे हुए वर खटाई में पड़ते दिखे।

ऐसे में कैकेयी की सम्पूर्ण आशा आकांक्षाएँ राम पर आकर ठहरती हैं। कैकेयी के लिए राम, पिता के ऐसे पुत्र हैं जो पिता के वचन की आन के लिए, उनकी आज्ञा और आकांक्षा की पालना के लिए कोई कसर उठा नहीं रखेंगे।

कैकेयी के राम आज्ञाकारी, सत्यसंकल्पी और धर्मव्रती हैं। कैकेयी के लिए राम ऐसा सत्पुत्र है जो अपने पिता को वचनभंग के अधर्म से बचाने के लिए स्वयं के सुखों की सहर्ष बलि देने को प्रस्तुत है। वाल्मीकि रामायण में कैकेयी के राम का यह सात्विक स्वरूप अपने प्रकर्ष के साथ भास्वर है–

अहं हि वचनाद्राज्ञः पतेयमपि पावके।
भक्षयेयं विषं तीक्ष्णं मज्जेयमपि चार्णवे।[7]

कैकेयी के राम कितने उदात्त, सत्यव्रती और आज्ञाकारी हैं। वे कैकेयी को विश्वास दिलाते हैं कि आज्ञा पालन के लिए और दिये गये वचन के मान के लिए वे अग्नि में कूद सकते हैं, तीक्ष्ण विष खा सकते हैं और समुद्र में डूब सकते हैं। इसी प्रसंग में कैकेयी के राम की वचनबद्ध ता वर्णित है। राम कैकेयी से प्रार्थना कर राजा का अभीष्ट पूछते हैं और प्रतिज्ञा करते हैं कि जो कहा है वह करेंगे। कैकेयी के राम की इस सरलता और सत्यवादिता के गुण को आदिकवि ने रेखांकित किया है–**''तमार्जवसमायुक्तमनार्या सत्यवादिनम्।''**[8]

कैकेयी कठोर वचनों की प्रस्तावना के बीच राम को नरश्रेष्ठ, पिता का उद्धार करने वाला, सच्ची प्रतिज्ञा वाला कहती है तो निश्चय ही वह इन गुणों को राम से अभिन्न नहीं मानती हैं। आदिकवि ने यहाँ राम के मुख से कैकेयी से यह कहलवा कर कि 'मेरे वनगमन के लिए तुम्हें पिता से वर माँगने की क्या आवश्यकता थी, कैकेयी का राम तो कैकेयी की आज्ञा पाते ही वन जाने को प्रस्तुत होता', राम के रामत्व के सर्वांगपूर्ण वैभव का दिग्दर्शन करा दिया है।

रामत्व का यह वैभव राम आख्यानों में इतनी व्यापक स्वीकृति के साथ वर्तमान है कि प्रायः प्रत्येक ग्रन्थ में राम की यह सदाशयता वर्णित की गयी है। कंब रामायण का यह अंश देखें, जिसमें कैकेयी के राम उसे आश्वस्त करते हैं–''यदि यह चक्रवर्ती की आज्ञा न भी हो, फिर भी क्या आपकी आज्ञा मेरे लिए पालनीय नहीं हैं? मेरे भाई ने ऐश्वर्य पाया, तो मैने भी उसे पा लिया। अतः इससे बढ़कर मेरा हित और क्या हो सकता है? इस आज्ञा को मैंने शिरोधार्य किया।''[9]

रघुवंश की उस रीति का भी यहाँ आभास हो जाता है जो सदा से चली आ रही है जहाँ वचन की रक्षा के लिए प्राणों का रहना न रहना कोई मायने नहीं रखता। रामकथा के सन्दर्भ में दशरथ और राम दोनों पर यह उक्ति घटित हो रही है, 'प्राण जाये' में दशरथ और 'वचन न जाई' में राम, आत्मविलीन, आत्मसमर्पित होकर रघुकुल की कुल मर्यादा को निभा रहे हैं।

रामकथा के चित्र-चरित्रों के पुनःपाठ की दृष्टि से राष्ट्रकवि मैथिलीशरण गुप्त के रामकाव्य 'साकेत' की बड़ी भूमिका है। 'साकेत' की निर्माणकारी भाव भूमियों में काव्येर उपेक्षिताओं का रेखांकन एक बड़ी चुनौती और उपलब्धि के रूप में एक साथ सामने आता है।

काव्य में उपेक्षित नारी पात्रों और विशेषतः कवियों की उर्मिला विषयक उदासीनता 'साकेत' की केन्द्रीय चिन्ता है। साकेतकार उर्मिला की महत्ता के प्रतिष्ठापन के प्रति तो सजग हैं ही, साथ ही यह सजगता इस रूप में और अर्थवान हो उठी है कि वे उर्मिला के साथ साथ कैकेयी आदि पात्रों को भी एक नयी अर्थवत्ता और चरित्र विस्तार के साथ प्रस्तुत करते हैं। कैकेयी का यह चरित्र विस्तार राम की कैकेयी के प्रति सम्बद्धता और सम्बन्धों से ही परिभाषित होता है।

'साकेत' में कैकेयी के राम मातृभक्त राम हैं। माता के प्रति यह भक्ति तथा आदर इतना स्पष्ट है कि राम, अपने पिता दशरथ को भी माता कैकेयी से अनुचित भाषण पर विनत होकर बरजते हैं—

तथा माँ को अहो! अभिशाप इतना।
न होगी अन्य की तो राज-सत्ता,
हमारी ही प्रकट होगी महत्ता।
उभय विध सिद्ध होगा लोक-रंजन,
यहाँ जन-भय वहाँ मुनि विघ्न भंजन।[10]

समादृत मातृत्व और स्नेहपूरित भ्रातत्व की यह विभूति धन्य है। 'साकेत' में वर्णित कैकेयी के राम भ्रातत्व के आदर्श हैं। भरत के राजसुख में वे अपना ही सुख सम्पन्न मानते हैं। इतना ही नहीं यहाँ भी कैकेयी के राम का लोकरक्षक स्वरूप उभरा है। अयोध्या में भरत के होते प्रजा के भय का उन्मूलन और वन-कानन में राम के रहते मुनिजनों की विघ्न—बाधाओं के उन्मूलन में राम का यही लोकवादी स्वरूप उभरता है।

अयोध्या में दशरथ की और चित्रकूट में कैकेयी, भरत सहित सभी परिजनों और पुरजनों की सम्मति मिलने पर भी राम वनवास पर अडिग हैं, तो इसके पीछे लोकमर्यादावाद की ही महक है। प्रजा का नायक और नेता आज एक बात कहे और कल उससे मुकर जाये तो लोक में क्या और कैसी मर्यादा शेष रह जायेगी?

लोक मर्यादा के साथ ही राम कैकेयी के उस मातृत्व का मान भी रखना चाहते थे जहाँ एक माता अपने पुत्र के वैभवपूर्ण जीवन का स्वप्न देखती है। राजा दशरथ द्वारा बारंबार राम से अपनी ही अवज्ञा करने की सम्मति कैकेयी को भरत के भविष्य के प्रति चिन्तामग्न कर रही थी। कैकेयी के राम इस चिन्ता से कैकेयी को उबारना चाहते हैं। साकेत में राम का कथन है—

प्रकट होगा कपट ही हाय! इससे,
न माँ के साथ होगा न्याय इससे।
मिटेगी वंश मर्यादा हमारी,
बनेंगे हम अगौरव मार्गचारी।[11]

कैकेयी के राम कुल गौरव, वंश मर्यादा, वचनबद्धता और आज्ञापालन के मूल्यों के लिए सम्पूर्ण राज्यवैभव और सम्पदा को तृणवत तुच्छ मानने वाले धीरोदात्त नायक हैं। वे आज्ञापालन और वचनपूर्ति को परम गौरव का अवसर बता देहबल पर आत्मबल की अजेय शक्ति के प्रतीक हैं।

और किसलिए? राज्य मिले?
है जो तृण-सा त्याज्य, मिले?
माँ की स्पृहा, पिता का प्रण,
नष्ट करूँ, करके सव्रण?
प्राप्त परम गौरव छोड़ूँ?
धर्म बेचकर धन जोड़ूँ?[12]

'साकेत' में साकेतकार ने राम के कथन में कैकेयी की वर माँगने की भूमिका को 'स्पृहा' नाम दिया है, यह बात ध्यान देने योग्य है।

स्पृहा प्रायः कामना या अभिलाषा की सकारात्मक और शुभ भावना के रूप में अर्थ देती है। स्पृहा से बना शब्द स्पृहणीय भी उज्ज्वल चरित्र वाला है। मुझे नहीं लगता कि कहीं किसी लेखक या साहित्यकार ने स्पृहा को विपरीत या नकारात्मक अर्थ में प्रयुक्त किया हो। न्यायदर्शन के अनुसार भी स्पृहा, किसी ऐसे पदार्थ की कामना को कहा जाता है जो धर्मानुकूल हो।

दशरथ से वर माँगने की संघटना को जहाँ अनेक राम आख्यानों में कैकेयी की कुटिलता, कठोरता कहा गया है वहाँ साकेत में राम के मुँह से कैकेयी की इस भूमिका को 'स्पृहा' कहे जाने में एक ओर तो राम के स्वभाव की निर्मलता और कैकेयी के प्रति निर्द्वेष दृष्टिकोण सामने आता है, वहीं दूसरी ओर साकेतकार द्वारा कैकेयी के ऐसे चरित्र चित्रण के माध्यम से उस एकदेशीय एकपक्षीय दृष्टि के यत्किंचित परिष्करण व शोधन का भी आग्रह नजर आता है जो कैकेयी को केवल दोषी और अपराधी मानती आ रही थी।

अपराधी या दोषी का निर्णय इस बात पर ठहरता है कि किसी एक के मन, वचन या कर्म से किसी दूसरे की क्षति या हानि होती हो। कैकेयी के राम ने वनगमन को आपदा नहीं अवसर माना है, दण्ड नहीं पुरस्कार माना है, निष्कासन नहीं गौरव माना है।

कुल की मर्यादा के लिए कुछ करने का अवसर, रघुकुल की रीति के निर्वहन का अवसर और गौरव का अविस्मरणीय क्षण माना है।

राम यदि कैकेयी के इस कृत्य को अपने अन्देशे मात्र से भी अनमने होकर देखते तो उनका रामत्व कहाँ ठहरता? धन को छोड़कर राम धर्म चुनते हैं। **'धार्यते इति धर्मः'** यदि यही धर्म की परिभाषा है तो धर्म वही है जिसे धारण किया जाये। धारणा में सहमति ही नहीं सहर्ष स्वीकृति का भाव निहित होता है। अब जो बात हर्ष पूर्वक स्वीकार है उस बात के लिए किसी दूसरे पर दोषारोपण करना या दूसरे के प्रति मन में कोई नकारात्मक भाव रखना कहाँ तक संगत है।

कैकेयी के राम धर्म और कर्तव्य के बीच के अतिसूक्ष्म अन्तर को कैकेयी के प्रति अपने व्यवहार द्वारा पुष्ट करते हैं। राम के कर्तव्य की गुरुता और गम्भीरता के चलते उनका कर्तव्य पालन और आज्ञा पालन धर्म के धैर्य, सौन्दर्य और उत्कर्ष पर पहुँच गया है। अपने ही धर्मपालन में रत राम भला किसी से क्यो क्षुब्ध होते? कैसे कुपित होते? इसीलिए धर्म का दृढ़ता से पालन करते हुए राम किसी और से अधिक कैकेयी के ही राम हैं। धर्म पालन के

पवित्र स्वरूप के बीच अन्याय, ईर्ष्या, कुटिलता ऐसे शब्दों की कालिमा लगाकर वे धर्म की शुचिता को भंग होने देना नहीं चाहते।

किसने क्या अन्याय किया,
कि जो क्षोभ यों जाय किया?
माँ ने पुत्र-वृद्धि चाही।
नृप ने सत्य सिद्धि चाही।
मंझली माँ पर कोप करुँ?
पुत्र-धर्म का लोप करुँ?[13]

परिजन पुरजनों के साथ चित्रकूट आते भरत को लेकर जहाँ लक्ष्मण शत्रु भाव से शंकित होते हैं वहीं राम की चिन्ता और शंका के मूल में कैकेयी है। 'मातुश्री से भी मुँह न मोड़ आये हों' में कैसी निश्छल चिन्ता, व्याकुलता और अधीरता व्यंजित है कि हृदय लिपटा सा जाता है। राम की सरलता ऐसी सरलता है कि उनके दर्शन मात्र से ही हिंसक जीव हिंसा छोड़ देते हैं और विषैले जीव विष–

जिन्हहि निरखि मग साँपिनि बीछी।
तजहिं बिषम बिषु तामस तीछी।। (रामचरितमानस)

कैकेयी अपने ऐसे सरल राम की सरलता का अनुभव कर यदि सिंहनी से गौमुखी गंगा बन गयी तो वह स्वाभाविक ही है। राम को अयोध्या लौटने का आग्रह करती कैकेयी का यह चित्र मैथिलीशरण गुप्त ने खींचा है–

यह सच है तो अब लौट चलो तुम घर को।
चौंके सब सुनकर अटल कैकयी-स्वर को।
सबने रानी की ओर अचानक देखा,
वैधव्य तुषारावृता यथा विधु-लेखा।
बैठी थी अचल तथापि असंख्य तरंगा,
वह सिंही अब थी हहा! गौमुखी गंगा।[14]

परदुःखकातरता, कैकेयी के राम का एक और ऐसा विशेषक है जो उन्हें वंदनीय बनाता है। वे अपने जन के दुःख, शोक और ताप को दूर कर उसे सुखी, अशोक और शीतल बनाने वाले हैं–

जय राम रमारमनं शमनं,
भव ताप भयाकुल पाहि जनं।

चित्रकूट में पहुँचे भरत, कैकेयी की ग्लानि का कोई पारावार नहीं था जब उन्होंने स्वयं जाकर वन की विकट परिस्थितियों को देखा और उनमें मुस्कुरा कर जीते हुए राम को देखा। राम उन्हें अपराधी माने न माने पर अपना ही अपराध बोध उन्हें कातर बना रहा था। इस कातरता को

परदुःखकातरता से ही सन्तुलित किया जा सकता था। ऐसे में राम भरत के उज्ज्वल चरित्र को दिखाकर उन्हें उबारने का भरपूर प्रयास करते हैं। भरत के उज्ज्वल चरित्र की भव्यता वे इतनी उदात्तता से कहते हैं कि उस उज्ज्वल ज्योति के प्रकाश से कैकेयी का व्यक्तित्व भी चमक उठे।

सौ बार धन्य वह एक लाल की माई,
जिस जननी ने है जना भरत सा भाई।
पागल सी प्रभु के साथ सभा चिल्लाई,
सौ बार धन्य वह एक लाल की माई।[15]

कैकेयी के राम शरणागत वत्सल हैं। चित्रकूट में कैकेयी अहं के विसर्जन के साथ प्रस्तुत हैं, सम्पूर्ण मनोविकारों और विसंवादी प्रवृत्तियों को तिरोहित करके राम की शरण लेती हैं। क्या एक माता अपने पुत्र की शरण में जा सकती हैं? यह प्रश्न कैकेयी राम के सन्दर्भ में अवश्य आन्दोलित कर सकता है। किन्तु हमारा मत है कि माता-पुत्र की सम्बद्धता देखने के बाद भी यह उल्लेखनीय है कि शरणदाता और शरणागत के निर्धारण में गुणों की उच्चता तथा सामर्थ्य की सम्पन्नता का अपना विशेष महत्त्व है।

यदि कैकेयी अपने साथ दोष लेकर भी, ईर्ष्या और वैर लेकर भी आती तो भी कैकेयी के राम उन्हें उसी आत्मीयता से अंगीकार करते। दूसरे यह कि राम के निर्मल स्वभाव और सरलता के रसायन से सारी बुराइयों का विष स्वमेव ही शमित हो जाता है। कैकेयी अपने दोष साथ लेकर आती तो भी राम के साक्षात्कार से उसे निर्दोष होना ही था।

कोटि बिप्र बध लागहिं जाहू।
आये सरन तजउँ नहिं ताहू।।
सनमुख होइ जीव मोहि जबहीं।
जन्म कोटि अघ नासहिं तबहीं।। (रामचरितमानस)

अपने हित-अनहित, लाभ-हानि को देखकर शरणागत का निश्चय करना या शरणदाता की सामर्थ्यहीनता का परिचायक है। शरणागत के गुण दोषों का हिसाब लगाकर जो वृक्ष अपनी छाया को छोटा-बड़ा करता हो, जो नदी किसी की अच्छाई-बुराई का अनुमान लगाकर उसे तृप्त तृषित रखती हो उनकी प्रदृतिस्थता में कसर समझनी चाहिए। उनके ईश्वरत्व को अपूर्ण समझना चाहिए। शरणागत तो शरण्य का है इसलिए शरण्य की चरितार्थता भी तभी है, जब वह शरणागत का हो जाय। कैकेयी के राम ऐसे ही हैं, कैकेयी के हैं—

अब कटे सभी वे पाश नाश के प्रेरे।
मैं वही कैकयी वही राम तुम मेरे।।[16]

शरणागत को अपनाना एक बात है, कैकेयी के राम तो शरणागत की उपेक्षा को बडा भारी दोष मानते हैं, पाप और अधर्म मानते हैं। शरणागत की उपेक्षा करने वाले को तो देखना भी निषेध है।

सरनागत कहुँ जे तजहिं निज अनहित अनुमानि।

ते नर पावँर पापमय तिन्हहि बिलोकत हानि।। (रामचरितमानस)

राम के शीलगुणों में शरणागत वत्सला प्रधानतम है। लक्ष्मण के मूर्च्छित होने पर राम लक्ष्मण के लिए दुःखी हैं तो विभीषण के लिए चिन्तित।

ह्वैहै कहा बिभीषन की गति, रही सोच भरि छाती।

लक्ष्मण के लिए उनके मन में अपार प्रेम है, दुःख है पर लक्ष्मण की हानि उनकी व्यक्तिगत हानि है। परन्तु लक्ष्मण के बिना युद्ध जीता नहीं जायेगा तो ऐसे में उस विभीषण का क्या होगा जिसे शरण में लेकर अभय वरदान दे दिया गया है। शरणागतवत्सलता का उत्कर्ष देखें कि विपरीत परिस्थिति में भी उन्हें शरणागत की चिन्ता है वह भी तब जब शरणागत उनके परम शत्रु का भाई है।

आचार्य रामचन्द्र शुक्ल ने राम की शरणागतवत्सलता को अपनी आलोचना में बड़े मुग्ध भाव से रेखांकित किया है। वे लिखते हैं—

''राम के शील के अन्तर्गत 'शरणागत की रक्षा' को गोस्वामी जी ने बहुत प्रधानता दी है। यह वह गुण है जिसे देख पापी से पापी भी अपने उद्धार की आशा कर सकता है।.. गणिका, अजामिल नाम भक्तवत्सलता से संदर्भित हैं, पापी को भक्त कहलाने से नहीं।''[17]

गणिका, अजामिल, विभीषण, बालि और कैकेयी के उद्धार में इनकी भक्ति की उतनी प्रधानता नहीं जितनी राम की शरणागत वत्सलता की। राम की शरण में आये प्राणी की राम पर निर्मल प्रेम दृष्टि पड़ती है। प्रियदर्शी का यह दर्शन समस्त रोग-शोक, पाप-प्रमाद को दूर करने वाला है। सारी विषमताओं को दूर करने वाला है। भ्रम तम श्रम का निवारण करने वाला है—

''राम की ओर प्रेमदृष्टि पड़ते ही मनुष्य पापों से विमुख होने लगता है। जो धर्म के स्वरूप पर मुग्ध हो जायेगा, वह अधर्म की ओर भरसक नहीं ताकने जायेगा।''[18]

साकेतकार ने 'साकेत' में कैकेयी के मुख से राम को अपना राम कहलवाया है तो अकारण नहीं है। यह राम के शील की ही व्यंजना है। केवल कैकेयी ही नहीं 'साकेत' में राम भी स्वयं को कैकेयी का ही राम कहते हैं—

हे अम्ब! तुम्हारा राम जानता है सब।

कैकेयी के वर माँगने को राम न केवल औचित्यपरक बताते हैं अपितु उसे रानी के स्वाभिमान से जोड़ते हैं। और अपने स्वाभिमान की रक्षा में पाप कैसा? दोष क्या? कैकेयी के राम कैकेयी को ग्लानि के अथाह समुद्र से उबारने के लिए हर सम्भव प्रयास करते हैं।

राम कैकेयी की पारस्परिकता की दृष्टि से 'साकेत' में गुप्त जी ने मानव मन की अन्तःक्रियात्मक एवं भावात्मक पड़ताल की है। जीवन की सम विषम परिस्थितियों में एक मानव कैसा व्यवहार करता है, इसका मनोवैज्ञानिक विश्लेषण वे करते हैं।

गुप्त जी सीधे-सीधे, सुनी-सुनायी या पढ़ी-पढ़ाई कथा पर नहीं गये हैं। उन्होंने विभिन्न

परिस्थितियों में मानव हृदय को डालकर देखने का प्रयास किया है। 'साकेत' में पात्रों का मनोवैज्ञानिक विश्लेषण मानवीय भावभूमि के अधिक निकट, स्पष्ट व पारदर्शी है।

'साकेत' में कैकेयी के राम उदारमना और उदात्त हृदय हैं। चित्रकूट में कैकेयी की स्मृति विस्मृतियों में राम के जन्म से वनवास तक के पूरे चित्र उभरते हैं। इन चित्रों के बीच ही कैकेयी को राम के विराट हृदय और उदार चित्त का दिग्दर्शन होता है। कैकेयी द्वारा राम से—'तुम हलके कब थे', कहने में राम के गरिमामयी व्यक्तित्व की मुग्ध स्वीकृति है। धर्म और धैर्य राम के नित्यगुण हैं, जिनके बीचों-बीच उनका कर्म सौन्दर्य और शौर्य अभिनव विभा के साथ जगमगाता है।

गुप्त जी ने कैकेयी के राम के लिए 'धर्मधनुर्धृतिधारी' विशेषक काम लिया है तो इसका विशेष महत्त्व है। धर्म और धैर्य के साथ धनुष उनके शौर्य का प्रतीक है किन्तु यह शौर्य उच्छृखंल और अधीर नहीं है यह गम्भीरता लिए हुए है। ऐसी गम्भीरता जिस पर भक्त और प्रेमी का विश्वास अविचल टिका रह सके। तुलसी के मानस में भी रावण रथी विरथ रघुवीरा के प्रत्युत्तर में—

सौरज धीरज तेहि रथ चाका। सत्य सील दृढ़ ध्वजा पताका।।
बल बिबेक दम परहित घोरे। छमा कृपा समता रजु जोरे।।

कहकर शौर्य—धैर्य, सत्य-शील, बल-विवेक, क्षमा—कृपा और समता को राम ने रामत्व के अनिवार्य शीलगुणों के रूप में दिखाया है।

मानापमान समता कहें या स्थितप्रज्ञता अथवा सांवेगिक स्थिरता। सुख-दुःख के प्रति सम्यक दृष्टि कैकेयी के राम की एक बड़ी विशेषता है। सुख और दुःख मन के ही संकल्प विकल्प हैं। राम कैकेयी का यह संवाद देखें—

सन्तुष्ट मुझे तुम देख रही हो वन में,
सुख धन-धरती में नहीं, किन्तु निज मन में।...

राघव, तेरे ही योग्य कथन है तेरा,
दृढ़ बाल-हठी तू वही राम है मेरा।[19]

साकेत में एकाधिक स्थानों पर अनेक बार गुप्त जी ने राम को 'कैकेयी के राम' के रूप में परिभाषित किया है। कौसल्या से अधिक राम कैकेयी के हैं, कैसे? जीवन के गाढ़े समय में, परीक्षा की घड़ी में जहाँ रिश्ते—नातों को विसंवादी प्रवृत्तियाँ दरकने को आतुर हों वहीं अपनापे की परख होती है।

अयोध्याकाण्ड के भंयकर चक्रवात के बीच भी राम की कैकेयी के प्रति आत्मीयता और अपनत्व अक्षुण्ण रहता है। सम्बन्धों की और रिश्ते-नातों की सच्चाई बराबर बनी रहती है, इसी से प्रमाणित होता है कि राम कैकेयी के राम हैं। कैकेयी की पीड़ा मानों स्वयं राम की पीड़ा है इसलिए राम कैकेयी को दुःखी नहीं देखना चाहते। गोस्वामी तुलसीदास ने 'विनय पत्रिका'

में लिखा है कि जैसे कोई अपने शरीर के मर्मस्थल के घाव की ओर देखता है, वैसे ही राम कैकेयी को देखते हैं—**ज्यों निज तन मरम कुघाउ**।

राम का रामत्व जैसे वैभव और व्यापकता के साथ लोक में प्रतिष्ठित है, शास्त्रों में निबद्ध है, उसका प्रत्यक्षीकरण हमें सर्वाधिक स्पष्ट रूप से उन्हीं प्रसंगों में होता है जहाँ वे कैकेयी के राम हैं।

कैकेयी के राम—शील के आगार, धर्म-ध्वज, धैर्य-धन, क्षमा की मूर्ति, करुणा के सागर, मनभावन-पतित पावन। कैकेयी के राम-प्रजावत्सल, भक्तवत्सल, शरणागत वत्सल, दयालु-कृपालु। कैकेयी के राम-सुख दुःख स्थिर, उदार और उदात्त। कैकेयी के राम-आज्ञाकारी, दृढ़प्रतिज्ञ, सत्यव्रती, वचनबद्ध। कैकेयी के राम-उपकारक, उद्धारक। कैकेयी के राम-वन कानन की विषमता सहने को वज्र से कठोर, निज जन के दुःख से द्रवित, कुसुम से भी मृदुल।

सन्दर्भ

1. शुक्ल, आचार्य रामचन्द्र, 1935ई., गोस्वामी तुलसीदास, इंडियन प्रेस लिमिटेड, प्रयाग
2. पूर्वोक्त
3. पूर्वोक्त
4. पूर्वोक्त
5. पूर्वोक्त
6. पूर्वोक्त
7. वाल्मीकि रामायण, अयोध्याकाण्ड, सर्ग 15 (25, 26)
8. पूर्वोक्त (28)
9. मूल-महर्षि कम्ब रचित कम्ब रामायण (अयोध्याकाण्ड, पृ. 200), अनुवाद—राजगोपालन, एन.वी., बिहार राष्ट्रभाषा परिषद
10. गुप्त, मैथिलीशरण, साकेत, साहित्य सदन, चिरगाँव, झाँसी
11. पूर्वोक्त
12. पूर्वोक्त
13. पूर्वोक्त
14. पूर्वोक्त
15. पूर्वोक्त
16. पूर्वोक्त
17. शुक्ल, आचार्य रामचन्द्र, 1935 ई., गोस्वामी तुलसीदास, इंडियन प्रेस लिमिटेड, प्रयाग
18. पूर्वोक्त
19. गुप्त, मैथिलीशरण, साकेत, साहित्य सदन, चिरगाँव, झाँसी।

रावण के राम

प्रवीण पण्ड्या

भारतीय परम्परा में 'रामायण' और 'महाभारत' को इतिहास कहा जाता है। दोनों भारत की जातीय (राष्ट्रीय) स्मृतियों के महाग्रन्थ हैं। भारतीय चिन्तन परम्परा अन्य कवियों के राम-काव्यों को रामकथा कहती है, किन्तु वाल्मीकि की 'रामायण' उसके लिए रामाख्यान है। आख्यायन इतिहास पर आश्रित होता है, जबकि कथा किसी वृहत्तर मानवीय मूल्य या मूल्यों की प्रतिष्ठा के लिए कवि की कल्पना में उतरती है। राम के इतिहास का प्रामाणिक स्रोत वाल्मीकि की रामायण है। परवर्ती कवियों द्वारा राम की कथाएँ लिखी गयी हैं। योरोपीय और भारतीय मानस में यह आधारभूत अन्तर रहता है कि जहाँ भारतीय मानस आख्यान और कथा—दोनों को यथावसर, यथासमय स्वीकारता है, आख्यान को जानते हुए भी कथा का आनन्द उसके प्रयोजन से जुड़ते हुए लेता है, जबकि योरोप अपनी इकहरी दृष्टि के कारण कथा और आख्यान में से किसी एक को चुनने, मानने और प्रतिष्ठित करने का यत्न करता है। गिलहरी द्वारा समुद्र में अपनी पूँछ को डुबो-डुबोकर सेतु बनाने में योगदान की कथा से वह भारतीय विद्वान् जुड़ पाता है, जो वाल्मीकि का नैष्ठिक अध्येता है। गोस्वामी तुलसीदास कथाकार हैं और वाल्मीकि इतिहासकार। जितना महान् इतिहास होता है, कथा उससे रंच-रत्ती कम महान् नहीं होती। अपितु, कथा कभी कभी इतिहास से बहुत ऊँची हो जाती है।

रावण के लिए राम क्या थे, इसे इतिहास और कथा—दोनों की आँखों से देखा जा सकता है और वैसा करना भारतीय चिन्तन परम्परा के अनुकूल होगा।

(1)

इतिहास यह है कि रावण लंका का अधिपति है और उसे राम के बारे में सबसे पहले शूर्पणखा द्वारा बताया जाता है। लंका पर अपने नेतृत्व में राक्षसों का राज्य होने पर रावण विश्वविजय पर निकलता है। वह रसातल नामक लोक में रहने वालों दैत्यों पर आक्रमण करता है। राक्षसों व दैत्यों की इस लड़ाई में राक्षस विजयी होते हैं। शूर्पणखा का विवाह दैत्यों के कुल में हुआ था। रावण के नेतृत्व में राक्षसों द्वारा दैत्य जाति के रसातल पर चढ़ाई के समय शूर्पणखा का पति दैत्यों की ओर से लड़ते हुए मारा गया। उसके बाद, रावण द्वारा भारत के दण्डकारण्य में बनाए उपनिवेश (अधिवास) में वह रहती थी। शूर्पणखा की अपनी आकांक्षा की पूर्त्ति न

होने, अपितु विरूपित हो जाने पर जनस्थान के अधिवासेश्वर खर एवं दूषण को राम के विरुद्ध ललकारती है। उनकी पराजय और मृत्यु के बाद वह लंका में रावण के पास जाती है। रावण के सामने राम का जो पहला चित्र रखा जाता है, वह प्रतिशोध की भावना से भरी हुई शूर्पणखा का बनाया हुआ है। शूर्पणखा का अपना प्रयोजन है और उसकी वाणी में वह प्रयोजन छुपा हुआ है। शूर्पणखा पूरी युक्तियों के साथ अपने प्रतिशोध के विषय राम को रावण के सामने चित्रित करती है।[1] रावण का साम्राज्य निष्कण्टक है। वह राम को राक्षस-साम्राज्य के काँटें के रूप में चित्रित करती है। रावण के लिए राम राजनैतिक चुनौती के रूप में आते हैं। शूर्पणखा रावण के सामने उसके दण्डकावन में स्थित ठिकाने (अधिवास) जनस्थान में राम की चुनौती को लेकर कहती है कि उसके जनस्थान नामक अधिवास के शासक खर और दूषण को चौदह हजार[2] योद्धाओं के साथ अकेले राम ने मार दिया है और उसे सूचना तक नहीं है। यह उसके खुफिया तन्त्र की विफलता है।[3] राम ने ऋषियों को अभय दे दिया है और उसके ठिकाने जनस्थान को रौंद डाला है, जबकि रावण अपने राज्य की सीमा में उत्पन्न भय को नहीं जान पा रहा है कि वह कितना बड़ा है।[4] जो राजा किये जाने वाले कार्यों को नहीं करता है, भयों में भयभीत नहीं होता है, वह शीघ्र राज्य खो बैठता है तथा बेचारा बन जाता है, उसकी स्थिति तिनकों के तुल्य हो जाती है।[5] पराक्रम से अन्य राजाओं को पराभूत करके तथा पराभूत न होने वाले राजाओं के साथ कूटनीतिक सम्बन्ध स्थापित करके रावण एक प्रबल राजा के रूप में प्रतिष्ठित है। उसे अपने अधिवास में चुनौती देने वाले के रूप में राम का नाम सुनायी पड़ता है। उसने राम का नाम सुना नहीं था। वह कूटनीतिज्ञ राजा के रूप में राम के बारे में जानकारी लेता है–

कश्च रामः कथं वीर्यः किंरूपः किंपराक्रमः।
किमर्थं दण्डकारण्यं प्रविष्टश्च सुदुश्चरम्।।
आयुधं किं च रामस्य निहता येन राक्षसाः।
खरश्च निहतं संख्ये दूषणस्त्रिशिरास्तथा।।[6]

रावण जानना चाहता है कि जिसने खर, दूषण, त्रिशिरा जैसे महान् योद्धाओं को युद्ध में मार गिराया, उस राम का आयुध क्या है और उसका पराक्रम क्या है। वह अत्यन्त दुर्गम दण्डका वन में किस प्रयोजन से आया है। रावण कोसलराज दशरथ को जानता है, अतएव शूर्पणखा राम के परिचय में दशरथ के पुत्र के रूप में राम का परिचय देती है। वह कहती है कि युद्ध में मैं न तो राम को घोर बाण उठाते हुए, न छोड़ते हुए और न धनुष को खींचते हुए देख पाती हूँ। मैं बाणों की बारिशों में राक्षसों की सेना को मारी जाती हुई देख पा रही थी, इतनी राम की गति है। अकेले राम ने पैदल होते हुए भी भयंकर पराक्रम वाले चौदह हजार योद्धाओं व दूषण के साथ आये खर को डेढ़ मुहूर्त्त[7] की अवधि में निपटा दिया। एक अकेली शूर्पणखा जीवित बची, क्योंकि स्त्रीवध करना उन्हें स्वीकार्य नहीं था।[8] हम समझ सकते हैं कि जनस्थान के अधिवास को इस तरह सहजतया नष्ट-भ्रष्ट कर देने की जो जानकारी दी जा रही थी, वह राजा रावण के लिए विचलित कर देने वाली थी। राम का भाई भी गुणों से उनके समान पराक्रमी

था। यही नहीं, अपितु दोनों के बीच अटूट आत्मीयता है। लक्ष्मण राम की दाहिनी भुजा है, उनके बाहर विचरने वाले प्राण हैं।[9] लक्ष्मण का यह परिचय राम की शक्ति को पुष्ट करता है। राम का एक परिचय वह इस रूप में देती है कि उनकी पत्नी जितनी सुन्दर है, उतनी सुन्दर स्त्री उसने न तो देवस्त्रियों में देखी है, न गन्धर्वस्त्रियों, न यक्षस्त्रियों और न किन्नरस्त्रियों में। शूर्पणखा रावण के भीतर भय और आकांक्षा—दोनों के बीज बो देती है।[10]

शूर्पणखा से जिस राम को रावण ने जाना, उसे जानने से तो उसके रौंगटें खड़े हो जाते हैं। वह अपने सचिवों के साथ बैठक करता है और उनकी सलाह से उस समय करने योग्य कार्य को समझ कर बैठक से गया।[11] वह उस स्थिति के प्रतिकार्य का विचार और निर्धारण करके, उस निश्चित किये कार्य के दोषों और गुणों (उससे होने वाले लाभों तथा हानियों) के बलाबल का सोचने के बाद अपना निश्चय करता है। रावण राम की इस चुनौती का पूरा विश्लेषण करने के बाद, अपने प्रतीकार्य कर्म को निश्चित करके, स्थिरबुद्धि हो यानशाला में जाता है।[12] यानशाला में वह छुपकर जाता है—

यानशालां ततो गत्वा प्रच्छन्नं राक्षसाधिपः
सूतं संचोदयामास रथः संयुज्यतामिति।।[13]

रावण के लिए राम एक दुर्धर्ष योद्धा हैं, एक राजपुत्र हैं और वह उनसे भयाक्रान्त है। वह सीता का हरण करता है, उसमें उसकी स्त्री के प्रति कमजोरी के अतिरिक्त एक अदम्य योद्धा को शिकस्त देने की रणनीतिक चाल भी है। रावण सीता के हरण द्वारा राम रूपी संकट को परास्त करना चाहता है। सीताहरण की योजना पर वह अपने सचिवों से मन्त्रणा कर चुका था। अपने शत्रु पर बढ़त हासिल करने के लिए वह सीताहरण करता है। सीता का महान् चरित्र है कि वह रावण को अस्वीकार करती है, अन्यथा यह राम को मानसिक रूप से परास्त करने हेतु उसकी चाल पूर्णरूप से सफल होती। सीताहरण न होता तो भी राम की चुनौती तो उसे मिलने वाली थी, यह रामायण के अन्तःसाक्ष्यों से प्रतीत होता है। यह रावण के चित्ताकाश में चमकने वाले राम की प्रथम छवि है।

रावण का राम को लेकर पहला संवाद मारीच से होता है। वह सीताहरण के अभियान में मारीच की सहायता चाहता है। अमेरिका आदि राष्ट्रों की तरह रावण की कूटनीति उसके शब्दों में देखी जा सकती है। वह राम को दण्डित करने के लिए सीताहरण के औचित्य का प्रतिपादन राम के दोषों को उद्‌भावित करते हुए करता है—

पित्रा निरस्तः क्रुद्धेन सभार्यः क्षीणजीवितः।
स हन्ता तस्य सैन्यस्य रामः क्षत्रियपांसनः।।
अशीलः कर्कशस्तीक्ष्णो मूर्खो लुब्धोऽजितेन्द्रियः।
त्यक्तधर्मस्त्वधर्मात्मा भूतानामहिते रतः।।
येन वैरं विनारण्ये सत्त्वमाश्रित्य केवलम्।

कर्णनासापहारेण भगिनी मे विरूपिता।।

तस्य भार्यां जनस्थानात् सीतां सुरसुतोपमाम्।

आनयिष्यामि विक्रम्य सहायस्तत्र मे भव।।[14]

रावण ने राम को गुस्से हुए पिता द्वारा त्यागा हुआ, शीलरहित, तीक्ष्ण, मूर्ख, लालची, लम्पट, कर्त्तव्यच्युत, प्राणियों के अहित में निरत बताया। मारीच अपने उत्तर में रावण के एक एक आक्षेप का खण्डन करता है।

मारीच रावण की प्रत्येक मीमांसा—पिता द्वारा त्यक्त, तीक्ष्ण, प्रजाओं के अहित में लगे होना, अपने धर्म (कर्त्तव्य) से च्युत होना, मूर्खता आदि का खण्डन करता है। यहीं पर मारीच राम को जीता-जागता कर्त्तव्य अर्थात् साकार हुआ धर्म बताता है—

न रामः कर्कशस्तात नाविद्वान् नाजितेन्द्रियः।

अनृतं न श्रुतं चैव नैव त्वं वक्तुमर्हसि।।

रामो विग्रहवान् धर्मः साधुः सत्यपराक्रमः।

राजा सर्वस्य लोकस्य देवानामिव वासवः।।[15]

मारीच कहता है कि कम पराक्रमी अपने शत्रु से लड़ नहीं पाते हैं तो वे उसका नाश करने के लिए उसे बलवान् से भिड़ा देते हैं। राम की पत्नी सीता के हरण का परामर्श देने वाले सचिव रावण के छुपे हुए शत्रु हैं—

शत्रवस्तव सुव्यक्तं हीनवीर्या निशाचर।

इच्छन्ति त्वां विनश्यन्तमुपरुद्धं बलीयसा।।

रावण अपने निश्चय पर अटल था कि उसने उस कार्य (सीताहरण) के गुण-दोष, अपाय-उपाय का विचार कर लिया था। रावण राम की दुर्धर्षता और शक्ति को स्वीकार कर चुका है तथा उस बलिष्ठ से सम्भावित भय को आने से पहले ही निपटा लेना चाहता है। रावण का चरम प्रयोजन है कि जब भार्या के हरण से राम कमजोर हो जायेंगे तो उन पर वह प्रहार कर सकेगा—

ततः पश्चात् सुखं रामे भार्याहरणकर्शिते।

विस्रब्धं प्रहरिष्यामि कृतार्थेनान्तरात्मना।।

वह मारीच को लोभ देता है कि इस कार्य में सहायता के लिए वह उसे आधा राज्य देगा। बिना युद्ध[18] के सीता का हरण करके वह राम को शिकस्त देना चाहता है, जो मारीच की सहायता बिना असम्भव है। वह कहता है कि उसकी सहायता करने पर अवश्य उस (मारीच) का जीवन संशयास्पद है। वह राम के द्वारा मारा जा सकता है और बच भी सकता है। किन्तु वह सहायता नहीं करेगा तो उसकी मौत रावण के हाथों निश्चित है। रावण स्पष्ट कहता है कि मारीच अब वह करे, जो उसके लिए हितकर हो।[19] उसे वैदेही का हरण भी करना है और राम या लक्ष्मण से सीधी टक्कर में भी नहीं जाना है।[20] मारीच कृत्रिम शरीर धारण करने, दूसरों

की आवाज निकालने में कुशल था। वह जब मृग का रूप धारण करता है तो लक्ष्मण को उस मृग के अवास्तविक मृग होने का संदेह हो जाता है और राम उसके इस संदेह को खारिज नहीं करते हैं। वह कृत्रिम शरीर धारण करके मुनियों तथा शिकार पर जाने वाले राजाओं के वध करने वाले मारीच के वध की सम्भावना करके मृग के पीछे जाते हैं।[21] वह लक्ष्मण से कहते हैं—मैथिली की रक्षा करते हुए सब ओर से शंका करते रहना। कहीं भी कोई लापरवाही मत करना, अपितु प्रत्येक शंका, स्थिति की परवाह करते हुए अप्रमत्त रहना।[22]

यहाँ तक वाल्मीकि अपने इतिहास काव्य में स्पष्ट कर देते हैं कि रावण वैसा अहङ्कारी या क्रोधी नहीं था, जो किसी से सीधे-सीधे लड़-भिड़ जाता हो। इतिहास के रावण हेतु राम अनागत किन्तु आने वाला प्रबलतम भय है। वह सीता हरण के बाद राम की गतिविधियों पर दृष्टि रखने तथा अवसर पाकर वध करने के लिए अपने श्रेष्ठतम आठ गुप्तचर योद्धाओं को नियुक्त करता है।[23] ये आठों गुप्तचर घोर और महाबली थे, इन्हें नियुक्त करके रावण ने अपने करने योग्य कार्य को किया हुआ मान लिया। राम को शिकस्त देने के लिए सीता का हरण करना, जिसमें स्त्री के प्रति उसकी दुर्बलता का बराबर योग था एवं आठ शक्तिशाली गुप्तचरों को नियुक्त करके निश्चिन्त हो जाने को वाल्मीकि रावण की बुद्धि का वैक्लव्य मानते हैं। यह वह कमजोर स्थान था, जो उसके पराजय और नाश को जन्म देता है।

रावण राम की वीरता को स्वीकारता है, किन्तु उसके लिए कैकेयी के वचन से राजसत्ता को छोड़ देने के उनके निर्णय को वह उनकी मूर्खता मानता है। मारीच व सीता—दोनों के साथ अपने संवाद में इसे कहता है। राजसत्ता को ठुकराकर चले जाने का राम का निर्णय अप्रतिम था, जो राजनीतिज्ञों के गले से नीचे उतर सकता था। यह राम का अक्षात्र व्यवहार था। राजसत्ता तो भाई द्वारा भाई को मारकर या न जाने किन-किन क्रूर और कूट उपायों से हड़पने तथा न छोड़ने की वस्तु है। वादाखिलाफी जिसके लिए नीति हो, वह राजनीति कैकेयी को दिये वचन को निभाने के लिए अपने सुहृदों के साथ राजसत्ता त्याग कर वन में चले आने को पचा नहीं सकती है।[24] यहाँ रावण और राम के दृष्टिकोणों का अन्तर उभरता है। राज्यारूढ़ता रावण के लिए सबसे बड़ा मूल्य है। वह राम के राज्यच्युत होने की ओर सीता का ध्यान खींचता है।[25] वह राम के वनवास को उनका पराभव तथा श्री को खोना मानता है और यह दृष्टि कुछ गिने-चुने लोगों को छोड़ दें तो हम सबकी सामान्य समझ है। पद, पुरस्कार और राजमान्यता के प्रति अपरिमित लालसा पढ़ने-लिखने वाले बौद्धिक वर्ग में भी देखी जा सकती है। रावण उस लालसा का सर्वोत्तम प्रतिनिधि है। वह सीता से बात करते हुए राम की हीनता इसी दृष्टि से प्रतिपादित करता है—

निक्षिप्तविजयो रामो गतश्रीर्वनगोचरः।
व्रती स्थण्डिलशायी च शङ्के जीवति वा न वा।।[26]

रावण की दृष्टि में महापराक्रमी होते हुए भी राम ने राज्यारूढ़ होने रूपी विजय को खो देने से, राज्यश्री (प्रतिष्ठा) से अतीत हो जाने से, और वन में भटकने से अपने को दीन-हीन बना

लिया है। राम के जीवन मर्म को जानने का सामर्थ्य इतिहास के रावण में नहीं है। अधिकाधिक पाने, अपने वर्चस्व को दूसरों पर स्थापित करने वाली मनोवृत्ति का त्यागने तथा तपने के दृष्टिकोण के दो इतिहास-प्रतीक क्रमशः रावण और राम है। फलतः, रावण की दृष्टि में राम का कोई आदर नहीं है। हाँ, उनसे उसे अपनी सत्ता और सम्पत्ति के छीने जाने का भय प्रतीत होता है। हनुमान द्वारा लंका जलाये जाने पर अपने मन्त्रिमण्डल की बैठक में रावण लज्जित है और अपनी पराजय को स्पष्ट स्वीकारता है। जनस्थान में अपने सेनानियों की पराजय को भी उसने सुस्पष्ट स्वीकारा था और उसी कारण वह सीता का हरण छल से करता है, न कि बल से। मन्त्रियों से रावण कहता है–

धर्षिता च प्रविष्टा च लङ्का दुष्प्रसहा पुरी।
तेन वानरमात्रेण दृष्टा सीता च जानकी।।
प्रासादो धर्षितश्चैत्यः प्रवरा राक्षसा हताः।
आविला च पुरी लङ्का सर्वा हनुमता कृता।।[27]

रावण को लंका की प्राकृतिक रक्षा समुद्र की दुर्लंघता पर भी अब भरोसा नहीं है। वह राम के सामर्थ्य का अनुमान कर चुका है–

वानराणां हि वीराणां सहस्रैः परिवारितः।
रामोऽभ्येति पुरीं लङ्कामस्माकमुपरोधकः।।
तरिष्यति च सुव्यक्तं राघवः सागरं सुखम्।
तरसा युक्तरूपेण सानुजः सबलानुगः।।
तस्मिन्नेवंविधे कार्ये विरुद्धे वानरैः सह।
हितं पुरे च सैन्ये च सर्वं संमन्त्र्यतां मम।।

रावण राम के पराक्रम से पूरी तरह परिचित ही नहीं, उससे पराजित होने की सम्भावना से आतंकित भी है, किन्तु स्वभाव में स्त्री के प्रति मोह की दुर्बलता और राज्यादि सम्पत्ति के प्रति अपार लोभ समाया हुआ है। वह पराजय की सम्भावना के साथ ही विजय की कल्पना करता है और उसकी रणनीतियाँ बनाता है। वह बार-बार गुप्तचरों को भेजता है और राम की शक्ति की थाह लेता है। समुद्र तिर जाने के बाद वह सुक और सारण को भेजता है, जो राम की शक्ति की अपारता और अजेयता से प्रभावित होकर जानकी को लौटाने का परामर्श देते हैं, किन्तु लोभी को लुटा जाना स्वीकार्य है, किन्तु लौटाना या देना उसके वश में नहीं होता है। मानव जाति और वानर जाति एक साथ आ गयी हैं तो क्या, वह तो इनके साथ देव, गन्धर्व और दानव जातियों के भी शामिल हो जाने पर भी उत्पन्न होने वाले भय से नहीं डरने की बात कहता है–

यदि मामभियुञ्जीरन् देवगन्धर्वदानवाः।
नैव सीतां प्रदास्यामि सर्वलोकभयादपि।।[29]

वह गुप्तचरों के माध्यम से राम की सेना के दुर्बल पक्षों को जानने और राम को परास्त करने की योजना बनाता है, किन्तु सफल नहीं हो पाता है तो बिना कारण बताए सेनाओं को इकट्ठा करने का आदेश दे देता है। जब युद्ध में पहली बार राम से आमना-सामना होता है तो राम उसे निहत्था करके, उसके दर्प को तोड़ते हुए उसे जीवित छोड़ देते हैं। वाल्मीकि कहते हैं–

स प्रविश्य पुरीं लङ्कां रामबाणभयार्दितः।
भग्नदर्पस्तदा राजा बभूव व्यथितेन्द्रियः।।[23]

राम ने उसके दर्प को तोड़ा था। रावण के लिए राम सदैव उसके आत्मदर्प के हन्ता रहे हैं। उसके दर्प का भवन तब खण्डहर हो जाता है, जब राम कुम्भकर्ण को मार देते हैं–

श्रुत्वा विनिहतं संख्ये कुम्भकर्णं महाबलम्।
रावणः शोकसन्तप्तो मुमोह च पपात च।।[31]

बेहोश होना और गिर जाना, रावण के शोक की पराकाष्ठा थी। दर्प के टूटने पर वह विभीषण के परामर्श की सत्यता को स्वीकारता है–

तदिदं मामनुप्राप्तं विभीषणवचः शुभम्।
यदज्ञानान्मया तस्य न गृहीतं महात्मनः।।[32]

वाल्मीकि के रचे इतिहास में रावण के राम वह हैं, जो उसके मन भय की चिंगारी जगाते हैं और अन्ततः उसे भग्नदर्प करके छोड़ते हैं।

(2)

इतिहास एक है, कथाएँ अनन्त हैं। कथाओं के राम राम नहीं, हरि हैं। हरि अनन्त हैं और हरिकथाएँ भी अनन्त हैं। महाकवि तुलसी का 'रामचरितमानस' वैष्णवी मानस की महान् रामकथा है। शूर्पणखा जब रावण को जनस्थान में राम की उपस्थिति और जनस्थान के मूल निवासी मुनियों को अभय देने की बात कहती है तो रावण अपने आप से मन ही मन तर्क करता है–

सुर नर असुर नाग खग माहीं। मोरे अनुचर कहँ कोउ नाहीं।।
खर दूषन मोहि सम बलवंता। तिन्हहि को मारइ बिनु भगवंता।।
सुर रंजन भंजन महि भारा। जौं भगवन्त लीन्ह अवतारा।
तौ मैं जाइ बैरु हठि करऊँ। प्रभु सर प्रान तजें भव तरऊँ।।
होइहि भजनु न तामस देहा। मन क्रम बचन मन्त्र दृढ़ एहा।।
जौं नररूप भूपसुत कोऊ। हरिहउँ नारि जीति रन दोऊ।।[33]

यह कथा है–हरिभक्ति की। यहाँ हरि का किसी भी रूप में सान्निध्य मुक्ति देने वाला है। मरा-मरा जपने में भी जहाँ राम-राम का जप हो जाता है, वहाँ राम से विरोध करने पर भी नित्य उनका ध्यान-मनन-निदिध्यासन होने की दृष्टि है। विरोध भी विरोधभक्ति बन जाता है। यह कथा खड़ी अवश्य इतिहास के राम के जीवन की घटनाओं के अधिष्ठानों पर हुई है, किन्तु

इस कथा का मुख्य कथ्य भक्ति है। वैष्णवी उपासना ने मनुष्यता का बहुत उपकार किया है। इसकी भावधारा ने तर्क को अवश्य कहीं-कहीं विस्थापित किया है, किन्तु वैसा करते हुए भी वह कभी मनुष्यता के विरुद्ध नहीं गयी है। तुलसी की रामकथा वस्तुतः भक्तिकथा है। इसके नायक इतिहास पुरुष नहीं, इतिहास-वर्तमानादि भेदों वाले काल की पकड़ से बाहर रहने वाले कालातीत हैं। इस उदात्त कथा में प्रतिनायक (रावण) भी कहता है कि देवों के रंजन और धरती के भार के भंजन हेतु यदि भगवान ने अवतार लिया है तो मैं हठ करके राम से वैर बाँधूंगा। हरि के बाण से मौत को प्राप्त होता हूँ तो भव-सागर से तिर जाऊँगा। यहाँ जो इतिहास पीछे-पीछे कथा के चला आ रहा था, वह बहुत पीछे छूट जाता है अथवा छूट ही जाता है। यदि पाठक यहाँ तक नहीं पहुँचता है तो तुलसी की रामकथा का उसका पाठ ही व्यर्थ हो जाता है। यहाँ अब जीवन-कल्याण की, आत्मकल्याण की भावधारा हृदय को घेर लेती है और रावण भी सहृदय से कहता है कि मन, कर्म और वचन से राम का भजन करना चाहिए। मन, कर्म और वचन—यह हमारा जीवन है और इस जीवन को उदात्तता से जोड़ा जा रहा है और उसे राम कहा जा रहा है। रावण अपनी मौत राम के हाथों चाहता है—

तौ मैं जाइ बैरु हठि करऊँ।
प्रभु सर प्रान तजें भव तरऊँ।।

वह भव में डूबने से हमें सचेत करता है। रावण के लिए राम इस अगाध भव-सागर से पार करवाने वाले तारणहार है।

'रामचरितमानस' की कथा की स्रोत कथा अध्यात्म रामायण है। अध्यात्म रामायण इतिहास नहीं, कथा है, यह पुनरावृत्ति के बावजूद शब्दशः कहना चाहूँगा। 'रामचरितमानस' हिन्दी में वाल्मीकि रामायण का नहीं, अध्यात्म रामायण का प्रतिनिधित्व करता है। अध्यात्म रामायण की कथा में वैष्णव हृदय की निर्मलता और वैराग्य पराकाष्ठा पर प्रतिष्ठित है। राम को वनवास की आज्ञा मिलती है, तो लक्ष्मण राज्याभिषेक के लिए यत्न का कहते हैं और भरोसा देते हैं कि उसमें विघ्नकर्ताओं को वह हाथ में धनुष लेकर नष्ट कर देंगे। तब राम कहते हैं कि लक्ष्मण, यह जो राज्य, देह आदि दिखायी पड़ता है, वह वास्तव में सत्य होता तब तो उसका प्रयास सफल होता, किन्तु वह सत्य नहीं है।[34] अध्यात्म रामायण की कथा इस आभासी सत्य की मृग-मरीचिका से मनुष्य की चेतना से हटाकर परम सत्य से जोड़ने की कथा है। यहाँ राम विस्तार से जो कहते हैं, उससे इतिहास का औदात्त्य कथा के औदात्त्य से संगत होकर भासता है और कथा का औदात्त्य इतिहास में प्रतिष्ठित होकर दृढ़ हो जाता है। अध्यात्म रामायण की कथा का अद्‌भुत विचार सौन्दर्य हृदय को बलात् खींचता है—

संसृतिः स्वप्नसदृशी सदा रोगादिसङ्कुला।
गन्धर्वनगरप्रख्या मूढस्तामनुवर्तते।।[35]

(सपने-सी संसृति

सदा
रोग-शोक आदि से घुली-मिली
गन्धर्व नगर-सी क्षणिक
मूढ़ दौड़ता
उसी के पीछे-पीछे।)

यह राम रावण के लिए क्या है? रावण राम से अनजान है। वह शूर्पणखा से पूछता है–

को वा रामः किमर्थं वा कथं तेनासुरा हताः।
सम्यक् कथय मे तेषां मूलघातं करोम्यहम्।।[36]

जब वह शूर्पणखा को आश्वस्त करके अपने घर लौटता है तो चिन्ता होने से रात को नींद नहीं ले पाता है और वह राम को खोज लेता है। उसके खोजे हुए राम भगवान राम हैं, जो मनुष्य रूप में अवतार लेकर भूमि पर उतरे हैं–

एकेन रामेण कथं मनुष्यमात्रेण नष्टः सबलः खरो मे।
भ्राता कथं मे बलवीर्यदर्पयुतो विनष्टो बत राघवेण।।
यद्वा न रामो मनुजः परेशो मां हन्तुकामः सबलं बलौघैः।
सम्प्रार्थितोऽयं द्रुहिणेन पूर्वं मनुष्यरूपोऽद्य रघोः कुलेऽभूत्।।
वध्यो यदि स्यां परमात्मनाहं वैकुण्ठराज्यं परिपालयेऽहम्।
नो चेदिदं राक्षसराज्यमेव भोक्ष्ये चिरं रामममतो व्रजामि।।
इत्थं विचिन्त्याखिलराक्षसेन्द्रो रामं विदित्वा परमेश्वरं हरिम्।
विरोधबुद्ध्यैव हरिं प्रयामि द्रुतं न भक्त्या भगवान् प्रसीदेत्।।[37]

रावण जानता है कि बल, पराक्रम और दर्प से भरे खर को कोई मनुष्य नष्ट नहीं कर सकता। वह इस निश्चय पर पहुँचता है कि राम परमात्मा हरि हैं। भक्ति में हरि अनेक परीक्षाएँ लेते हैं, शीघ्र प्रसन्न नहीं होते हैं। वह उन्हें शीघ्र प्रसन्न करना चाहता है और उसके लिए विरोध बुद्धि से हरि की ओर जाता है। यह रावण मारा नहीं जाता है, अपितु अपने को आत्मबलिदान के लिए प्रस्तुत करता है। मन्दोदरी जब रावण को समझाती है तो वह कहता है कि वह जानता है कि जानकी लक्ष्मी है और राम विष्णु है एवं उसकी लड़ाई मुक्ति के लिए है। यहाँ तक, कि सीता का हरण भी यह जानकारी होने के कारण उसने जानते-बूझते हुए किया है।[38] कथाओं में रावण के लिए राम उसके मुक्तिदाता हैं, कल्याण के कारक हैं। रावण के लिए राम उसका अन्तिम गन्तव्य है, जिसे वह पाँच क्लेशों रूपी तरंगों, भ्रम रूपी भाँवरों, स्त्री-पुत्र-प्राप्तधन-बन्धु रूपी मछलियों, स्वयं के रोष-क्रोध रूपी बडवानलों तथा कामवासना रूपी जालों से युक्त संसार को लाँघकर पाना चाहता है।[39]

सन्दर्भ

1. खर के सामने शूर्पणखा का वचन है कि दण्डका वन में घर बना चुके राक्षसों के काँटे का हनन कर दो—दण्डकारण्यनिलयं जहि राक्षसकण्टकम्। वा.रा., अरण्यकाण्ड, सर्ग 20, श्लोक 13
2. चतुर्दशसहस्राणि रक्षसां भीमकर्मणाम्
हतान्येकेन रामेण खरश्च सहदूषणः।। वा.रा., अरण्यकाण्ड, सर्ग 31, श्लोक 11
3. अयुक्तचारं दुर्दर्शमस्वाधीनं नराधिपम्।
वर्जयन्ति नरा दूरान्नदीपङ्कमिव द्विपाः।।
ये न रक्षन्ति विषयमस्वाधीना नराधिपाः।
ते न वृद्ध्या प्रकाशन्ते गिरयः सागरे यथा।।
आत्मवद्भिर्विगृह्य त्वं देवगन्धर्वदानवैः।
अयुक्तचारश्चपलः कथं राजा भविष्यसि।।
येषां चारश्च कोशश्च नयश्च जयतां वर।
अस्वाधीना नरेन्द्राणां प्राकृतैस्ते जनैः समाः।।
यस्मात्पश्यन्ति दूरस्थान् सर्वानर्थान्नराधिपाः।
चारेण तस्मादुच्यन्ते राजानो दीर्घचक्षुषः।।
अयुक्तचारं मन्ये त्वां प्राकृतैः सचिवैर्वृतम्।
स्वजनं च जनस्थानं हतं यो नावबुध्यसे।। वा.रा., अरण्यकाण्ड, सर्ग 31, श्लोक 5—10
4. ऋषीणामभयं दत्तं कृतक्षेमाश्च दण्डकाः।
धर्षितं च जनस्थानं रामेणाक्लिष्टकर्मणा।।
त्वं तु लुब्धः प्रमत्तश्च पराधीनश्च रावण।
विषये स्वे समुत्पन्नं भयं यो नावबुध्यसे।। वा.रा., अरण्यकाण्ड, सर्ग 31, श्लोक 12-13
5. नानुतिष्ठति कार्याणि भयेषु न बिभेति च।
क्षिप्रं राज्याच्च्युतो दीनस्तृणैस्तुल्यो भविष्यति।। वा.रा., अरण्यकाण्ड, सर्ग 31, श्लोक 16
6. वा.रा.,अरण्यकाण्ड, सर्ग 32, श्लोक 2-3
7. नाददानं शरान् घोरान्न मुञ्चन्तं महाबलम्।
न कार्मुकं विकर्षन्तं रामं पश्यामि संयुगे।।
हन्यमानं तु तत्सैन्यं पश्यामि शरवृष्टिभिः।
इन्द्रेणैवोत्तमं सस्यमाहतं त्वश्मवृष्टिभिः।।
रक्षसां भीमवीर्याणां सहस्राणि चतुर्दश।
निहतानि शरैस्तीक्ष्णैस्तेनैकेन पदातिना।।
अर्धाधिकमुहूर्तेन खरश्च सहदूषणः।
ऋषीणामभयं दत्तं कृतक्षेमाश्च दण्डकाः।। वा.रा., अरण्यकाण्ड, सर्ग 32, श्लोक 7-10
8. एका कथंचिन्मुक्ताहं परिभूय महात्मना।
स्त्रीवधं शङ्कमानेन रामेण विदितात्मना।। वा.रा., अरण्यकाण्ड, सर्ग 32, श्लोक 11
9. भ्राता चास्य महातेजा गुणतस्तुल्यविक्रमः।
अनुरक्तश्च भक्तश्च लक्ष्मणो नाम वीर्यवान्।।

अमर्षी दुर्जयो जेता विक्रान्तो बुद्धिमान् बली।

रामस्य दक्षिणो बाहुर्नित्यं प्राणो बहिश्चरः।। वा.रा., अरण्यकाण्ड, सर्ग 32, श्लोक 12-13

10. रामस्य तु विशालाक्षी धर्मपत्नी यशस्विनी।

सीता नाम वरारोहा वैदेही तनुमध्यमा।।

नैव देवी न गन्धर्वा न यक्षी न च किन्नरी।

तथारूपा मया नारी दृष्टपूर्वा महीतले।।

यस्य सीता भवेद्भार्या यं च हृष्टा परिष्वजेत्।

अतिजीवेत्स सर्वेषु लोकेष्वपि पुरन्दरात्।।

सा सुशीला वपुःश्लाघ्या रूपेणाप्रतिमा भुवि।

तवानुरूपा भार्या सा त्वं च तस्यास्तथा पतिः।।

तां तु विस्तीर्णजघनां पीनोत्तुङ्गपयोधराम्।

भार्यार्थे तु तवानेतुमुद्यताहं वराननाम्।।

तां तु दृष्ट्वाद्य वैदेहीं पूर्णचन्द्रनिभाननाम्।

मन्मथस्य शराणां च त्वं विधेयो भविष्यसि।।

यदि तस्यामभिप्रायो भार्यार्थे तव जायते।

शीघ्रमुद्ध्रियतां पादो जयार्थमिह दक्षिणः।। वा.रा., अरण्यकाण्ड, सर्ग 32, श्लोक 14-20

11. ततः शूर्पणखावाक्यं तच्छ्रुत्वा रोमहर्षणम्।

सचिवानभ्यनुज्ञाय कार्यं बुद्ध्वा जगाम ह।। वा.रा., अरण्यकाण्ड, सर्ग 33, श्लोक 1

12. तत्कार्यमनुगम्याथ यथावदुपलभ्य च।

दोषाणां च गुणानां च सम्प्रधार्य बलाबलम्।।

इतिकर्तव्यमित्येव कृत्वा निश्चयमात्मनः।

स्थिरबुद्धिस्ततो रम्यां यानशालां जगाम ह।। वा.रा., अरण्यकाण्ड, सर्ग 33, श्लोक 2-3

13. वा.रा., अरण्यकाण्ड, सर्ग 33, श्लोक 4

14. वा.रा., अरण्यकाण्ड, सर्ग 34, श्लोक 10-13

15. वा.रा.,अरण्यकाण्ड, सर्ग 35, श्लोक 12-13

16. वा.रा.,अरण्यकाण्ड, सर्ग 39, श्लोक 4

17. वा.रा.,अरण्यकाण्ड, सर्ग 34, श्लोक 20

18. प्राप्य सीतामयुद्धेन वञ्चयित्वा तु राघवम्।

लङ्कां प्रति गमिष्यामि कृतकार्यः सह त्वया।। वा.रा., अरण्यकाण्ड, सर्ग 38, श्लोक 19

19. आसाद्य तं जीवितसंशयस्ते, मृत्युर्ध्रुवो ह्यद्य मया विरुध्य।

एतद् यथावत् परिगृह्य बुद्ध्या, यदत्र पथ्यं कुरु तत् तथा त्वम्।। वा.रा., अरण्यकाण्ड, सर्ग 20, श्लोक 13

20. अपक्रान्ते च काकुत्स्थे लक्ष्मणे च यथासुखम्।

आनयिष्यामि वैदेहीं सहस्राक्षः शचीमिव।। वा.रा.,अरण्यकाण्ड, सर्ग 20, श्लोक 13

21. एतेन हि नृशंसेन मारीचेनाकृतात्मना। वा.रा., अरण्यकाण्ड, सर्ग 20, श्लोक 13

22. भवाप्रमत्तः प्रतिगृह्य मैथिलीं प्रतिक्षणं सर्वत एव शङ्कितः। वा.रा., अरण्यकाण्ड, सर्ग 20, श्लोक 13

23. जनस्थाने वसद्भिस्तु भवद्भी राममाश्रिता।

प्रवृत्तिरुपनेतव्या किं करोतीति तत्त्वतः।।
अप्रमादाच्च गन्तव्यं सर्वैरेव निशाचरैः।
कर्तव्यश्च सदा यत्नो राघवस्य वधं प्रति।
युष्माकं हि बलज्ञोऽहं बहुशो रणमूर्धनि।
अतश्चास्मिञ् जनस्थाने मया यूयं नियोजिताः।।
ततः प्रियं वाक्यमुपेत्य राक्षसा, महार्थमष्टावभिवाद्य रावणम्।
विहाय लङ्कां सहिताः प्रतस्थिरे, यतो जनस्थानमलक्ष्यदर्शनाः।। वा.रा., अरण्यकाण्ड, सर्ग 20, श्लोक 13

24. यः स्त्रिया वचनाद् राज्यं विहाय ससुहृज्जनम्।
अस्मिन् व्यालानुचरिते वने वसति दुर्मतिः।। वा.रा., सुन्दरकाण्ड, सर्ग 18, श्लोक 25
25. राज्याच्च्युतमसिद्धार्थम्...—वा.रा., अरण्यकाण्ड, सर्ग 20, श्लोक 13
26. वा.रा., अरण्यकाण्ड, सर्ग 31, श्लोक 5-10
27. वा.रा., युद्धकाण्ड, सर्ग 6, श्लोक 2-3
28. वा.रा., सुन्दरकाण्ड, सर्ग 6, श्लोक 16-18
29. वा.रा., युद्धकाण्ड, सर्ग 17, श्लोक 2
30. वा.रा., अरण्यकाण्ड, सर्ग 48, श्लोक 1
31. वा.रा., युद्धकाण्ड, सर्ग 56, श्लोक 2
32. वा.रा., युद्धकाण्ड, सर्ग 56, श्लोक 16
33. रामचरितमानस, अरण्यकाण्ड
34. यदिदं दृश्यते सर्वं राज्यं देहादिकं च यत्।
यदि सत्यं भवेत् तत्र आयासः सफलश्च ते।। अयोध्याकाण्ड, सर्ग 4, श्लोक 19
35. अध्यात्म रामायण, अयोध्याकाण्ड, सर्ग 4, श्लोक 25
36. अध्यात्म रामायण, अरण्यकाण्ड, सर्ग 5, श्लोक 45
37. अध्यात्म रामायण, अरण्यकाण्ड, सर्ग 5, श्लोक 58-61
38. जानामि राघवं विष्णुं लक्ष्मीं जानामि जानकीम्।
ज्ञात्वैव जानकी सीता मया नीता वनाद् बलात्।।—अध्यात्म रामायण, अरण्यकाण्ड, सर्ग 5, श्लोक 57
39. क्लेशादिपञ्चकतरङ्गयुतं भ्रमाढ्यं, दारात्मजाप्तधनबन्धुझषाभियुक्तम्।
और्वानलाभनिजरोषमनङ्गजालं, संसारसागरमतीत्य हरिं व्रजामि।। अध्यात्म रामायण, युद्धकाण्ड, सर्ग 11, श्लोक 61

सन्दर्भ ग्रन्थ

1. समीक्षितपाठात्मकम् वाल्मीकिरामायणम्, ऑरियंटल इंस्टीट्यूट, वडोदरा, संस्करण—1992
2. रामचरितमानस, गीता प्रेस, गोरखपुर
3. अध्यात्मरामायण हिन्दी-अनुवाद सहित, गीता प्रेस, गोरखपुर, तैंतालीसवाँ पुनर्मुद्रण।

विभीषण के राम

जीवन सिंह

लोक में एक कहावत है जितने मुँह उतने राम। सबके अपने अपने राम हैं और राम के प्रति यह आत्मगतता निरन्तर बढ़ती गयी है। सच तो यह है कि अपने राम की रचना भारतीय काव्य परम्परा ने हजारों सालों की उथल-पुथल और युग-चेतना के साथ साथ एक आदर्शवादी सृष्टि के रूप में की है। जिसे कथावाचकों ने वाचिक परम्परा के माध्यम से लोक-मानस का हिस्सा बनाया है। इसमें शुरुआती काम निस्सन्देह वाल्मीकि ने किया, उनके बाद कालिदास, भवभूति सरीखे महाकवियों ने इसके विभिन्न आयामों का विस्तार किया। वाल्मीकि और कालिदास ने अपने समय की स्थितियों और वास्तविकताओं को चित्रित करने पर जितना बल दिया उतना सवाल उठाने पर नहीं, किन्तु भवभूति तक जब यह कथा पहुँची तब इस कथा के बीच से स्त्री प्रश्न को लेकर पैदा हुए अन्तर्विरोध को उन्होंने 'उत्तररामचरित' के एक प्रसंग में सीता की स्थिति-सन्दर्भ से पहला सवाल भवभूति ने ही उठाया। तब यह वीर रस से करुण रस की तरफ प्रवाहित होने वाली एक नयी कथा बन गयी। लेकिन इन सभी के राम अपने समय की आभिजात्य परिस्थितियों में पलने वाली जिन्दगी का अतिक्रमण नहीं कर सके। मध्यकाल की सोलहवीं सदी में आकर जब राम कथा तुलसी के हाथ में आयी तो उन्होंने हिन्दी की एक बोली का परिष्कार करते हुए उसे एक ऐसी भाषा में ढाल दिया जिससे वह अभिजन और जन की दूरी का अतिक्रमण कर गयी। यह अलग बात है कि उसका दृष्टिगत अभिजनत्व कम होने की बजाय और बढ़ गया। आज राम कथा और उनके चरित्र से सम्बन्धित जो कुछ हिन्दी लोक मानस में मौजूद है वह सब तुलसी का रचा हुआ और बनाया हुआ है। तुलसी ने अपने राम को रचते हुए उनके इर्द-गिर्द कथा-प्रवाह के लिए अन्य अनेक चरित्रों का जो व्यूह बनाया है वह सब राम के महत्त्व को केन्द्र में ही नहीं लाता, उसे परिभाषित भी करता है। यह तथ्य सर्वविदित है कि तुलसी के 'रामचरितमानस' की जितनी भी पात्र-नियोजना है वह सब रामकेन्द्रित है। इसलिए उसकी अन्तर्यात्रा से जितने भी चरित्र निकलते हैं वे या तो राम समर्थक वर्ग के हैं या राम विरोधी वर्ग के। वाल्मीकि के लिए राम अनगिनत गुणसम्पन्न महापुरुष थे किन्तु तुलसी के यहाँ वे ईश्वर के अवतार हो गये। वाल्मीकि के यहाँ पर राम अवतार नहीं हैं। इसलिए वाल्मीकि और तुलसी के विभीषण और उनके राम में नजरिये का फर्क है। वाल्मीकि

के यहाँ राम एक वीर, साहसी, धैर्यवान, गुणवान और परोपकारी पराक्रमी महापुरुष हैं, इसलिए वाल्मीकि के विभीषण भी उनको एक महान् पराक्रमी वीर पुरुष के रूप में ही देखते हैं। वे तुलसी की तरह से ''भुवनेश्वर और कालों के काल नहीं हैं।'' जैसा कि तुलसी कहते हैं–**'तात राम नहि नर भूपाला। भुवनेश्वर कालहु कर काला।।'** वाल्मीकि के यहाँ वे एक राजा के पुत्र ही हैं इसलिए विभीषण के लिए भी वे राजपुत्र ही हैं कोई आराध्य-पुरुष नहीं। यह अलग बात है कि वे कोई सामान्य राजपुत्र भी नहीं हैं। उनके यहाँ उनका एक विशिष्ट आदर्श चरित्र है।

वाल्मीकि रामायण में विभीषण पहली बार उस समय अपनी उपस्थिति दर्ज कराते हैं जब हनुमान को दण्डित करने का मामला सामने आता है। वे ही हैं जो दूत-नीति के आधार पर हनुमान को मृत्युदण्ड से बचाते हैं, उनके इसके चरित्र को युद्धकाण्ड (तुलसी का लंकाकाण्ड) में आकर तब दिखलाया गया है, जब रावण के सभासदों के बीच सीता को रखने या लौटाने पर विचार होता है। यद्यपि इससे पहले वे सुन्दरकाण्ड में तब भी पहली बार आते हैं जब रावण, हनुमान को मृत्यु दण्ड देने की घोषणा कर देता है। उस सभा में विभीषण भी उपस्थित हैं तब वे रावण को सलाह देते हुए बतलाते हैं कि ये एक दूत के रूप में लंका में आये हैं और दूत ने कितना ही बड़ा अपराध क्यों न किया हो, नीतिशास्त्र कहता है कि उसे मारना किसी भी तरह से उचित नहीं है। चाहें तो उस पर कोई दण्ड कर सकते हैं। उस समय विभीषण की राय अन्य सभी सभासदों से अलग और नीतिविधान के अनुरूप होती है। विभीषण को वाल्मीकि ने राम का भक्त न दिखलाकर एक नीति-पुरुष के रूप में चित्रित किया है इसलिए उनके राम भी ईश्वर के अवतार न होकर एक महापराक्रमी महापुरुष ही हैं। विभीषण रावण से कहते हैं कि राम ने क्रोध को जीत लिया है। ऐसा व्यक्ति अजेय वीर होता है। राम की विशेषता यह है कि वे जितने पराक्रमी हैं उतने ही धर्मात्मा भी हैं। वाल्मीकि ने कहा है–**''न तु क्षमं वीर्यवता तेन धर्मानुवर्तिना।''** इसके बाद रावण सभा से अपने महलों में चला गया। विभीषण भी तब उसे समझाने के लिए उसके महलों में जा पहुँचे, क्योंकि वे भी वाल्मीकि की निगाह में धर्म और अर्थ के तत्त्व ज्ञाता भीमकर्मा, महातेजस्वी वीर पुरुष थे। रावण की सभा में जब उसके सभासद राम के बारे में विचार करते हैं, तो प्रहस्त को राम के अजेय होने के बारे में बतलाते हुए उनके अन्यान्य गुणों और विलक्षणताओं की चर्चा करते हुए विभीषण उससे कहते हैं कि श्रीराम अर्थविशारद हैं और समस्त कार्यों के साधन में कुशल हैं। वे धर्म को ही प्रधान वस्तु मानते हैं। वे सभी कार्यों के सम्पादन में समर्थ और महारथी वीर हैं। जब रावण-सुत मेघनाद, विभीषण का भरी सभा में उपहास करता है, तब भी विभीषण, राम की शूरवीरता और पराक्रमी होने के बारे में यही कहते है कि ब्रह्मदण्ड और यमदण्ड के समान राघव के तेजस्वी बाणों के प्रहार को कौन सहन कर सकता है इसलिए हमारा भला इसी में है कि सीता जी को ससम्मान श्रीराम को लौटा दिया जाय। कहने का तात्पर्य यह है कि वाल्मीकि का दृष्टिकोण इस बारे में साफ है कि उनके राम ईश्वर के अवतार नहीं हैं यद्यपि उनके बाद कालिदास के रघुवंशी राम, विष्णु के अवतार के रूप में ही सामने आते हैं। सोलहवीं सदी में तुलसी के राम, वाल्मीकि की

अपेक्षा कालिदास के अधिक निकट हैं लेकिन कालिदास के 'रघुवंश' महाकाव्य में विभीषण, की भूमिका बहुत बड़ी नहीं है। वे राम के सामने तब एक बार ही एक राजनीतिज्ञ की तरह से आते हैं जब राम सेना सहित लंका पर चढ़ाई करने को उद्यत होते हैं। वाल्मीकि और तुलसी के यहाँ विभीषण की उपस्थिति एक नीतिदृष्टा मानवतावादी व्यक्ति की है। तुलसी के यहाँ तक आकर वे राम के वैसे ही भक्त हो जाते हैं जैसे सुग्रीव, जामवन्त, हनुमान आदि हैं।

वाल्मीकि रामायण में जब पहली बार विभीषण राम के समक्ष उपस्थित होते हैं। तब राम की पहली विशेषता यही सामने आती है कि वे शरण में आने वाले को शरण देने में कोई संकोच नहीं करते और न ही इस मामले में अपना कोई आगा-पीछा सोचते हैं कि इस शरणागति से उनको कोई हानि-लाभ तो नहीं है। वाल्मीकि और तुलसी के यहाँ राम के इसी स्वरूप को जानकर विभीषण उनकी शरण में आता है। वाल्मीकि के विभीषण राम की शरण में आने पर यही कहते हैं—**भवन्तं सर्वभूतानाम शरण्यं शरणम गतः** यानी आप समस्त प्राणियों को शरण देने वाले हैं, इसलिए मैंने आपकी शरण ली है। यह प्रसंग भी उनके महापराक्रमी होने का एक प्रमाण है।

तुलसी का दृष्टिकोण अपने सृजित राम के प्रति वाल्मीकि से भिन्न अध्यात्मपरक और आदर्शवादी रहा है इसलिए उनके सभी रामपक्षीय पात्र और चरित्र भी उनके उसी आदर्शवाद से प्रेरित एवं संचालित हैं। सच तो यह है कि वे सभी राम के सहचर-सखा न होकर उनके भक्त हैं। उनकी भक्ति भी दास्य भाव के अन्तर्गत आती है। अपनी इसी दास्य-दृष्टि से उन्होंने अपने सभी चरित्रों का सृजन किया है। सुग्रीव को उनके यहाँ एक मित्र के रूप में दिखाया अवश्य गया है किन्तु उसको भी बहुत जल्दी यह पता चल जाता है कि राम कोई सामान्य राजपुत्र नहीं हैं। इसलिए वे भी एक समय पर आकर उनके सेवक बन जाते हैं। वैसे भी तुलसी ने भक्ति की जिस पद्धति को अपनाया वह सेवक-सेव्य भाव की ही रही है। उन्होंने एक जगह पर कहा भी है—**'सेवक सेव्य भाव बिन भव न तरिय उरगारि'**। विभीषण के लिए भी राम एक सामान्य राजपुत्र नहीं हैं। वे ब्रह्म अनामय और अज भगवान ही है। जैसा कि वह रावण को अपनी सलाह देते हुए कहते भी हैं कि हे भ्राता राम किसी सामान्य राजा के पुत्र नहीं हैं। वे तो सारे लोकों के स्वामी हैं और काल के भी काल हैं—

तात राम नहि नर भूपाला। भुवनेश्वर कालहु कर काला।
ब्रह्म अनामय अज भगवंता। व्यापक अजित अनादि अनन्ता।।

ऐसे ही प्रसंगों से पता चलता है कि विभीषण के राम का स्वरूप क्या है? तुलसीकृत 'रामचरितमानस' में विभीषण का अवतरण सबसे पहले सुन्दरकाण्ड में उस समय होता है जब हनुमान लंका में सीता की खोज करते हुए एक ऐसा घर देखते हैं जिसके प्रवेश द्वार पर रामायुध अंकित हैं और तुलसी के पौधे लगे हुए हैं। इतना ही नहीं वे उसी समय नींद को त्यागते हुए राम राम का स्मरण भी करते हैं। इससे हनुमान को विश्वास हो जाता है कि यह कोई सत पुरुष हैं और ऐसे व्यक्ति से परिचय करने में कोई हानि नहीं होती है। यहाँ पर प्रथम दृष्टया

ही विभीषण एक राम भक्त के रूप में सामने आते हैं। इस प्रसंग से मालूम होता है कि वे पहले से ही अपने राम को अपना आराध्य भगवान मानते हैं। हनुमान भी उनको बतलाते हैं कि राम तो हमेशा अपने सेवकों यानी भक्तों पर प्रेम का भाव रखते हैं–**'सुनहु बिभीषण प्रभु के रीती। करहिं सदा सेबक पर प्रीती।'** इसलिए यहाँ विभीषण के राम वाल्मीकि के राम की तरह केवल महापराक्रमी वीरशिरोमणि राम नहीं हैं वरन वे सबके प्रभु सर्वशक्तिमान राम हैं। इसका मतलब है कि वे वाल्मीकि की तरह लौकिक नहीं, अलौकिक व्यक्तित्व हैं। विभीषण पहली बार हनुमान से मिलने पर अपनी स्थिति बतलाता हुआ कहता है कि मेरा शरीर वैसे ही तामसी है जिससे मेरे मन में राम के प्रति कोई प्रेम भी नहीं है किन्तु आपके आगमन से अब मुझे भरोसा हो गया है कि मेरे ऊपर भी उनकी कृपा हो गयी है जिससे आप जैसा सन्त पुरुष मुझे इस तरह से अचानक मिल गये हैं। इससे स्पष्ट है कि विभीषण के लिए राम हरि यानी भगवान ही हैं। वह कहता है–

तामस तन कछु साधन नाहीं। प्रीती न पद सरोज मन माहीं।
अब मोहि भा भरोस हनुमन्ता। बिनु हरिकृपा मिलहिं नहि सन्ता।

यहाँ पर हनुमान विभीषण को पूरी तरह से आश्वस्त भी कर देते हैं कि प्रभु श्रीराम हमेशा अपने सेवकों पर प्रेम का भाव ही रखते हैं। इसके बाद राम के बारे में विभीषण का मत तब खासतौर से व्यक्त होता है जब राम की सेना समुद्र के उस तट पर आ जाती है तब रावण अपने सचिवों-सभासदों से परामर्श करता है कि अब इस समय उसे क्या करना चाहिए तब अवसर पाकर विभीषण भी रावण की उस सभा में पहुँच जाता है और रावण को उचित परामर्श देते हुए राम की शक्ति और विशेषताओं का बखान करते हुए अपने बड़े भाई रावण को समझाता है। यहाँ पर भी इस प्रसंग से पता चलता है कि विभीषण के राम क्या हैं? जब वह अपने भाई से कहता है कि उनको काम, क्रोध, मद और लोभ जैसे दुर्गुणों का परित्याग करते हुए उन रघुवीर का भजन करना चाहिए जिनका भजन सन्त भी करते हैं–

काम क्रोध मद लोभ सब नाथ नरक के पन्थ।
सब परिहरि रघुबीरहि भजहु भजहि जेहि सन्त।।

विभीषण इससे आगे भी राम की ईश्वरीय शक्तियों का वर्णन करते हुए रावण से कहते हैं कि वे सामान्य नर राजपुत्र नहीं हैं वे तीनों लोकों के स्वामी हैं। वे साक्षात ब्रह्म हैं और उन्होंने पृथ्वी, द्विज, गाय और देवताओं के हित के लिए ही मानव शरीर धारण किया है। वे अपने सेवकों को आनन्द देने वाले, दुष्टों का विनाश करने वाले और वेद तथा धर्म की रक्षा करने वाले हैं। वे शरणागत के दुःखों का नाश करने वाले भी हैं। इससे स्पष्ट है कि तुलसी के राम पहले से चली आ रही उस वेद व्यवस्था के रक्षक हैं जो चतुर्वर्ण व्यवस्था के आधार पर बनायी गयी है और किसी न किसी स्तर पर आज भी चल रही है, जिसमें पृथ्वी, गाय, और देवताओं की रक्षा के साथ ब्राह्मणों की रक्षा के विशेष प्रावधान मौजूद है। यह अलग बात है कि उसमें

उन सभी सेवकों की मुक्ति और रक्षा के प्रावधान मौजूद हैं, जो राम की शरण में आ जाते हैं और उनके द्वारा स्वीकृत वेद-व्यवस्था को भी मानते ही नहीं, उसका पालन भी करते हैं। यही कारण है कि वन में मिलने वाले जितने भी उपेक्षित-अवहेलित-दलित-पीड़ित और शोषित राम की शरण में आ जाते हैं उन सभी को राम अपनी शरण में लेकर अभयदान दे देते हैं।

वैसे रावण को भी द्विज वर्ण से ही बतलाया गया है इस आधार पर वह स्वयं ही राम द्वारा रक्षित प्राणियों की श्रेणी में आ जाता है किन्तु यहाँ पर वह ब्राह्मण कुल से होने के बावजूद राम विरोधी के रूप में आया है इसलिए यह इस कथा का एक ऐसा पेच है जो इस व्यवस्था के अन्तर्गत एक अन्तर्विरोध की तरह से आया है। जिसका मतलब है कि यदि ब्राह्मण भी राम विरोधी है तो वह भी वध्य है। सच है कि रावण भी ब्राह्मण है किन्तु उसकी अपनी एक स्वतन्त्र सत्ता है। इस तरह से यहाँ पर दो सत्ताओं की टकराहट सामने आती है जिसे कवियों ने सत्य और असत्य के द्वन्द्व में बदलकर एक मनोगत आदर्श सत्ता को स्थापित करने का काम किया है। जब रावण की सत्ता में राम हस्तक्षेप करते हैं तो वह उसकी प्राणपण से रक्षा करता है। यहाँ पर यह दो व्यक्तित्वों की सत्ता की टकराहटों के रूप में सामने आती है जो राम की व्यवस्था को चुनौती देता है। लेकिन हमारे यहाँ लोक जीवन की अपनी रामायण भी रही है जिसमें रावण के पक्ष को मानते हुए विभीषण को घर के भेदी के रूप में अपकीर्ति का भागी बनाया गया है और 'घर का भेदी लंका ढावे' जैसी कहावत धड़ल्ले से प्रचलित है। इसकी वजह कदाचित् इस तथ्य को मानना चाहिए कि विभीषण ने राजसत्ता पाने के लालच को नहीं छोड़ा था। वह एक बार भी मना नहीं करता कि उसे राजसत्ता नहीं चाहिए। कालिदास तो इसको उसका एक कूटनीतिक प्रयास कहते हैं। 'रघुवंशम्' काव्य के बारहवें सर्ग में सागर पर सेतुबन्धन के अवसर पर विभीषण राम से मिलने के लिए आता है, तब कालिदास ने लिखा है–

निविष्टमुदधेः कूले तं प्रपेदे विभीषणः।
स्नेहाद्राक्षसलक्ष्म्येव बुद्धिमादिश्य चोदितः।।
तस्मै निशाचरैश्वर्यं प्रतिशुश्राव राघवः।
काले खलु समारब्धाः फलं बध्नन्ति नीतयः।।

इसका मतलब यह है कि जब राम सागर तट पर पहुँचे तो रावण का भाई विभीषण उनसे मिलने आया मानो राक्षसों की राज्यलक्ष्मी ने उसकी बुद्धि में पैठकर उसे यह समझा दिया हो कि अब राम की शरण में जाने पर ही तुम्हारा कल्याण होगा। कालिदास आगे कहते हैं कि राम ने भी उससे यह प्रतिज्ञा कर ली कि हम तुम्हें राक्षसों का राजा बना देंगे। ठीक भी है समय पर काम में लाई हुई कूटनीति आगे चलकर अवश्य ही फल देती है। इस तरह यहाँ पर विभीषण एक कूटनीतिज्ञ के रूप में सामने आये हैं।

विभीषण उस व्यवस्था के आन्तरिक पेच को जानते हैं इसलिए उनको राम की व्यवस्था का समर्थक बतलाया गया है। इसके बावजूद जैसाकि हम पूर्व में भी कह चुके हैं कि लोक जीवन में विभीषण को भ्राताद्रोही ही नहीं, घर के भेदी के रूप में भी कुख्याति और अप्रतिष्ठा

मिली हुई है कि राम की विजय में घर के आन्तरिक रहस्यों को जानने वाले विभीषण की भी बहुत बड़ी भूमिका रही है जिसका शमन तुलसी ने उनको राम का भक्त बतलाकर और उनसे पहले वाल्मीकि ने भी उनको नीति विशारद मानते हुए उनका पूरा बचाव किया है। यद्यपि उसके मन में राजसत्ता का लोभ वैसे ही मौजूद है जैसे सुग्रीव, निषाद आदि के मन में रहा है।

'रामचरितमानस' में विभीषण के राम कैसे हैं और उसके मन में उनका कैसा स्वरूप प्रतिष्ठित है इसका उल्लेख तुलसी खासतौर से उसको पक्का राम भक्त बताते हुए उसके ही मुख से राम के स्वरूप के बारे में तब कहलवाते हैं जब वह लंका को छोड़कर राम की शरण में जाता है। तब वह अपने प्रभु राम के बारे में मार्ग में क्या क्या सोचता है—

देखिहौं जाइ चरण जलजाता। अरुण मृदुल सेवक सुखदाता।
जे पद परसि तरी रिषिनारी। दण्डक कानन पावनकारी।।

ऐसे हैं विभीषण के राम जो अपने सेवकों को सुख देते हुए उनकी रक्षा करते हैं। इतिहास के अनेक प्रमाण उसके सामने आते जाते हैं जो यह बतलाते हैं कि राम की शरण में जो भी आया है, राम ने सदैव उसकी रक्षा की है।

'रामचरितमानस' के लंकाकाण्ड में राम और विभीषण के बीच हुए संवाद के रूप में तुलसी ने एक रूपक के द्वारा ऐसे जीवन मूल्य की प्रतिष्ठा करायी है, जो राम के अवतारी व्यक्तित्व की विशेषता तो है ही, उस हर महान् व्यक्ति की विशेषता भी है जो अपने जीवन के आन्तरिक और बाह्य व्यक्तित्व को एकरूप कर देता है। जिसके बाहरी और आन्तरिक व्यक्ति में कोई अन्तर नहीं है। प्रंसग है युद्ध का, जब राम और रावण आमने-सामने युद्ध के मैदान में हैं तब विभीषण यह देखकर चिन्तित होता है कि युद्ध में रावण तो सम्पूर्ण साधनों के साथ आया है जबकि राम के पास न तो रथ है न ही कोई जिरहबख्तर हैं और न ही पैरों में कुछ पहनने को है ऐसी स्थिति में ये रावण से कैसे युद्ध कर सकेंगे? वह अपने मन में पैदा हुए इस सन्देह को राम जी से ही जाकर कहता है। तुलसी ने लिखा है—

रावण रथी विरथ रघुबीरा। देखि बिभीषण भएउ अधीरा।
अधिक प्रीति मन भा सन्देहा। बंदि चरन कह सहित सनेहा।।
नाथ न रथ नहीं तन पदत्रना। केहि बिधि जितब बीर बलबाना।

चूँकि विभीषण के मन में राम के प्रति विशेष लगाव है इसलिए यहाँ पर वे इस बात को भूल जाते हैं कि राम तो सर्वशक्तिमान हैं। कहा भी है कि 'उमा करत रघुपति नरलीला'। वे मनुष्य हैं ही नहीं। उनकी भृकुटि चलने मात्र से सृष्टि प्रलय हो सकती है। इस सत्य को रावण भले ही नहीं जानता था किन्तु विभीषण को यह सब पता है। इसलिए उसके राम, रावण के राम से अलग हैं। तब ये युद्ध के साधन उनके लिए क्या अर्थ रखते हैं? लेकिन संकट के अवसरों पर कोई भी व्यक्ति अपने वास्तविक रूप में जब आता है तो विभीषण की तरह से ही सोचने लगता है। यहाँ पर विभीषण के मन की आँखों से राम के अलौकिक रूप का पर्दा

हट गया है और वे एक राजपुत्र के रूप में यहाँ पर उसके सामने हैं इसलिए वह उचित ही चिन्ता करने लगता है। कदाचित् वह भूल गया है कि उसके राम नर हैं ही नहीं, वे तो नरलीला कर रहे हैं। तब राम उसके सन्देह को दूर करते हुए उसे समझाते हैं कि सच है कि युद्ध के मैदान में मेरे पास रथ नहीं है और युद्ध करने के दूसरे साधन भी नहीं हैं जो रावण के पास हैं लेकिन विभीषण, युद्ध में विजय जिन साधनों से होती है वे रथादि न होकर कुछ और ही मानवीय गुण होते हैं जिनसे मनुष्य अपने जीवन में विजय प्राप्त करता है। ये गुण उन लोगों के पास नहीं होते जो इस संसार की आन्तरिक सचाई को नहीं जानते और रावण की तरह से केवल बाहरी चमक-दमक में ही डूबे और खोये रहते हैं। जिनके पास न असली शौर्य है, न ही धैर्य है, न ऐसे लोग सत्य की राह पर चलते हैं और न ही इनका आचरण परहितकारी होता है। वह दूसरा रथ इस तरह का होता है तब राम उसके सामने उस रथ के रूपक को प्रस्तुत करते हुए बतलाते हैं–

सौरज धीरज तेहि रथ चाका। सत्य शील दृढ ध्वजा पताका।
बल बिबेक दम परहित घोरे। छमा कृपा समता राजू जोरे।।
ईस भजन सारथी सुजाना। बिरति चरम सन्तोष कृपाना।।
दान परसु बुधि शक्ति प्रचण्डा। बार बिज्ञान कठिन कोदण्डा।।

जब राम एक सच्चे मनुष्य के इस तरह के आन्तरिक गुणों का वर्णन विभीषण से करते हैं तो वह सन्तुष्ट हो जाता है और वह बेझिझक युद्ध के मैदान में कूद पड़ता है। वह अपने प्रभु राम के प्रति यह भाव व्यक्त करता है–

सुनिप्रभु बचन बिभीषण हरसि गहे पद कंज।
एहि मिस मोहि उपदेसेहु राम कृपा सुखपुंज।।

ऐसे हैं विभीषण के राम, जो भारतीय काव्य परम्परा में अपने समय के साक्षी भी हैं। उनको कवियों ने अपनी अपनी दृष्टि के अनुसार रचा है लेकिन हिन्दी प्रदेशों में उनकी जो अवतार छवि प्रचलित है, उसका निर्माण महाकवि तुलसीदास की लेखनी से हुआ है।

सुग्रीव के राम

ब्रजरतन जोशी

भारतीय चित्त कवि परम्परा और काव्य नायकों से निबद्ध चित्त है। हमारी परंपराएँ राम, कृष्ण सहित हमारे सभी क्लासिकल ग्रन्थों के पात्र/चरित्र वे महत्त्वपूर्ण घटक हैं, जिनसे भारतीय मानस का निर्माण हुआ है। साथ ही जिनसे हिन्दुस्तान की जिन्दगी की धड़कन और लय है।

सुग्रीव के राम एक सम्पूर्ण मनुष्य के प्रतिष्ठा से विभूषित हैं। हम देखते हैं कि सुग्रीव और राम का सम्बन्ध मित्रता भर का नहीं है वरन् मैत्री भाव से पूरित सम्बन्ध है, क्योंकि मित्रता एक मानवीय सम्बन्ध है और उसकी अपनी सीमाएँ भी हैं। इसीलिए दुनिया के इतिहास में बड़े-बड़े कूटनीतिज्ञों ने सदा ही कहा है कि अपना भेद किसी भी मित्र को कभी ना बतायें। क्योंकि जो आज मित्र है वह कल शत्रु भी हो सकता है। वह आपकी संवेदनशील जानकारियों का दुरुपयोग भी कर सकता है। अतः सुग्रीव के राम केवल मित्र भाव से सम्पूरित राम नहीं हैं वरन वे मैत्री भाव के प्रतिनिधि हैं।

मैत्री उस सुवास की तरह है जो जीवन के परिसर से लेकर अस्तित्व तक पसरी है, फैली है। हमें याद रखना चाहिए कि जीवन के महान् मूल्य वे नहीं हैं जो देश, काल वातावरण के अनुसार बदल जाते हैं बल्कि वे हैं जो देश, काल और वातावरण के विपरीत रहते हुए भी सदैव शाश्वत रहते हैं।

राम और सुग्रीव का प्रेम जैविक प्रेम नहीं है। राम करुणावान माने जाते हैं। प्राणिमात्र के लिए, सुग्रीव के प्रति संवेदनशीलता उसी करुणा का ही एक आयाम है।

सुग्रीव राम को इसलिए प्रिय नही हैं कि वे उनकी पत्नी की खोज में सहायक हैं बल्कि इसलिए कि वे आन्तरिक रूपान्तरण के लिए सजग और समर्पित हैं। सुग्रीव सामान्य परिपाटी से चले आ रहे इस मिथक को भी तोड़ते हैं कि ईश्वर पराया है या अन्य है। सुग्रीव और राम का संवाद और सम्बन्ध एक सच्चे संगी साथी का सा है। जो हमारे सुख-दुःख में समदर्शी की तरह व्यवहार करता है।

अक्सर देखा यह गया है कि हम ईश्वर को मनुष्य की तरह नहीं किसी अन्य ग्रह के एलियन की तरह देखते हैं, जो सर्वशक्तिमान है।

वाल्मीकि रामायण और तुलसी के 'रामचरितमानस' दोनों ही रचनाकारों ने अपनी दृष्टि बोध से यही दिखाने की कोशिश की है कि राम हमारी समस्त मनोभाव दशा का सखा सहचर

है, अन्य नहीं। क्योंकि अन्य का स्वीकार करते ही हम एक उच्चावचक्रम की तरफ ही बढ़ते जाते हैं जो कि भावी सम्बन्ध में सरलता, सजगता सहजता के स्थान पर जटिल संरचना की निर्मिति करता है।

सुग्रीव समाज के उस हिस्से की आवाज के प्रतिनिधि भी हैं जो अपनी सम्भावनाओं को प्रेषित कर जीवन को जीवन्त और प्राणवान रूप में देखना चाहता है। सुग्रीव का अपने भाई बाली के प्रति आक्रोश आज की शब्दावली में स्वतन्त्रता और अभिव्यक्ति के खतरे का प्रतीक भी है। छोटे-छोटे, दबे कुचले, पीड़ित व्यक्ति भी अपने सामर्थ्य से सम्पन्न होकर स्वयं को मुख्यधारा से जोड़ सकते हैं।

सुग्रीव के मनुष्य होने समस्त सम्भावनाओं के धनी हैं। राम सुग्रीव के सम्बन्ध में संवाद में सुग्रीव के राम को एक ऐसे महामानव के रूप में प्रतिष्ठित करते हैं जो अस्तित्व की अपनी माँग है कि यह जो विसंगतपूर्ण व्यवस्था है, संस्कृति है जिसमें हमें जीना है यह अस्तित्व के समता सिद्धान्त के प्रतिकूल आचरण है। समाज के दबे कुचले अन्तिम व्यक्ति में भी वही चेतना कार्य कर रही होती है जो किसी हाई प्रोफाइल व्यक्तिव में कार्यशील होती है। सुग्रीव के राम जीवन के उच्च आदर्श स्थापित करने वाले प्रतापी पुरुष हैं।

वे किसी दैवीय शक्ति की तरह संहिताकरण या प्रभाव का आभामण्डल नहीं रचते-बुनते वरन वे तो समन्वय, समदर्शिता और न्याय के सूत्र को अपनाकर अस्तित्व और जीवन के मार्ग को प्रशस्त और सम्बन्ध को पुष्ट करते हैं।

सुग्रीव के राम अपने समय की अलग-अलग या बिखरी संस्कृति के जीवन एकत्वबोध से जोड़ने वाले हैं जो यह जानते हैं कि व्यवस्थाओं के ताल, स्वर, लय एक संगीत की तरह आपस में जुड़े हैं।

सुग्रीव के राम सुग्रीव में ही नहीं, विभीषण में भी स्वतन्त्रता, न्याय और समता को देखते हैं। इसलिए स्थूल दृष्टि और कथ्य की सतह पर वे अपनी मित्रता शरणागतवत्सलता का निर्वाह भर कर रहे हैं जबकि थोड़ा गहराई से विचार करें तो वह जीवन के आँगन में विकसित सभी तरह की व्यवस्थाओं में आये असन्तुलन को सन्तुलन में बदल रहे हैं। उत्तर आधुनिक मुहावरे में कहें, तो सुग्रीव के राम अपने समय के समाज में त्रास, वेदना और विपदाओं के जाल को काटकर नयी परिस्थिति में नये समाज की नई रचना कर रहे हैं।

सुग्रीव के राम शोषण, अन्याय और अनीति को चुनौती देने वाले हैं। वे सकल जगत की मनोदशा के गहरे जानकार हैं और न केवल जानकार ही हैं, बल्कि वे उसके उपचार करने वाले अच्छे वैद्य भी हैं। सुग्रीव के लिए उनके जो प्रयत्न हैं, वह व्यापक समाज को प्रज्ञा, करुणा और शक्ति के रूपान्तरण की अनन्य कोशिशों का परिणाम है।

सुग्रीव के राम साहस, संघर्ष और सरोकारों का तेजोमय पुंज हैं, जो अपनी अपने अकर्ता भाव से भरकर की नयी वर्णमाला, नयी इबादत में सन्धान करते हैं। इन अर्थों में सुग्रीव के राम परम्परा की ओर लौट कर अस्तित्व की जड़ों को हरा-भरा करने वाले राम है। वे जीवन और अस्तित्व के बीच एक सेतु की तरह हैं, जो दोनों को ही जोड़ता है।

शबरी के राम

इन्दुशेखर तत्पुरुष

राम के प्रियभक्तों में शबरी की कहानी सबसे गहरी और सबसे छोटी है। यह एक ऐसे भक्त की कथा है जिसको राम का सान्निध्य तो अत्यल्प मिला किन्तु अल्पतम अवधि में भी ऐसा अधिकार उसे मिल गया जो किसी अन्य भक्त के लिए सम्भव नहीं हुआ। राम के अत्यधिक निकट रहे, लम्बे समय तक साथ रहे उनके प्रिय भक्तगण भी जिस स्थिति को नहीं पा सके, वह शबरी के लिए सुलभ हो गयी।

राम से वह कुल घड़ी-दो घड़ी भर के लिए मिली, जब वे सीता को खोजते-खोजते उसके आश्रम में पधारे। राम से उसकी यही पहली और आखिरी भेंट थी। इसी घड़ी भर की भेंट में वह भावविह्वल हो गयी। राम को अपने चखे हुए मीठे फल खिला कर अमर हो गयी। उनके चरणों में नतमस्तक हो, उनकी सेवा-परिचर्या कर, उनके सान्निध्य में अपनी देह त्याग दी।

वह जी भी इसी के लिए रही थी कि कब राम प्रभु आयें और मैं उनके दर्शन करूँ? कब अपने हाथों से उन्हें कुछ खिलाऊँ? जैसे एक ममता से भरी हुई माता अपनी सन्तान के लिए आकुल-व्याकुल होती है।

शबरी को अपने गुरु मतंग के वचनों पर विश्वास था कि राम एक दिन उसके आश्रम में अवश्य आयेंगे। बस इसी प्रतीक्षा में वह अपने दिन काट रही थी।

इतनी कम अवधि के सम्पर्क में फलित हुआ ऐसा विलक्षण आत्मीय भाव रामकथा के किसी अन्य पात्र में नहीं मिलता। यद्यपि जटायु का सम्बन्ध भी राम से अल्पकालिक रहा किन्तु वे दशरथ के मित्र होने के कारण राम से पूर्व परिचित थे और उस घोर अरण्य में राम और लक्ष्मण के इधर-उधर होने पर सीता की रखवाली भी करते थे।

शबरी की विशेष बात यह है कि शबरी समाज में निचली श्रेणी की उपेक्षिता स्त्री थी और श्रीराम समाज के उच्च स्तर पर अवस्थित, एक चक्रवर्ती राजा के, भले ही निर्वासित, किन्तु एक राजकुमार थे। वन्य जनों और ऋषियों के मध्य भी वह अस्पृश्य थी। प्रियादास ने इसका विस्तृत वर्णन किया है। मानस में वह स्वयं को बार-बार अधम कह कर यह सिद्ध भी करती दिखाई देती है, तो इस धरती-आकाश सरीखे अन्तर को पाटकर 'भक्ति' को ऐसा मान-सम्मान देना राम को सर्वप्रिय लोकाभिराम पुरुषोत्तम बनाता है।

राम और शबरी के इस मिलन का भावसिक्त वर्णन आदिकवि से लेकर अनेक भक्त कवियों तक होता हुआ लोकगीतों और भजनों में प्रचुर मात्र में मिलता है। पर जो बात बहुत आश्चर्य में डालती है, वह यह कि राम ने शबरी के जूठे बेर या जूठे फल खाये, यह अत्यधिक लोकप्रसिद्ध प्रसंग न वाल्मीकि रामायण में मिलता है, न तुलसीकृत मानस में। इतना ही नहीं अध्यात्म रामायण और अन्य भाषाओं की प्रमुख रामायणों यथा-रंगनाथ, कम्ब, कृत्तिवास आदि में भी यह प्रसंग नहीं है।

तो प्रश्न है कि यह जनश्रुति आयी कहाँ से?

राम और शबरी के मध्य के घटित इस अतिसंक्षिप्त मुलाकात में जूठे बेर खिलाने की बात कथा-कहानियों में, भजनों-उपदेशों में एक ध्रुव सत्य की तरह कैसे चस्पा हो गयी। इस पर विचार किया जाना चाहिए। विचारणीय यह भी है कि इस मुहूर्त भर के मेल-मिलाप में ऐसा क्या विलक्षण घटा, जो शबरी को श्रेष्ठतम रामभक्त बना देता है?

मानस के अरण्य काण्ड में दोहा संख्या 33 के बाद की चौपाई **''ताहि देइ गति राम उदारा। सबरी के आश्रमु पग धारा।''** से लेकर दोहा संख्या 36 तक शबरी का वर्णन मिलता है।

राम और लक्ष्मण जब उसके आश्रम में आये तो वह प्रेमविह्वल हो गयी। उसके मुख से शब्द नहीं निकले। बार-बार चरणों में सिर नवाकर उसने आदर सहित दोनों भाइयों के चरण धोये और सुन्दर आसन पर बैठाया। अत्यन्त रसीले और स्वादिष्ट कन्द, मूल और फल लाकर दिये। प्रभु ने बार-बार प्रशंसा करके उन्हें प्रेमपूर्वक खाया।

प्रेम मगन मुख वचन न आवा।
पुनि पुनि पद सरोज सिर नावा।।
सादर जल ले चरन पखारे।
पुनि सुन्दर आसन बैठारे।।
कन्दमूल फल सरस अति, दिये राम कहुं आनि।
प्रेम सहित प्रभु खाए, बारंबार बखानि।।

(अरण्य काण्ड, दोहा सं. 34)

तदनन्तर शबरी हाथ जोड़कर खड़ी हो गयी और कहने लगी, मैं आपकी स्तुति किस प्रकार करूँ? मैं नीच जाति की और अत्यन्त मूढ़ बुद्धि हूँ। जो अधम से भी अधम हैं, उनमें भी स्त्रियाँ अत्यन्त अधम हैं और उनमें भी हे, पापनाशन! मैं मन्दबुद्धि हूँ।

केहि बिधि अस्तुति करौं तुम्हारी।
अधम जाति मैं जड़मति भारी।
अधम ते अधम अधम अति नारी।
तिन्हं महुं मैं मतिमन्द अघारी।।

इसके उत्तर में राम भक्ति की सर्वोच्चता बताते हुए सारे भेदभावों को समाप्त करने वाली

भक्ति को प्रकाशित करते हैं—

कह रघुपति सुनु भामिनी बाता।
मानऊं एक भगति कर नाता।।
जाति पांति कुल धर्म बडाई।
धन बल परिजन गुन चतुराई।।
भगति हीन नर सोहइ कैसा।
बिनु जल बारिद देखिए जैसा।

अर्थात् हे भामिनी, मैं तो केवल एक भक्ति ही का सम्बन्ध मानता हूँ। जाति, पाँति, कुल, धर्म बड़ाई, धन, बल, कुटुम्ब, गुण और चतुरता इन सबके होने पर भी भक्तिहीन मनुष्य जलहीन बादल जैसा (निरर्थक) दिखायी पड़ता है।

वस्तुतः यह प्रसंग मानस की भक्ति की विशेषता और उसके महत्त्व को प्रतिपादित करता है। राम का यह कथन भक्ति के उदारतम स्वरूप को प्रकट करता है। तुलसीदास श्रीराम के मुख से नवधा भक्ति का वर्णन कराते हुए शबरी को श्रेष्ठतम भक्तिमती घोषित करते हैं। वे कहते हैं—

नवधा भक्ति कहहुं तोहि पाही।
सावधान सुनु धरु मन माहीं।।
प्रथम भगति सन्तन्ह कर संगा।
दूसरि रति मम कथा प्रसंगा।।
गुरु पद पंकज सेवा, तीसरि भक्ति अमान।
चौथी भगति मन गुन, कहइ कपट तजि गान।।35।।

मन्त्र जाप मम दृढ़ विस्वासा।
पंचम भजन सो वेद प्रकासा।।
छठ दम सील बिरति बहु कर्मा।
निरत निरन्तर सज्जन धर्मा।।
सातम सम मोहि मय जग देखा।
मोतें सन्त अधिक करि लेखा।।
आठवं जथा लाभ सन्तोषा।
सपनेहुं नहिं देखइ पर दोषा।।
नवम सरल सब सन छल हीना।
मम भरोस हियं हरष न दीना।।
नवमहुं एकहुं जिनके होई।
नारि पुरुष सचराचर कोई।।

सोई अतिसय प्रिय भामिनि मोरे।
सकल प्रकार भगति दृढ़ तोरे।।

अर्थात् पहली भक्ति है, सन्तों का सत्संग। दूसरी, मेरे कथा प्रसंग में प्रेम। तीसरी, अभिमान रहित होकर गुरुचरणों की सेवा। चौथी, कपट छोड़कर मेरे गुणों का गान। पाँचवीं, मेरे मन्त्र का जाप और दृढ़ विश्वास। छठी, इन्द्रियनिग्रह, शील, बहुत कार्यों से वैराग्य और सज्जनों के धर्म में लगे रहना। सातवीं, जगत को समभाव से मुझमय (राममय देखना और मुझसे अधिक सन्तों को मानना।) आठवीं, जो कुछ मिल जाये उसी में सन्तोष करना, स्वप्न में भी पराए दोष नहीं देखना। और नवमी भक्ति है, सरल और निश्छल बर्ताव करना, हर्ष विषाद से दूर रहकर मुझ में भरोसा रखना।''

भक्ति के ये नौ प्रकार बताकर राम कहते हैं कि ''इनमें से एक भी भक्ति जिनमें होती है वह मुझे अत्यन्त प्रिय है, फिर तुझ में तो सभी प्रकार की भक्ति दृढ़ है।''

प्रेम में सराबोर शबरी अपने जीवन को धन्य मानती हुई सीतान्वेषण में तत्पर राम को पम्पा सरोवर का पता बताती हुई सुग्रीव से मित्रता करने की बात कहती है और अन्त में योगाग्नि से अपनी देह को त्याग देती है। और श्रीराम के परमधाम को चली जाती है।

तुलसीदास को शबरी-प्रसंग इतना प्रिय है कि वे 'गीतावली' में भी शबरी से भेंट का वर्णन करते हैं। यहाँ वे जो प्रसंग रचते हैं वह 'रामचरितमानस' से भी अधिक मार्मिक और भावपूर्ण है। ''शबरी से भेंट'' पर राग सूहो में आठ पद हैं। वे कहते हैं—

''आज शबरी सोकर उठी है तो उसका बायाँ नेत्र और बायीं भुजा फड़क रही है। ये सुहावने शकुन मुनियों के भी मन को अगम उत्साह की सूचना दे रहे हैं। उसके हृदय में मुनियों के लिए भी दुर्लभ आनन्द है, नेत्रों में जल भरा हुआ है और शरीर पुलकित हो रहा है। वह पूस की पर्णकुटी बना, कलश में जल भर फल लेने के लिए चली। वह मंगलमय मनोरथ करती है और बार-बार मुनिवर मतंग की शुभ वाणी का स्मरण करती है।''

(गीतावली—अरण्यकाण्ड, 'शबरी से भेंट', राग सूहो पद, क्रमांक—1/17)

शबरी की अकुलाहट, विकलता, तत्परता, उत्साह और उल्लास को तुलसी पूरी तन्मयता के साथ रचते हैं—

दोना रुचिर रचे पूरन कन्द-मूल फल-फूल।
अनुपम अमियहुतें अंबक अवलोकत अनुकूल।
अनुकूल अंबक अंब ज्यों निज डिंब हित सब आनिकै।
सुन्दर सनेहसुधा सहस जनु सरस राखे सानिकै।।
छन भवन, छन बाहर बिलोकति पंथ भूपर पानिकै।
दोउ भाई आये सबरिकाके प्रेमदृपन पहिचानिकै।। (वही, पद क्रमांक—3/17)

अर्थात् शबरी ने कन्द, मूल, फल और फूलों से भरे हुए सुन्दर दोने बनाये, जो बड़े ही अनुपम, अमृत से भी अधिक स्वादिष्ट और देखने में सुहावने थे। माता जिस प्रकार अपने बालक के लिए अच्छी-अच्छी चीजें सँजोकर रखती है उसी प्रकार उसने उन सुन्दर फलों को अमृत से भी हजारों गुना अधिक स्नेहरस में डूबो कर रखा। वह क्षण में घर के भीतर जाती और क्षण भर में ही बाहर आकर भौंहों पर हाथ रखकर मार्ग की ओर ताकने लगती। शबरी का ऐसा उत्कट प्रेम और प्राण जानकर दोनों भाई उसके यहाँ आये।''

प्रतीक्षा की आकुलता में क्षण में बाहर, क्षण में भीतर आना तथा भौंहों पर हाथ रख कर दूर तक पथ देखने लगना, जैसा अद्भुत बिम्ब मानस के शबरी प्रसंग में नहीं मिलता। तुलसी यहाँ दोनों के प्रेम को माता और शिशु (अम्ब ज्यों निज बिम्ब) की उपमा देते हैं।

आगे के पद में शबरी प्रेमाश्रुओं से भर उन्हें आश्रम में लाती है, उनके चरणों का प्रक्षालन कर, आसन पर बैठाती है। एकत्र किये फल, फूल, अंकुर और मूल को सुधार-बँधार कर उनके भरे हुए दोने देती है जिसके स्वाद को प्रभु श्रीराम सराह-सराह कर, पुलकित होकर खाते हैं।

प्रेमपट पांवड़े देत सुअरघ बिलोचन बारि।
आस्रम लै दिये आसन पंकज पांय पखारि।
पद पंकजात पखारि पूजे पंथ श्रम बिरटि भए।
फल फूल अंकुर मूल धरे सुधारि भरि दोना नए।
प्रभु खात पुलकित गात स्वाद सराहि आदर जनु जये।
फल चारिहू फल चारि दहि परचारि फल सबरी दए।।

(वही, पद क्रमांक—5/17)

देवगण, ऋषि-मुनि सब विस्मित, हर्षित हैं कि प्रभु राम और लक्ष्मण कैसी भूख लग रही है, कैसा आनन्द आ रहा है कि माँग-माँग कर फल खाते जा रहे हैं और शबरी खिलाती जा रही है।

सुमन बरसि हरसे सुर मुनि मुदित सराहि सिहात।
केहि रुचि केहि छुधा सानुज माँगि माँगि प्रभु खात।
प्रभु खात मांगत देति सबरी राम भोगी जाग के।
पुलकत प्रसंसत सिद्ध सिव सनकादि भाजन भागके।

(वही, पद क्रमांक—6/17)

अन्तिम पद में तुलसी कहते हैं—

तुलसीदृभनित, सबरीदृप्रनति, रघुबीर-प्रकृति करुनामई।
गावत, सुनत, समुझत भगति हिय होत प्रभु पद नित नई।।

अर्थात् तुलसीदास की कविता, शबरी की विनय और रघुनाथ जी के करुण स्वभाव को गाने, सुनने और समझने से हृदय में प्रभु की भक्ति नित्य नई होती है।

गीतावली के "शबरी से भेंट" प्रसंग का यह समापन शबरी के प्रति तुलसीदास की भावना का परिचायक है।

वाल्मीकि रामायण में शबरी प्रसंग अरण्य काण्ड के चतुरूसप्ततितम (चौहत्तरवें) सर्ग में है जिसके अनुसार कबन्ध द्वारा बताए जाने पर राम और लक्ष्मण पंपा सरोवर के पश्चिमी तट पर स्थित शबरी के सुरम्य आश्रम पर आये। शबरी सिद्ध तपस्विनी थी। वह अपने गुरु मतंग ऋषि की आज्ञा से उनके आने की ही प्रतीक्षा कर रही है। उनके गुरु ने, जब राम, लक्ष्मण चित्रकूट में थे तभी कह दिया था कि वे यहाँ अवश्य आयेंगे। वह कहती है–

तैश्चाहमुक्ता धर्मज्ञैर्महाभागैर्महर्षिभिः।
आगमिष्यति ते रामः सुपुण्यमिममाश्रमम्।।
स ते प्रतिग्रहीतव्यः सौमित्रिसहितोऽतिथिः।
तं च दृष्ट्वा वरांल्लोकानक्षयांस्त्वं गमिष्यसि।।

(वाल्मीकि रामायण, अरण्य काण्ड : 74/15–16)

उन धर्मज्ञ महर्षियों ने जाते समय मुझसे कहा था कि तेरे इस पवित्र आश्रम पर रामचन्द्र जी लक्ष्मण सहित अतिथि होकर पधारेंगे। तुम उनका यथावत् सत्कार करना। उनके दर्शन कर तुम अक्षय लोकों को प्राप्त होओगी।

अस्तु, आश्रम पर दोनों भाइयों को आया देखकर शबरी हाथ जोड़कर खड़ी हो गयी और दोनों भाइयों के चरणों में प्रणाम किया। वह राम का यथोचित सत्कार करती है। वाल्मीकि लिखते हैं–

तौ दृष्ट्वा तु तदा सिद्धा समुत्थाय कृताञ्जलिः।
पादौ जग्राह रामस्य लक्ष्मणस्य च धीमतः।।
पाद्यमाचमनीयं च सर्वं प्रादात् यथाविधम्। (वही, 74/6-7)

आगे भी अतिथि सत्कार के विषय में जो विवरण मिलता है वह सांकेतिक ही है। शबरी कहती है, "हे पुरुषोत्तम! मैंने आपके लिए पंपा के तट पर उगे हुए अनेक प्रकार के जंगली फल, मूल आदि इकट्ठे कर रखे हैं।"

मया तु संचितं वन्यं विविधं पुरुषर्षभ।
तवार्थे पुरुषव्याघ्र पंपायास्तीरसम्भवम्।।

(वही, 74/17-18)

निष्कर्ष यह है कि वाल्मीकि के अनुसार शबरी ने श्रीराम को संचित किये हुए सुस्वादु कन्द, मूल, फल आदि खिलाए। और संचित करने का कारण भी स्पष्ट था कि राम और लक्ष्मण उसके आश्रम आने वाले हैं, यह उसे पहले से पता था।

जूठे फल खिलाने का यहाँ भी कोई सन्दर्भ नहीं मिलता।

वाल्मीकि और तुलसी के महाकाव्यों के अतिरिक्त एक और महत्त्वपूर्ण रामकाव्य, अध्यात्म रामायण है, जो 14वीं-15वीं सदी के मध्य की रचना मानी गयी है। तुलसीकृत मानस पर इसका बहुत प्रभाव देखा जा सकता है। इस ग्रन्थ में शबरी प्रसंग अरण्यकाण्ड के दशम सर्ग में वर्णित है। सर्गारंभ में श्रीराम जब शबरी के आश्रम में जाते हैं तो वह श्रद्धा और प्रेम में भर जाती है। उसकी आँखों से हर्ष के आँसू बह पड़ते हैं। वह राम-लक्ष्मण के चरणों में गिर जाती है। उनको आसन प्रदानकर, उनके चरण धोकर उनका सत्कार करती है। अमृत के समान दिव्य फल, जो उसने संचित कर रखे थे, उनको खाने को देती है। यथा–

सम्पूज्य विधिवद्रामं ससौमित्रिं सपर्यया।
सङ्गृहीतानि दिव्यानि रामार्थं शबरी मुदा।।18।।
फलान्यमृतकल्पानि ददौ रामाय भक्तितः।
पादौ संपूज्य कुसुमैः सुगन्धैः सानुलेपनैः।।19।।

उल्लेखनीय है कि यहाँ भी शबरी द्वारा अत्यन्त स्वादिष्ट फल खाने को दिये गये, जो उसने पूर्वसंचित कर रखे थे। जूठे बेर अथवा फल खिलाने की सीधी बात यहाँ भी नहीं है।

आगे के वर्णन में श्रीराम शबरी को भक्ति का उपदेश देते हैं। जब वह कहती है कि, हे राम! आपका दर्शन तो मेरे गुरुदेव को भी नहीं हुआ, मेरी तो औकात ही क्या है? मैं तो नीच जाति में उत्पन्न हुई एक गँवार स्त्री हूँ; तो राम उसका मान बढ़ाते हुए एक ऐतिहासिक घोषणा करते हैं–

पुंस्त्वे स्त्रीत्वे विशेषो वा जातिनामाश्रमादयः।
न कारणं मद्भजने भक्तिरेव हि कारणम्।।20।।

अर्थात् पुरुष-स्त्री का भेद अथवा जाति, नाम, आश्रम आदि कोई भी विशेषता मेरी भक्ति में कारण नहीं है। केवल भक्तिभावना ही मेरी भक्ति में कारण है। इसी के साथ श्रीराम शबरी को नौ प्रकार की भक्ति का उपदेश देते हैं।

उल्लेखनीय है कि तुलसीकृत "**जाति पांति कुल धर्म बड़ाई। धन बल परिजन गुन चतुराई।...**" से लेकर पूर्वोक्त नवधा भक्ति तक का पूरा प्रकरण अध्यात्म रामायण की अनुकृति है। तुलसीदास शबरी को राम के द्वारा जो उपदेश दिलाते हैं उसका प्रमुख आधार भी अध्यात्म रामायण ही है।

'भक्तमाल' के रचयिता नाभादास ने हरिवल्लभ भक्तों में शबरी का नामोल्लेख किया है। इस प्रसंग में नाभादास कहते हैं कि जो भगवान के अत्यधिक प्यारे भक्त हैं मैंने उन्हीं की चरण रज को प्राप्त करने की आशा की है। ऐसे हरि के वल्लभ-अतिप्रिय भक्तों में उन्होंने लक्ष्मीजी, गरुड़जी, हनुमान, सुग्रीव आदि के साथ शबरी का भी उल्लेख किया है। 'भक्तमाल' लिखे जाने के लगभग सौ वर्ष बाद प्रियादास ने इस पर 'भक्तिरसबोधिनी टीका' लिखी, जो सबसे प्रामाणिक और विख्यात टीका है। प्रियादास ने अपनी टीका में शबरी की कथा का

चित्रण सात कवित्तों में विस्तार पूर्वक किया है। उनके ये छन्द 'भक्तमाल' की कथा के माध्यम से इतने लोकप्रसिद्ध हुए कि शबरी को हम सर्वाधिक प्रियादास की आँखों से ही देखते हैं।

वे लिखते हैं कि, ''सबरी ने जब सुना कि राम मेरे आश्रम में आने वाले हैं तो वह तभी से राम के स्वागत सत्कार की तैयारियाँ करने लग गयी। बेर आदि फल इकट्ठे कर के रखने लगी। प्रेम में मगन हुई शबरी फलों को चख-चख कर उनका का संचय कर रही थी ताकि राम को स्वादिष्ट मीठे फल खिला सके।

लावै बन बेर, लागी राम को अवसेर भल, चाखै,
धरि राखै फिर, मीठे उन जोग हैं।
मारग में जाइ रहै लोचन बिछाइ,
कभूँ आवैं रघुराई, दृग पावैं निज भोग हैं।
ऐसे ही बहुत दिन बीते मग जोहत ही,
आइ गये औचक सो, मिटे सब सोग हैं।
ऐ पै तनु नूनताई आयी सुधि, छिपि जाई,
पूछें आप सबरी कहाँ, ठाड़े सब लोग हैं।।

इस तरह प्रियादास शबरी के जूठे बेरों का प्रसंग रचते हैं। आगे यही प्रसंग कथा-उपदेशों, भजनों, रामलीलाओं और राधेश्याम रामायण के माध्यम से पूरी नाटकीयता, भावप्रवणता और भक्ति भावना के साथ चित्रित होता हुआ, लोकस्मृति का स्थाई अंग बन गया।

वास्तविकता यह भी है कि बेरों जैसे कुछ फलों को हर ऋतु में उपयोग में लेने के लिए इनको सुखा कर संचित कर लिया जाता है ताकि जब आवश्यकता हो तभी पर तत्काल काम में लिया जा सके। इससे केवल फलागम काल की निर्भरता नहीं रहती। इस प्रक्रिया में सुखाने से पूर्व फलों को थोड़ा सा चख लिया जाता है ताकि खट्टे और बेस्वाद फलों से बचा जा सके। राजस्थान में फड़ी-काचरी का साग बनाया जाता है। इसके लिए खेतों से ताजा फड़ी-काचरी लाकर उनको सुखाकर रखने का प्रचलन घर-घर में रहा है। इस शाक-संग्रह में कोई काचरी कड़वी न आ जाये, इसका ध्यान रखना पड़ता है। और इसके लिए सुखाने से पूर्व एक-एक काचरी को चखा जाता है। हो सकता है शबरी ने भी इस प्रचलित लोक रीति से ही वन्य फल इकट्ठे किये हों, और वे जूठे की श्रेणी में आ गये हों। अस्तु, जैसा भी रहा हो, राम के लिए यह कोई विचारणीय मुद्दा नहीं था। वे तो प्रेममग्न होकर परोसे हुए फलों को बहुत चाव के साथ खाते रहे, रस ले-लेकर सराहते रहे।

चलते-चलते प्रियादास की एक पंक्ति पर बरबस ही मन ऐसा अटक गया कि उसका यहाँ उल्लेख उतना प्रासंगिक नहीं भी हो, किन्तु दिलचस्प अवश्य है। शबरी की निर्मल भक्तिभावना और निष्कपट मन के माहात्म्य को जानते हुए ऋषि मतंग अपने दम्भी और अल्पज्ञ शिष्यों से कहते हैं कि भक्ति के प्रताप से यह शबरी इतनी पवित्र है कि इसके ऊपर कई कोटि ब्राह्मणता न्यौछावर कर देनी चाहिए।

भक्ति को प्रताप ऋषि जानत निपट नीके कैऊ कोटि विप्रताई यापै वारि डारिये।

समाजिक समरसता का झण्डा गाड़ते हुए प्रियादास द्वारा कही गयी यह अत्यन्त महत्त्वपूर्ण उक्ति मुझे अकस्मात् भारतेन्दु हरिश्चन्द्र की उस उक्ति की याद दिला देती है जो उन्होंने रसखान जैसे भक्त कवि के लिए लिखा था—''इन मुसलमान हरिजनन पर कोटिन हिन्दू वारिय''।

शबरी प्रकरण में यह ध्यान रखने की बात है कि सूरदास की चर्चा के बिना यह प्रसंग अधूरा ही रहेगा।

हिन्दी साहित्य में रामकथा पर चिन्तन करते हुए इस बात पर बहुत कम ध्यान जाता है कि तुलसीदास से पूर्व सूरदास रामचरित का मनोरम वर्णन कर चुके हैं। किन्तु तुलसी के मानस के आगे सूरदास का राम-राग अनसुना रह गया। यद्यपि इसका एक कारण सूरदास स्वयं भी हैं, जिनके कृष्णकाव्य का वैभव ही इतना व्यापक है कि इसके आगे उनका स्वयं का रामकाव्य निष्प्रभ सा लगता है—जबकि, शबरी प्रसंग में सूरदास का रामकाव्य अत्यन्त महत्त्वपूर्ण स्थान रखता है। क्यों रखता है, इसकी मीमांसा आवश्यक है।

इन दिनों ब्लॉग, यू ट्यूब, फेसबुक आदि पर हिन्दी के अनेक विद्वानों के लेख मिलते हैं, जो शबरी के द्वारा श्रीराम को जूठे फल खिलाने की कथा का उद्‌गम प्रियादास के पदों में देखते हैं, उन्होंने या तो सूरदास को नहीं पढ़ा अथवा पढ़कर अनदेखा किया है। यों सूरदास की अनदेखी हिन्दी आलोचना में नई बात नहीं है। प्रसंग चाहे शबरी का हो या कोई अन्य।

उदाहरण के लिए डॉ. पुरुषोत्तम अग्रवाल अपने 9 फरवरी, 2017 के ब्लॉग-आलेख 'शबरी के बेर : प्रियादास का स्मरण' में लिखते हैं,

''प्रेम और भक्ति में विह्वल होकर राम और लक्ष्मण को जूठे बेर खिलाने वाली शबरी हमने रामलीला में देखी है, फिल्मों और टेलीविजन धारावाहिकों में देखी है।...

...तो यह मार्मिक कल्पना किसकी है? किसने इस प्रसंग को यह सुन्दर मोड़ दिया? मैं जानता हूँ कि आपमें से 90 फीसदी के मन में एक ही नाम कौंधेगा, तुलसीदास! किन्तु ऐसा है नहीं... मेरी अब तक की जानकारी के अनुसार यह काम सबसे पहले प्रियादास करते हैं।''

अन्य टिप्पणीकारों ने भी लगभग यही निष्कर्ष है। वे सभी इस लोक प्रसिद्ध प्रसंग को प्रियादास की कल्पना बताते हुए जूठे बेर की घटना का मूल 'भक्तमाल' पर लिखी गयी प्रियादास की 'भक्तिरसप्रबोधिनी टीका' में देखते हैं।

अस्तु, हम देखें कि इस विषय में सूरदास क्या कह रहे हैं? ध्यान रहे सूरदास प्रियादास से लगभग दो सौ वर्ष पूर्व के हैं।

सूरदास के पद 'शबरी-उद्धार' (राग केदार, पद संख्या—57) में शबरीप्रसंग का चित्रण हैं। इस छोटे से विवरण में सूरदास ने घटना और भक्तिभाव को कितना स्वाभाविक और अर्थपूर्ण काव्य में रचा है, यह देखते बनता हैं। वे कहते हैं कि ''शबरी खट्टे फलों को छोड़कर, छाँट-छाँटकर मीठे फल प्रभु को देती है। इस कारण यदि वे जूठे हो जाते हों, तो होते रहें, उसे तो अपने प्रभु को सबसे स्वादु वस्तु

जो परोसनी है। दूसरी ओर प्रभु का प्रेम देखिए कि उनके स्वाद का बखान कर-कर के खा रहे हैं।" भक्तिभाव में जातिपरक भेदभाव निषिद्ध है; सूरदास यहाँ यह घोषणा करना भी नहीं भूलते। जब शबरी वैकुण्ठधाम को जाती है तो राम उसे तिलांजलि देते हैं।

'शबरी-उद्धार' (राग केदार, पद संख्या—57)

सबरी आस्रम रघुबर आये।
अरघासन दै प्रभु बैठाए।।
खाटे फल तजि मीठे ल्याई।
जूँठे भए सो सहज सुहाई।।
अन्तरजामी अति हित मानि।
भोजन कीने, स्वाद बखानि।।
जाति न काहू की प्रभु जानत।
भक्ति भाव हरि जुग-जुग मानत।।
करि दण्डवत भई बलिहारी।
पुनि तन तजि हरि-लोक सिधारी।।
सूरज प्रभु अति करुना भई।
निज कर करि तिल अंजलि दई।

(सूर रामचरितावली, पृ. 51, गीता प्रेस, गोरखपुर)

अर्थात् श्री रघुनाथ शबरी के आश्रम पर आये। उसने प्रभु को अर्घ्य देकर आसन पर बैठाया। खट्टे फलों को छोड़कर वह मीठे फल ले आयी, वह स्वभाव से ही झूठे हो गये। अन्तर्यामी प्रभु ने अत्यन्त शुद्ध प्रेम समझकर स्वाद की प्रशंसा करके उसका भोजन किया। प्रभु किसी की जाति का विचार नहीं करते, वे श्रीहरि तो युग-युग से भक्ति भाव का ही आदर करते हैं। शबरी दण्डवत् प्रणाम करके न्योछावर हो गयी। फिर वह देह का त्याग करके भगवद्धाम चली गयी। सूरदास जी कहते हैं—प्रभु ने अत्यन्त करुण भाव से अपने हाथ से उसे तिलांजलि दी।

इसी तरह "सीता की खोज" (पद संख्या—210) में सूरदास कहते हैं—

सबरी परम भक्त रघुवर की, बहुत दिनन की दासी।
ताके फल आरोगे रघुपति पूरन भक्ति प्रकासी।।
दीन मुक्ति निज पुर की ताकौं, तब रघुपति चले आगे।।

(सूर रामचरितावली, पृ. 226, गीता प्रेस, गोरखपुर)

निष्कर्षत : शबरी के द्वारा राम को जूठे बेर अथवा फल खिलाने सम्बन्धी मान्यता हिन्दी साहित्य में सूरदास के समय तक तो मिलती ही है। इसके इससे भी पूर्व होने की सम्भावना खोज का विषय है। जहाँ तक शबरी के राम की श्रेष्ठतम भक्त होने और राम द्वारा उसको

अत्यधिक सम्मान दिये जाने की मान्यता है; वह आदिकवि वाल्मीकि से लेकर आज तक असंदिग्ध और सर्वमान्य है। वैष्णवी भक्ति का उत्कृष्ट प्रतिमान है शबरी का निष्कलुष प्रेमाधिकार एवं निश्छल भक्तिभावना। और इसका पुष्ट प्रमाण हैं शबरी के जूठे बेर माँग-माँग कर खाते, रस ले-लेकर सराहते जाते पुरुषोत्तम श्रीराम।

अहल्या के राम

अवन्तिका शुक्ला

मर्यादा पुरुषोत्तम श्रीराम भारतीय जनमानस के प्राण तत्त्व हैं। भारतीयों के हृदय में श्रीराम और उनका जीवन गहराई से रचा बसा है। आज भी भारत में लोग राम जैसा ही पुत्र या भाई चाहते हैं। श्रीराम ने पुत्र, भाई, पति, मित्र, शिष्य, स्वामी, राजा जैसे अनेकों रूपों में आदर्श के ऐसे प्रतिमान गढ़े कि आज भी रिश्ते निभाने में उनके मुकाबले में कोई नहीं है। राम के लिए रिश्ते सिर्फ परिवार तक ही सीमित नहीं थे, बल्कि परिवार से बाहर भी लोगों के साथ उन्होंने अपनेपन और सहयोग की एक नयी परिभाषा गढ़ी। राम का लगाव सिर्फ अपने परिवार या प्रजा से ही नहीं रहा, बल्कि ऐसे लोगों से भी रहा, जिन्हें समाज ने हाशिये पर डाल कर उनसे किनारा कर लिया था। श्रीराम उन्हें फिर से उस हाशिये से निकालकर मुख्यधारा या कहें कि केन्द्र में लेकर आये। लोगों के बीच उनके सम्मान को पुनः स्थापित किया और समाज में वर्चस्व आधारित ऊँच-नीच, पवित्र-अपवित्र, गरीब-अमीर, मनुष्य-जानवर के बीच स्थापित दूरी को पाटने का एक बहुत महत्त्वपूर्ण कार्य किया और सम्बन्ध और साथ के एक नये रूप को हमारे सामने लाया। ऐसा ही एक रिश्ता श्रीराम और अहल्या का भी था।

अहल्या और राम के बारे में विचार करें तो सबसे पहले बचपन के वे कैलेण्डर दिमाग में आते हैं, जिनमें श्रीराम एक जंगल में खड़े हुए हैं, उनके पीछे थोड़ी दूर पर विश्वामित्र और लक्ष्मण खड़े हैं। राम के चरणों के पास ही चट्टान से निकली अहल्या घुटनों के बल झुक कर बैठी हैं और उन्हें प्रणाम कर रही हैं। इस कैलेंडर को देखते ही समझ में आता है, जैसे कि इस स्त्री से कोई बड़ी भूल हो गयी है और वह राम के चरण छूकर अपनी भूल का पश्चात्ताप कर रही है। राम के देवत्व का सबसे बड़ा प्रमाण शुरुआती राम कथा में कोई मिलता है, तो वह अहल्या के उद्धार की कथा है। राम तारण हार के रूप में अहल्या के पास उपस्थित होते हैं और पति एवं समाज से तिरस्कृत और अपमानित अहल्या को श्राप मुक्त करते हैं। ये कैलेण्डर अहल्या को दोषी और राम को उद्धारक के रूप में स्थापित करते दिखायी देते हैं। लेकिन अहल्या कथा के विविध रूपों में सर्वाधिक महत्त्वपूर्ण स्रोत वाल्मीकि रामायण में हम यह भी देखते हैं कि राम के लिए अहल्या पतिता नहीं है, बल्कि वे उसके चरणों का स्पर्श माँ के रूप में करते हैं। वे अहल्या के पास ईश्वर के रूप में नहीं बल्कि एक मनुष्य के रूप में जाते हैं

और अहल्या श्राप युक्त स्त्री नहीं बल्कि एक पीड़ित स्त्री के रूप में देखते हैं।

अहल्या जन मानस के हृदय में किसी अपराधी के रूप में दर्ज नहीं रही हैं, बल्कि उनका नाम आज भी प्रातः स्मरणीय पञ्चकन्याओं (**अहल्या द्रौपदी सीता तारा मंदोदरी तथा। पंचकन्याः स्मरेन्नित्यं महापातकनाशिनीः** में सुशोभित है। यह हमें अहल्या के बारे में नये सिरे से सोचने पर विवश करता है। क्या वह सचमुच पतिता थी? राम ने उसका उद्धार क्यों किया? अहल्या के राम कैसे थे?, उस समय के बाकी पुरुषों से वह कैसे अलग थे?, अहल्या के मान को उन्होंने कैसे एक ऊँचा दर्जा दिया?, यह सभी बातें राम और अहल्या की कथा के माध्यम से समाज में महिलाओं के हाशियाकरण और उनके समर्थन और सहयोग के लिए बढ़े हाथों की और इशारा करती हैं। प्रस्तुत आलेख में अहल्या और राम के बीच के इस समझदारी, सम्मान, स्वीकार्यता और आत्मविश्वास भरे सम्बन्ध को चर्चा के केन्द्र में रखा गया है। पुरुष प्रधान समाज में परिवार और समाज से त्याग दी गयी एक स्त्री को श्रीराम का स्नेह और सम्मान एक नया जीवन देता है। राम के जीवन के इस महत्त्वपूर्ण पहलू को समझना आज भी बेहद प्रासंगिक है।

अहल्या का अर्थ—अहल्या शब्द दो भागों से मिलकर बना अ और हल्या। हल्या शब्द के दो अर्थ हैं। कुरूप और हल से जोता। अर्थात जो कुरूप न हो अर्थात सुन्दर हो। माना जाता है कि अहल्या बेहद खूबसूरत थीं। ब्रह्मा ने हजारों सुन्दर स्त्रियाँ बनाकर उनमें सबसे खूबसूरत बनाया था अहल्या, को। दूसरा ऐसी भूमि जिसे जोता न गया हो। अहल्या के नाम का दूसरा अर्थ ज्यादा प्रचलित रहा है।

अहल्या कथा—अहल्या की कथा के बहुत सारे स्रोत हैं—वाल्मीकि रामायण (बालकाण्ड), वाल्मीकीय उत्तरकाण्ड, हरिवंश पुराण, ब्रह्म पुराण, पउमचरिउ, महाभारत, कंबन रामायण (ईरामावातारम्), रामचरितमानस आदि। अहल्या की कथा के प्राचीन स्रोत के रूप में हम वाल्मीकि रामायण को लेते हैं। वाल्मीकि रामायण के अनुसार मिथिला जाते समय रास्ते में एक उजाड़ आश्रम को देखकर ऋषि विश्वामित्र से श्रीराम ने पूछा कि यह कैसा आश्रम है, जो उजाड़ होने के बाद भी इतनी शान्ति का आभास दे रहा है? विश्वामित्र ने बताया कि यह ऋषि गौतम का आश्रम है। यहाँ वह अपनी पत्नी अहल्या के साथ रहते थे। अहल्या बेहद खूबसूरत थी। एक बार जब गौतम ऋषि प्रातःकाल स्नान के लिए बाहर गये थे, तभी अहल्या की सुन्दरता से मोहित होकर इन्द्र ने गौतम ऋषि का रूप बनाकर अहल्या के साथ समागम का प्रस्ताव रखा। जब इन्द्र आश्रम से वापस निकल रहे थे तभी स्नान करके गीले वस्त्रों में आये गौतम ऋषि ने उन्हें देख लिया। इन्द्र को अपने रूप में आश्रम से बाहर निकलते हुए देखने पर उन्हें सारा माजरा समझ में आ गया और क्रोध में भरकर गौतम ऋषि ने इन्द्र को विफल होने का श्राप दे दिया। वहीं अहल्या को श्राप देते हुए कहा कि दुराचारिणी! तू भी यहाँ कई हजार वर्षों तक केवल हवा पीकर, उपवास करके कष्ट उठती हुई राख में पड़ी रहेगी। समस्त प्राणियों में अदृश्य रहकर अपने आश्रम में निवास करेगी। जब दुर्धर्ष दशरथ कुमार राम इस वन में पदार्पण करेंगे, उस समय तू पवित्र होगी। उनका आथित्य—सत्कार करने से

तेरे लोभ-मोह आदि दोष दूर हो जायेंगे और तू प्रसन्नतापूर्वक मेरे पास पहुँचकर अपना पूर्व शरीर धारण कर लेगी और यह कहकर गौतम ऋषि तपस्या करने हिमालय चले गये। जब इन्द्र ने अपनी यह दशा देखी तो उन्होंने बाकी देवताओं से मदद माँगी और कहा कि अहल्या के साथ उन्होंने जो भी किया वह गौतम ऋषि की तपस्या भंग करने के लिए किया। अगर वह ऐसा नहीं करते तो अपने तपोबल से गौतम ऋषि सारे देवलोक पर अपना अधिकार कर लेते। अतः उनके इस अपराध के पीछे उनका प्रयोजन देवताओं का हित ही था, जिसका अकेले दण्ड उन्हें इस हाल में भोगना पड़ रहा है। इन्द्र श्रापमुक्त हो गये, किन्तु अहल्या श्राप से मुक्त न हो पायी और अपने पति की नाराजगी के कारण उसी आश्रम में सीमित हो गयी, जिसे किसी भी मनुष्य, देव या असुर नहीं देख सकते थे। जब राम विश्वामित्र के साथ गौतम ऋषि के आश्रम में प्रविष्ट हुए तब सौभाग्यशालिनी अहल्या तपस्या में लीन थीं। वह ओले और बादलों से ढकी हुई पूर्ण चन्द्रमा की प्रभा-सी दिखायी दे रहीं थीं। श्रीराम का दर्शन करते ही उनका श्राप खत्म हो गया और वह सभी के समक्ष प्रकट हो गयीं। राम और लक्ष्मण ने अहल्या के चरण स्पर्श किये और अहल्या का आथित्य स्वीकार किया। इसी समय ऋषि गौतम भी प्रस्तुत हो गये और उन्होंने अहल्या को अपनी पत्नी के रूप में स्वीकार कर किया। इस कथा में एक बात महत्त्वपूर्ण रूप से आती है कि विश्वामित्र का राम और लक्ष्मण को गौतम ऋषि के आश्रम में ले जाना कोई आकस्मिक घटना नहीं थी, बल्कि यह एक सुनियोजित प्रयास था। इसकी पुष्टि विश्वामित्र के मिथिला पहुँचने पर होती है, जब मिथिला के राज पुरोहित शतानन्द विश्वामित्र से पूछते हैं कि वह राम लक्ष्मण को गौतम ऋषि के आश्रम लेकर गये या नहीं, उनकी माँ अहल्या ने दोनों का सत्कार किया कि नहीं। इस प्रकार शतानन्द जो कि अहल्या के पुत्र हैं, ने विश्वामित्र के साथ अहल्या की श्राप मुक्ति के लिए ही यह प्रयास किया था (वाल्मीकि)।

'रामचरितमानस' में अहल्या की कथा में थोड़ा बदलाव है। यहाँ कथा थोड़े संक्षेप में है। मिथिला जाते हुए रास्ते में एक ऐसा आश्रम दिखा जहाँ कोई भी जीव-जन्तु, पशु पक्षी नहीं था। वहीं पत्थर की एक शिला देखकर प्रभु राम ने ऋषि विश्वामित्र से पूछा। ऋषि विश्वामित्र ने विस्तारपूर्वक कथा सुनाकर कहा कि गौतम मुनि की पत्नी अहल्या श्राप वश पत्थर की देह धारण किये बड़े धीरज से आपके चरण कमलों की धूलि चाहती है। हे रघुवीर इस पर कृपा कीजिए। श्रीराम ने जैसे ही उसे चरणों से छुआ, वह पत्थर की शिला तपोमूर्ति अहल्या प्रकट हो गयी। श्रीराम को देखकर अहल्या उनके चरणों से लिपट गयी। प्रेम और आनन्द से उसकी अश्रुधारा बह निकली। श्रीराम से उसने कहा कि हे ज्ञान से जानने योग्य श्री रघुनाथ जी! आपकी जय हो। मैं एक अपवित्र स्त्री हूँ। और आप जगत को पवित्र करने वाले, भक्तों को सुख देने वाले, रावण के शत्रु हैं। मेरी रक्षा कीजिए। मुनि जी ने जो मुझे श्राप दिया सो बहुत ही अच्छा किया, जिसके कारण मैंने संसार से छुड़ाने वाले श्री हरि के दर्शन प्राप्त कर लिए। ऐसा कहकर और श्रीराम की वन्दना कर अहल्या श्रीराम के चरणों से लिपट गयी और आनन्द में भरकर पतिलोक को चली गयी। (तुलसीदास, पृ. 209-10)

कामिल बुल्के ने रामकथा में अहल्या के जीवन को अलग-अलग स्रोतों के माध्यम से विस्तार देने का प्रयास किया है। वाल्मीकि रामायण और 'रामचरितमानस' के अतिरिक्त भी उन्होंने ढेरों स्रोतों का इस्तेमाल किया है, जो अहल्या के जीवन को विस्तार से समझने में काफी मदद करते हैं। कामिल बुल्के बताते हैं कि शतपथ ब्राह्मण से लेकर वैदिक साहित्य के अनेक ग्रन्थों में इन्द्र और अहल्या की कथा का बीज मिलता है, क्योंकि इनमें इन्द्र को अहल्यायार कहकर पुकारा गया है। वैदिक साहित्य के टीकाकारों ने अहल्या की कथा को एक रूपक माना है और उसकी अनेक प्रकार व्याख्या की है। अहल्या भूमि (जिसमें हल नहीं चलाया गया है) तथा वर्षा के अधिष्ठाता देवता इन्द्र का स्वाभाविक सम्बन्ध माना गया है। कामिल बुल्के कहते हैं कि परवर्ती साहित्य में अहल्या की कथा का पर्याप्त विकास हुआ तथा उसके उद्धार का सम्बन्ध श्रीराम से जोड़ा गया। विष्णुपुराण में जानकारी दी गयी के अनुसार तापसतिय-अहल्या या अहल्या मुद्गल पुत्र बृहदाश्व की पुत्री थीं। ब्रह्म पुराण के अनुसार ब्रह्माजी ने अहल्या की सृष्टि की और गौतम ऋषि को अहल्या के पालन पोषण हेतु दे दिया। अहल्या के युवा होने पर उसकी सुन्दरता के कारण इन्द्र, अग्नि, वरुण आदि देवता उस पर मोहित थे। ब्रह्मा जी ने शर्त रखी कि जो भी पृथ्वी की परिक्रमा सबसे पहले करके आयेगा उसे ही अहल्या सौंपी जायेगी। गौतम मुनि ने कामधेनु और शिव की परिक्रमा की। इसी बात से प्रसन्न होकर ब्रह्मा जी ने अहल्या को गौतम मुनि को दे दिया पर इन्द्र ने अहल्या के आकर्षण के वशीभूत होकर गौतम मुनि की अनुपस्थिति में गौतम का रूप धर कर अहल्या के साथ छल किया।

अहल्या की कथा राम कथा के साथ जुड़े हुए एक अभिन्न अंग की तरह तमाम कथाओं में मौजूद है। अहल्या की कथा राम के चरित्र को एक दैवीय रूप देती है और उन्हें तारण हार के रूप में स्थापित करती है। वाल्मीकि रामायण में राम अहल्या के आश्रम में जाकर परिवार और समाज से निष्कासित अहल्या के चरण छूकर उन्हें आदर प्रदान करते हैं। इस प्रकार आदर देना समाज को एक बड़ा सन्देश है। राम का अहल्या के चरणों का स्पर्श समाज की हर उस स्त्री के निष्कासन और अपमान का विरोध है, जिसने भूलवश या जानकार भी कोई अपराध किया हो और उसके लिए उसे पश्चात्ताप भी हो। राम ने अहल्या का सम्मान पुत्रवत किया और एक सन्तान के लिए उसकी माँ सदैव ही दुनिया की सबसे पवित्र व्यक्ति होती है। राम उस समाज में महिलाओं के बारे में एक नये दृष्टिकोण से सोचने पर विचार करते हैं। यह विचार कम्बन रामायण या 'रामचरितमानस' में उस रूप में नहीं मिलता है। यहाँ भक्ति अपनी पराकाष्ठा पर है। राम अपने देव रूप में यहाँ स्थापित हैं। वह एक ऐसी स्त्री का उद्धार करने आये हैं, जो वर्षों से पत्थर बनी है। उस शिला रूपी अपवित्र स्त्री को जब श्रीराम अपने चरण से छूते हैं, तभी अहल्या अपने वास्तविक रूप में आती है।

निशाद के राम

रेणु व्यास

भवसागर पार कराने में समर्थ तुलसीदास के अवतारी राम भी गंगा पार करने के लिए केवट पर निर्भर हैं। यह ईश्वरत्व पर मनुष्यत्व की विजय है। 'राम तुम मानव हो? ईश्वर नहीं हो क्या?/ विश्व में रमे हुए नहीं सभी कहीं हो क्या?/ तब मैं निरीश्वर हूँ, ईश्वर क्षमा करे'' (समर्पण, साकेत) तुलसीदास के राम भी (वन के मार्ग में सीता के कष्ट पर आँसू बहाने वाले 'कवितावली' के राम ही नहीं, 'मानस' के 'हे खग-मृग हे मधुकर श्रेनी...' कहने वाले वियोगी राम भी) प्रथमतः मनुष्य हैं और बालकाण्ड और उत्तरकाण्ड में सगुण-निर्गुण से भी परे परब्रह्म के रूप में विराट दार्शनिक भूमि पर रखे जाने के बावजूद राम अन्ततः मनुष्य के रूप में ही रामकथा के श्रोता-पाठक-दर्शक को याद रहते हैं। इसलिए तुलसी को बार-बार उनके ईश्वरत्व की याद दिलानी पड़ती है। रामकथा में पारिवारिक सम्बन्धों के औदात्य के साथ ही राम के चरित्र का उदात्त मानवीय रूप मानस में सबसे अधिक अयोध्याकाण्ड में सामने आता है। 'रामचरितमानस' के अयोध्या काण्ड के केन्द्र में हैं—भरत। और फिर हैं, राम को भरत के समान प्रिय निशादराज गुह और उनके बुलाने पर राम-सीता लक्ष्मण को गंगा पार करवाने वाला अनाम निशाद या केवट। **'रामहि केवल प्रेमु पियारा'** यही प्रेम तत्त्व निशादराज और केवट को भरत के समान राम का प्रिय बना देता है। राम हृदय से लगाकर जिससे भेंटते हैं वे भरत के अलावा निशादराज हैं। भरत जिनका हाथ पकड़ कर राम के वन-गमन के सभी स्मृति-स्थलों का अवलोकन करते हैं, वे भी निशादराज ही हैं। यहाँ तक कि राम का प्रिय सखा होने से कुलगुरु वशिष्ठ को भी उन्हें बरबस हृदय से लगाना पड़ता है। शायद राजकुल का पुरोहित होने की बाध्यता हो! क्योंकि अयोध्या के दोनों संभावित राजा ऐसा कर रहे हैं! पर यमुना के किनारे भारद्वाज मुनि के आश्रम में अचानक वैरागी वेश में आये, 'तेजपुंज लघुवयस' और मन-कर्म-वचन से राम के अनुरागी एक तापस (जिसे विद्वान् तुलसीदास का ही छद्मरूप मानते हैं) की ऐसी कौनसी मजबूरी है कि वह भी प्रसन्नतापूर्वक निशादराज से भेंट करे? तुलसी के ही अन्यत्र कई कथनों का ही विश्वास करें तो राम ने गो, ब्राह्मण और धर्म (वर्णाश्रम धर्म) की रक्षा के लिए धरती पर अवतार लिया है। मानस में तुलसीदास का वर्णाश्रम धर्म प्रेम और भक्ति के सामने असहाय नजर आता है। यह उस सैलाब का असर है जिसे भक्ति-सूफी आन्दोलन कहते हैं।

भक्ति-सूफी आन्दोलन ऊँच-नीच का विचार किये बिना समाज के सबसे दलित, वंचित हाशिये के लोगों को मुख्यधारा में लाता है, भक्ति या उदात्त प्रेम तत्त्व के सहारे। इसी कारण निशाद राम के सखा हो जाते हैं और भरत के समान प्रिय भी। कृष्ण-सुदामा की मित्रता की तरह सखापन के विकास के लिए किसी गुरुकुल के साहचर्य के अभाव के बावजूद गुह निशादराज हैं। सहृदय इतने हैं कि राम-सीता के वनवास के अभाव-कष्टों की कल्पना से ही इतने दुःखी हो जाते हैं कि सदा अधीर और उद्धत लक्ष्मण को भी उन्हें समझाना पड़ता है। वे अयोध्या को लौटते खाली रथ के घोड़ों के दुःख को भी समझते हैं। वन को जाते राम-सीता-लक्ष्मण न तो अवतारी स्त्री-पुरुष हैं, न राजकुमार, वे निःस्व हैं, जिन्हें चौदह वर्षों तक वन में सर्वाइव करने के लिए गुह जैसे मार्गदर्शक, केवट जैसे तारक और आगे चलकर हनुमान-जाम्बवन्त जैसे सहायकों की आवश्यकता है। उनका आगे जाकर संघर्ष अन्यायी राजा रावण से होना है जो संयोग से ब्राह्मण कुल का भी है। लोक में रामचरित-कथा विविध रूपों में बहुत पहले से मौजूद रही है, परन्तु इतिहासकार मोटे तौर पर वाल्मीकि रामायण की रचना बुद्धोत्तर काल में बताते हैं जो जैन-बौद्ध और अनेकानेक वैदिकेतर मतों के प्रभाव से सामाजिक एवं सांस्कृतिक दृष्टि से एक उथल-पुथल-भरा समय था। वाल्मीकि रामायण का सम्पादन मोटे तौर पर मोर्योत्तर काल एवं गुप्तकाल में माना जाता है जो उत्तर-पश्चिम से आनेवाली अनेकानेक जातियों और भीतरी प्रदेशों में बसी कई जनजातियों से सांस्कृतिक सम्पर्क के कारण बौद्ध और वैष्णव मत, दोनों के लिए बहुत से परिवर्तन लेकर आया। बढ़ते नगरीकरण, बढ़ते व्यापार-व्यवसाय से शिल्पकारों की आर्थिक समृद्धि, और उनमें अपने सामाजिक स्तर में उन्नयन की आकांक्षा ने धार्मिक मतों को बदलने के लिए प्रेरित किया। महायान मत और वैष्णव मत का विकास इसी युग की देन हैं। इसी तरह की उथल-पुथल भरी राजनीतिक-आर्थिक एवं सामाजिक-सांस्कृतिक स्थितियाँ भक्ति आन्दोलन की पृष्ठभूमि में भी थीं। अतीत होते एक काल्पनिक आदर्श को बचाने का संघर्ष और नवीन यथार्थ स्थितियों में नयी प्रवृत्तियों से समन्वय का द्वन्द्व 'रामचरितमानस' में भी देखा जा सकता है। मानस में काल्पनिक आदर्श हावी हैं और 'कवितावली' में युगीन यथार्थ प्रभावशाली बनकर उभरा है। तुलसीदास हृदय चीर कर दिखा पाते तो जो संघर्ष हमें नजर आता, वह वर्णाश्रम धर्म और भक्ति के बीच का द्वन्द्व होता। तुलसी का हृदय भक्ति के पक्ष में झुक जाता है और यही भक्ति निशाद, केवट, शबरी को राम का परम प्रिय बना देती है। हृदय के तारों का छूने वाला यह प्रेम तत्त्व सूफियों की सफलता का भी रहस्य था। भक्ति-सूफी आन्दोलन मध्यकाल में सामाजिक और आर्थिक रूप से वंचितों वर्गों की समाज में स्थिति बहुत न बदल पाया हो, पर उसने इतना तो किया ही कि कम से कम भक्ति के क्षेत्र में कुल, जाति, वर्ण और धर्म का विचार किये बिना सभी मनुष्यों की समानता का उद्घोष किया। भक्ति के क्षेत्र में स्थापित इस सैद्धान्तिक समानता का सामाजिक क्षेत्र में प्रतिबिम्बित होना स्वाभाविक ही था। कबीर के आत्मविश्वास का यही रहस्य था। वशिष्ठ का राम के सखा निशादराज से बरबस भेंट करने के पीछे भी यही रहस्य है। ''जात पाँत पूछै नहि कोई, हरि को भजै सो हरि

का होई।'' तुलसीदास के अपने शहर बनारस में कबीर-रैदास आदि निर्गुण सन्तों की वाणी तो गूँज ही रही होगी। वैष्णव-भक्ति परम्परा में भी आलवार भक्तों में और रामानुजाचार्य की गुरु-परम्परा में भी शूद्र गुरु का होना युग का बदलता सत्य था। इस प्रभाव के कारण भी 'गरीब-निवाज' तुलसीदास के राम का सबसे प्रिय विरुद बन जाता है। 'रामचरितमानस' में राम को गो, ब्राह्मण, देवताओं, वर्णाश्रम धर्म की रक्षा के लिए अवतार लेना था, हालाँकि कुछ भक्तों की परब्रह्म के मनुजरूप में लीला देखने की चाह भी इसके पीछे थी। ऐन वक्त पर कुछ ऐसा होता है कि वे 'भए प्रगट कृपाला दीनदयाला' हो जाते हैं और एक सामान्य मानव-शिशु के रूप में 'कौसल्या हितकारी' भी। 'बिप्र धेनु सुर सन्त हित लीन्ह मनुज अवतार' तुलसी बार-बार याद दिलाते हैं पर राम का दीनदयालु रूप उनके काव्य में भी सबसे प्रबल स्वर के रूप में आया है। निशाद-केवट-प्रसंग भी इसी का उदाहरण है जो समूचे 'रामचरितमानस' के सबसे मार्मिक प्रसंगों में से एक है।

''महाभारत के रामोपाख्यान में गुह का उल्लेख नहीं किया गया है। वाल्मीकि रामायण के अनुसार राम चित्रकूट की यात्रा करते समय अपने सखा गुह (निशादों के राजा) के यहाँ पहुँचकर वहाँ रात बिताते हैं। गुह लक्ष्मण के साथ रात भर सोते हुए राम और सीता की रक्षा करता है तथा अगले दिन नौका मँगाकर राम-सीता-लक्ष्मण को गंगा के उस पार पहुँचाता है।''[1] फादर कामिल बुल्के के अनुसार राम के चरण धोने का अनुरोध करने वाले केवट का प्राचीनतम उल्लेख 'महानाटक' में मिलता है। 'अध्यात्म रामायण', 'आनन्द रामायण', 'रामरहस्य', 'कृत्तिवास रामायण', 'सारलादास महाभारत', 'बलरामदास रामायण', 'सूरसागर' और तुलसीदास की 'कवितावली' में भी यह प्रसंग मिलता है। 'रामचरितमानस' का यह प्रकरण अपनी मार्मिकता के कारण अनूठा है।

जब भरत के शोक में कैकेयी का पछतावा भी शामिल हो गया, और जब राम के वनवास पर अयोध्या के निवासी, रास्ते के ग्रामीण स्त्री-पुरुष, कोल-भिल्ल-किरात-निशाद, प्राणिमात्र शोकमग्न हैं और चाहते हैं कि राम वनवास को त्यागकर अयोध्या वापस चले जायें, तब अयोध्याकाण्ड में कोई ऐसा भी है, डरे हुए खलनायक टाइप, जो ऐसा नहीं चाहता। वह है देवराज इन्द्र। उसे यही डर है कि भरत के स्नेह में राम वन जाने का इरादा न पलट दें। यूनानी मिथक हों या भारतीय मिथक देवताओं के राजा का यही चरित्र है। पर राम का चरित्र ऐसा है कि 'रामचरितमानस' में 'सुरनायक' को पीछे छोड़ उनका 'जन सुखदायक प्रनतपाल भगवन्ता' रूप प्रबल हो आया। देवत्व के बर-अक्स अयोध्याकाण्ड मनुष्यत्व की उदात्तता की घोषणा करता है।

निषादराज गुह के बुलाने पर भी केवट प्रस्तुत नहीं हुआ, आज्ञा मानने को। नाव केवट की है तो उतराई भी वही तय करेगा। गंगा के किनारे न तो राम का ईश्वर होना काम आता है और न राजकुमार होना। ईश्वर की कृपा से प्राणी भवसागर पार उतरते होंगे, पर गंगा नदी को पार करने के लिए तो मनुजरूप में ईश्वर को भी केवट की शर्त माननी होगी। लक्ष्मण के तीर से भी वह नहीं डरता और न निशादराज गुह ही उसे बाध्य कर सके। मुगलकाल में गंगा

नदी प्रमुख व्यापार-मार्ग थी। व्यापार फलने-फूलने का कुछ असर नाव चलाने वालों की आर्थिक दशा पर भी हुआ ही होगा। 'बहुत काल मैं कीन्ह मजूरी' कहने वाला केवट स्वतन्त्र कामगार है, सामन्ती-जजमानी व्यवस्था का अंग नहीं। केवट के आत्मविश्वास के पीछे भक्ति तो है ही, 'रामचरितमानस' की रचना के समय कामगार वर्गों की बदलती स्थिति भी है। प्रकरण के केन्द्र में है—नाव, केवट की आजीविका का एकमात्र साधन, और है शिला बनी अहल्या को पुनः नारीरूप प्राप्त होना। एक है ग्राम-नगर से बहिष्कृत दलित और दूसरी है, पतिता समझी जाने वाली, अपने ही पति के तिरस्कार और क्रोध का शिकार स्त्री। तुलसीदास के राम को अपने 'दीनदयालु' और 'गरीबनिवाज' विरुद की रक्षा करनी है तो उनकी कृपा का पात्र इन दो वर्गों से बढ़कर दीन और कौन होगा? पर काम यहाँ कृपा नहीं आती, राम को केवट का निहोरा करना पड़ता है—

जासु नाम सुमिरत एक बारा। उतरहिं नर भवसिंधु अपारा।।
सोइ कृपालु केवटहि निहोरा। जेहिं जगु किय तिहु पगहु ते थोरा।।

तुलसीदास ने निशाद-केवट प्रसंग में राम के दीनदयालु रूप में उनके ईश्वरत्व और मनुजत्व का प्रभावशाली रूप में समन्वय किया है। भक्ति अवतारी ईश्वर को मनुष्य के रूप में देखती है और वह ईश्वर-मनुष्य कृष्णावतार में 'छछिया भर छाछ' के लिए नाच दिखाने को बाध्य हो जाता है और रामावतार में केवट का निहोरा करने को। अपने पैर धुलवाने की अनुमति देने में राम का संकोच अवतारी ईश्वर के मनुष्य रूप को और उदात्त बना देता है। मनुष्य राम जानते हैं कि पैर धोने की अनुमति देना नाव की उतराई के लिए काफी नहीं है। 'प्रभुहि सकुच एहि नहिं कछु दीन्हा' यह संकोच अयोध्या के राजकुमार राम को लाग-बाग और बेगार लेने वाले राजाओं, सामन्तों से अलग खड़ा कर देता है। पति के हृदय की दशा को जानने वाली सीता जब मणिजटित मुद्रिका उतार कर दे देती हैं कि राम उतराई चुका पायें, तो केवट ने उतराई लेने से इनकार करते हुए कहा, "फिरती बार मोहि जो देबा। सो प्रसादु मैं सिर धरि लेबा।।" मणिजटित अँगूठी राम ही के पास रह गयी। जिन राम के पास केवट को उतराई देने के लिए कुछ न था, वे सीता की खोज में जाते हनुमान को पहचान-चिह्न के रूप में क्या देते? केवट द्वारा न ली गयी उतराई से सीता ने हनुमान को राम के सन्देशवाहक के रूप में पहचाना। यह अँगूठी न होती तो कौन जाने सीता हनुमान को भी रावण का कोई मायावी रूप ही समझतीं। सीता और राम अयोध्या लौटे। गंगा किनारे निशादराज ने सुना तो 'नाव कहाँ है? नाव कहाँ है?' की पुकार मचाई। पर पुष्पक विमान में राम को गंगा पार करने के लिए केवट का निहोरा करने की जरूरत न रही, लौटते वक्त। क्या राम केवट को भूल गये? तुलसीदास की साक्षी पर कहा जा सकता है कि अपने सखा निशादराज गुह को वे नहीं भूले और भरत के समान ही उन्हें पुनः हृदय से लगा लिया—"सब भाँति अधम निशाद सौं हरि भरत ज्यों उर लाइयो"। सखा निशादराज को राम अयोध्या साथ ले गये। उन्हें वस्त्रभूषण भी दिये। विदा के समय यह भी कहा कि "तुम्ह मम सखा भरत सम भ्राता। सदा रहेहु पुर आवत जाता।।" सखा निशादराज

को भाई बना लेने वाले राम, केवट को भी क्या ही भूले होगे? क्या केवट की उतराई उन्होंने निशादराज के हाथों भिजवा दी? पर निश्चित रूप से कहा क्या जा सकता है? पहले वे अयोध्या से वन को जाते हुए निःस्व राम थे। चौदह वर्षों बाद लौटते हुए वे सोने की लंका के अधिपति विभीषण के मित्र, अयोध्या के होने वाले राजा राम हैं। राजधानी की व्यस्तता ने क्या उनके मन में उस अनाम केवट की याद बाकी रखी होगी जिसने उन्हें गंगा पार करवाई थी? राम, सीता लक्ष्मण क्या किसी को याद न रहा कि केवट को उसकी उतराई देना बाकी है? 'मनि मुदरी' का जाने क्या हुआ? सीता की खोज हो चुकी, तो उसका काम तो पूरा हुआ। 'राजधर्म' बड़ा कठोर है, निष्करुण और अमानवीय भी। तुलसीदास के राम तो मनुष्यता का उदात्त रूप हैं। कहीं ऐसा तो नहीं कि सीता-वनवास की कथा की तरह, कवि ही केवट की उत्तर-कथा को लोप गया हो? या फिर शायद बात केवल इतनी सी ही हो कि मनुष्य रूप में अवतार लेकर सोने की लंका के प्रतापी राजा रावण का नाश करने वाले ईश्वर को भी एक अनाम निशाद-भक्त केवट का कर्जदार होना था, सदा के लिए। पर केवट की उतराई आज भी राम पर बाकी है! कुछ कर्ज कभी चुकाये नहीं जा सकते। चुकाये जाने भी नहीं चाहिए।

सन्दर्भ

1. बुल्के, फादर कामिल, रामकथा उत्पत्ति और विकास, हिन्दी परिषद् प्रकाशन, इलाहाबाद की ओर से लोकभारती प्रकाशन, इलाहाबाद, 2019, पृ. 307

जटायु के राम

मुरलीधर पालीवाल

आदिकवि महर्षि वाल्मीकि की लेखनी का आधार बनने वाला सरस एवं पुनीत रामचरित्र युगों-युगों से जनमानस को तृप्त एवं आह्लादित करता रहा है। यही रामचरित्र आदिकाव्य रामायण का आधार बनकर विश्वभर की कई भाषाओं के अनेक महाकाव्यों, खण्डकाव्यों, चम्पूकाव्यों, स्तोत्रकाव्यों, नाटकों आदि का उपजीव्य बना है। 'हरि अनन्त हरि कथा अनंता' के अनुरूप रामचरित्र का अगणित विस्तार है। सन्त कबीर के शब्दों में कहे तो रामगुणवर्णन करना असम्भव ही है–

सात समंद की मसि करौं, लेखनि सब बनराइ।
धरती सब कागद करौं, तऊ हरि गुण लिखा न जाइ।।[1]

जैसे एक ही मुख खड्ग, दर्पण, तैल आदि आलम्बन भेद से भिन्न-भिन्न प्रतीत होने लगता है वैसे ही एक ही राम द्रष्टा भेद से अलग-अलग स्वरूपों में दिखायी देते हैं। प्रस्तुत लेख में वाल्मीकीय रामायण, अध्यात्म रामायण, कम्ब रामायण, रामचरितमानस, रघुवंश महाकाव्य, मानव मित्र रामचरित्र आदि ग्रन्थों के आधार पर जटायु के राम का विवेचन किया जायेगा।

करुणरसप्रधान रामायण का एक बहुत ही कारुणिक प्रसंग है–जटायु प्रसंग। मित्रतानिर्वाह एवं नारी अस्मिता की रक्षा का यह एक अद्भुत प्रसंग है। यह प्रसंग है सभी प्रकार के दानों में विशिष्ट कहे जाने वाले प्राणदान का।[2] एकश्लोकी रामायण में रामायण की प्रमुख घटनाओं के अन्तर्गत जटायुमरण को गिना गया है–

आदौ रामतपोवनादिगमनं हत्वा मृगं काञ्चनं
वैदेहीहरणं जटायुमरणं सुग्रीवसम्भाषणम्।
बालीनिग्रहणं समुद्रतरणं लङ्कापुरीदाहनं
पश्चाद्रावणकुम्भकर्णहननमेतद्धि रामायणम्।।[3]

जटायु और राम का प्रथम मिलन रामायण के अरण्यकाण्ड में चित्रित हुआ है।[4] महर्षि अगस्त्य के निर्देशानुसार पञ्चवटी की ओर जाते समय राम, लक्ष्मण एवं सीता की जटायु से भेंट होती है। राम द्वारा परिचय पूछे जाने पर जटायु राम को मधुर वाणी से कहता है–"बेटा! मुझे

अपने पिता का मित्र समझो।''[5] कुल एवं नाम पूछे जाने पर जटायु समस्त प्राणियों का उत्पत्ति क्रम बताता हुआ विनतानन्दन अरुण को अपना पिता, श्येनी को अपनी माता एवं सम्पाति को अपना बड़ा भाई बताता है।[6] कम्ब रामायण में जटायु राम और लक्ष्मण से प्रथमतया परिचय पूछता है।[7] राम और लक्ष्मण द्वारा स्वयं को दशरथ पुत्र बताने के उपरान्त वार्ताक्रम में अपने प्राणप्रिय मित्र दशरथ के दिवंगत होने का समाचार सुनकर अरुणपुत्र जटायु शोकोद्विग्न होकर मूर्च्छित तक हो जाता है।[8]

''वाल्मीकीय रामायण के एक संस्कृत टीकाकार ने लिखा है कि राजा लोग एक-दूसरे से मित्रता रखते हैं, जैसे रावण ने वानरराज बालि से मित्रता की, श्रीरामजी ने सुग्रीव से मित्रता की। इसी तरह महाराज दशरथ की जटायु से गृध्रराज होने से मित्रता थी।''[9] राजा दशरथ एवं गृध्रराज जटायु की मित्रता होने की अनेक कहानियाँ लोक में प्रचलित हैं किन्तु वाल्मीकीय रामायण एवं 'रामचरितमानस' में कहानी के स्थान पर सिर्फ मित्रता होने की सूचना भर है। कम्ब रामायण के अनुसार शंबरासुर को मारने के उपरान्त राजा दशरथ ने धरती के सब लोगों के सम्मुख अपने को देह और जटायु को प्राण कहा था।[10] 'रामचरितमानस' की मानसपीयूष टीका के अनुसार भावार्थ रामायण में लिखा है कि जब दशरथ नमुचि-युद्ध में इन्द्र की सहायता करने गये तब जटायु ने नमुचि का शिरस्त्राण उड़ा दिया, उसी समय दशरथ ने बाण से दैत्य का विनाश किया। इस तरह जटायु ने अपने को दशरथ का युद्धसखा बताया।[11] दशरथ-जटायु मित्रता प्रसंग की ज्यादातर कहानियों में जटायु का दशरथ के लिए आगे होकर उपकारी होना बताया गया है लेकिन महाकवि कालिदास के रघुवंश महाकाव्य के वर्णन के अनुसार जटायु ने सीताहरण को रोकने के लिए रावण से लड़कर मित्र दशरथ का ऋण चुका दिया था।[12]

दशरथ के प्रति घनिष्ठ मित्रता होने के कारण जटायु राम को अपना पुत्र और सीता को पुत्रवधू मानता है। जटायु वात्सल्य भाव से पुत्र के समान ही राम का आलिंगन करता है और सिर सूँघता है।[13] दशरथ के अभाव में जटायु राम, लक्ष्मण एवं सीता को वन में रक्षा करने का वचन देता है[12] और अपने बच्चों की तरह उनकी सुरक्षा करता है।[15] जटायु की यह भावना इसी बात से अच्छी तरह समझी जा सकती है कि जब वह उन्हें पञ्चवटी स्थान बताने ले जाता है तब वह पूरे रास्ते तक उनके लिए अपने विशाल पंखों से छाया करता हुआ उड़ता है।[16]

राम भी पिता के मित्र जटायु के प्रति पिता का भाव रखते हैं। कम्ब रामायण की कथा में जटायु से प्रथम मिलन के समय राम प्रेम के कारण नयनों से अश्रु बहाते हुए जटायु में स्वर्ग से पुनः लौटे हुए पिता दशरथ को ही देखते हैं।[17] दशरथ की मृत्यु जानकर स्वयं के प्राणत्याग हेतु तत्पर जटायु को राम यही कहकर रोकते है कि आपके भी दुनिया छोड़कर चले जाने पर हमारा कौन अवलम्ब रह जायेगा?[18] सीताहरण के पश्चात् सीता को खोजते हुए मार्ग में रावण के रथ की वीणा के चित्र से युक्त पटवाली कटी हुई ध्वजा देखकर जरा से जीर्णदेह जटायु और रावण के युद्ध का अनुमान कर राम की आँखों में आँसू आ जाते हैं[19] और आगे जाकर घायल जटायु से मिलकर पुनः आँसू बहाते हैं एवं मूर्च्छित हो जाते हैं।[20] वाल्मीकीय रामायण

में भी राम घायल जटायु के शरीर पर हाथ फेरते हैं एवं पिता के प्रति जैसा स्नेह होना चाहिए वैसा ही प्रदर्शित करते हैं।[21] सीताहरण के दुःख से भी जटायुमरण के दुःख की अधिकता मानते हुए[22] राम कहते हैं—"महायशस्वी श्रीमान् राजा दशरथ जैसे मेरे माननीय और पूज्य थे वैसे ही ये पक्षिराज जटायु भी हैं।"[23] 'रामचरितमानस' में राम जटायु को एक भी बार जटायु, गीध, पक्षि आदि शब्दों से सम्बोधित न कर चार बार 'तात' शब्द से सम्बोधित करते हैं।[24] जटायु की मृत्यु पर राम को पितृमृत्यु की तरह ही शोक होता है[25] और उसी तरह राम जटायु की अन्तिम क्रिया विधिपूर्वक अपने हाथों से करते हैं।[26] राजा दशरथ का भी अन्तिम अग्नि संस्कार उनके ज्येष्ठ पुत्र राम ने नहीं किया था किन्तु जटायु का अन्तिम संस्कार लक्ष्मण से न कराकर स्वयं राम ने किया था और उसे सारूप्य मोक्ष प्रदान किया।[27] जटायु को राम ने माता[28] एवं प्रियबन्धु[29] के समान भी माना है।

राम माता-पिता की आज्ञा मानने वाले आदर्श पुत्र हैं। विमाता कैकेयी एवं राजा दशरथ की राज्य त्यागकर चौदह वर्ष वनवास करने की आज्ञा को राम सहजभाव से शिरोधार्य करते हैं। स्वयं जटायु राम के इस साहसपूर्ण कार्य की प्रशंसा करता है।[30] जटायु की आज्ञा को भी राम दशरथ की आज्ञा मानकर स्वीकार करते हैं।[31] राम परलोक में भी दिवंगत पिता को चिन्ताग्रस्त करना नहीं चाहते हैं। अतः मरणासन्न जटायु से निवेदन करते हैं कि "हे तात! सीताहरण की बात आप पिताजी से जाकर न कहियेगा। जो मैं राम हूँ तो दशमुख वाला रावण कुलसहित आकर स्वयं ही कहेगा।"[32] "जो मैं राम हूँ" कथन का भाव यह है कि 'राम' नाम होते हुए भी मैं पिता को यदि अभिराम न दे सका तो मेरा नाम निरर्थक ही हो जायेगा।[33]

श्रीमद्भगवद् गीता की **विनाशाय च दुष्कृताम्**[34] पंक्ति के अनुरूप राम दुष्टों के विनाशक हैं। युद्धों में अनेक बार उन्होंने दैत्यों एवं दानवों का वध किया है। यही बात जटायु परस्त्रीहरण करने वाले रावण को समझाता है और निन्दित कर्म से रोकता है।[35] राम स्वयं कोई अपराध नहीं करते हैं[36] तथा परधन एवं परस्त्री से दूर रहते हैं।[37] अत्याचारियों के प्रति उनका भयंकर कोप होता है।[38] अत्याचारी होने के कारण ही उन्होंने खर को मारा था।[39] अत्याचार को चुपचाप देखने वाले देवताओं के प्रति भी उनकी क्रोधाग्नि प्रज्वलित हो उठती है।[40] अपमानजनक अपराध को वे कभी क्षमा नहीं करते हैं।[41]

राम धनुर्विद्या में दक्ष[42] तथा युद्धवीर हैं।[43] धनुर्धारी राम को जीतने की शक्ति किसी में भी नहीं है।[44] वे अजेय, विजयशील,[45] सैकड़ों सूर्य के समान तेजस्वी,[46] विशाल भुजाओं वाले[47] एवं प्रमाणरहित बल वाले हैं।[48] स्मरणमात्र से शत्रुहृदयविदारण समर्थ पौरुष प्रताप कहलाता है।[49] ऐसा राम का प्रताप जटायु के मुख से कई जगह प्रकट हुआ है।[50] राक्षसकुलहन्ता राम ने करोड़ों दानवेन्द्रों का वध किया है।[51] वे कामादि अमूर्त दुष्टों की सेना के भी विनाशक हैं।[52]

राम दुर्दान्त राक्षसों के प्राणापहारक होने के साथ-साथ ब्रह्मा एवं इन्द्र आदि देवगणों के भी दुःखभञ्जक हैं।[53] मनुष्य रूप में उन्हें अपने दुःख से भक्तों का दुःख ज्यादा लगता है।[54] भक्तों के आर्तिनाशक[55] राम उनको आनन्द देने वाले हैं।[56] वे निष्काम भक्तों के प्रेमी तथा

उनके प्रिय हैं।[57] अपने भक्तों के वश में रहने वाले राम[58] कृपासागर[59] तथा कृपानिधान[60] हैं। कृपावश ही करुणहृदय राम ने मरणासन्न जटायु पर आँखों में आँसू भर कर हाथ फेरा था।[61] अत्यन्त कोमल चित्त वाले दीनदयाल राम की कृपा अहेतुकी है। उन्होंने पक्षियों में अधम एवं मांसाहारी गिद्ध को भी वह दुर्लभ गति दी, जिसे योगिजन चाहते हैं।[62] जटायु की सारूप्य प्राप्ति को अग्रज सम्पाती ने भी राम का ही कृपाप्रसाद माना।[63]

राम का कार्तज्ञय भाव भी बड़ा प्रेरणादायक हैं। अपने लिए प्राणों का परित्याग करने जा रहे घायल जटायु को सँभालते समय वे बार-बार कृतज्ञता वचन ज्ञापित करते हैं और दुःखी होते हैं।[64] "किसी ने उपकार किया हो तो बदले में उसका भी उपकार किया जाये—यह सनातन धर्म है।"[65] जैसे नीतिवचन देने वाले रामायण महाकाव्य के नायक राम उपकार करके भी निरभिमानी रहते हैं।[66] यह उनकी उदारता का ही स्वरूप है कि गृध्रराज जटायु को सर्वस्व देकर भी कहते हैं—**देउँ काह तुम्ह पूरनकामा।**[67] पुण्यात्मा[68] राम स्वभाव से ही परोपकारी, परगुणप्रशंसक एवं परविभूति से प्रसन्न होने वाले हैं।[69] परोपकार को उन्होंने सभी सिद्धियों का मूल माना है—

परहित बस जिन्ह के मन माहीं। तिन्ह कहुँ जग दुर्लभ कछु नाहीं।[70]

आभ्यन्तर सुन्दरता एवं पवित्रता के साथ इन्द्रनीलमणि के समान सुन्दर श्याम वर्ण का उनका दिव्य शरीर[71] भी परम सुन्दर एवं करोड़ों कामदेव से बढ़कर है।[72] वे तीनों लोकों में सबसे अधिक रूपवान् है।[73] उनकी शोभा जड़-चेतन समस्त जगत् को मोहित करने वाली है।[74] उनका मुखकमल मनोहर मुस्कान से सुशोभित होता है।[75] उनके नेत्र श्वेतकमल की शोभा वाले हैं।[76]

जटायु नर रूप में प्रस्तुत हुए राम के नारायण स्वरूप से भी भलीभाँति परिचित है। आदिशेष के पर्यंक पर शयन करने वाले अंजन वर्ण भगवान नारायण ही राम होकर अवतीर्ण हुए हैं।[77] वे सृष्टि के आदिकारण[78], लय एवं स्थितिकारक[79] अविनाशी तत्त्व[80] होकर अनादि, अजन्मा, अव्यक्त, अगोचर, एक[81], आनन्दमय[82], ब्रह्म[83], प्रभु[84], निर्विकार, निरञ्जन, व्यापक[85], सर्वदेवपूज्य[86], त्रिदेवों में प्रधान[87], पृथ्वी के आधार, विज्ञान की घनमूर्ति, इन्द्रियातीत, गोविन्द[88] तथा ब्रह्मा एवं वेदों से भी अज्ञेय हैं।[89] वे अगम, सुगम, सम, विषम[90], सगुण, निर्गुण[91], अतुल्य,[92] अनुपम,[93] अप्रमेय[94] और सदा शान्त हैं।[95] जीवन के परम प्राप्तव्य राम[96] संसारी लोगों से दूर होकर[97] प्रेमी हृदय में रहने वाले[98] तथा संसार से विरक्त योगियों के लिए दृष्टिगोचर हैं।[99] उन्हें मुनि अनेक प्रकार से ध्यान, ज्ञान, वैराग्य और योग आदि विविध साधन करके पाते हैं।[100] उनको योगी यत्न करके देखते हैं और सदा मन तथा इन्द्रियों को वश में किये रहते हैं।[101] राम और राम का नाम संसार की समस्त विपत्तियों का नाश करके मुक्ति प्रदान करने वाला है।[102] इसी कारण मरणासन्न जटायु मोक्ष की इच्छा से राम राम राम इस मन्त्र को जप रहा था।[103] उनकी पवित्र कीर्ति भी संसारदुःखनाशक है।[104] उनके चरणों का दर्शन वैकुण्ठ लोक की प्राप्ति का साधन है।[105] उनका चरणरूप जहाज संसारसागर से पार ले जाने वाला है।[106] जीवन के अन्त समय में किया गया राम का दर्शन मुक्ति देने वाला है।[107] मरते समय उनका नाम मुख में आ जाने से अधम भी मुक्त हो जाता है[108] अतः अध्यात्म रामायण में जटायुकृत रामस्तुति

का फल स्वयं राम इस प्रकार बताते हैं–''जो पुरष मेरे इस स्तोत्र को एकाग्रचित्त से सुनता, लिखता अथवा पढ़ता है वह मेरा सारूप्यपद प्राप्त करता है और मरते समय उसे मेरा स्मरण होता है।''[109] इस बात की पुष्टि श्रीराम के अगले अवतार श्रीकृष्ण द्वारा भी भगवद्गीता में की जाती है–''जो पुरुष अन्त काल में भी मुझको ही स्मरण करता हुआ शरीर को त्याग कर जाता है, वह मेरे साक्षात् स्वरूप को प्राप्त होता है–इसमें कुछ भी संशय नहीं है।''[110]

वाल्मीकीय रामायण एवं कम्ब रामायण की अपेक्षा राम के गुणों का स्तुतिपरक वर्णन अध्यात्म रामायण एवं 'रामचरितमानस' में अधिक हुआ है। अध्यात्म रामायण एवं 'रामचरितमानस' में जटायु मृत्यु के उपरान्त राम की कृपा से दिव्य रूप धारण कर क्रमशः दस तथा चार पद्यों में राम की स्तुति करता है, जिनमें नर एवं नारायण रूप वाले मोक्षदायी राम के गुणों का मनोहारी वर्णन है।[111]

रामायण का जटायु प्रसंग युद्धवीर राम की अपेक्षा करुणहृदय राम का चित्रण अधिक करता है। उन्हें सीताहरण से भी ज्यादा दुःख की अनुभूति अपने लिए सर्वस्व देने वाले जटायु की मृत्यु से होती है। जटायु प्रसंग रामायण के प्रधान रस करुण का सम्पोषक है। इस प्रसंग से राम के हृदय की गहराइयों को समझा जा सकता है। महाकाव्य के नायक के रूप में मर्यादा पुरुषोत्तम राम के भावनात्मक एवं कारुणिक चरित्र को उजागर करने में इस प्रसंग की महत्त्वपूर्ण भूमिका है। राम के चरित्र की वन्दनीयता इस प्रसंग से परिपुष्ट होती है। यह प्रसंग स्वार्थ एवं कृतघ्नताप्रधान आधुनिक युग के लिए निःस्वार्थता एवं कृतज्ञता का सरस एवं उपयोगी सन्देश देता है।

सन्दर्भ

1. www.hindisamay.com
2. सर्वेषामेव दानानां प्राणदानं विशिष्यते। विष्णुधर्मोत्तरमहापुराण, 3.302.2
3. नित्यकर्म-पूजाप्रकाश, पृ. 335
4. वाल्मीकीय रामायण, 3.14; अध्यात्मरामायण, 3.4; कम्ब रामायण, 3.4 एवं रामचरितमानस, 3.13
5. ततो मधुरया वाचा सौम्यया प्रीणयन्निव। उवाच वत्स मां विद्धि वयस्यं पितुरात्मनः।।–वाल्मीकीय रामायण, 3.14.3
6. तस्माज्जातोऽहमरुणात् सम्पातिश्च ममाग्रजः। जटायुरिति मां विद्धि श्येनीपुत्रमरिंदम।।–वही, 3.14.13
7. कम्ब रामायण, 3.4.16
8. वही, 3.4.19
9. मानस-पीयूष, खण्ड 5, 3.13
10. कम्ब रामायण, 3.4.23
11. मानस-पीयूष, खण्ड 5, 3.13
12. तौ सीतान्वेषिणौ गृध्रं लूनपक्षमपश्यताम्। प्राणैर्दशरथप्रीतेरनृणं कण्ठवर्तिभिः।।–रघुवंश, 12.54
13. कम्ब रामायण, 3.4.41 एवं 3.9.114

14. वाल्मीकीय रामायण, 3.14.34; अध्यात्म रामायण, 3.4.5 एवं कम्ब रामायण, 3.4.44
15. कम्ब रामायण, 3.4.48
16. वही, 3.4.46
17. वही, 3.4.31
18. वही, 3.4.34
19. वही, 3.9.94
20. वही, 3.9.105-06 एवं वाल्मीकीय रामायण, 3.67.22
21. जटायुषं च पस्पर्श पितृस्नेहं निदर्शयन्। - वाल्मीकीय रामायण, 3.67.28
22. सीताहरणजं दुःखं न मे सौम्य तथागतम्। यथा विनाशो गृध्रस्य मत्कृते च परन्तप।।—वही, 3.68.25
23. राजा दशरथः श्रीमान् यथा मम महायशाः। पूजनीयश्च मान्यश्च तथायं पतगेश्वरः।।—वही, 3.68.26
24. मानस-पीयूष, खण्ड 5, 3.30.3
25. वाल्मीकीय रामायण, 3.68.25य रघुवंश, 12.56 एवं कम्ब रामायण, 3.9.142
26. वाल्मीकीय रामायण, 3.68.27-36; अध्यात्म रामायण, 3.8.37; कम्ब रामायण, 3.9.145-149; रघुवंश, 12.56; रामचरितमानस, 3.32 एवं मानवमित्र रामचरित्र, पृ. 122
27. रामचरितमानस, 3.32.1
28. कम्ब रामायण, 3.9.108
29. मत्कार्यार्थं हतोऽसि त्वमतो मे प्रियबान्धवः।—अध्यात्म रामायण, 3.8.31
30. कम्ब रामायण, 3.4.40
31. वही, 3.9.138
32. सीता हरन तात जनि कहहु पिता सन जाइ। जौं मैं राम त कुल सहित कहिहि दसानन आइ।।—रामचरितमानस, 3.31
33. मानस-पीयूष, खण्ड 5, 3.31
34. श्रीमद्भगवद्गीता, 4.8
35. असकृत्संयुगे येन निहता दैत्यदानवाः।—वाल्मीकीय रामायण, 3.50.24
36. विषये वा पुरे वा ते यदा रामो महाबलः। नापराध्यति धर्मात्मा कथं तस्यापराध्यसि।।—वही, 3.50.13
37. परधनपरदारवर्जितानां...—अध्यात्म रामायण, 3.8.50
38. राम रोष पावक अति घोरा। होइहि सकल सलभ कुल तोरा।।—रामचरितमानस, 3.28.9
39. यदि शूर्पणखाहेतोर्जनस्थानगतः खरः। अतिवृत्तो हतः पूर्वं रामेणाक्लिष्टकर्मणा।।—वाल्मीकीय रामायण, 3.50.14
40. कम्ब रामायण, 3.9.129-32
41. नहि जातु दुराधर्षौ काकुत्स्थौ तव रावण। धर्षणं चाश्रमस्यास्य क्षमिष्येते तु राघवौ।।—वाल्मीकीय रामायण, 3.51.28
42. कम्ब रामायण, 3.9.123

43. वाल्मीकीय रामायण, 3.51.28 एवं रामचरितमानस, 3.31. छन्द 1

44. कम्ब रामायण, 3.9.23 एवं 27

45. वही, 3.9.65 एवं 67

46. रविशतभासुरमीहितप्रदानम्।—अध्यात्म रामायण, 3.8.46

47. रामचरितमानस, 3.31.छन्द 1

48. वाल्मीकीय रामायण, 3.50.13 एवं रामचरितमानस, 3.31.छन्द 2

49. शब्दकल्पद्रुम, प्रताप

50. कम्ब रामायण, 3.9.132-133

51. दनुजपतिसहस्रकोटिनाशम्।—अध्यात्म रामायण,3. 8.47

52. कामादि खल दल गंजनम्।—रामचरितमानस, 3.31.छन्द 2

53. निरवधिसुखमिन्दिराकटाक्षक्षपितसुरेन्द्रचतुर्मुखादिदुःखम्।—अध्यात्म रामायण, 3.8.45

54. वाल्मीकीय रामायण, 3.68.25

55. रघुपतिमार्तिहरं प्रभुं प्रपद्ये।—अध्यात्म रामायण, 3.8.23

65. जे राम मन्त्र जपन्त सन्त अनन्त जन मन रंजनं।—रामचरितमानस, 3.31. छन्द 2

57. वही, 3.31. छन्द 2

58. सो राम रमा निवास सन्तत दास बस त्रिभुवन धनी।—वही, 3.31. छन्द 4

59. वही, 3.30

60. वही, 3.30.2

61. वाल्मीकीय रामायण, 3.67.28; अध्यात्म रामायण, 3.8.30 एवं रामचरितमानस, 3.30

62. कोमल चित अति दीनदयाला। कारन बिनु रघुनाथ कृपाला।।

63. सुनि सम्पाति बन्धु कै करनी। रघुपति महिमा बहु बिधि बरनी।।—वही, 4.27

64. वाल्मीकीय रामायण, 3.68.2 एवं 22-23

65. कृते च प्रति कर्तव्यमेष धर्मः सनातनः। - वही, 5.1.123

66. जल भरि नयन कहहिं रघुराई। तात कर्म निज तें गति पाई।।—रामचरितमानस, 3.30.4

67. वही, 3.30.5

68. कम्ब रामायण, 3.9.114

69. परधनपरदारवर्जितानां परगुणभूतिषु तुष्टमानसानाम्।

70. रामचरितमानस, 3.30.5

71. अध्यात्म रामायण, 3.8.47 एवं 51

72. वही, 3.8.53

73. वही, 3.8.46

74. रामचरितमानस, 3.31. छन्द 3

75. अध्यात्म रामायण, 3.8.51 एवं रामचरितमानस, 3.31. छन्द 1

76. वही

77. कम्ब रामायण, 3.9.67 एवं अध्यात्मरामायण, 3.8.34

78. कम्ब रामायण, 3.9.25

79. अध्यात्म रामायण, 3.8.44

80. कम्ब रामायण, 3.9.26

81. रामचरितमानस, 3.31.छन्द 3

82. अध्यात्म रामायण, 3.8.45

83. रामचरितमानस, 3.31.छन्द 3

84. वही, 3.30.2

85. वही, 3.31. छन्द 3

86. अध्यात्म रामायण, 3.8.47

87. कम्ब रामायण, 3.9.25

88. रामचरितमानस, 3.31. छन्द 3

89. अध्यात्म रामायण, 3.9.140

90. रामचरितमानस, 3.31. छन्द 4

91. वही, 3.31.छन्द 1

92. कम्ब रामायण, 3.9.25

93. वही, 3.9.112

94. अध्यात्म रामायण, 3.8.44

95. रामचरितमानस, 3.31. छन्द 4

96. वही, 3.30.2

97. अध्यात्म रामायण, 3.8.48 एवं 53

98. वही, 3.8.46 एवं 51

99. वही, 3.8.48 एवं 53

100. रामचरितमानस, 3.31. छन्द 3

101. वही, 3.31. छन्द 4

102. रामचरितमानस, 3.30.1; 3.31. छन्द 1-2 एवं अध्यात्म रामायण, 3.8.47

103. राम राम रामेति मन्त्रमनिशं निगदन्मुमुक्षुः।–हनुमन्नाटक, 4.12

104. रामचरितमानस, 3.31.छन्द 4

105. कम्ब रामायण, 3.9.140

106. भवजलधिसुतारणाङ्घ्रिपोतं शरणमहं रघुनन्दनं प्रपद्ये।–अध्यात्म रामायण, 3.8.48

107. अन्तकालेऽपि कृष्ट्वा त्वां मुक्तोऽहं रघुसत्तम।–अध्यात्म रामायण, 3.8.35

108. जा कर नाम मरत मुख आवा। अधमउ मुकुत होइ श्रुति गावा।।–रामचरितमानस, 3.30.3

109. शृणोति य इदं स्तोत्रं लिखेद्वा नियतः पठेत्। स याति मम सारूप्यं मरणे मत्स्मृतिं लभेत्—अध्यात्म रामायण, 3.8.55

110. अन्तकाले च मामेव स्मरन्मुक्त्वा कलेवरम्। यः प्रयाति स मद्भावं याति नास्त्यत्र संशयः।।—श्रीमद्भगवद्गीता, 8.5

111. अध्यात्म रामायण, 3.8.44-53 एवं रामचरितमानस, 3.31.छन्द 1-4

सन्दर्भ-ग्रन्थ सूची

1. अंजनीशरणनन्दन (सम्पादक) : मानस-पीयूष, खण्ड 5, गीता प्रेस, गोरखपुर, सं. 2071
2. कम्बन : कम्ब रामायण, बिहार राष्ट्रभाषा परिषद्, पटना, 1963
3. कालिदास : रघुवंश, व्या. डॉ. कृष्णमणि त्रिपाठी, चौखम्बा सुरभारती प्रकाशन, वाराणसी, 2012
4. गोस्वामी तुलसीदास : रामचरितमानस, गीता प्रेस, गोरखपुर, सं. 2079
5. महर्षि वाल्मीकि : रामायण, गीता प्रेस, गोरखपुर, सं. 2069
6. महर्षि वेदव्यास : श्रीमद्भगवद्गीता, गीता प्रेस, गोरखपुर, 2000
7. महर्षि वेदव्यास : अध्यात्म रामायण, गीता प्रेस, गोरखपुर, 2013
8. महाराज चतुरसिंहजी बावजी : मानव मित्र रामचरित्र, महाराणा मेवाड़ पब्लिकेशन ट्रस्ट प्रकाशन, उदयपुर, तृतीय संस्करण
9. राधाकान्त देव : शब्दकल्पद्रुम, चौखंबा संस्कृत सीरीज ऑफिस, वाराणसी, सं. 2024
10. लालबिहारी मिश्र : नित्यकर्म-पूजाप्रकाश, गीता प्रेस, गोरखपुर, 2022
11. विष्णुधर्मोत्तरमहापुराण, सर्वोदय साहित्य मन्दिर, हैदराबाद, 1929
12. हनुमत् : हनुमन्नाटक, चौखम्भा विद्याभवन, वाराणसी, 2018

ब्रज के राम

उमेश चन्द्र शर्मा

ब्रजवासियों के जीवन में राम का प्रभाव अत्यन्त गहरा है, प्रतिदिन के व्यवहार में व्यक्ति जब दिन में प्रथम बार मिलते हैं तो वे राम-राम सा का ही अभिवादन करते हैं, जब श्रम साध्य कार्य से थक जाते हैं तो वे कहते हैं हरे राम! अर्थात् हारे का हरिनाम, शारीरिक दुर्बलता से ग्रस्त होने पर वह कहता है "अब तौ राम निकस गयौ। राम बोलि गौ अर्थात् जान निकलने जैसी स्थिति में है। ग्रामीण अंचल में किसान कभी अलग से स्नान करके किसी मन्दिर या देवालय में भजन करने या दर्शन करने नहीं जा पाता क्योंकि उसके पास इतना समय ही नहीं होता इसलिए वह कार्य के साथ ही राम का नाम अपनी रसना पर करता रहता है, इसके लिए कहावत प्रसिद्ध है–

काम करै जा राम भजै जा, न्या डरु नाय काऊ कौ।
पर देसीन के परे झोंपड़ा न्या धरू नाय काऊ कौ।।

इसी प्रकार जब वह अपने खेत खलिहान में पक्खी-परेवाओं को चुगते देखता है तो उसे बड़ी प्रसन्नता होती है कि भगवान राम के द्वारा भेजी गयी, ये चिड़िया मेरे खेत में दाना चुगने के लिए आई हैं। खेत में मक्का या बाजरे की बाल को गुड़िया कहते हैं। वह प्रसन्नता के अपने उद्गारों को व्यक्त करते हुए कहता है–

राम जी की गुड़िया राम जी कौ खेत।
खाऔ री चिरैया भरि भरि पेट।।

राम भक्ति की कितनी उदात्त भावनाओं से ओत-प्रोत यह किसान दिन भर परिश्रम करते हुए, कभी भी अपने राम का विस्मरण नहीं करता है और न अपने कार्य से ही विमुख होता है; उसके जीवन की अवधारणा है–

"करि लै सो काम, भजि लै सो राम"

जीवन का क्रम ही राम मय हो चुका है, वह राम को इतनी व्यापकता के अर्थ में ग्रहण करता है कि दैनिक कार्यों का सम्पादन राम की देन है, उसे वह अपने आहार में भी नहीं छोड़ पाता और अति मधुर मिष्ठान्न की भाँति ही ग्रहण करता हुआ कह रहा है–

राम नाम लड्डू गोपाल नाम खीर।
हरि के नाम मिश्री सो घोर-घोर पी।।

राम के नाम की उपमा लड्डू से की अर्थात् राम का नाम लेने में उतना ही मधुरता का अन्तर में रस का निष्पादन हो रहा है जितना मोदक पाने में होता है और गोपाल अर्थात् श्रीकृष्ण के नाम का सुख खीर के पान करने में जितना प्राप्त हो रहा है। वे लड्डू और खीर का माधुर्य किससे कैसे कहें? सन्तगण जिस हरि की उपासना में सदैव अवगाहन करते रहते हैं, उस साधना का परिपाक इतना मीठा हो चुका है कि उसे मिश्री से तुलना दी जा रही है। उसी मिश्री को खीर में घोल कर पीओ। इतनी पीओ कि छक जाओ अभिप्राय है कि पूर्ण तृप्ति हो जाये।

मन्दिरों में भगवान का प्रसाद लगाने के बाद पंगत लगती है, भक्त वृन्द प्रसाद पाने के लिए बैठ जाते हैं तो परोसने वाले व्यक्ति द्वारा प्रयुक्त शब्दावली इस प्रकार है—पत्तलराम, जलराम, पूरी राम, लड्डूराम। नमक परोसते समय राम रस कहा जाता है। सभी भोज्य पदार्थों के साथ राम कहकर ही परोसेंगे। जो व्यक्ति निखट्टू होता है, यानि कोई कार्य नहीं करता तो उसके लिए कहा जाता है रोटी राम इसका संकेत है कि वह व्यक्ति केवल भोजन करने के अतिरिक्त और कुछ नहीं है।

गेंहू की ढेरी (रास) तौलते समय तौला गिनतियाँ बोलता है वह ढंग भी राम के नाम से ही जुड़ा रहता है, पहली तोल को वह बरकत राम बरकत कहता है जब वह दूसरी धरी अर्थात् पेंसेरी डालता है वह कहता है दोवाँ राम दोवाँ, तीसरी पेंसेरी के लिए बहुतैं राम बहुतैं। जब सौ पूरे हो जाते हैं तो वह कहता है एक कड़का राम जी के दुआ विन्दी सौ। इस प्रकार चर्स-बर्त से खेत में सिंचाई होती थी जब सच पानी से भरकर कुआँ के मढ़ पर आता था तो वह कहता था आये राम, जब चस कुआँ में फाँसा जाता तो वह कहता था गये राम।

नये घर का निर्माण होने से पूर्व नीम खोदी जाती है उस नीम में उत्तर दिशा में भोज/पत्र या आजकल कागज पर सिन्दूर से राम-राम लिखकर नीम में रख देते हैं। यह परम्परा आज भी यथावत प्रचलित है।

राम झरोखे बैठिकै सबको मुजरा लेत।
जैसी जाकी चाकरी, तैसौ ताँकू देत।।

अर्थात् भारतीय अध्यात्म से सराबोर है, ब्रज क्षेत्र में ही नहीं सभी स्थलों पर जहाँ भी जो भी किया जा रहा है, उस सबको भगवान राम देख रहे हैं। वह राम सभी के अच्छे-बुरे कृत्यों पर अपनी अदृश्य दृष्टि जमाये हुए हैं, जो जिस प्रकार का कार्य करता है उसे उसी के अनुरूप पारिश्रमिक प्रदान करते हैं।

व्यक्ति की जीवन लीला विश्राम करती है तो अन्तिम यात्रा के समय राम राम सत्य कहा जाता है तो इसका अभिप्राय है कि व्यक्ति के शरीर से जो सूक्ष्म शरीर निकलता है वह उस शरीर में पुनः प्रवेश करने का प्रयासरत रहता है, किन्तु वह असफल रहता है तो उसे यह जनसमूह समझाता है कि राम नाम सत्य है और सब व्यर्थ है। यह परम्परा बन गयी।

राम नाम की लूट है, लूटी जाय सो लूट।
अन्त काल पछितावैगौ, जब प्रान जांगे छूट।।

अर्थात् राम नाम का जाप निरन्तर करते रहो, यदि ऐसा नहीं किया तो जीवन में अन्तिम समय पश्चात्ताप करना पड़ेगा क्योंकि उस समय प्राण निकल जायेंगे। फिर तेरे हाथ से मानव जीवन का स्वर्ण अवसर निकल जायेगा, इसलिए इसको भगवान का भजन करने में लगाओ। व्यर्थ मत गँवाओ।

कार्तिक मास में तुलसी के थांमरे की प्रदक्षिणा कर माताएँ यह गीत गाती हैं–

भईया चरत भरत लछिमन राम
करौ हरि की एकादशी।।

अर्थात् मानव जीवन के आदर्श ये चारों भाइयों की साक्षी में भगवान विष्णु के लिए एकादशी व्रत का पालन करो तो आपका कल्याण निश्चित है। गाँव के जीवन का अटूट विश्वास भगवान राम के चरणों में इतना सघन था कि राम के अतिरिक्त कहीं कोई नहीं है। राम ही एक मात्र हमारे जीवन के सम्बल हैं इसीलिए उसने कहा, **"राम बनावै जबई बनैगी, बिगरी बन्त बन्त बनि जाय"** हमारे जीवन की अनहोनी घटना अप्रत्याशित रूप से घट जाती हैं, जिनका हमें कोई भी पूर्वानुमान नहीं है। इस पर वह आश्वस्त होकर कहता है अर्थात् घोर निराशा जनक स्थिति में भी राम से कितना आशान्वित दिखाई देता है, वह कहता है कि अब तो राम बचायेगा तभी हम बच सकते हैं, वह बिगड़े हुए कार्यों को भी पलक झपकते ही बना देते हैं। इतने से ही निश्चिन्त होकर कहता है–

राम करै सो होय, मलीदा बेझरि कौ।

आराम से राम नाम का आश्रय लेकर अपने घर में बैठ जाता है और कहता है कि जो राम करेंगे वह अच्छा ही करेंगे, आओ बेझर (तिनाजे का भोजन) का चूरमा बनाकर खायें।

जब भक्त सांसारिक समस्याओं से घिर जाता है तो एकान्त में सजल नेत्रों से भगवान से प्रार्थना करता है कि सबकी लाज बचाने वाले राम मेरी भी लाज बचाओ–

लज्जा भगतन की बचाई सो बचइयो मेरे राम।

खेत में किसान जब हल जोतने का कार्य प्रारम्भ करता है तो वह इन पंक्तियों को हाथ जोड़कर बोलता है–

रामुई हरु रामु हतकरी, राम नाम कौ फारौ।
जौ ठाकुर जी मेहरि करैं, ऊलै किसान कौ ज्वारौ।।

अर्थात् हल चलाने वाला भगवान राम को ही हल मान कर कार्य कर रहा है, हल को पकड़ने की मूठ को राम कह रहा है, हल का फारा जो खेत में चलता है कूढ़ करता है उसे भी राम ही मान रहा है। समूचा हल ही राम मय है, अब ठाकुरजी से अभिप्राय राम से है। यदि भगवान

राम अपनी कृपा करेंगे तो बैल प्रसन्न होकर हल में चलेंगे और पर्याप्त अन्न होगा जिसको खाकर बैलों की जोड़ी नाचेगी। छोटे खेत को किसान बौंहड़ा कहता है इसके लिए कहा गया–

राम नाम करि बौहड़ा बीज अधाई।

राम का नाम लेकर छोटे से खेत में बीज बुवाई करेगा तो पर्याप्त अन्न प्राप्त होगा।

ब्रज में अनेक लोक गीत है, जिसमें राम नाम की चर्चा प्रचुर मिलती है, एक गीत का मुखड़ा प्रस्तुत है–

राम नाम की कोठरी, चन्दन जड़े किवाड़।
तारे लागे प्रेम के सौ कोई खोलो कृष्ण मुरार।

गीतकार महिला यह कहना चाह रही है कि यह हमारा शरीर राम का दिया हुआ है, यह चन्दन जैसा महकता है अर्थात् बड़ा ही सुन्दर है, यह प्रेम के भाव से भरा हुआ है, प्रेम के बन्धन में जकड़ा हुआ और अब हम द्वापर में आपके दूसरे अवतार के समय में हैं। अतः इस समय आपका नाम कृष्ण है, हे प्रभु इस बन्धन से हमें मुक्त करने की कृपा करें।

यहाँ तक राम के प्रति आस्थावान है तो इस संसार में ज्योतिष आदि कुछ भी नहीं है, एकमात्र राम ही सर्वस्व हैं–

राम करै सो होसी, पंडित करै न जोसी।

चौरासी कोस अर्थात् दो सौ बावन (252) किलोमीटर के विस्तार में ब्रज बसा हुआ है। इसमें अनेक राम के मन्दिर हैं। रामानन्द सम्प्रदाय के निर्मित मन्दिर सीता राम के ही भाव से सजे हुए हैं।

मथुरा कभी अयोध्या की सीमा में आता था। जब मधु नाम का दैत्य रावण की बहन कुम्भी नशी का अपहरण कर लाया था तो उसे इसी क्षेत्र के सुरम्य वातावरण ने लुभाया और वह यहाँ आनन्द पूर्वक कुम्भीनशी के साथ विहार मग्न रहा। वह भगवान शिव का अनन्य भक्त था। भगवान शंकर ने उसे प्रसन्न होकर एक त्रिशूल प्रदान किया। इस त्रिशूल में यह विशेषता थी कि यह जब तक हाथ में रहेगा कोई भी शत्रु उसका बाल बाँका भी नहीं कर सकेगा।

काल विपाक से मधु ने अपने नाम से ही मधुरा की स्थापना की थी, समय के साथ मधुरा से मथुरा हो गया। कहानी बहुत विस्तृत है। मधु के सुर-पुर पधारने के पश्चात् उनका पुत्र लवण यहाँ का अधिपति बना किन्तु वह अत्यन्त क्रूर और अत्याचारी था, उसने सभी को कष्ट दिया। उसके आतंक से दुःखी होकर साधु-सन्त भगवान राम के दरबार में गये, आद्योपान्त पूर्ण वृत्तान्त सुनाया। सारी बात को सुनकर करुणा निधान प्रभु ने अपने भाई शत्रुघ्न को बुलाया और उन्हें आदेश प्रदान किया कि तुम इसी समय मथुरा जाओ और इन सभी का कष्ट निवारण करो।

शत्रुघ्न अपनी सेना लेकर मथुरा आये और अपने गुप्तचरों से लवण के बारे में पता लगाया तो उन्हें ज्ञात हुआ कि लवण को अपने पिता से प्राप्त भगवान शंकर जी से मिला एक त्रिशूल है जिसे वह कभी अपने से अलग नहीं करता है, जब तक त्रिशूल उसके पास है उसे कोई भी

परास्त नहीं कर सकता है लेकिन ब्रह्म वेला में वह मन्दिर जाते समय त्रिशूल नहीं ले जाता है। समय पाकर शत्रुघ्न जी ने उसी समय लवण को युद्ध के लिए ललकारा। इसी युद्ध में लवण का अन्त हो गया। इस प्रकार भगवान राम के भाई शत्रुघ्न का मथुरा पर राज्य स्थापित हुआ। बाद में मथुरा शत्रुघ्न के पुत्र शूरसेन जनपद के नाम से जानी गयी।

भगवान राम से रावण का वध हुआ था अतः राम के ऊपर ब्रह्म हत्या का दोष लगा हुआ था, उसकी निवृत्ति के लिए प्रभु राम ने मथुरा में एक यज्ञ कराया था जो कि मथुरा के ही सनाढ्य ब्राह्मणों ने किया था। यज्ञ पूर्ण होने के पश्चात् भगवान राम ने उन सभी ब्राह्मणों को अनेक गाँव दान दिये थे। उन गाँवों में आज भी वे ब्राह्मण सपरिवार निवास कर रहे हैं। साथ ही उन ब्राह्मणों के याज्ञिक कार्य से उनके पाण्डित्य से रामचन्द्र जी इतने प्रभावित हुए कि उन्हें समूचे भारतवर्ष में यहाँ से अनेक ब्राह्मणों को भेज दिया। उनके वंशज आज उन स्थलों पर रह रहे हैं।

मथुरा विश्राम घाट के समीप ही भगवान राम ने यमुना स्नान और यमुना आराधन किया था। उसे राम घाट के नाम से अभिहित किया गया। आज भी राम घाट को सभी लोग जानते हैं।

राम के अनन्य भक्त गोस्वामी तुलसीदास जी एक बार मथुरा-वृन्दावन पधारे थे। उन्होंने ब्रज विथियों में भी राम दर्शन की अभिलाषा मन ही मन व्यक्त की और राम घाट पर स्नान कर रामेश्वर महादेव पर यमुना जल से अभिषेक किया तत्पश्चात् राम जी द्वारा मार्ग पर होते हुए चतुर्भुज गोपाल मन्दिर में दर्शन किये। चतुर्भुज गोपाल की इतनी मनोहर छवि थी कि वे देखते ही रह गये। अपलक निहारते रहे। आपाद मस्तक भाव विभोर होकर चतुर्भुज गोपाल की छवि में राम के दर्शन करते हुए कहने लगे–

कहा कहूँ छवि आपकी
भले बने हौ नाथ।
तुलसी मस्तक जब नवै
तब धनुष बान लो हाथ।

हे नाथ आपकी अनुपम छवि को देखकर मुग्ध हो रहा हूँ किन्तु तुलसी का माथा तो तभी नमन करेगा जब आप अपने हाथ में धनुष बाण ले लेंगे अर्थात् राम की भाव मुद्रा में होंगे। जनश्रुति के अनुसार चतुर्भुज गोपाल ने राम भक्त गोस्वामी तुलसी दास को राम के ही रूप में दर्शन प्रदान किये। इसी भाव भूमि पर आधारित वृन्दावन में भी एक मन्दिर ज्ञान गूदड़ी में हैं, यहाँ श्रीकृष्ण के श्रीविग्रह को देखकर गोस्वामी जी राम के भाव में निमग्न हो गये। देखते ही देखते प्रभु ने श्रीराम के रूप में दर्शन देकर भक्त की भावना को समादृत किया। इस प्रकार यहाँ राम की महिमा विविध रूपों में देखी जाती है।

आदिवासी के राम

अर्जुनदास केसरी

भारतीय जीवन में राम की सर्वत्र व्याप्ति है, वह चाहे आर्थिक जीवन हो, चाहे सामाजिक, नैतिक जीवन हो, चाहे धार्मिक, सांस्कृतिक जीवन हो, चाहे कलात्मक। राम जीवन की अनिवार्यता हैं, इसलिए कि राम सबमें रमते हैं—व्यक्ति में, जीव में भी, वृक्ष में, नदी-नाले-झरने में भी, पहाड़ और जंगल में भी, योगी और गृहस्थ में भी, सभ्य और असभ्य में भी, अयोध्या और आदिवासी के हृदय में भी। यही कारण है कि चौबीसों अवतारों में 'राम' शब्द सर्वमान्य और सबका प्रतीक बन गया है। वह मूर्तियों में स्थूल है तो हृदयों में सूक्ष्म भी। राम शक्ति है, कोई उसे सगुण मानकर पूजता है तो कोई निर्गुण—

अगुनहिं सगुनहिं नहिं कुछ भेदा। गावहिं मुनि पुरान बुध वेदा ॥

सन्त तुलसीदास ने **'नानापुराण-निगमागम् सम्मत'** कहकर **'क्वचिदन्यतोऽपि'** कह दिया। वह जो अन्य है, वही 'लोक' है, लोक का है और लोक से लिया गया है, उसी में आदिवासी, वनवासी, गिरिवासी और उसका सदियों से ही नहीं, सहस्राब्दियों से मौखिक परम्परा से कण्ठ-दर-कण्ठ, गुरु-शिष्य-परम्परा से चला आ रहा सर्जनात्मक साहित्य है। उसमें संशोधन, परिमार्जन, परिवर्तन की कहीं कोई गुंजाइश नहीं है। इसीलिए वह शाश्वत बनकर उनके लिए प्रेरणा का स्रोत हो गया है, यों कहें कि वही उनका पुराणेतिहास है।

राम ने आदिवासियों को स्वीकारा, इसलिए नहीं कि राम ब्रह्म हैं। आदिवासी ब्रह्म-ब्रह्म क्या जाने? वह तो उसी को जानता है, जो उसका अपना हो, जो उसी की तरह रहता, खाता-पीता, सोता-जागता, जीवनयापन करता है। उसके सुख-दुःख में सम्मिलित होता है, उनके साथ घुल-मिल जाता है, ऐसा घुल-मिल जाता है कि पंक्ति भेदन करके उनका दिया जल ग्रहण कर लेता है, यहाँ तक कि कन्द-मूल-फल (जूठी बेर) तक खा लेता है। उनके ओढ़ने-बिछाने वाले ओढ़ना-दसौना, कथरी-सथरी, पत्ता-पुवाल की बनी चटाई मृगचर्म पर भी सोकर उनका सहज आतिथ्य स्वीकार कर लेता है। राम का ऐसा ही आचरण-व्यवहार उनके साथ था, इसीलिए आदिवासियों के साथ उनकी युति-युक्ति बैठ गयी। राम के साथ आदिवासियों की तब कतई युति न बैठती, जब राम पिता की आज्ञा की अवहेलना कर बैठते, सुमुखी नवब्याहिता, आज्ञाकारिणी, जीवन संगिनी पत्नी, लक्ष्मण जैसे भ्राता को साथ न लाते, केवट को अपनी सायुज्य भक्ति प्रदान न करते,

भरत की बात मानकर अयोध्या वापस चले जाते, ऋषि-मुनियों का यथोचित सम्मान न करते, गौतम-पत्नी का उद्धार न करते, शबरी का आतिथ्य स्वीकार न करते, राक्षसों-आततायियों को यथोचित दण्ड न देते, यहाँ तक कि तीर धुनहीं (आदिवासियों के शस्त्र) लेकर न आते, उन्हीं की तरह वल्कल धारण करके न आते, पत्ता-पुवाल, पत्थर को दसौना न बनाते, बनफल न खाते, जटायु का उद्धार न करते, विभीषण को राजा न बनाते आदि-आदि। मित्रता तो समान संग में होती है। राम आदिवासियों के सखा, सहयोगी, सहचर, सहधर्मी बन गये थे। यही उनकी विराटता है और यही रामत्व है।

इस तर्कयुक्त सत्य के बाद भी राम को रामकथा (लिखित) के राम और कण-कण में व्याप्त राम में अन्तर करना अनुचित होगा। रामकथाएँ तो बाद में रची गयीं। उन्हें रचनाकारों ने अलग-अलग तरह से, जिसे उनका जो रूप अधिक उदात्त लगा, रचा। आदिवासियों के राम तो बिल्कुल सहज दिल, सत्यानुयायी, शीलवान, धैर्यवान, करुणा के सागर, प्रेम-भाव के भूखे, दीनदयाल, दयावान, विनम्रता की प्रतिमूर्ति, साहसी, पराक्रमी, मितभाषी, मृदुभाषी, क्षमाशील भी हैं।

आदिवासी क्या जाने रामकथा, जो किताबों में लिखी गयी है। वह तो लोरिकायनी की तरह रामायनी जानता है। जो कुछ सुनता-सुनाता आया—वंश परम्परा से। जब वह कुछ होशियार हुआ, गुफाओं में रहने लगा, आग जलाना सीख गया, आग में तपा सुस्वादु मांसाहार करने लगा तो राम के चरित्र को शिलाओं पर गेरु, जानवरों की चर्बी, बाँस की टहनी के ब्रश से अंकित या चित्रित करने लगा। (देखें—रामार्णव, बाबा झामदास कृत, अर्जुनदास केसरी द्वारा सम्पादित एवं पुनर्लिखित, अयोध्या शोध संस्थान से प्रकाशित, तृतीय खण्ड का अन्तिम पृष्ठ जिसम केवट प्रसंग का चित्र अंकित है।) यह चित्र प्रागैतिहासिक काल का है और उत्तर प्रदेश के आदिवासी बाहुल्य जनपद सोनभद्र के शोण महानद के तट पर चिचली-पनौरा के घने वनप्रान्त में एक शिला पर चित्रित है। ऐसे चित्र रामकथा से सम्बन्धित अन्य स्थानों पर चित्रित अथवा उत्कीर्ण शिलालेख के रूप में बने हैं। आदिवासी इनकी पूजा 'आँख की पुतलियाँ अथवा लिखनियाँ कहकर करते आ रहे हैं।'

समग्र आदिवासी समाज दशहरा, दीपावली, अनन्त चतुर्दशी, नवरात्र आदि अवसरों पर कर्मादेवी, अथवा कर्मदेव की पूजा पुरुषार्थ के प्रतीक के रूप में करता आ रहा है। पत्थर के महादेव उसके बड़ादेव हैं, सिहोर का वृक्ष उसके लिए महादेव हैं, नीम का वृक्ष शीतला माता हैं, पत्थर का अनगढ़ टुकड़ा शबरी का प्रतीक है, खोदवा पहाड़ पर दुल्हादेव रहते हैं, इसी तरह गोशाला में गोरइया, वन में वनसत्ती तथा कहीं धमसान, कहीं गँवहेर की पूजा का विधान है, तथापि राम सर्वत्र वर्तमान हैं जिनकी पूजा गुड़-घी-शाकला से की जाती है।

प्राचीन काशी और विंध्य क्षेत्र से लगे दक्षिण की ओर कैमूर पहाड़ के शिखरों पर अथवा विन्ध्याटवी के घने वनों, खो, कन्दराओं में आदिवासी समाज निवास करता था। 1911 ई. में प्रकाशित मिर्जापुर डिस्ट्रिक्ट गजेटियर के अनुसार चौबीस प्रकार की जनजातियाँ निवास करती थीं, जिनम मुख्य थीं—गोंड (गोंड या मझवार) खरवार, बैगा (चेरु) पनिका, परहिया मुइयाँ, घसिया, ओराँव (मुण्डा या धांगर), अगरिया, कोरकू, कोल, पठारी, बारी आदि। इसके ही

अनुसार प्रत्येक की सात कूरियाँ (उपजातियाँ) थीं। सन् 1971 की जनगणना के अनुसार यहाँ इनकी जनसंख्या 3,80,15,162 थी, जो कुल आबादी का 6.94 प्रतिशत है। इनकी अधिकतर आबादी उत्तर प्रदेश, मध्य प्रदेश तथा बिहार में थी। श्रीराम, सीता, लक्ष्मण के साथ प्रायः इन्हीं दुर्गम अंचलों में निवास करते थे। उनकी उनसे ऐसी मैत्री हो गयी थी कि वे एक-दूसरे से विलग नहीं हो सकते थे, जिसका जीता-जागता प्रमाण सदियों-सहस्राब्दियों से अलिखित होते हुए उनकी मौखिक परम्परा से प्राप्त साहित्य है। आदिवासियों का जीवन सदा से कलात्मक रहा, अतः उसके प्रमाण उनके परम्परागत, आभूषणों, वाद्ययन्त्रों, गुहाकलाओं, अल्पनाओं, भित्तिचित्रों, दैनिक उपयोग में आने वाली वस्तुओं, सिक्कों, पात्रों में भी देखे जा सकते हैं। यह अलग बात है कि विकास के नाम पर विस्थापनों के चलते वे लुप्त हो जा रहे हैं। प्राप्त साक्ष्यों के अनुसार कहा जा सकता है कि सबसे पहले राम ने ही आदिवासियों की महत्ता स्वीकार की, उन्हें यथोचित सम्मान दिया और आदिवासियों ने राम को भी सिरमाथे चढ़ाया और भगवान की मान्यता दी, जिसके चलते दोनों एक-दूसरे के पूरक हो गये। इससे हम सीखना चाहिए कि जब तक अन्त्यज अभावग्रस्त आदिवासी वर्ग को आत्मीयता नहीं प्राप्त होगी, तब तक देश-समाज का समग्र उत्थान नहीं होगा।

राम के सन्दर्भ में शबरी का प्रसंग सबसे अधिक लोकरंजक है, जो प्रकाशित-अप्रकाशित सभी राम कथाओं में वर्णित है। शबरी कोल जनजाति की युवती बाला है। उसे राम ने अपनी भक्ति प्रदान की थी, इसीलिए राम से भी बढ़कर कोलों ने शबरी की पूजा करते हुए यह सिद्ध कर दिया कि राम से बड़ा राम का भक्त होता है। वर्ना वे तो राम का बासन-वसन नहीं चुरा लेते, यही उनकी कम सेवकाई नहीं है–

इहम हमार बड़ी सेवकाई, लेहिं न बासन बसन चौराई॥

आदिवासी सबसे पहले राम को सुमिरता है, बाद में शारदा भवानी (इन्द्रासनी) को–

राम सुमिरि हम आसन लगवली हो,
सरदा सुमिरि गाईं गीति येऽऽऽ हो।
भवानी माई भूलि रहिया बतावऽयेऽऽऽहो।
देवी तोहरे अँगने में आयी निहारि।
गोड़ हे पइयाँ लागऊँ॥

अर्थात् राम का स्मरण करके हम आसन लगाते हैं, शारदा का सुमिरन करके गीत गाते हैं, भवानी का स्मरण राह न भूलने के लिए करते हैं। हम आप सबके पाँव लगते हैं। 'पाँय लागौं' आदिवासी प्रणाम है।

आदिवासी शबरी की स्थापना नीम के वृक्ष तले करते हैं। नीम देवी पूजा और पर्यावरण का प्रतीक है। अतः उसे काटना अपराध है। इसलिए भी कि चिडिया उसमें खोता बनाकर बसेरा करती हैं–

निबिया क पेड़ जीनि काटा ए बाबा,
ओही में चिरइया क बसेर।

यहाँ ध्यान देने योग्य बात यह है कि आदिवासी नीम की डाल काटने से भी परहेज करता है और हम हैं कि विकास के नाम पर घने जंगल काटकर हजारों हजार आदिवासियों को कइयों बार उजाड़ कर विस्थापित कर देते हैं, जबकि राम को भी इन्हीं का आश्रय लेना पड़ा था।

सीता, राम और लक्ष्मण के आने का समाचार सुनकर शबरी अपने लम्बे-लम्बे केश से घर-आँगन ही नहीं, आने वाला रास्ता भी बटोर-बुहार डालती है, उसे उनके आने का आगम मिल गया था—

सेबरी जे देखनी हो सगुनवाँ हो,
धावाँ राम अइहैं ना।
लामी-लामी केसिया से सेबरी
रहिमा हो बटोरे—
हो सेबरी के घरवां।

घर-आँगन, रास्ता बुहार कर वह छाँट-छाँटकर पकी-पकी बेर तोड़ लाती है, इसलिए कि भगवान स्वयं आकर उसके घर में भोग लगायेंगे। वे प्रेम के भूखे जो हैं, इसलिए जल्द आयेंगे, ऐसा उसका दृढ़ विश्वास है। वे आते भी हैं और भोग भी लगाते हैं—

पकली बइरिया सेबरी,
बीछि-बीछि तोरे ले हो,
भोगवा लगावैं भगवान।
सेबरी के घरवां॥
सेबरी देखली सगुनवाँ, घरवाँ राम आइ हैं ना॥
प्रेम के भूखल हो भगवान।
सेबरी के घरवाँ।
ओही रहिमा अइनऽ भगवान हो—
सेबरी के घरवाँ॥

यहाँ एक बात ध्यान देने योग्य है कि शबरी ने जूठी बेर भोग लगाने को नहीं दिया या देती भी कैसे? भगवान या अतिथि को कोई जूठन देगा? कदापि नहीं। बेर लाकर रखने के बाद वह पुनः नीम के छाँव तले भगवान का आह्वान करती है—

उतरऽ उतरऽ हो भगवान,
निबिया के शीतल छइयाँ॥

भगवान आते हैं, सहज आतिथ्य स्वीकार करते हैं और उसे अपनी अनन्य भक्ति प्रदान करते हैं। इस प्रकरण से शबरी तो ऊँचे उठ ही जाती है, भगवान भी ऊँचे उठ जाते हैं।

आदिवासियों के करमा गीत में एक और प्रसंग बहुत मार्मिक आया है। वनवासी राम से पूछते हैं—'भूख लगेगी तो आप लोग क्या खायेंगे? और नींद आयेगी तो सोयेंगे कहाँ प्रभु!' तो भगवान कहते हैं—'भूख लगने पर कन्द खोद कर खायेंगे और दोनों हथेलियों का दोना बनाकर पानी पी लेंगे, नींद लगने पर पताई का आसन बिछा लेंगे, बस!' वार्तालाप सुनिए।

वनवासी—भूंखि लगी कहाँ भोजन पइबऽऽऽ?
राम—एक कन्दमूला खोदि खाइब।
पीयब हाथ जोरि पानी।
वनवासी—नीद लगी कहाँ आसन पइबऽऽऽ
गड़ि जइहैं काटा-कुशी होऽऽऽ।
राम—कांट कुसी जोरि असना लगाइब होऽऽऽ
वन में चले रघुराई॥
इतना के बाद जब पानी बरसने लगेगा, तब?
टपकि-टपकि बूँद बरसे हो—
भीजह राम-लखन दूनो भाई।
रामा वन में चले रघुराई॥

आगे चलकर यह प्रकरण लम्बा हो जाता है। बताया गया है कि यही स्थिति राम-पुत्र लव-कुश की भी होती है। उन्हें बहेलिया होना पड़ता है। छोड़िए उस प्रसंग को। हाँ, तो राम को अपनी वन-यात्रा में बहेलिया बनकर कभी कदलीवन, तो कभी छाया-विहीन तर्पण धूप, कहीं वन्य जीवयुक्त घने वन की यात्राएँ करनी पड़ती हैं। ग्राम बधूटियाँ करुणाई होकर बार-बार-बार बट जाती हैं, परन्तु उन्हें तो बस चलते जाना है। **वनवासी सुझाते हैं—ठीक है, जाना ही है तो सातू-सामर जो मिले खाते जाइएगा, घाम लगे तो पत्ता का छत्ता लगा लीजिएगा। और लखन भइया सुनिए—बड़े भैया के पाँव दबाहे जाइएगा और सीताजी को भूख लग जाय तो मेरुगा (मृग) मारकर खिला दीजिएगा, भूखी न सो जायें। हाँ, एक-एक बात का और ध्यान रखिएगा कि सूरुज देवता और आँवला-हर्रा-बहेड़ा का भी ध्यान रखते जाइएगा, ताकि तेज धूप न कर, वृक्ष छाया करते चले।** गीत लम्बा है, कतिपय पंक्तियाँ प्रस्तुत हैं—

गिद्धा जिनि भेड़रामा हो राम
चौथे सुमिरल सूरुज देवता वा हे राम
घाम न जानि कुम्हिलाएँ हे राम
हर्रा के छाँहवाँ, बहेरा के ओल्टे हो राम
तुलसी क मुंह ढाँपे हो राम॥

(करमा, केसरी अर्जुनदास, पृ. 24-25)

यहाँ तुलसी बिरबा से मुँह ढँककर चलने का संकेत है तुलसी रोग-निवारक औषधि और विष्णुप्रिया है।

आदिवासियों के साथ राम की युति कैसे बैठी, इसका सही उत्तर यह है कि आदिवासी और राम एक-दूसरे से बिना किसी औपचारिकता के घुल-मिल गये थे। स्वतन्त्रता-पूर्व तक गाँवों में चाहे किसी जाति का कोई व्यक्ति-स्त्री-पुरुष, बाल, वृद्ध हों, एक-दूसरे को दादा-दादी, काका-काकी, नाना-नानी, भइया-बहिनी-भौजी का नाता जोड़ लेते थे। भुंइहार झूला गीत में सीता के साथ 'भौजी' का नाता जोड़ने का प्रसंग आया है, जो बहुत सहज और भावप्रवण है। पंक्तियाँ प्रस्तुत हैं–

हिया हो सिया भउजी झूलि-झूलि जाइ।
हिया हो झलुवा के टूटे ले बंउेर
हिया रे सीता भउजी गिरइ अंनाचेत,
हिया हो तिरनी गइले छितिराइ,
किया हो उठावै आठ मुस तिरनी,
किया रे उठावै लामी केस,
ननदी उठावै आठ मुठा तिरनी,
किया भउजी हो उठावै लामी केस॥ (वही, पृ. 50)

तात्पर्य यह है कि झूला पड़ा था। गाँव की बालाएँ झूल रही थीं, तब तक सीताजी आ गयीं। बालाओं ने उन्हें आमन्त्रित कर झूले पर बिठा लिया, फटाफट पटगे मारना शुरू किया तो सीता अचेत हो गिर पड़ीं। अब क्या हो! एक बाला ने उनकी फुंफती (तिरनी) उठा लिया और सीता ने स्वयं लजाकर अपने केश बटोर लिए। सभी ननद-भौजाई के रिश्ते से हँसने लगीं।

इस छोटे से गीत में हास्य, व्यंग्य, शृंगार, करुणा की एक साथ संचिति बैठायी गयी है, जो प्रकाशित साहित्य में अप्राप्त है।

ऐसे ही अगणित कथा-प्रसंग जनजातीय समुदाय में राम से जुड़े हैं, न केवल गीतों में, अपितु कथाओं, गाथाओं, नाट्य-नृत्यों और लोकसुभाषितों में भी। यही कारण है कि राम आज भी आदिवासियों में रचे-बसे हैं। अतः कहा जा सकता है कि जब से राम की अवधारणा बनी, वन, पर्वत-पहाड़, नदी-नाले-झरने बने, तब से आज तक राम के व्यवहार कुशल एवं आध्यात्मिक चरित्र ने अपने उदार व्यक्तित्व एवं सर्जनात्मक कृतित्त्व से अरण्यवासी जनमानस को विगलित किये हुए हैं। उनका अकृत्रिम साहित्य इसका जीता-जागता प्रमाण है।

ऐसे ही एक प्रसंग और याद आ गया। सत्तर के दशक में हम कुछ लेखक आदिवासी गाँवों में अकाल-पद-यात्रा पर निकले थे। वहाँ एक आदिवासी के द्वार पर जब पहुँचे तो एक गीत गाया जा रहा था, जिसकी कुछ पंक्तियाँ आज भी याद हैं–

राम लछिमन पीसे-कूटे
सीता अँगना बटोरे होऽऽऽ।

इसका मतलब यह हुआ कि राम-लक्ष्मण-जानकी आदिवासियों में इतना घुल-मिल गये थे

कि उनको मडुबा मेझरी कूटकर खाते-खिलाते भी थे और जानकी उनका अँगना बटोरती थीं। इतना घुल-मिल ज़ाने के बाद कैसे कहा जा सकता है कि वे एक-दूसरे से भिन्न थे और उनमें तनिक भी अलगाव था।

तात्पर्य यह कि राम यदि सीता-लक्ष्मण के साथ पिता की आज्ञा मानकर वन में आते, वनवासियों सहित वन के जीव-जन्तुओं, पशु-पक्षियों, वनस्पतियों के साथ आत्मीयता स्थापित न करते, उनके सुख-दुःख के भागी न बनते, उनका सा जीवन न जीते, उनका दुःख मोचन न करते तो रघुवंश के अन्य राजाओं की तरह उनका नाम भी मात्र संख्या बढ़ाने वाला होकर रह जाता, उनका लोकरंजन-लोकरक्षक रूप उमड़कर सामने न आता। कह सकते हैं कि यदि उन्होंने आदिवासियों का मान बढ़ाया, उन्हें गले लगाया तो उन्होंने भी उन्हें ऐसी लोकमान्यता दी कि वे महान् हो गये, भगवान हो गये।

जनजाति के राम

मोहन गुप्त

राम-एक ऐसा तत्त्व, एक ऐसा व्यक्तित्व जो न केवल वर्तमान भारत अपितु प्राचीनकाल के बृहत्तर भारत की सारस्वत चेतना और लोक चेतना में समान रूप से गहरे तक समाया हुआ है। मनीषी कहते हैं कि राम वह है जिसम योगी रमण करते हैं, लेकिन लोक कहता है कि राम वह है जो उसमें रमण करता है। उसका जन्म अवसान, हर्ष, विषाद, आंनन्द, उत्सव, विरह, मिलन सभी अवसरों पर वह राम का स्मरण करता है। रामकथा सम्भवतः विश्व की एकमात्र कथा है, जिसके प्रत्येक अंश से समान अवसर एवं परिस्थिति में लोक उससे तादात्म्य स्थापित करता है और उसके हर्ष को स्मरण कर स्वयं अपने हर्ष में वृद्धि करता है तथा उसके दुःख को स्मरण कर अपना दुःख हल्का करता है। राम का पारिवारिक आदर्श साहित्यिक भाषा में ही मान्य नहीं हुआ, पौर या जनपदीय जीवन में ही मान्य नहीं हुआ, अपितु विभिन्न जनजातियों में भी वह पूरी तरह से अपनाया गया। यह बात अलग है कि उन्होंने राम का चरित्र अपने परिवेश और अपनी संस्कृति के अनुरूप ढाल लिया। वे घोर अरण्य में रहने वाली जनजातियों के हृदय तक पहुँचे। उनका चरित्र भारत के बाहर थाईलैंड, तिब्बत, इण्डोनेशिया, बाली, मंगोलिया, मलयद्वीप आदि देशों तक पहुँचा।

रामकथा के मर्मज्ञ विद्वान डॉ. रमानाथ त्रिपाठी का मानना है कि पूरे भारत में आदिम-जनों को 212 समूहों में विभाजित किया गया। इनम कई प्रजातियाँ ऐसी हैं जिनम रामकथा प्रचारित है। राम उन्हें बहुत अपने लगे हैं। राम उन्हीं की तरह धनुर्धर हैं, उन्हीं की तरह वन-वन भटकते हैं। उन्हीं की तरह पशु-पक्षियों को प्यार करते हैं। परिवार के जन के साथ, विशेषतः पत्नी के प्रति राम आदिम-जनों के समान ही सहृदय हैं।

वन्य-जातियों अथवा अल्प शिक्षित और अशिक्षित जन में रामकथा का सरलीकरण हो गया है। जैसे कि साहित्यिक रामकथाओं में पुत्रेष्टि-यज्ञ का जटिल व्यापार है, इसे साधारण-जन कैसे समझ या समझा सकता है। संथाल जाति की रामकथा बताती है कि किसी योगी ने दशरथ को चार आम दिये थे, इसी से रानियाँ गर्भवती हुईं। इस प्रकार का वर्णन जावा, तिब्बत और नेपाल की रामकथाओं में भी है। किसी-किसी लोकगीत में तपस्वी दशरथ को जड़ी देते हैं। मुण्डा जनजाति के अनुसार ऋषि ने फल दिया था। इसे कौसल्या और सुमित्रा अकेले ही खा

जाना चाहती थीं कि कैकेयी आ गयी, तब उसे भी खाने को दिया। असम कारबी रामकथा में सन्तरे का फल खाने को दिया जाता है। हरियाणा के लोकगीत में माली बूटी लाता है, जिसे पीसकर तीनों रानियों को पिलाया जाता है। मंगोलियायी रामकथा में गूलर खिलाया जाता है।

मैं समझता था कि दक्षिण की वन्य-जातियों में रामकथा का अभाव होगा, क्योंकि वह आर्यावर्त से दूर पड़ता है। डॉ. तंकमणि अम्मा ने 'रामकथा : विविध आयाम' ग्रन्थ में सूचना दी है कि वहाँ की जनजातियों में रामकथा का प्रचार है। 'काटर' जाति की रामकथा में बताया गया है कि सीता का जन्म भूमि में गड़े सन्दूक से हुआ।

जनजातियों में गौड़ों की एक रामायण ही है। यद्यपि उसकी कथा प्रचलित रामकथा से भिन्न है लेकिन राम, लक्ष्मण, सीता, दशरथ, कौसल्या, ये पात्र वही हैं जो मूल रामायण के हैं। इसी प्रकार भीलों की भी अपनी रामकथा है। अन्य जनजातियों में उनके समाज के जन्म, विवाह, यात्रा, उत्सव आदि के गीतों में रामकथा समायी हुई है।

ये राम कौन हैं? इनका (वन्य-जातियों का) सम्बन्ध राम से कैसे हुआ? इतिहासकारों एवं समाजशास्त्रियों के लिए यह महत्त्वपूर्ण प्रश्न है। इसका उत्तर वाल्मीकि रामायण में ही मिल जाता है। यह निश्चित है कि राम कोई आदिपुरुष नहीं है। जिस निर्गुण राम की बात भक्तों, दार्शनिकों द्वारा की जाती है, उस राम का जनजातीय जीवन में कोई स्थान नहीं है। सम्भवतः निर्गुण राम की सत्ता दशरथ पुत्र सगुण राम के बाद ही आयी। क्योंकि सम्पूर्ण वैदिक वाङ्मय में दाशरथि राम-नाम का कोई व्यक्ति नहीं है। हो भी नहीं सकता, क्योंकि राम का अवतार त्रेता युग में हुआ और अधिकांश वेदों का भाग उससे पूर्व लिखा गया। दाशरथि राम के ईश्वर के अवतार के रूप में मान्यता के बाद भारत और विश्व में ईश्वर सम्बन्धी प्रत्यय आने पर निर्गुण राम को मान्यता प्राप्त हुई होगी। जो भी हो जनजातीय जीवन में जो राम हैं, वह दशरथ-पुत्र, सीता का पति, लक्ष्मण का भाई और रावण का शत्रु रामचन्द्र ही है।

डॉ. रमानाथ त्रिपाठी के अनुसार, लोक ने राम को मर्यादा पुरुषोत्तम सिद्ध किया है, जनजातियों को राम उनकी तरह धनुर्धारी लगते हैं। राजकुमार होते हुए भी राम का शौर्य और साहस उन्हें भाता है। राजपाट का व्यामोह छोड़कर वनवासी बनकर, जिन्होंने चौदह वर्ष तक जंगलों की खाक छानी थी। राम वन्य जीवन के पत्ते-पत्ते से परिचित हो लिए थे। वे जंगल के पेड़-पौधों, जीवन-जन्तु, बन्दर-भालू, पशु-पक्षियों और वन में रहने वाले आदिमजनों के जीवन को बहुत नजदीक से महसूस कर चुके थे। वे प्रकृति-प्रेमी थे। उन्होंने आदिवासियों की तरह चौदह वर्षों तक बहुत कम वल्कल वस्त्र पहने थे। घास-फूँस की झोपड़ियों में रहे थे। प्राकृतिक कन्द-मूल खाकर जीवनयापन किया था। बीमार होने पर जंगल की जड़ी-बूटियों का ही प्रयोग किया था। लक्ष्मण को शक्ति लगने पर एक पर्वत की संजीवनी बूटी ही काम आयी है। लक्ष्मण राम की छाया बनकर राम के साथ रहे थे। लक्ष्मण स्वयं भी शूरवीर थे। उन्होंने जंगल में रहने वाले बन्दर-भालुओं से दोस्ती की थी। हनुमान, जामवन्त, बाली-अंगद ऐसे ही सहयोगी थे।''

14 वर्ष के वनवास के समय राम अपने भाई लक्ष्मण और प्रिया सीता के साथ वन में विचरण करते हैं। जब उनके युवराज बनने की घोषणा हुई तो उन्हें प्रसन्नता नहीं हुई। एक प्रशस्त नायक के रूप में उन्हें पता था कि अयोध्या का राज निरापद नहीं है, उसकी सीमा पर लंका के राक्षसराज रावण की चौकियाँ बनी हुई हैं। किसी भी राजा को उसकी प्रजा के लिए सुखी और समृद्ध राज्य देना है तो राज्य का निष्कंटक होना बहुत आवश्यक है और इसलिए कैकेयी के वरदान के ब्याज से जब वन जाने का प्रस्ताव हुआ तो उन्हें बड़ी प्रसन्नता हुई। उनका आशय यही था कि इस चौदह वर्ष की अवधि में वे इस देश के लोक जीवन में पैठ बनाकर उनकी शक्ति को एकत्र कर राज्य को निष्कंटक बनाकर राज्य करूँ तभी उचित होगा। उनकी सम्पूर्ण वनवास-यात्रा की कथा मुनियों के मिलन और जनजातियों के मिलन की कथा है। जिन वानर-भालुओं की सेना को उन्होंने एकत्र किया था, अनेक विद्वान् इसे स्वीकार करते हैं कि वस्तुतः वे सभी जनजातियाँ थीं। अपने आदिपुरुष को स्मरण कर अपने को वानर या भालू मानती थीं। कुछ जनजातियाँ आचरण में हीन और हिंसक होने के कारण राक्षस कहलाने लगी थीं। जब विद्वानों के इस निष्कर्ष को जनजातियों के विश्वास से मिलाया जाये तो यह धारणा और भी बलवती होती है। उदाहरण के तौर पर, जाति के आधार पर कोरकू जनजाति के चार गण निर्धारित हैं। गण स्वभाव के अनुसार होते हैं—

गण	**स्वभाव**
कोरो (आदमी)	ताजा व शुद्ध माँस खाने वाला
राक्षस (शैतान)	सड़े-गले व मरे हुए पशु-पक्षियों का मांस खाने वाला
सराहु (बन्दर)	भाजी पाला खाने वाला
बाना (रीछ)	मधुमक्खी का छत्ता तोड़ने वाला

इसमें बन्दर, भालू और राक्षस तीनों का सन्दर्भ है। इसके अतिरिक्त अनेक जनजातियाँ ऐसी हैं, जो अपने आपको रामकथा के नायकों अथवा प्रति नायकों का वंशज मानती हैं। 'मलयर' जनजाति अपने को शूर्पणखा की सन्तान बताते हैं, जिनका जन्म अहल्या के उद्धार के पश्चात् हुआ। इसी प्रकार 'उल्लाटर' लोग अपने को वाल्मीकि का वंशज मानते हैं।

रामकथा के पात्रों से ऐसा लगाव या जुड़ाव तो कुछ अन्य जनजातियों में भी है। सिंहभूमि के भुइयाँ अपने को हनुमान का वंशज बताते हैं। ओरॉंव राम-सीता को दादा-दादी और हनुमान को चाचा मानते हैं। वे बन्दर का मांस नहीं खाते। कोल शबरी को अपनी पूर्वजा मानते हैं। रायपुर के गोंड रावण को अपना पूर्वज बताते हैं। संथाल, ओरॉंव और मुण्डा लोगों की मान्यता है कि लंका के युद्ध के समय वे राम की सेना में थे। ओड़िया-रामायण में वहाँ की कन्ध जनजाति को राम की सेना में दिखाया गया है। संथालों के अनुसार रावण-वध के पश्चात् राम ने लौटकर संथालों के साथ रहते हुए शिवमन्दिर बनवाया था, वहाँ वे सीता के साथ नित्य पूजन के लिए जाते थे। छोटा नागपुर की असुर जनजाति के अनुसार जब उनका पूर्वज लोहा गला रहा था, तब हनुमान की शरारत से परेशान होकर उसने इनकी पूँछ में आग लगा दी। पूँछ की आग

से लंका जल गयी। ऐसा बताया जाता है कि कारबी जन अपने को बाली-सुग्रीव की सन्तान बताते हैं। वे कहते हैं कि वे कावेरी नदी के प्रदेश से आये, इसलिए उनका यह नाम है। असम की ही तीवा जनजाति अपने को सीता की सन्तान बताती है। यह जनजाति मातृसत्तात्मक है। जब समाज के दो पक्षों में सत्यापन या वार्ता होती है तो बीच में तीन रेखाएँ खींची जाती हैं। ये लक्ष्मण-रेखाएँ मानी जाती हैं। उनका उल्लंघन नहीं हो सकता। इसी प्रकार छोटा नागपुर क्षेत्र के आदिवासी लोग हनुमानजी को अपना इष्टदेव मानते हैं। उनका विश्वास है कि हनुमानजी का जन्म रांची जिले के गुमलाप्रमण्डल स्थित आंजन ग्राम में ही हुआ था। इनकी माता अंजनी यहीं निवास करती थीं। माता अंजनी के नाम पर ही उस गाँव का नाम बाद में आंजन पड़ा।

उक्त प्रसंगों से यह स्पष्ट है कि राम का सर्वग्राही चरित्र और उनका सर्वातिशयी स्वरूप इस देश की समग्र चेतना में व्याप्त था। रामकथा की घटनाओं, उसके नायक श्रीराम तथा सहयोगी एवं परिवार के सदस्य श्री हनुमान, सुग्रीव, अन्य वानर, लक्ष्मण, सीता इत्यादि को लोकचेतना ने अपनी-अपनी सामाजिक स्थिति और संस्कृति के अनुसार अंगीकार किया है। व्यापक लोकचेतना को स्थूल रूप से तीन भागों में बाँटा जा सकता है—1. पौर (नागर) अर्थात् बुद्धि प्रधान चेतना, 2. जनपदीय या जनजातीयेतर ग्राम्य चेतना तथा 3. जनजातीय लोकचेतना। हमारा विषय इस तीसरे प्रकार की जनजातीय लोकचेतना में राम की व्याप्ति से सम्बन्धित है। लेकिन उसे सम्यक् रूप से समझने के लिए अन्य दो चेतनाओं में रामकथा की व्याप्ति किस प्रकार की है, यह जानना आवश्यक है। पौर या बुद्धि प्रधान लोकचेतना ने राम को ईश्वर का अवतार माना, उनको मर्यादा पुरुषोत्तम के रूप में स्वीकार किया तथा एक आदर्श राजा के रूप में उन्हें माना। वे संस्कृत तथा अन्य भारतीय भाषाओं के काव्य में एक धीरोदात्त चरित नायक के रूप में उभरे, जो धीर-गम्भीर, करुणानिधान एवं भक्त वत्सल हैं। इस वर्ग की लोकचेतना अपने जीवन में रामकथा के चरित्र नायकों से कभी तादात्म्य स्थापित नहीं करती। उनकी आराधना, उनका कीर्तन तथा उनके गुणगान में अपना जीवन सार्थक मानती है। श्रीराम का यही स्वरूप सगुण-निर्गुण ईश्वर के रूप में मान्य हुआ।

किन्तु जनपदीय ग्राम्य चेतना में रामकथा के पात्र सामान्य जन के दुःख-सुख के साथी के रूप में उभरते हैं। राम के पारिवारिक मूल्यों को स्वीकार करते हैं तथा हर्ष-विषाद के प्रत्येक अवसर पर कोई सौभाग्यवती स्त्री सीता है, कोई माँ कौसल्या है, भाई राम, भरत या लक्ष्मण हैं। वनवासी जीवन में उनके दुःखों से यह लोकचेतना दुःखी होती है और विवाह आदि के हर्ष के अवसरों पर हर्षित होती है। उनका सोहर राम के जन्म का सोहर है। उनके यहाँ का विवाह राम-सीता का विवाह है और उनके यहाँ का कोई बिछोह राम-सीता का बिछोह है। विद्यानिवास मिश्र ने अपने एक व्याख्यान में जनपदीय लोकचेतना के इस स्वरूप का बड़ा सुन्दर चित्रण अनेक लोकगीतों के माध्यम से किया है, जिसम बारहमासी हैं, सोहर गीत हैं, विवाह गीत हैं, विरह के गीत हैं तथा सीता-त्याग एवं लव-कुश के जन्म से सम्बन्धित गीत हैं। उनका मानना है कि कि लोक साहित्य की यह एक विशेषता है कि वह नारी के प्रासाद, नारी की पीड़ा और

नारी के तेज को केन्द्र में रखता है, दूसरी विशेषता है सामान्य जन के जीवन के राग-द्वेष से पूरा तादात्म्य स्थापित कर रामकथा को बहुत आत्मीय बनाना। सभी संस्कार-गीतों में जन्म से लेकर विवाह तक राम ही नवजात शिशु के रूप में, राम ही वटु या बरूआ के रूप में, राम ही वर के रूप में और वधू या विवाह के लिए प्रस्तुत हो रही कन्या सीता के रूप में लोक-दृष्टि से निरखे जाते हैं। मेले के गीतों में और तीर्थयात्रा के गीतों में तो राम की वनयात्रा ही मुख्य वर्ण्य विषय है। स्त्री के शोकगीत विरल हैं पर उनमें भाव यही है कि मेरे राम मुझे अकेले छोड़ गये, मैं कैसे जिऊँ, इनके बिना 'अजोधिया सूनी है'। मृत्यु के समय तो राम-नाम से अधिक काम्य कोई नाम नहीं है, जीवन का समग्र सत्य राम-नाम में ही सिमटा रहता है। ऋतुगीतों में, बारहमासों, मंजरियों, होलियों और चौतों में भी राम बसे हुए हैं। राम लोकजीवन के पूरे वृत्त बने हुए हैं। साहित्य में राम रामकथा के नायक हों, इतिहास-पुरुष हों, अवतार हों, साक्षात् परब्रह्म हों, जो भी हों पर लोकसाहित्य में राम कभी कहीं ठहरते नहीं, व्यतीत नहीं होते। वे ऋतुचक्र के साथ-साथ एक अवस्था से दूसरी अवस्था में संचरण करते रहते हैं।''

राम के भीज मुकुटवा लखन सिर पटुकवा हो राम
मोरी सीता के भीज सेनुरवा, लवटि घर आवें हो राम॥
भीजै त भीजै पटुकवा, मुकुटवा न भीजइ हो।
भीजै त भीजै मुकुटवा, सिंदुरवा न भीजइ हो।
आहे सेन्दुरवा के साथै सिया घर लवटइ हो॥

... ...

किन मोरि अवध उजारी हो-बिलखै कउसिल्ला।
कहाँ गये राम कहाँ गये लछिमन कहाँ गये जनकदुलारी हो॥
बन गये राम बनै लछिमन बन गयी जनकदुलारी हो।
राम बिना मेरी सूरी अजोधिया लछिमन बिना चौपारी हो।
सीता बिना मोरी सूनी रसोइँया राम लखन ज्योनारी हो॥

एक सोहर गीत देखिए—

दशरथ बगिया लगवले लखन आये ढूंढले हो।
प्यारे रघुबर धनिया गरभ से हरिनवाँ लरवावेले हो।
कर जोड़ी हरिनी अरज करइ सुन कोसिल्ला रानी हो।
रानी सीता के होइहैं नन्दलाल हमही कुछ दीहब हो॥
सोनवाँ मढ़इबो दुहूँ सिंगवा भोजनवाँ तिलचाउर हो।
हरिनी भुगतहुँ अजोधिया क राज अभै बन बिचरहुँ हो॥

आशय यह है कि जहाँ नागर या बुद्धि प्रधान चेतना रामकथा के उदात्त स्वरूप के अविरल प्रवाह में उसके चरित नायक के पराक्रम, उनके त्याग, शत्रु-विजय का उनका सामर्थ्य, पारिवारिक

मूल्यों को निभाने की उनकी प्रतिज्ञा और तदर्थ दुःख सहने की क्षमता के साथ चलती है, वहीं जनपदीय चेतना रामकथा के मार्मिक प्रसंगों को लेकर जिनमें भावप्रवणता अधिक है, उनके साथ अपने को पाती है और उन स्थितियों के गान के साथ उनकी मर्मान्तकता का गहरे अनुभव करती है। अपने जीवन के समान अवसरों पर वह रामकथा के उन्हीं प्रसंगों का स्मरण करती है जो हर्ष के अवसर पर हर्ष की, आनन्द के अवसर पर आनन्द की वृद्धि के साथ शोक के अवसरों पर सान्त्वना प्रदान करते हैं।

इसकी तुलना में हम जब जनजातीय लोकचेतना को देखते हैं तो यह पाते हैं कि जनजातीय जीवन में रामकथा के पराक्रम सम्बन्धी प्रसंगों का बाहुल्य है। ये आदिवासी जन अपने को रामकथा के पात्रों का वंशज मानते हैं तथा उनमें से अनेक अपनी स्थिति को उनके अभिशाप या वरदान का परिणाम मानते हैं। विपत्ति के समय राम या हनुमान का स्मरण करके अपनी विपत्ति का उपचार भी करते हैं। किन्तु जहाँ जनजातीय चेतना ने जनपदीय लोकचेतना के प्रभाव में किंचित परिष्कृत कर लिया है, उनमें जनपदीय लोकचेतना के लक्षण भी दिखायी देते हैं। विभिन्न आदिवासी समूहों के, जिनम मध्य प्रदेश के कोरकू, बैगा, भील, गोंड, भारिया, सहरिया व कोल भी शामिल हैं, उनके विकासक्रम का काल निर्धारण करना कठिन प्रतीत होता है और सम्भवतः अभी तक हुआ भी नहीं है, किन्तु उनकी भाषागत प्रवृत्तियों, सामाजिक स्थितियों और रामकथा के प्रति उनके रुख को लेकर उनके पौर्वापर्य को किंचित् समझा जा सकता है। मध्य प्रदेश की लोककला अकादमी द्वारा मध्य प्रदेश के जनजातीय समूहों को लेकर 'म. प्र. की जनजातीय सांस्कृतिक परम्परा का साक्ष्य-सम्पदा' नामक एक ग्रन्थ प्रकाशित किया गया है, जिसम वसन्त निरगुणे, महेशचन्द्र शाण्डिल्य तथा शेख गुलाब, इन विद्वानों ने कोरकू, बैगा, भील, गोंड, भारिया, सहरिया तथा कोल आदिवासी समुदायों के जीवन का अत्यन्त विस्तार से और गहरे से अध्ययन किया है। उन्हीं के साक्ष्य पर इन समूहों में राम के जीवन से जुड़े हुए साहित्य और गीतों के अध्ययन से यह स्पष्ट होगा कि इन आदिवासी समुदायों के जीवन में राम एक आदर्श पुरुष के रूप में तथा एक चरित्र नायक के रूप में गहरे से समाये हुए हैं तथा उनमें से अनेक समुदाय अपने आपको इन पात्रों का वंशज मानते हैं। इन समुदायों ने रामकथा में अपनी रुचि और सामाजिक परिस्थितियों के अनुसार मनचाहा परिवर्तन किया है और कहीं-कहीं तो इनकी रामायणों में महर्षि वाल्मीकि या उनकी अनुसारी रामायणों की कथा से बिलकुल भी साम्य नहीं है। इन आदिवासी समूहों का लक्ष्य है रामकथा के नायकों का पराक्रम, त्याग और तपस्या-विषयक उनका सत्व तथा उनका चामत्कारिक व्यक्तित्व और इसलिए देखा गया है कि इन समूहों में राम की अपेक्षा लक्ष्मण या हनुमान का चरित्र अधिक ग्राही है। प्रत्येक समूह से सम्बन्धित कुछ उदाहरण इस प्रकार हैं, जिससे उनकी अभिरुचि में रामकथा के विकासक्रम का भी पता चलता है।

जिन सात जनजाति समूहों का अध्ययन उक्त ग्रन्थ में किया गया है, उनमें कोरकू सबसे प्राचीन जान पड़ते हैं। यह उनकी भाषा तथा रामकथा के प्रति उनकी दृष्टि से भी स्पष्ट होता

है। कोरकुओं में रामकथा से सम्बन्धित साहित्य नहीं मिलता है, किन्तु जिन देवी-देवताओं को वे पूजते हैं, उनमें रावण, मेघनाद और हनुमान शामिल हैं। वे दशहरे का त्योहार भी मनाते हैं किन्तु रावण या कुम्भकरण के पुतलों के दहन जैसी परम्परा उनमें नहीं है। ऐसा प्रतीत होता है कि चूँकि अनेक जनजातियाँ रावण या हनुमान को अपना पूर्वज मानती हैं, इसी कारण से कोरकू जनजाति में इनके प्रति श्रद्धा उत्पन्न हुई होगी और वे इन्ह देवता के रूप में पूजते हैं। उनके अधिकांश त्योहार हिन्दू त्योहारों से मिलते हैं जिनम गुड़ीपड़वा, देव-दशहरा, आखातीज, दीपावली, होली आदि शामिल हैं तथा विवाह आदि के रीति-रिवाज भी सामान्य हिन्दुओं जैसे ही हैं।

जहाँ अन्य जनजातियों की भाषा में हिन्दी की बोलियों से अत्यन्त साम्य है और उन्हें समझा जा सकता है, वहीं कोरकू की भाषा अत्यन्त भिन्न प्रतीत होती है, जिससे यह अनुमान लगाया जा सकता है कि यह अत्यन्त प्राचीन जनजाति है। कोरकू जनजाति के अध्येता वसन्त निरगुणे तथा महेशचन्द्र शांडिल्य ने लिखा है कि भारत की जनसंख्या में चार विभिन्न जातियों के लोग हैं—ऑस्ट्रिक, द्रविड़, मंगोल और आर्य। इन चारों में ऑस्ट्रिक सबसे पुराने बताये जाते हैं। ऑस्ट्रिक वंश के ही लोग हैं— कोरकू। इनका ऑस्ट्रिक या आग्नेय नाम इसलिए पड़ा क्योंकि ये लोग भारत और यूरोप के अग्निकोण के हैं। भाषा के विषय में इन विद्वानों का मानना है कि कोरकू बोली ऑस्ट्रिक भाषा-परिवार की है। इस भाषा-परिवार को मुण्डा भाषा-परिवार भी कहा गया है। इस भाषा-परिवार में कोरकू के अलावा मुण्डारी, सन्थाली, खड़िया आदि बोलियाँ भी आती हैं। भाषाशास्त्र के अनुसार भाषाओं के साम्य के विषय में मनुष्य के छह प्रसिद्ध सम्बन्ध—माता-पिता, पुत्र-पुत्री, भाई-बहन—के लिए जो शब्द होते हैं, उनके साम्य से भाषा के साम्य को पहचाना जा सकता है। भारोपीय समूह की सभी भाषाओं में इन रिश्तों के विषय में शब्द साम्य हैं, जबकि कोरकू बोली में इन सम्बन्धों के लिए सर्वथा भिन्न शब्द हैं। कोरकू बोली में अण्टे यानी माँ, बाटे यानी पिता, लमझना यानी दामाद, पति को ढोटा, पत्नी को जफाय, बड़े भाई को डाइटे, भौजाई को ऊ, बहू को किमिन, जेठानी को जाटाबाई, सास या ननद (पति से बड़ी) को कनकार, छोटी ननद को आजी, बाओं यानी बड़ा साला, टिंया यानी छोटा साला, कोनटे यानी पुत्र, कोनजई यानी पुत्री, लड़के को टारया, लड़की को टारई, भतीजे को कोसरे, भतीजी को कोसरेज, खाटबा यानी बड़ा बाप और बड़ी माँ को खाटमाई कहते हैं, किन्तु सम्बन्धों के इतने प्रकार उनके तीज-त्योहार, विवाह सम्बन्धी उनकी प्रथाएँ, जिनमें सगोत्र में विवाह का निषेध है, ये सब बात यह संकेत देती हैं कि अत्यन्त प्राचीनकाल में इनका सम्बन्ध आर्यों से रहा है।

यह बात भी नहीं है कि कोरकू जनजाति बोली में राम शब्द है ही नहीं। एक नृत्य के गीत में बोल इस प्रकार हैं—

राना तेरे राना बना भाई
चीट तेरे राम रे।

बाना जा फिफिर, नांदूबा जाना
चीट तेरे राम रे॥
चुरू-भुरू भाई पानी मा सागे
चीट तेरे राम रे।

हे राना! तेरे भाई बने रह। तेरे बच्चे जीते रह। तू रीछ और नन्दी की सेवा कर। तेरे बच्चे जीते रहगे। तू मुझे एक लोटा पानी पिला दे। तेरे बच्चे जीते रह। यहाँ राम का उच्चारण आश्वासन के लिए एक स्थायी के रूप में है।

बैगा जनजाति के साथ जनजातियों के विकास की एक बड़ी छलाँग प्रतीत होती है। बैगा जनजाति ने सीधे ही आर्यों के देव ब्रह्मा से अपनी उत्पत्ति मानी है तथा वैदिक मान्यता की तरह सृष्टि की उत्पत्ति ब्रह्मा से मानी है। एक दिन ब्रह्मा ने जल में धरती बनायी, उसी समय धरती को फोड़कर दो साधु निकले पहला साधु ब्राह्मण और दूसरा साधु नागा बैगा था। ब्रह्मा ने ब्राह्मण को लिखने-पढ़ने के लिए कागज थमा दिया तथा नागा बैगा को टंगिया दे दिया। ब्रह्मा ने नागा बैगा को कोदों-कुटकी देकर खेती करने का आदेश दिया, तब से बैगा जंगल काटकर खेती कर रहे हैं। बैगाओं में महादेव, पार्वती, ब्रह्मा के साथ विष्णु, राम और कृष्ण भी पूज्य देवों में से हैं। रामकथा के अंश स्पष्ट रूप से इस जनजाति में मिलतें हैं।

साते समुद बान गरजे लछमन औसान बान साजे
हथसारे हाथ ठिनके, घुड़सारे ठिनके,
बन भीतर सिंह बाघ गरजे, लछमन औसान बान साजे।

(औसान त्र आसन त्र धनुष। 'लछिमन बान शरासन आनू')

लक्ष्मण ने जब धनुष पर बाण चढ़ाया, तब सातों समुद्र गरज उठे। घुड़सालों में घोड़े हिनहिनाने लगे। लंका के हाथीशाला के हाथी चिंघाड़ने लगे। जंगल में सिंह और बाघ भयभीत हो दहाड़ने लगे। बैगाओं की भाषा अब हिन्दी की बोलियों के समीप आ गयी है और इसके बोलों को समझा जा सकता है।

भील जनजातियों में आकर हम सभ्यता का एक और ऊपर का सोपान देखते हैं। संस्कृत भाषा में भिल्ल शब्द अनेक बार आया है। इसके अतिरिक्त पुलिंद शब्द भी पुराणों और महाभारत में आया है, जो विद्वान् रसेल और हीरालाल के अनुसार भील जनजाति का ही वाचक है। भील अपने आपको महादेव का वंशज मानते हैं। इनके मन्त्रों में राम ने अनेकशः स्थान पाया है। एक सर्पनिवारक मन्त्र देखिए–

सात समुन्द मा सुनन काम, सुनन काम।
हिरणो हिंगुर बोल रे राम, बोल रे राम।
कहाँ उतारूँ लहरी ने नांग, लहरी रे नांग।
नी उतारू मेरे रे राम मेरे रे राम।।

राम की दया हो जाये रे राम, हो जाये राम
कहाँ सो जोगी आयो रे राम, आयो रे राम।
बाहर से जोगी आयो रे राम, आयो रे राम।

इनके पूज्य देवताओं में गणेश, राम, कृष्ण एवं वीर तेजाजी शामिल हैं।

जब हम गोंड जनजाति पर दृष्टिपात करते हैं तो पूरी रामायण से ही हमारा साक्षात्कार होता है। यद्यपि गोंडी रामायण की कथा प्रचलित रामायण से सर्वथा भिन्न है किन्तु राम के जन्म आदि के प्रसंग गोंडी गीतों में आते हैं। एक गोंडी सोहर इस प्रकार है–

ऐसन जनतव मैं राम का जनम हुई है होऽऽऽ॥
कारी कलुरिया।
रहातव मैं राम नहवातव होऽऽऽ॥

यदि मैं जानती कि राम का जन्म होगा तो अपनी काली गाय को दुहवाती और उस दूध से राम को स्नान कराती।

गोंडी रामायण सात अध्यायों का एक विस्तृत ग्रन्थ है। इसके मुख्य नायक लक्ष्मण हैं, राम नहीं और विभिन्न कथाओं के माध्यम से लक्ष्मण के सत्व की परीक्षा इसमें की गयी है। अध्यात्म रामायण में तथा अन्यत्र यह प्रसिद्ध है कि मेघनाद को जीतने के लिए लक्ष्मण ने बारह वर्ष तक निद्रा, स्त्री और भोजन का परिहार किया था। यह बहुत बड़ी तपस्या है। गोंडी रामायण में विभिन्न स्त्रियों के माध्यम से उनके इसी सत्व की परीक्षा की गयी है कि किसी भी स्थिति में स्त्री के किसी प्रकार के आकर्षण से वे विचलित नहीं होते। यों लक्ष्मण को इस रामायण में एक सामान्य जनजाति-पुरुष के रूप में प्रस्तुत किया है। वे घरजमाई (लमसैन) का काम करते हैं, पशु चराते हैं, लकड़ी काटकर लाते हैं, खेत जोतते हैं, बारी गूँधते हैं। ससुर के घर सब काम करते हैं। लक्ष्मण का विवाह वासुकि (इनके अनुसार राम के मामा) की कन्या विजुलदई से इसी शर्त के साथ होता है कि वे तीन साल तक ससुर वासुकि के घरजमाई रहगे। यही तो लोकचेतना की विशेषता है कि वे रामकथा के इन प्रशस्त पात्रों को इतना आत्मीय बना देते हैं कि उन्हें दैनन्दिन काम में अपने स्तर पर ले आते हैं। गोंड रामायणी के कुछ उदाहरण इस प्रकार हैं–

अब आये हवै रामचंदर भैया
जब देखे हैं सीता रे माता
निकरे हवै लोटा मा पानी धरके
धुवाए हवै रामचंदर के गोड़ रे भैया
लेजा के बेठारै हवै पलका मा रे भाई
विजना लेके पवन डुलाये रहे है सीता
ऐसा बोले हवै सीता रे माता।
तब रामचन्द्र करथे विचारा।

राजा बासुक मामा हर रहे वीरा।
ओखर दूरी हवै बीजुल दई।
न हो तिस ते राजा वासुक की दूरी से लक्षमन केर बिहाव कर देतन।

अब चले हवै वासुक राजा रे भैया।
पहुँचे हवे नगर अजुध्या मा भाई
लगे हवे राम राजा के दरबार रे मालिक
बैठे हवै बड़े बड़े देवता रे दादा।
इनकी भाषा लगभग छत्तीसगढ़ी है।

जब हम भारिया जनजाति की बात करते हैं तो वे अपने आपको हिन्दू तो कहते ही हैं और साथ ही वे न केवल हिन्दुओं के सारे त्योहार मनाते हैं, अपितु सत्यनारायण की कथा जैसा आयोजन भी करते हैं। स्पष्ट है कि इस जनजाति में राम और उनकी रामकथा तो होगी ही। भारियाओं की रामकथा प्रचलित रामकथा के प्रसंगों की ही पुनरुक्ति है। अपने लोकगीतों में वे रामकथा के मार्मिक प्रसंगों को पिरो देते हैं। अपनी पहेलियों और मुहावरों में स्थान-स्थान पर राम का उपयोग करते हैं। सीता-हरण का एक प्रसंग उनके लोकगीत में इस प्रकार आया है—

अहा हो हाय सीता, हमरी हे राम,
रावण ने चुराये सीता हमरी हे रे।
ऐ ठंडो हे पानी गरम रख लाये॥2॥
अहा हो सीता हमरी हे राम।
रावण ने चुराये सीता हमरी हे राम॥
रावण ने चुराये सीता हमरी हे रे॥
एक पीर पिछोड़ा पीताम्बर धोती, पीताम्बर धोती,
अहा हो सीता हमरी हे राम। रावण.......॥

सहरिया जनजाति में आकर ऐसा लगता है कि जनजाति समूहों में राम और रामकथा की उपस्थिति का चक्र पूरा हो जाता है। लोक-व्यवहार में भी ये जनपदीय लोकचेतना के अत्यन्त समीप हैं। सामाजिक बदलाव, शहरी सभ्यता तथा भौतिक साधनों के तीव्र प्रभाव के कारण सहरिया समाज की आदिम पहचान प्रायः लुप्त हो गयी है। उनके सारे कार्य-व्यवहार अन्य ग्रामीणों जैसे ही हैं। कुछ लोग सहरियाओं को शबर जनजाति से जोड़ते हैं, लेकिन निश्चय ही यह शबर जनजाति सहरियाओं से भिन्न है। रामकथा के सम्बन्ध में भी उनकी लोकचेतना जनपदीय लोकचेतना से बहुत मेल खाती है। उनका लक्ष्मण न तो घरजमाई का काम करता है और न उनकी सीता बकरी चराती है। वे रामकथा के प्रशस्त पात्र ही बने रहते हैं तथा जन्म, विवाह, विरह, उत्सव आदि के अवसरों पर वे राम और उनके भाई लक्ष्मण, सीता, कौसल्या और दशरथ को उसी प्रकार स्मरण करते हैं, जिस प्रकार जनपदीय लोकजीवन में उनका स्मरण

किया जाता है। सहरिया लोकजीवन में रामकथा से सम्बन्धित एक विशेषता यह है कि उनकी पहेलियों और मुहावरों में रामकथा के अनेक प्रसंगों की ओर संकेत है। यथा–

नौनिया नीको लगे, रजगिर्रा नही भाय।
ऐसा स्वापालिक छोड़िक, चित्त चौराई पैलाय।

रावण द्वारा सीताहरण पर मन्दोदरी का कथन–हे स्वामी! तुमने सीता को चुराकर अच्छा कार्य नहीं किया, सीताजी से मैं किसी बात में असुन्दर हूँ।

ब्याहे की सिव रैन, छैला की एक घटी।

मन्दोदरी रावण से कहती है–लंका के हजारों राक्षसों से बढ़कर हनुमान का कार्य है।

जाति रूद्र करे तरूवर सुनै, निकला मैं बड़ी दूरि।
हनुमान बैरी भये, तो, लाये संजीवन मूरि।

लक्ष्मण राम के आदेश से सीता को वन में छोडने जा रहे हैं, लक्ष्मण सीता से कहते हैं–'सब कुछ भगवान शिव के हाथ में है, मेरी यह बात पेड़-पौधे सुन रहे हैं। मुझे जब बैरी के हाथों शक्ति लगी थी, तब हनुमान ही संजीवनी बूटी लाये थे।' पिछली कथाएँ कहकर लक्ष्मण सीताजी का मन बहलाते हैं।'

धन्धे में से धन्धो व्यापो, धन्धो देखि हँसी
बिन पिता बालक भये, या मैया घर न हती।

सीताजी लव को गोद में उठाकर नदी-स्नान करने चली गयी। वाल्मीकि को मालूम था कि लव झोली में सोया हुआ है। किसी काम से वाल्मीकि कुटिया में आये तो उन्होंने देखा कि झूले से लव गायब है। विचार करने लगे। सीता लव को न देखकर क्या कहेगी? सो, उन्होंने कुश घास से जीवित बालक बनाकर सुला दिया। सीताजी स्नान करके आती हैं, तो देखती हैं कि कोई और बालक झोली में सोया है। महर्षि से पूछा–यह क्या है? लव तो मेरी गोद में है। महर्षि को आश्चर्य हुआ, महर्षि ने हँसकर कहा–ये भी तुम्हारा बेटा कुश है। अब दो भाई हो गये, लव और कुश। अनोखा गोरख-धन्धा देखकर सीता हँसती हैं और कहती हैं–यह तो बिना माता-पिता के बालक पैदा हो गया।

सहरियाओं के शादी-विवाह, बन्ना गीत, जेवनार, अगवानी, गारी, बधाई, रसिया, लांगुरिया आदि सब वही हैं जो पास के गाँवों में गाये जाते हैं। सहरियों के एक लोकगीत में सबलगढ़ के एक कस्बे का उल्लेख आया है। जनजातियों के लोग प्रायः अपने पास के किसी कस्बे या शहर को बड़ी स्पृहा की दृष्टि से देखते हैं। जैसे छत्तीसगढ़ के एक लोकगीत में रायपुर का उल्लेख है, उसी प्रकार यहाँ सबलगढ़ का उल्लेख है। उस क्षेत्र में मैंने पाया कि सबलगढ़ या पास के गाँवों में और कस्बों में शादी-विवाह के अवसर पर लगभग वे ही गीत गाये जाते हैं, जो सहरिया लोग गाते हैं। इन गीतों में रामजन्म से लेकर और लव-कुश की उत्पत्ति तक की

लगभग पूरी रामकथा विद्यमान है। उनके जेवनार नामक लोकगीत में जनकपुर में जानकीजी के विवाह के समय जो जेवनार हुई है, उसका सुन्दर विवरण है। बन्ना गीत में राजा दशरथ के पुत्र राम का स्मरण किया गया है। गोस्वामी तुलसीदास के 'रामचरितमानस' में जब राम वन में विचरण करते हैं तो ग्राम वधूरियाँ सीताजी से लक्ष्मण और राम का परिचय चाहती हैं। इस पर सीताजी लक्ष्मणजी का नाम तो ले देती हैं–

सहज स्वभाव सुभग तन गोरे, नाम लखन लघु देवर मोरे।

किन्तु पति का नाम न लेते हुए एक सुन्दर चितवन के साथ ग्राम-वधूरियों को सीताजी यह आभास करा देती हैं कि ये उनके पति हैं–

बहुरि वदन विधु अंचल ढाकी, पियतन चितय भौह करि बांकी।
खंजन मंजु तिरीछे नयननि, निज पति कहेउ तिनहिं सिय सयननि।

जिन्होंने गाँव की स्त्रियों को इस प्रसंग में देखा होगा, वे इस छवि को समझ सकते हैं। वैसा ही दृश्य सहरियाओं के एक जेवनार गीत में है–

तुमरि तो पुरियनि हम जेबै, पतिको नाव बतैयो, मेरे लाल।
अपने पति को नाम न ले, लक्ष्मण की भौजाई, मेरे लाल।
सोने की झारी गंगाजलु पानी, सजननि देउ पिबाई, मेरे लाल।

सहरियाओं का एक लोकगीत है–'जानकी को ब्याव'। इस लोकगीत में जानकीजी के बाल्यकाल से लेकर बचपन में उनके द्वारा धनुष का उठाया जाना, धनुष-यज्ञ सम्बन्धी जनक की प्रतिज्ञा, धनुष-यज्ञ में रावण और बाणासुर का आना, राम के द्वारा धनुर्भंग, लक्ष्मणजी का रोष, राम-वनवास, रावण के द्वारा सीता का हरण की पूरी कथा आती है। इस लोकगीत में जब योगी का वेश रखकर रावण सीता हरण के उद्देश्य से उनके पास आता है, तो वे कहती हैं–

सुनो राजा रावण, मोहे देवर की आन लग रही है।
मैं किस विध भिक्षा डारू, घायल गिरत।
माई कुँआरी बछिया को गोबर ले लो।
लीपकर पदाधर भिक्षा डालो, डगरे में गिरत डरो।

यह युक्ति बड़ी अद्भुत और मौलिक है। जानकीजी कहती है कि सुनो साधु महाराज! मैं लक्ष्मण की आन से बँधी हूँ। लक्ष्मण-रेखा पार करके मैं किस प्रकार तुम्ह भिक्षा दे सकती हूँ। (रावण कहता है) हे माई! कुँवारी गाय के गोबर से लक्ष्मण रेखा को लीप दो और उस पर पटा बिछाकर मुझे भिक्षा दे दो। रावण का तर्क काम करता है और सीताहरण हो जाता है। किसी महापण्डित रावण को यह युक्ति नहीं सूझ सकती। यह युक्ति स्पष्ट रूप से रावण को जनजातीय बना देती है। महर्षि वाल्मीकि के आश्रम में नवजात शिशुओं का रुदन हो रहा है। सीताजी ने नौ महीने बीतने के बाद दसवें मास में लव-कुश पुत्रों को जन्म दिया है। आश्रम

में बधाइयाँ गाई जा रही हैं। सीताजी सोच रही हैं—यदि इस समय मेरे ससुरजी होते तो बच्चों के नाम रखने के लिए ज्योतिषी के घर जाते। जेठानी होती तो लड्डू बनवाकर उनका दान करतीं। सास होती तो मंगल कलश भरवा देतीं। देवर होते तो शिशु-जन्म के गीत गवाते। ननद होती तो घर-आँगन साँतिया बना देती। सीता-निर्वासन तथा लव-कुश के जन्म सम्बन्धी अत्यन्त मार्मिक गीत सहरियाओं के लोकगीतों में हैं। आशय यह है कि सहरिया जनजाति समूह का जीवन बहुत गहरे तक राममय है।

कोल, भील और निषाद इन जनजातियों का प्रचुर मात्रा में उल्लेख पुराणों, महाभारत और रामायणों में आया है और उनकी उत्पत्ति के विषय में पौराणिक आख्यानों में अनेक उल्लेख भी हैं। कुछ पौराणिक आख्यानों के अनुसार कोल, भील और निषादों की उत्पत्ति असंग के पुत्र वेन से हुई। अग्निपुराण और मत्स्यपुराण के आधार पर कोल सोमवंश के राजा गान्धार के पुत्र कोल से उत्पन्न हुए। कुछ अन्य के अनुसार ययाति और देवयानी के पुत्र यदु और तुर्वसु से कोलवंशीय जनजाति उत्पन्न हुई। आशय यह है कि उत्पत्ति से ही कोल जनजाति इस देश की मूल सामाजिक धारा से जुड़ी हुई है। अनेक पौराणिक कथाएँ इस प्रकार भी हैं कि वशिष्ठजी की गाय कामधेनु की रक्षा हेतु स्वयं नन्दिनी ने ही कोल, किरात, भील, किन्नर, खश, दरद आदि जातियों को उत्पन्न किया। रामायण काल से ही इन जातियों का उल्लेख भारतीय वाङ्मय में प्रचुर मात्रा में है। गोस्वामी तुलसीदास जी के 'रामचरितमानस' में श्रीराम से कोल, किरात और भीलों का मिलन का अत्यन्त मार्मिक रूप से वर्णन किया गया है—

कोल किरात वेश सब आये,
रचे परन तृण सदन सुहाये।

भगवान श्रीराम की वहीं रहने की इच्छा जान सभी देवता कोल-किरात वनवासियों के वेश में आये और उन्होंने पत्तों और घास के सुन्दर घर बना दिये। इस चौपाई से स्पष्ट है कि त्रेता युग में कोल-भील मकान बनाने में दक्ष और श्रमशील थे।

यह सुधि कोल किरातन्ह पाई,
हरषे जनु नव-निधि घर आयी।
कन्द मूल फल भरि-भरि दोना,
चले रंक जनु लूटन सोना।

श्रीराम के आगमन का समाचार जब कोल-भीलों ने पाया तो वे ऐसे हर्षित हुए मानो नव-निधियाँ उनके घर पर ही आ गयी हों। वे पत्तों के दोनों में कन्द, मूल, फल, भर-भरकर चले मानो दरिद्र सोना लूटने चले हों।

चित्रकूट में भरत-आगमन के प्रसंग में गोस्वामी कहते हैं—

मिलहिं किरात कोल बनवासी,
बैखानस बटु जती उदासी।

भरत जी को ज्ञात होते ही कि भगवान राम चित्रकूट में हैं, वे उनसे मिलने आते हैं। तब उनकी भट कोल-किरातों से होती है, वे उनसे भगवान राम का समाचार पूछते हैं।

भगवान राम को भरतजी के आगमन का समाचार कोल-भील देते हैं।

सब समाचर किरात कोलन्हि आयी तेहि अवसर कहे,

भरतजी के साथ आये अयोध्यावासियों की सेवा करने में कोल पीछे नहीं हैं—

कोल किरात भिल्ल बनवासी,
मधु सुचि सुन्दर स्वादु सुधा सी।
भरि-भरि परन पुटी रूचि रूरी,
कन्द मूल फल अंकुर जूरी॥

भगवान राम की वनवासियों द्वारा सेवा तथा उनका प्रेम देखकर अयोध्यावासी अपने प्रेम को धिक्कारने लगे।

नर नारि निन्दरहिं नेहु निज सुनि कोल भिल्लनि की गिरा।

इसी प्रकार विरहोण नामक आदिवासी जाति अपनी ही विर-होण-रामायण का पाठ करती है। इस रामायण के अनुसार हनुमानजी महान् पराक्रमी थे, उन्होंने उछलकर सागर पार किया था। समुद्र के किनारे पहुँचकर तोते का रूप धारण किया और सीताजी के स्नान हेतु जल लाने वाली एक पनिहारिन के घड़े में अँगूठी डाल दी और स्वयं उस ओर उड़ चले। वहाँ माता सीता को अशोक-वाटिका में अपना स्वरूप दिखाया और उनसे सभी बात कीं। लंका-दहन किया और समुद्र में डुबकी लगाकर हाथ से रगड़कर अपनी पूँछ की अग्नि बुझाई और उसी हाथ से अपना मुँह पोंछ लिया, जिससे उनका मुँह काला हो गया। इस प्रकार अनेक विचित्र बात विरहोण रामायण में पाई जाती हैं।

इसी प्रकार सादरी एवं मुण्डारी बोलियों में भी रामकथा सम्बन्धी अनेक गीत एवं भजन बनाये गये हैं। मुण्डारी बोली के एक श्रेष्ठ कवि बुदूबाबू ने रामायण के आधार पर छोटे-छोटे गीतों की रचना की है। सादरी बोली में हनुमानशतक की रचनाएँ की गयी हैं। इन्होंने श्रीराम, लखन, सीता, जामवन्त, अंगद, हनुमान एवं नल-नील की वीरता, सेवा-भक्ति एवं श्रद्धा के भावपूर्ण गीतों की रचना की है। मुण्डारी भाषा के लोकप्रिय बुदूबाबू के रामायण सम्बन्धी गीतों की भाषा अत्यन्त प्राचीन होने से बोधगम्य नहीं है। उनके एक गीत का हिन्दी भावार्थ यहाँ प्रस्तुत है—

प्रभु राम लखन की आज्ञा से
कोई कोई वीर
चलो-चलो कहकर उछल रहा है
सर पर ढोकर
पहाड़ पत्थर लाने के लिए
उत्तर दिशा की ओर चले।

प्रभु राम-लखन की आज्ञा से
वीर हनुमान राम-राम नाम लेते हुए
उत्तर दिशा से पहाड़ को उठे।
इसीलिए बुदू बाबू गीत बना रहे हैं
प्रभु राम-लखन की आज्ञा से।

इस प्रकार कोरकू, मुण्डारी से लेकर सहरियाओं तक पूरे भारतवर्ष में फैले लगभग सभी जनजाति समूहों में राम और रामकथा अत्यन्त गहरे से व्याप्त है। रामकथा के पात्रों को उन्होंने अपने जीवन में उतारा है, अपनी-अपनी सामाजिक परिस्थितियों के अनुसार कथा में परिवर्तन भी किया है तथा उन्हें आदर्श मानते हुए भी अपनों में से ही एक माना है। इसलिए जनजाति समूहों की सीता बकरी चराती है, उनके लक्ष्मण घरजमाई बनकर पशुओं को चराते हैं, उनका रावण लक्ष्मण की आन से बचने के लिए कुँवारी गाय का गोबर लेकर लीपने का सुझाव देता है। यह परिवर्तन निश्चय ही एक नागर लोकचेतना या जनपदीय लोकचेतना नहीं कर सकती। इन आदिवासी जन ने अपनी सहज प्राकृतिक बुद्धि से राम-नाम और राम व्यक्ति दोनों के महत्त्व को समझा। योगी तथा मुनिजन जो अपनी परिष्कृत बुद्धि से करते हैं, वही इन सहज मानवों ने अपनी सहज बुद्धि से अनुभव किया। यह जानना रोचक होगा कि आदिवासी मानस में कृष्ण चरित्र या उसके पात्रों की लगभग अनुपस्थिति है। जहाँ कहीं भी कृष्ण से सम्बन्धित कुछ भजन मिलते हैं, वे जनपदीय लोकचेतना के सहचर्य के कारण हैं। कारण स्पष्ट है क्योंकि कृष्ण चरित्र में दाम्पत्य नहीं है, उनकी आठ तो पटरानियाँ ही हैं और दम्पती शब्द पति और पत्नी का ही वाचक है। इसके अतिरिक्त कृष्ण प्रेम की विविध अभिव्यक्तियों और कलाओं की बारीकियों के सम्राट हैं और इसलिए उनकी पहुँच नागर समाज और जनपदीय समाज में बहुत अधिक है। ऐसा नहीं कि आदिवासियों में प्रेम नहीं है, किन्तु उनका प्रेम एक गृहस्थ और उनके रिश्तों का प्रेम है। एक पति-पत्नी, पिता-पुत्र, भाई-भाई या माता-पुत्र के प्रेम को आदिवासी बड़ी सहजता से समझ सकता है, इसलिए जनजाति समाज में राम और रामकथा की स्वीकृति और व्याप्ति बहुत अधिक है। ऐसा नहीं कि नागर और जनपदीय रामकथाओं ने जनजातीय रामकथाओं को ही प्रभावित किया हो, इसके विपरीत जनजातीय रामकथाओं ने जनपदीय और नागर रामकथाओं को भी प्रभावित किया है। इनमें गिलहरी का प्रसंग, सीता के द्वारा रावण का चित्र बनाना, हनुमानजी का मुँह किस प्रकार काला हुआ आदि कथाएँ प्रमुख हैं, जिन्होंने जनपदीय और नागर रामकथाओं को भी प्रभावित किया है।

सन्थालों की रामकथा के अनुसार राम को एक गिलहरी मिली, वह सीता के विरह में रो रही थी। उसने राम को सीता का पता बताया। राम ने उसकी पीठ थपथपायी, इससे उसकी पीठ पर धारियाँ बन गयीं। मुण्डा और बिहोर जातियों में भी यह प्रसंग है, यहाँ गिलहरी को रोता नहीं दिखाया गया है।

तेलुगु-रामायण में सेतु-बन्ध के समय गिलहरी समुद्र में गोता लगाकर बालू पर लौटती और उसे पुल पर झाड़ देती है। राम ने प्रसन्न होकर उसकी पीठ पर हाथ फेरा। राम ने आदेश

दिया कि इसे चन्दन, मन्दार, चम्पक, पूगीफल, पुन्नाग, सहकार आदि वृक्षों से युक्त सुन्दर प्रदेश में छोड़ दिया जाये।

बाँग्ला-रामायण में गिलहरियाँ समुद्र में कूदकर बालू में लोटकर उसे पुल पर झाड़ने लगीं। हनुमान उन्हें पकड़कर समुद्र में फेंकने लगे। वे राम के पास जाकर रोयीं। राम ने हनुमान को बुलाकर कहा, गिलहरियों का अपमान क्यों करते हों? जिसका जितना सामर्थ्य है, करने दो। ऐसा कहकर राम ने उनकी पीठ पर हाथ फेरा। यहाँ धारी बनने का उल्लेख नहीं है–

सदय हृदय बड प्रभु रघुनाथ।
काष्ठ-बिड़ालेर पृष्ठे बुलाइल हात॥

अब प्रश्न यह उठता है कि भारत के समस्त भू-भाग में फैली इन वन्य-जातियों में राम और रामकथा का प्रवेश कब हुआ। वाल्मीकि रामायण, रामोपाख्यान, ब्रह्मरामायण, पुलस्त्यसंहिता, वशिष्ठ रामायण, शंकरसंहिता तथा आनन्द रामायण आदि संस्कृत ग्रन्थों के अवलोकन से यह स्पष्ट है कि दाशरथि राम अपने वनवास के समय जब इन वनवासियों से मिले, उसी समय से इनके मन और हृदय में उनका चरित्र गहरे से प्रवेश कर गया। श्रीराम ने इन वनवासियों से सम्पर्क करने और उन्हें संगठित करने के विशेष प्रयोजन से अपने वनवास का मार्ग इन जनजातीय क्षेत्रों में से होकर चुना। वे अयोध्या से पूर्व की ओर जाते हैं, विन्ध्याचल पर्वत के उस पार से दक्षिण की ओर प्रस्थान करते हैं, दण्डकारण्य में जहाँ आदिवासी बहुतायत में रहते थे, वहाँ बहुत समय व्यतीत करते हैं तथा उसके बाद गोदावरी के दक्षिण में होते हुए ऋष्यमूक पर्वत पर जाते हैं और वहाँ वानर-भालुओं की सेना एकत्र करते हैं, जो कि एक प्रकार की जनजाति ही थी। जिन संस्कृत ग्रन्थों का मैंने ऊपर उल्लेख किया है, गोस्वामी तुलसीदास ने उन सबका सारांश लेकर अपनी 'रामचरितमानस' के अयोध्याकाण्ड में इन वनवासियों से राम-मिलन के प्रसंग में वर्णित किया है, जो अत्यन्त ही हृदयग्राही है–

यह सुधि कोल-किरातन पाई। हरषे, जनु नव निधि घर आयी।
कन्द-मूल-फल भरि-भरि दोना। चले रंक जनु लूटन सोना।
तिन्ह-महँ जिनह देखे दोउ भ्राता। अपर तिन्हहि पूछहि भग-जाता।
कहत-सुनत रघुबीर-निकाई। आइ सबनि देखे रघुराई।
करहि जोहार, भट धरि आगे। प्रभुहि बिलोकहि अति अनुरागे।
चित्र-लिखे-जनु जहँ-तहँ ठाढ़े। पुलक शरीर, नयन जल बाढ़े।
राम सनेह-मगन सब जाने। कहि प्रिय बचन, सकल सनमाने।
प्रभुहि जोहारि बहोरि-बहोरी। बचन बिनीत कहहि कर जोरी।

दोहा : अब हम नाथ! सनाथ सब, भए देखि प्रभु-पाँय।
भाग हमारे आगमन, राउर कोसलराय॥
धन्य भूमि, बन, पंथ, पहारा। जहँ-जहँ नाथ! पाँउ तुम धारा।

धन्य बिहग, मृग, काननचारी। सफल जनम भे तुमहि निहारी।
हम सब धन्य सहित-परिवारा। दीख दरस, भरि नयन तुम्हारा।
कीन्ह बास, भल ठाँउँ बिचारी। इहाँ सकल रितु रहब सुखारी।
हम सब भाँति करब सेवकाई। करि-केहरि-अहि-बाघ बराई।
बन बेहड़, गिरि, कन्दर, खोहा। सब हमार प्रभु पग-पग जोहा।
तहँ-तहँ तुमहि अहेर खेलाउब। सर, निरझर, भल ठाउँ देखाउब।
हम सेवक परिवार-सभेता। नाथ! न सकुचब आयसु देता।

दोहा : बेद-बचन-मुनि-मन-अगम, ते प्रभु करूना-ऐन।
बचन किरातन-के सुनत, जिमि पितु बालक-बैन॥

रामहि केवल प्रेम पियारा। जानि लेउ, जो जान निहारा।
राम सकल बनचर तब तोषे। कहि मूदु बचन, प्रेम परिपोषे।

गोस्वामी जी के ये उद्गार आर्ष रामायणों से ही लिए गये हैं—

प्राप्येमं सुसमाचारं किराताद्याश्च हर्षिताः।
कन्दमूलफलानि मे गृहीत्वा द्रष्टुमागताः। (आनन्दरामायण)
प्रणमन्ति पुरो धृत्वा कन्दमूलफलानि ते। प्रेम्णा परेण पश्यन्ति किराताः परमेश्वरम्॥
यत्र तत्र स्थिताः सर्वे ते चित्रलिखिता यथा। रोमांचितं शरीरं च चक्षुषी चाश्रुपूरिते॥
त्वां वीक्ष्य धन्यजन्मानो जाताः काननचारिणः। (पुलस्त्यसंहिता)
यो वेदवचसो मुनिमानसस्यागम्यः प्रभः करुणाकरः।
किरातवचांसि स शृणोति यथा पिता बालकवचांसि॥ (शंकरसंहिता)

इन सभी वाक्यों का सारांश गोस्वामी तुलसीदासजी ने अपने वर्णन में दिया है।

इन सहज मानवों के लिए राम, कौसल्यानन्दन, सीतापति, अयोध्यानरेश, दाशरथि राम ही हैं। कोई निर्गुण राम नहीं। निर्गुण राम की अवधारणा अगर किसी जनजाति समूह में उनके आध्यात्मिक स्तर पर आयी भी है तो वह भी इस सगुण राम के अनन्तर। अनेक पौराणिक तथा ज्योर्तिविज्ञानिक प्रमाणों, उपलब्ध रामसेतु के ऊपर समुद्र के बढ़ते हुए स्तर के आकलन तथा रघुवंश एवं कुरुवंश की पीढ़ियों के आकलन के आधार पर राम का काल लगभग 5000 ई.पू. ठहरता है। इसका आशय यह हुआ कि इन जनजातीय समूहों में राम तथा रामकथा की व्याप्ति इतनी प्राचीन है और अनेक स्तरों से होती हुई आज समग्र जनजातीय जीवन में उनके श्वास-प्रश्वास की तरह समायी हुई है। भौतिक सभ्यता के बढ़ते प्रभाव के कारण आज जो आस्था धूमिल दिखायी देने लगी है, वह केवल इन जनजातियों में ही नहीं अपितु जनपदीय और नागर समाज में भी दिखायी दे रही है, बल्कि आधुनिकता के कल्मष से यह जनजातीय समाज तो अपेक्षाकृत कम धूमिल हुआ है।

सबके राम

विद्यानिवास मिश्र

राम के नाम के बारे में तुलसीदासजी ने कहा कि 'राम कौ नाम सु आपनौ सु घरू है'—राम का नाम अपने घर जैसा है। आदमी कहीं बाहर चला जाता है, ज़िन्दगी की भागदौड़ में थककर चूर होने लगता है तो उसे घर की तलब होती है, घर चलें; घर सब थकान हर लेगा, सारी चोटों पर मलहम लगा देगा। घर में कोई भय नहीं होगा कि कोई छल करेगा। घर में कोई पराया नहीं होगा। राम का नाम भी घर का ही प्रकार है। राम का नाम लेते ही बड़ा भरोसा हो जाता है कि कलि के छल से, दुराव से त्रास नहीं भोगना पड़ेगा, कोई भय नहीं होगा, संशय के घिराव नहीं होंगे। एक खुला द्वार होगा। आओ, यहाँ सब अपने हैं। यहाँ कोई बनावटीपन नहीं है। बस, अपने को कहो कि सहज अनुभव करे, सब सीधे लगेंगे। यहाँ नेह-छोह, क्रोध-मान, राग-द्वेष—जैसा भी है, सामने है, ओट में कुछ नहीं है। इसलिए कोई घबराहट नहीं है, कोई हड़बड़ी नहीं है। विश्राम है, सकल श्रम की सार्थकता है। जो पाया, जो खोया, सब राम को दिया। तो सुख मिला कि घर को अपनी कमाई सौंप दी। राम का नाम लेते ही आदमी बाहरी नहीं रहता घर न हो तो भी।

राम का एक अर्थ है जिसमें मन रमे; दूसरा है मन रमाने वाला—मन न रम रहा हो तो भी उसे रमाने वाला और तीसरा अर्थ है मन का ऐसा रमना, ऐसा रमना कि मन का मन न रहना, रमना हो जाना, पानी में नमक की तरह घुल जाना। आवाँ से उतारे नये घड़े में पानी का जज़्ब होना। वर्षा का तपती हुई धरती में समाकर उसकी सोंधी गन्ध बन जाना। इसलिए राम के पास पहुँचते हैं, या न भी पहुँचते हों, राम के पास पहुँचने की सोचते हों तो भी हम राम के होने की सिहरन अनुभव करने लगते हैं। और तब हम सबके होने लगते हैं, अब तक जो पराये थे, उनके भी होने लगते हैं।

राम का आविर्भाव चैत की उजली दुपहरी में होता है। इसलिए राम के होने का आविर्भाव होता है तो मन में खुलापन होता है। राम का होकर बन्द कैसे रहा जा सकता है, खुलना ही पड़ेगा। पण्डित लोग कहते हैं कि राम में अग्निबीज है। इसका यह अर्थ नहीं कि राम जलाते हैं; इसका अर्थ है कि राम एक ऊष्मा पैदा करते हैं रिश्तों में गर्मी का अहसास कराते हैं। आग के आसपास सर्दी में लोग बैठते हैं तो एक-दूसरे को अपने सान्निध्य से गर्मी देने लगते

हैं। आग बड़ी संक्रामक होती है, ऊष्मा बहुत जल्दी फैलती है। राम के साथ जुड़ाव भी बड़ा संक्रामक होता है। वह नीम को भी चन्दन बनाता चला जाता है। राम के होंगे तो भाई के होंगे, माँ के होंगे, बाप के होंगे, इष्ट-मित्रों के होंगे; यही नहीं, शत्रु के भी होंगे। राम से वैर पालना भी राम का हो जाना होता है। राम को आदमी मानो देवता मानो, ईश्वर मानो; राम को ईश्वर न मानो, आदमी न मानो, कोई फर्क नहीं पड़ता। सिर्फ़ तुम राम के बारे में सोचो, बराबर सोचते रहो, खीझकर सोचते रहो कि इतने ऐशोआराम में हैं। घर की याद आ ही जाती है; कैसी लाचारी है, तड़पते हुए सोचते रहो—हाय, आज घर होते तो यह होली कैसी लगती! राम के होते तो यह ऋतु का नया मोड़ कितना सुहावना लगता। जैसे भी सोचते रहो, राम को सोचना एक जादू है। यह जादू हिन्दू पर ही चलता हो, ऐसी भी बात नहीं, पक्के कैथोलिक कामिल बुल्के और पक्के ईसाई जॉर्ज ग्रियर्सन पर चलता है, मलेशिया-हिन्देशिया के मुसलमान पर चलता है, थाई-लाओस के बौद्ध पर चलता है। सबको लगता है, राम तो बस मेरे हैं। सबको घर चाहिए—और राम जैसा घर कोई नहीं है।

यह घर क्या है, द्वार-ही-द्वार है। द्वार पर द्वार खुलते जाते हैं। निजता के पटल पर पटल खुलते जाते हैं। एकदम उस जगह आदमी पहुँचता है, जहाँ बस पराग-पराग है, सौरभ-सौरभ है; जहाँ रिश्ता नहीं है, एक महक है; जहाँ आदमी अपने सौंपे हुए मन की वेदी पाता है। जो मन चढ़ाया था, वही अब फूल बनकर महक रहा है। राम को मन देने का अर्थ है राम के साथ घर की सच्चाई के लिए घर से निकलना। फिर घर वापस आना। घर से निकलना तो जिस राह पर निकलना, उसे घर बनाते जाना। जिनसे मिलना, उन्हें अपना बनाते जाना, उनका सुख-दुःख बाँटते जाना। राम के साथ काँटों-कुशों में छिदना और हँसते रहना। और राम के साथ-साथ चलने वाली सीता की थकान छोह से देख—भर आना। राम के साथ वनवासी लोगों के साथ रमना। राम के साथ आसुरी शक्तियों के साथ जूझना, पर जूझते हुए भी मधुर बने रहना। राम के साथ जीतना और जीत का सेहरा अपने साथियों के सिर पर चढ़ा देना।

इसलिए राम को मन तभी कोई देता है, जब भीतर की सच्चाई उसे कचोटती है कि राम को मन दिये बिना काम नहीं चलेगा। गाँधीजी भी सच्चाई के लिए चले तो उन्हें राम का अवलम्बन ही सबसे भरोसे का अवलम्बन लगा। और यह अवलम्बन उनको तो बड़ा बना ही गया; उनका अवलम्ब हुआ, इसलिए हम लोगों के लिए और बड़ा अवलम्ब हो गया। राम के आगे दीन बनने में बड़ा गर्व होता है। हम तो जाचक राम दुवार के, अब क्या किसी के आगे जाँचना।

जग जाँचिए कोउ न जाँचिअ जो
जिय जाँचिअ जानकि जानहि रे।
जेहि जाँचत जाँचकता जरि जात,
जेहि जारत जोर जहानहि रे।।

उनसे जाँचते ही जाँचकता जल जाती है। सारे संसार का ताप जल जाता है। राम के आगे दीन बनने में सुख है। राम जानकी अपने जन की दीनता झेल नहीं पाते। वे स्वयं दीन बन

जाते हैं—तुम पहले मेरे पास क्यों नहीं आये? मैं तो तुम्हारी बाट जोह रहा था इतने दिनों से।

पर राम के सामने जाने का साहस नहीं होता। जैसे अपराधी पुत्र पिता के सामने जाने से डरता है, जैसे विरहिणी कुलवधू विदेश से पति के लौटने पर, मिलने चलती है और फिर विजड़ित हो जाती है, कैसे मिलें? मन का सारा भाव मन में धरा रह जाता है; जैसे चोर साह के सामने जाने से लज्जा का अनुभव करता है वैसा ही कुछ राम के सम्मुख होते समय लगता है, वैसा ही कुछ अपने घर के सामने आते हुए लगता है, जब आदमी बहुत कुछ गँवाकर लौटता है। राम तो क्षमा करेंगे, राम सब बात समझते हैं, पर भीतर कैसी कसमसाहट है कि हम राम के योग्य नहीं। वे सब के अपने हैं, जन-जन के अपने हैं, मेरे भी अपने हैं, पर मैं उनका हो कैसे सकता हूँ। मैं जो इतना राम के स्वभाव के विपरीत हूँ। मेरी आँख नहीं उठती और राम की आँखें भर आती हैं। ऐसे राम के देश और प्रदेश का रहने वाला राम को पाना तो चाहता हूँ, पर अपनी भाजन की क्षुद्रता देखता हूँ तो हताश हो जाता हूँ।

यह विशाल मेरे बस का नहीं है। अपनी क्षुद्रता की यह चुभन ही मुझे घर के सामने भी बाहरी बना देती है। राम के बारे में इतना कुछ सोचता हूँ कहता हूँ और लगता है, भीतर राम के लिए आसन रखने की जगह नहीं है, वहाँ तो अभिमान, मोह-मद की खलमण्डली डेरा जमाये हुए है। राम का जन्म हो रहा है और मैं उस उत्सव में प्रवेश नहीं पा रहा हूँ। कैसी विडम्बना है कि विशालता का ज्वार उमड़ा चला आ रहा है और मैं सिकुड़ा, सिमटा, सहमा-सा पीछे हटता जा रहा हूँ। जन-जन के राम मेरे नहीं हो रहे हैं। ऐसा अकेलापन, अकेले अपने झूठे होने का एहसास और ज्वार से वंचित होने का ऐसा दुरन्त अभिशाप कहीं राम की कृपा से ही तो नहीं हो रहा है, क्योंकि कठोर होकर भी वे कृपालु रहते हैं। घर से मैं कितना भी बेगाना क्यों न हो जाऊँ, घर बेगाना नहीं होता।

(जीवन अलभ्य है, जीवन सौभाग्य है, 1994)

□□

नाम राम को कल्पतरु ।
कलि कल्याण निवासु ॥
जो सुमिरत भयो भाँग ।
तुलसीदासु ॥
जौ चाहसि उजिआर ॥